Health Care Management

Behrend Behrends

Praxishandbuch Krankenhaus-finanzierung

Krankenhausfinanzierungsgesetz
Krankenhausentgeltgesetz
Psych-Entgeltgesetz
Bundespflegesatzverordnung

2. Auflage

Medizinisch Wissenschaftliche Verlagsgesellschaft

Dr. Behrend Behrends
Rechtsanwalt
Lannerweg 9
22145 Hamburg

MWV Medizinisch Wissenschaftliche Verlagsgesellschaft mbH & Co. KG
Zimmerstr. 11
10969 Berlin
www.mwv-berlin.de

ISBN 978-3-95466-001-8

Bibliografische Information der Deutschen Nationalbibliothek
Die Deutsche Nationalbibliothek verzeichnet diese Publikation in der Deutschen Nationalbibliografie;
detaillierte bibliografische Informationen sind im Internet über http://dnb.d-nb.de abrufbar.

Die Verfasser haben große Mühe darauf verwandt, die fachlichen Inhalte auf den Stand der Wissenschaft bei Drucklegung zu bringen. Dennoch sind Irrtümer oder Druckfehler nie auszuschließen. Daher kann der Verlag für Angaben zum diagnostischen oder therapeutischen Vorgehen (zum Beispiel Dosierungsanweisungen oder Applikationsformen) keine Gewähr übernehmen. Derartige Angaben müssen vom Leser im Einzelfall anhand der Produktinformation der jeweiligen Hersteller und anderer Literaturstellen auf ihre Richtigkeit überprüft werden. Eventuelle Errata zum Download finden Sie jederzeit aktuell auf der Verlags-Website.

Produkt-/Projektmanagement: Anna-Lena Spies, Berlin
Lektorat: Monika Laut-Zimmermann, Berlin
Layout & Satz: eScriptum GmbH & Co KG – Publishing Services, Berlin
Druck: druckhaus köthen GmbH, Köthen

Zuschriften und Kritik an:
MWV Medizinisch Wissenschaftliche Verlagsgesellschaft mbH & Co. KG, Zimmerstr. 11, 10969 Berlin, lektorat@mwv-berlin.de

Meiner Frau

Vorwort zur Neuauflage

Die Krankenhausfinanzierung wird durch die Gesetzgebung sowie durch Rechtsprechung und Literatur stetig weiterentwickelt. Das Krankenhausfinanzierungsreformgesetz (KHRG) hat für die Zeit ab 2009 zwar die Richtung vorgegeben; wichtige Meilensteine mussten aber noch gesetzt werden. Das gilt insbesondere für die Einführung eines pauschalierenden Entgeltsystems für psychiatrische und psychosomatische Einrichtungen sowie für eine leistungsbezogene Investitionsfinanzierung.

Nach der Verabschiedung des Psych-Entgeltgesetzes (PsychEntgG) Mitte 2012 beginnt ab 2013 auch für die psychiatrischen und psychosomatischen Einrichtungen die Umstellung auf eine pauschalierende Vergütung. Die Darstellung und Erläuterung der durch das PsychEntgG geschaffenen Rahmenbedingungen und der sich daraus ergebenden praktischen Anforderungen, zum Beispiel hinsichtlich Dokumentation und Kodierung, wurden neu in das vorliegende Werk aufgenommen. Da das PsychEntgG starke Analogien zur DRG-Einführungsphase aufweist, wurde die Darstellung der DRG-Konvergenzphase beibehalten, damit auf Erfahrungen und Lösungsansätze in der DRG-Konvergenzphase zurückgegriffen werden kann.

Darüber hinaus befasst sich die Neuauflage schwerpunktmäßig und vertiefend mit Themen, die in letzter Zeit sowohl in der politischen Diskussion als auch in der Anwendungspraxis in den Vordergrund gerückt sind. Dazu zählen unter anderem die Investitionsfinanzierung, die Mengenentwicklung im somatischen Bereich, die Mehrleistungsabschläge, die Finanzierung von Zentren und Schwerpunkten und die Budget- und Preisdeckelung durch den Veränderungswert.

Die sehr dynamische Entwicklung in Rechtsprechung und Literatur wurde durch eine vollständige Überarbeitung des Buches aufgenommen. Das Buch hat weiterhin den Anspruch auf hohe Aktualität, damit es eine verlässliche Hilfe für alle sein kann, die sich in das System der Krankenhausfinanzierung einarbeiten wollen oder praktische Probleme lösen müssen.

Ich danke den Lesern der Vorauflage für die positiven Rückmeldungen und zahlreichen Anregungen. Herrn Professor Dr. Heinz Naegler danke ich für die freundliche Unterstützung.

Behrend Behrends
Hamburg, Januar 2013

Inhalt

Abkürzungsverzeichnis

AbgrV	Abgrenzungsverordnung
abl.	ablehnend
AEB	Aufstellung der Entgelte und Budgetermittlung
aF	alte Fassung
AiP	Arzt im Praktikum
a.M.	anderer Meinung
ÄndG	Änderungsgesetz
Anm.	Anmerkung
AOP-Vertrag	Vereinbarung über das ambulante Operieren
AQUA	Arbeitsgemeinschaft Qualitätsförderung in der ambulanten Versorgung
Art.	Artikel
Ärzte-ZV	Zulassungsverordnung für Vertragsärzte
BAnz	Bundesanzeiger
BAT	Bundesangestellten-Tarifvertrag
Ba.-Wü.	Baden-Württemberg
Begr.	Begründung
Beschl.	Beschluss
BGB	Bürgerliches Gesetzbuch
BGBl.	Bundesgesetzblatt
BGH	Bundesgerichtshof
BMG	Bundesministerium für Gesundheit
BMV-Ä	Bundesmantelvertrag Ärzte
BPflV	Bundespflegesatzverordnung
BR	Bundesrat
BR-Drs.	Bundesrats-Drucksache
BSG	Bundessozialgericht
BSGE	Amtliche Sammlung der Entscheidungen des Bundessozialgerichts
BT	Bundestag
BT- Drs.	Bundestagsdrucksache
Buchst.	Buchstabe
BVerfG	Bundesverfassungsgericht
BVerfGE	Amtliche Sammlung der Entscheidungen des Bundesverfassungsgerichts
BVerwG	Bundesverwaltungsgericht
CM	Case-Mix
CMI	Case-Mix- Index
ders.	derselbe
DIMDI	Deutsches Institut für medizinische Dokumentation und Information
DKG	Deutsche Krankenhausgesellschaft
dkgev	Deutsche Krankenhausgesellschaft e.V.
DRG	Diagnosis Related Groups
DRG-EKV	DRG-Entgeltkatalog-Verordnung
DVBl	Deutsches Verwaltungsblatt
DWDS	Digitales Wörterbuch der deutschen Sprache
eGK	elektronische Gesundheitskarte

Entsch.	Entscheidung
Entw.	Entwurf
Erl.	Erläuterung
EuGH	Europäischer Gerichtshof
ff.	fortfolgende
Fn.	Fußnote
FPG	Fallpauschalengesetz
FPÄndG	Fallpauschalenänderungsgesetz
2. FPÄndG	Zweites Fallpauschalenänderungsgesetz
FPV	Fallpauschalenvereinbarung
f & w	führen und wirtschaften im Krankenhaus (Zeitschrift)
G-DRG	German Diagnosis Related Groups
GesR	Gesundheitsrecht (Zeitschrift)
GG	Grundgesetz
GKV	Gesetzliche Krankenversicherung
GKV-SolG	GKV-Solidaritätsstärkungsgesetz
GKV-WSG	GKV-Wettbewerbsstärkungsgesetz
GSG	Gesundheitsstrukturgesetz
GuS	Gesundheit und Gesellschaft (Zeitschrift)
h.M.	herrschende Meinung
ICD	Internationale Klassifikation der Krankheiten (deutsche Version)
i.d.F.	in der Fassung
InEK	Institut für das Entgeltsystem im Krankenhaus
i.V.m.	in Verbindung mit
Kap.	Kapitel
KFPV	Verordnung zum Fallpauschalensystem für Krankenhäuser
KHEntgG	Krankenhausentgeltgesetz
KHG	Krankenhausfinanzierungsgesetz
KHRG	Krankenhausfinanzierungsreformgesetz
KiOn-RL	Richtlinie zur Kinderonkologie
Krankenhaus	das Krankenhaus (Zeitschrift)
KRS	Krankenhausrechtsprechung
KU	Krankenhausumschau (Zeitschrift)
LG	Landgericht
LKA	Leistungs- und Kalkulationsaufstellung
LSG	Landessozialgericht
m.w.Nachw.	mit weiteren Nachweisen
MedR	Medizinrecht (Zeitschrift)
MonKomm	Monopolkommission
Nachw.	Nachweis
Nds.	Niedersachsen
nF	neue Fassung
NJW	Neue juristische Wochenschrift (Zeitschrift)
N.N.	nomen nescio
NRW	Nordrhein-Westfalen
OPS	Operationen- und Prozedurenschlüssel
PsychEntgG	Psych-Entgeltgesetz
Reha	Rehabilitation

Rh.-Pf.	Rheinland-Pfalz
Rspr.	Rechtsprechung
SchSt	Schiedsstelle
SG	Sozialgericht
SGB	Sozialgesetzbuch
st.Rspr.	ständige Rechtsprechung
SVR	Sachverständigenrat zur Begutachtung der Entwicklung im Gesundheitswesen
VBE	Vereinbarung zur Bestimmung von besonderen Einrichtungen
VGH	Verwaltungsgerichtshof
vgl.	vergleiche
v.H.	vom Hundert
VO	Verordnung
VwGO	Verwaltungsgerichtsordnung
zust.	zustimmend
ZV-Ä	Zulassungsverordnung Ärzte

I

Die Entwicklung der Krankenhausfinanzierung

Die Finanzierung der Krankenhäuser in der Bundesrepublik Deutschland ist seit mehr als 40 Jahren ein gesundheitspolitisches Dauerthema. Nur die gesetzliche Krankenversicherung war so häufig Gegenstand der gesundheitspolitischen Diskussion und gesetzgeberischer Aktivitäten wie das Krankenhausfinanzierungsrecht. Die Eingriffe des Gesetzgebers erfolgten bisweilen im Jahresabstand. Dabei stand zunächst das politische Ringen um eine Stabilisierung der Finanzen in der gesetzlichen Krankenversicherung ganz im Mittelpunkt. Erst allmählich entwickelte sich daneben eine ordnungspolitische Diskussion, die nicht auf staatliche Regulierung im Detail, sondern auf Qualitäts- und Effizienzverbesserung durch mehr Wettbewerb setzte.

Der aktuelle gesetzliche Rahmen für die Krankenhausfinanzierung ist eine komplizierte Mischung aus staatlicher Regulierung und wettbewerblichen Elementen. Die prinzipielle Unvereinbarkeit von staatlicher Kapazitäts- und Angebotssteuerung und Wettbewerb führt dabei zu vielen Widersprüchen, welche es in der Praxis schwer machen, auf der Basis gesicherter Standards zu handeln. Hinzu kommt, dass die gesetzlichen Regelungen stets das Ergebnis einer schwierigen politischen Kompromisssuche zwischen Bund und Ländern waren und daher oft eine wünschenswerte Klarheit und Geradlinigkeit vermissen lassen.

Wer das Krankenhausfinanzierungsrecht durchdringen will, kommt nicht umhin, sich die wichtigsten Entwicklungsschritte ins Bewusstsein zu rufen, um Sinn und Zweck der teilweise sehr detaillierten Regelungen im historischen Kontext zu ergründen und zu verstehen. Selbst wer ständig mit der Materie befasst ist, tut sich damit gelegentlich schwer. Mit jedem Entwicklungsschritt wurden Elemente in das System eingefügt, die das heutige Konglomerat an Regelungen bestimmen.

1 Das Krankenhausfinanzierungsgesetz von 1972 und Folgegesetzgebung bis 1992

Die jüngere Geschichte der Krankenhausfinanzierung beginnt mit dem Krankenhausfinanzierungsgesetz (KHG) vom 29. Juni 1972 (BGBl. I, 1009). Ihm ging eine jahrelange Diskussion über die wirtschaftliche Lage der Krankenhäuser voraus. In ihrem Bericht über die finanzielle Lage der Krankenanstalten (sog. Krankenhaus-Enquête) vom 19. Mai 1969 (BT-Drucks. V/4230) schätzte die Bundesregierung das Defizit der Krankenhäuser 1970 auf 980 Mio. DM mit wachsender Tendenz. Ursache hierfür waren die unzureichenden Möglichkeiten der Krankenhäuser, ihre laufenden Kosten und die Kosten für Investitionen über Pflegesätze zu finanzieren (Tuschen u. Trefz 2004, 14). Die Defizite in den Krankenhäusern hatten bereits zu einer starken Überalterung der Krankenhäuser geführt. Mehr als ein Drittel aller Krankenhäuser war älter als 50 Jahre. Künftigen Anforderungen würden sie nicht mehr gewachsen sein. In ihrem Bericht vertrat die Bundesregierung die Auffassung, dass die Versorgung der Bevölkerung mit Krankenhausleistungen eine öffentliche Aufgabe der Daseinsvorsorge sei und deshalb öffentliche Finanzierungshilfen für Investitionen in Krankenhäuser erforderlich seien.

Das KHG von 1972 sah deshalb vor, dass die Länder die Investitionskosten übernehmen. Der Bund konnte sich an der Finanzierung beteiligen. Die Länder erhielten die Zuständigkeit für die Krankenhausplanung. Die Kosten für die Behandlungen und den laufenden Betrieb wurden über Pflegesätze finanziert, die von den Benutzern (Patienten und Kostenträgern) zu tragen sind. Damit war die **duale Finanzierung** geboren. Zweck der dualen Finanzierung ist es, die Krankenhäuser wirtschaftlich zu sichern, um eine bedarfsgerechte Versorgung der Bevölkerung mit leistungsfähigen Krankenhäusern zu gewährleisten und zu sozial tragbaren Pflegesätzen beizutragen (§ 1 KHG). Die öffentliche Förderung und die Erlöse aus den Pflegesätzen sollen zusammen die Selbstkosten eines sparsam wirtschaftenden und leistungsfähigen Krankenhauses decken (§ 4 KHG). Das **Selbstkostendeckungsprinzip** ist damit das zweite prägende Merkmal des KHG 1972. Die zur Durchführung des KHG erlassene Bundespflegesatzverordnung (BPflV) vom 25.4.1973 (BGBl. I, 333) regelte Einzelheiten über die Bildung von Pflegesätzen und das Verfahren. Kernelement war die Einführung eines **vollpauschalierten** Pflegesatzes auf der Basis der Selbstkosten des Krankenhauses. Eine bestimmte Form des vollpauschalierten Pflegesatzes war nicht vorgeschrieben; in der Praxis hatte nur der **tagesgleiche** vollpauschalierte Pflegesatz Bedeutung. Zur Untermauerung der Selbstkostendeckung wurde ein **Gewinn- und Verlustausgleich** für den Zeitraum seit der letzten Pflegesatzfestsetzung für den Fall eingeführt, dass die Einnahmen-/Ausgabenentwicklung von der Kalkulation abwich. Die Festsetzung der Pflegesätze erfolgte durch die Länder, zumeist **retrospektiv**.

Die vorstehenden gesetzlichen Regelungen – als „Jahrhundertgesetz" gepriesen – zeigten rasch Wirkung. Die Investitionsförderung der Länder nahm von 3,2 Mrd. DM im Jahr 1973 auf 4,5 Mrd. DM im Jahr 1984 zu. Die Ausgaben der gesetzlichen Krankenkassen entwickelten sich explosionsartig mit Steigerungsraten von jährlich 25 v.H. in den Jahren 1973 und 1974. Der durchschnittliche Beitragssatz der Krankenkassen stieg nicht zuletzt wegen dieser Ausgabensteigerungen von 8,2 v.H. auf fast 10 v.H. an. Das gab den Anstoß für eine bis heute andauernde Kostendämpfungspolitik mit dem Ziel der **Beitragssatzstabilität** in der gesetzlichen Krankenversicherung (GKV). In der gesundheitspolitischen Diskussion wurde an der Krankenhausfinanzierung vor allem bemängelt, dass von der Krankenhausplanung und der Pflegesatzgestaltung keine Anreize für eine wirtschaftliche Betriebsführung in den Krankenhäusern ausgingen. Hauptsächlich der vollpauschalierte tagesgleiche Pflegesatz, der keinen Anreiz zur Verkürzung der Liegezeiten der Patienten bot, stand in der Kritik. Schon 1977 unternahm die Bundesregierung im Rahmen des Krankenversicherungs-Kostendämpfungsgesetzes den ersten Versuch, Korrekturen am KHG vorzunehmen. Die Landesverbände der Krankenhausträger und der Krankenkassen sollten stärker in die Verantwortung für die Krankenhausplanung einbezogen werden. Der Versuch scheiterte am Widerspruch der Länder. Zwei weitere Anläufe in 1978 und 1981 blieben ebenfalls ohne Erfolg (Tuschen u. Trefz 2004, 21). Danach setzte eine erneute Grundsatzdiskussion über die Krankenhausfinanzierung ein, die vorerst mit dem Krankenhaus-Neuordnungsgesetz vom 20.12.1984 (BGBl. I, 1716) ihren Abschluss fand. Dieses Gesetz brachte folgende Neuerungen:

- Die Länder werden allein für die Investitionsfinanzierung zuständig; die Mitfinanzierung durch den Bund wird abgeschafft.
- Die Krankenhäuser erhalten einen Rechtsanspruch auf Förderung (§ 8 KHG).

- Die duale Finanzierung wird gelockert, indem die Möglichkeit geschaffen wird, durch Investitionsverträge zwischen Krankenkassen und Krankenhäusern insbesondere Rationalisierungsinvestitionen über die Pflegesätze zu finanzieren (§ 18b KHG).
- Die Selbstverwaltung von Krankenhäusern und Krankenkassen wird gestärkt durch Mitwirkung an der Krankenhausplanung und Einführung des **Vereinbarungsprinzips** für die Pflegesätze mit einem **Schiedsverfahren** bei Nichteinigung (§ 18a KHG).
- Die nachträgliche Kostenerstattung und der Gewinn- und Verlustausgleich werden abgeschafft.
- Die Pflegesatzparteien können neue Entgeltformen erproben.

Mit der neu gefassten Bundespflegesatzverordnung vom 21.8.1985 (BGBl. I, 1666) – BPflV 1986 – wurden die neuen gesetzlichen Rahmenbedingungen hinsichtlich der Vergütung der Krankenhausleistungen näher ausgeformt. Die Hauptintention bestand dabei darin, die aufgetretenen fehlsteuernden Wirkungen zu beseitigen und bessere Anreize für eine wirtschaftliche Betriebsführung in den Krankenhäusern zu schaffen. Dazu dienten hauptsächlich folgende Regelungen (Tuschen u. Trefz 2004, 74):

- Einführung eines **prospektiven Verhandlungsverfahrens** für die Pflegesätze. Verhandlungsgegenstand ist die Kosten- und Leistungsentwicklung für eine künftige Periode.
- Modifizierung des Selbstkostendeckungsprinzips durch **Vorauskalkulation** der Selbstkosten.
- Einführung der **flexiblen Budgetierung**. Die Pflegesatzparteien vereinbaren ein **Budget** für einen zukünftigen Zeitraum. Die Pflegesätze haben nur noch den Charakter von **Abschlagszahlungen** auf das Budget. Weicht die in der Budgetvereinbarung zugrunde gelegte Belegung von der tatsächlichen Belegung ab, ist das Budget anzupassen und für die wegen der abweichenden Belegung veränderte Erlössituation ist über das nachfolgende Budget ein **Erlösausgleich** vorzunehmen. Mehr- oder Mindererlöse werden zu 75 v.H. ausgeglichen.
- Möglichkeit zur Vereinbarung von **Sonderentgelten** außerhalb des Budgets und zusätzlich zu den tagesgleichen Pflegesätzen insbesondere für teure Leistungen.
- Zulassung von Gewinnen und Verlusten bei Kostenabweichungen gegenüber den vorauskalkulierten Selbstkosten.

Im Kern ging es darum, den Krankenhäusern einen im Voraus festgelegten finanziellen Rahmen mit dem Risiko von Gewinnen und Verlusten zur Verfügung zu stellen, das ganze Vergütungssystem also **erlösorientiert** auszurichten (Tuschen 1984, 373). Die Ausgleichsregelung sollte sicherstellen, dass die Krankenhäuser bei von der Budgetvereinbarung abweichender Belegung jedenfalls ihre Fixkosten, die mit 75 v.H. angenommen wurden, decken konnten. Maßgeblich blieb jedoch das in Abhängigkeit von der Belegung angepasste Budget. Ausnahmen von der Bindung an das Budget waren nur in eng be-grenzten Ausnahmefällen zugelassen. Für die außerhalb des Budgets zu ver-gütenden Sonderentgelte für besonders teure Leistungen enthielt die BPflV einen Leistungskatalog. Für diese Sonderentgelte galten die Ausgleichsrege-lungen für das Budget nicht. Sie deckten ca. 4 v.H. der Kosten eines Kranken-hauses (Tuschen u. Trefz 2004, 80).

2 Struktur- und Reformgesetze 1993–2000

Ende 1992 war der durchschnittliche Beitragssatz der gesetzlichen Krankenversicherung auf 13,4 v.H. angestiegen und die gesetzliche Krankenversicherung befand sich in einer schweren Finanzkrise. Die Ausgaben der Krankenkassen wiesen Jahr für Jahr zweistellige Ausgabensteigerungen auf. Mit dem
am 1. Januar 1993 in Kraft getretenen Gesetz zur Sicherung und Strukturver-
besserung der gesetzlichen Krankenversicherung (**Gesundheitsstrukturge-
setz – GSG**) vom 21.12.1992 (BGBl. I, 2266) wurden eine Sofortbremsung des
Ausgabenanstiegs und wichtige strukturelle Änderungen des Systems der
Krankenhausfinanzierung beschlossen.

Im Rahmen der Sofortbremsung der Ausgabenentwicklung wurden in nahezu allen Leistungsbereichen die Zuwachsraten begrenzt. Im Krankenhausbereich durften die Budgets der Krankenhäuser in den Jahren 1993 bis 1995 ausgehend von den für 1992 vereinbarten Budgets nicht stärker steigen als die
beitragspflichtigen Einnahmen (**Grundlöhne**) der Mitglieder der gesetzlichen
Krankenkassen. Die bei einer Abweichung von der vorauskalkulierten Belegung entstehende Über- oder Unterdeckung des (**gedeckelten**) Budgets musste vollständig ausgeglichen werden, d.h., ein Krankenhaus musste seine
Mehrerlöse in vollem Umfang zurückzahlen und die Krankenkassen mussten
Mindererlöse bei anderen Krankenhäusern in voller Höhe nachzahlen. Somit
wurde das flexible Budget durch das feste Budget als absolute Höchstgrenze
ersetzt. Dabei wurden die Budgets für 1992 mit der Grundlohnrate fortgeschrie-
ben. Allerdings hatten die Krankenhäuser einen Anspruch auf Ausschöpfung
der Budgetobergrenze, wodurch ein Anreiz bestand, durch Kostensenkungen –
insbesondere durch Verweildauerreduzierungen – Überschüsse zu erzielen.

Die Vergütung für vor- und nachstationäre Behandlung sowie ambulante Operationen, durch das GSG neu eingeführt, wurde in das feste Budget einbezogen. Von der strikten **Budgetdeckelung** wurden einige wichtige Ausnahmen zugelassen, so die Finanzierung zusätzlicher Stellen im Pflegedienst; nach der in Art. 13 GSG beschlossenen Pflege – Personalregelung sollten in den Jahren 1993 bis 1996 13.000 zusätzliche Personalstellen geschaffen werden. Ferner sollten Kostensteigerungen wegen einer Veränderung des Leistungsangebots nach Maßgabe der Krankenhausplanung des Landes über die Budgetobergrenze hinaus berücksichtigt werden. Für im Gesamtzeitraum der Budgetbegrenzung 1993–1995 über die Grundlohnrate hinausgehende BAT-Tarifsteigerungen sollte es einen nachträglichen Ausgleich geben.

Nach dem Auslaufen der strikten Budgetdeckelung sollten grundsätzlich wieder Budgetabschlüsse oberhalb der Grundlohnrate möglich sein, aber nur, wenn die notwendige medizinische Versorgung anders nicht gewährleistet werden konnte. Die Krankenkassen waren verpflichtet, bei der Ermittlung der Pflegesätze den Grundsatz der Beitragssatzstabilität zu beachten (§ 17 Abs. 1 KHG 1992).

In struktureller Hinsicht hatte die **Aufhebung des Selbstkostendeckungsprinzips** eine zentrale Bedeutung. Der Anspruch des Krankenhauses auf Deckung der vorauskalkulierten Selbstkosten wurde ersetzt durch den Anspruch auf „**medizinisch leistungsgerechte**" Pflegesätze, die es einem Krankenhaus bei wirtschaftlicher Betriebsführung ermöglichen, seinen Versorgungsauftrag zu erfüllen (§ 17 Abs. 1 KHG 1992) Von zentraler Bedeutung war ferner die Veränderung des Entgeltsystems. Der tagesgleiche Pflegesatz wurde mit Wirkung ab 1995 ersetzt durch ein System aus landesweit einheitlichen **Fallpauschalen** und **Sonderentgelten** sowie einem Restbudget mit **Abteilungspflegesätzen** für medizinische Leistungen und einem **Basispflegesatz** für nicht-medizinische Leistungen. Mit der am 1. Januar 1995 in Kraft getretenen Bundespflegesatzverordnung vom 26.9.1994 (BGBl. I, 2750) wurden in einem ersten Schritt 73 Fallpauschalen und 147 Sonderentgelte eingeführt. Die Entgeltstruktur war durch Punktzahlen auf der Basis von Bewertungsrelationen anstatt von DM-Beträgen vorgegeben. Die Bewertungsrelationen waren auf eine definierte Bezugsleistung bezogen. Von den Verbänden der Krankenkassen und der Krankenhäuser auf der Landesebene wurden Punktwerte festgelegt. Das Restbudget wurde weiterhin krankenhausindividuell verhandelt. Die Bundespflegesatzverordnung enthielt umfangreiche Kalkulationsvorgaben (Näheres bei Tuschen u. Philippi 2000, 54ff.; Tuschen u. Trefz 2004, 91ff.).

Politisch bedeutsam für die Bewältigung der Herausforderungen nach der Wiedervereinigung Deutschlands war das Gemeinschaftsprogramm zur Finanzierung der Krankenhausinvestitionen in den neuen Bundesländern. Hiernach werden die Krankenkassen – systemwidrig – zur Finanzierung der Krankenhausinvestitionen herangezogen; sie sollen in den Jahren 1995 bis 2014 jährlich 350 Mio. DM in Form eines Investitionszuschlages in Höhe von (damals) 8 DM für jeden Berechnungstag aufbringen (Art. 14 GSG). Mit der Verabschiedung des GSG wurde eine Entschließung gefasst, nach der die duale Finanzierung durch eine **monistische Finanzierung** abgelöst werden sollte (BT-Drucks. 12/3930).

Mit dem GSG wurde auch im Krankenhausbereich ein Paradigmenwechsel zur Stärkung **wettbewerblicher Elemente eingeleitet**. Die Einführung von Fallpauschalen und Sonderentgelten war der Einstieg in ein **Preissystem**. Die Öffnung der Krankenhäuser für das ambulante Operieren eröffnete den Wettbewerb mit den niedergelassenen Ärzten.

Die mit dem GSG beschlossenen Maßnahmen konnten den Ausgabenanstieg in der gesetzlichen Krankenversicherung nicht bremsen. In den Jahren 1992 bis 1995 stiegen die Ausgaben der Krankenkassen für Krankenhausbehandlung doppelt so stark an wie die Grundlohnsumme der Krankenkassenmitglieder. Hierfür wurden vor allen Dingen die im GSG vorgesehenen Ausnahmen von der Budgetbegrenzung verantwortlich gemacht. So waren schon Ende 1995 fast 21000 neue Stellen im Pflegedienst geschaffen worden, also weit mehr als bis Ende 1996 geplant.

Der Gesetzgeber reagierte erneut mit einer Sofortbremsung. Am 1. Januar 1996 trat das **Gesetz zur Stabilisierung der Krankenhausausgaben** vom 29.4.1996 (BGBl. I, 654) in Kraft. Es sah vor, dass der **Gesamtbetrag** der Erlöse des einzelnen Krankenhauses für stationäre Behandlung, vor- und nachstationäre Behandlung sowie ambulante Operationen in 1996 nicht höher sein durfte als der vergleichbare Gesamtbetrag für 1995. Lediglich lineare Tarifsteigerungen im öffentlichen Dienst durften erhöhend berücksichtigt werden. Der Anspruch auf Ausschöpfung der so gebildeten Budgetobergrenze wurde aufgehoben. Unterhalb der Budgetobergrenze war das medizinisch leistungsgerechte Budget der entscheidende Maßstab. Bei Vorhandensein von Wirtschaftlichkeitsreserven oder einem Leistungsrückgang konnte sich daher auch ein Gesamtbetrag unterhalb der Budgetobergrenze ergeben. **Im Anwendungsbereich der Bundespflegesatzverordnung gilt dieser Grundsatz bis heute** (s. Kap. IV.1.2). Die Überschreitung der Obergrenze wurde nur noch zugelassen wegen Folgekosten „zusätzlicher Kapazitäten für medizinische Leistungen aufgrund der Krankenhausplanung oder des Investitionsprogramms des Landes" sowie für in 1995 nicht ausfinanzierte Veränderungen des Leistungsangebots nach Maßgabe der Landesplanung. Die kostenträchtige Pflegepersonalregelung wurde für das Jahr 1996 ausgesetzt.

Nachdem der Gesetzgeber mit Artikel 3 des **Beitragsentlastungsgesetzes** vom 1.11.1996 (BGBl. I, 1631) die Krankenhäuser zur Finanzierung der neu eingeführten Pflegeversicherung herangezogen hatte, indem die Krankenhausbudgets in den Jahren 1997 bis 1999 zum Abbau von Fehlbelegungen um mindestens 1 Prozent pauschal gesenkt wurden, stand zum 1. Januar 1997 eine weitere Reform der Krankenhausfinanzierung mit dem Ziel an, für eine längerfristige Stabilität der GKV-Finanzen zu sorgen. Die bisherige Kostendämpfungsgesetzgebung hatte immer nur eine begrenze Wirkung gehabt. Dazu sollten die Selbstverwaltung von Krankenhäusern und Krankenkassen stärker in die Verantwortung genommen und die Krankenhäuser stärker in die Sicherung der Beitragssatzstabilität der GKV eingebunden werden (Tuschen u. Trefz 2004, 38ff.). **Das Zweite GKV – Neuordnungsgesetz (2. GKV – NOG)** vom 23.6.1997 (BGBl. I, 1520), das rückwirkend zum 1. Januar 1997 in Kraft trat, enthielt unter anderem folgende Regelungen:

- Rückkehr zu einer leistungsorientierten Vergütung (Abkehr von den ohne Leistungsbezug gedeckelten Budgets in den Jahren 1993 bis 1996).
- Die Entgeltkataloge für Fallpauschalen und Sonderentgelte werden in die Zuständigkeit der Selbstverwaltung von Krankenhäusern und Krankenkassen auf der Bundesebene übergeben.
- Verhandlungslösungen für die Personalausstattung im Pflegedienst; Aufhebung der Verordnung zur Pflege – Personalreglung.
- Einführung einer Instandhaltungspauschale in Höhe von 1,1 v.H. der Erlöse für stationäre Leistungen. (Das Bundesverwaltungsgericht hatte mit Urteil vom 23.1.1993 – 3 C 66.90 – [KRS 93.001] entschieden, dass auch die sogenannten großen Instandhaltungsmaßnahmen wie Fassadensanierung etc. zum pflegesatzfähigen Kostenbereich gehören.)
- Bindung der Pflegesatzparteien an eine bundesweit gültige Grundlohnrate (**Veränderungsrate**), die von den Selbstverwaltungspartnern auf der Bundesebene zu vereinbaren ist.
- Begrenzung der Erhöhung der Budgets und der Fallpauschalen und Sonderentgelte infolge allgemeiner Kostensteigerungen durch diese Veränderungsrate. Ausnahmen: Kostensteigerungen wegen zusätzlicher Kapazitäten für medizinische Leistungen aufgrund der Krankenhausplanung oder des Investitionsprogramms des Landes, wegen Veränderungen der medizinischen Leistungsstruktur oder der Fallzahlen.
- Begrenzung des BAT-Ausgleichs auf ein Drittel des Unterschieds zwischen der Veränderungsrate und einer (höheren) linearen Tarifsteigerungsrate.
- Wiedereinführung des flexiblen Budgets mit einem Mehrerlösausgleich von 75 v.H. und einem reduzierten Mindererlösausgleich von 50 v.H.

Diese Regelungen wurden durch Artikel 7 des **GKV-Solidaritätsstärkungsgesetzes (GKV-SolG)** vom 19.12.1998 (BGBl. I, 3853) in zentralen Punkten für das Jahr 1999 außer Kraft gesetzt. Dieses Gesetz wurde als Vorschaltgesetz für ein umfassendes Gesundheitsreformgesetz erlassen, um drohende Beitragserhöhungen in der GKV zu vermeiden. Den Pflegesatzparteien wurde die Bildung eines Gesamtbetrages für die Pflegesatzerlöse vorgeschrieben, der neben dem Budget für die Abteilungspflegesätze und den Basispflegesatz auch die Fallpauschalen und Sonderentgelte umfasste. Dieser Gesamtbetrag durfte 1999 nicht höher sein als die vereinbarte Erlössumme für das Jahr 1998, erhöht um die Grundlohnrate (Veränderungsrate), die jetzt vom Bundesministerium für Gesundheit bekannt gemacht wurde. Zusätzliche Leistungen der Krankenhäuser wurden mit Ausnahme von Kapazitätserhöhungen aufgrund der Krankenhausplanung der Länder nicht finanziert. Der Mehrerlösausgleich belief sich jetzt auf 85 bis 90 v.H., der Mindererlösausgleich auf 50 v.H.

Das angestrebte umfassende Gesundheitsreformgesetz trat als **GKV-Gesundheitsreformgesetz 2000** vom 22.12.1999 (BGBl. I, 2626) am 1. Januar 2000 in Kraft. Mit ihm erging der Auftrag an die Spitzenverbände der Krankenkassen, den Verband der privaten Krankenversicherung und die Deutsche Krankenhausgesellschaft (Vertragsparteien auf der Bundesebene), gemeinsam ein neues, durchgängiges, leistungsorientiertes und pauschalierendes Vergütungssystem auf Grundlage der Diagnosis Related Groups (DRG-orientiertes Fallpauschalensystem) zu entwickeln und zum 1. Januar 2003 einzuführen.

Nur in eng begrenzen Ausnahmefällen sollten zur Ergänzung der Fallpauschalen Zusatzentgelte zulässig sein, z.B. für die Behandlung von Blutern. Die Psychiatrie und die Einrichtungen für Psychosomatik und Psychotherapeutische Medizin wurden vom neuen Vergütungssystem ausgenommen. Für sie sollte weiterhin die Bundespflegesatzverordnung maßgebend sein. § 17b KHG 2000 enthält detaillierte Vorgaben für die Vertragsparteien auf der Bundesebene. Ihnen wurde aufgegeben, bis zum 30. Juni 2000 die Grundstrukturen des Vergütungssystems und des Verfahrens zur Ermittlung der Bewertungsrelationen, insbesondere der zugrunde zu legenden Fallgruppen, sowie die Grundzüge des Verfahrens zur laufenden Pflege des Systems auf Bundesebene zu vereinbaren.

Mit der **DRG-Einführung** wurde der mit dem GSG eingeleitete Paradigmenwechsel (Abbau staatlicher Einflussnahme, Einführung eines umfassenden Preissystems, Stärkung des Wettbewerbs) fortgeführt. Folgende gesundheits- und ordnungspolitische Ziele wurden vom Gesetzgeber verfolgt:

- Herstellung von Transparenz über Leistungen und Kosten.
- Einführung einer strikt leistungsorientierten Vergütung („**Geld folgt der Leistung**").
- Förderung des Strukturwandels (Abbau von Überkapazitäten, Schwerpunktbildung, Kooperationen etc) durch mehr Wettbewerb.
- Reduzierung der durchschnittlichen Verweildauer der Patienten.
- Ausschöpfung von Wirtschaftlichkeitsreserven.
- Längerfristige Stabilisierung der Ausgaben der gesetzlichen Krankenversicherung.

Die Bundespflegesatzverordnung erhielt in wichtigen Punkten ihre überwiegend bis zum 31. Dezember 2012 gültige Fassung, vor allem durch die Neufassung des § 6 (Grundsatz der Beitragssatzstabilität). Der mit dem GKV-SolG für 1996 eingeführte Gesamtbetrag als Summe der Erlöse aus Budget, Fallpauschalen und Sonderentgelten wurde festgeschrieben, ebenso die Anbindung des Gesamtbetrages für das einzelne Krankenhaus an die Einnahmenentwicklung bei den Krankenkassen (Grundlohnrate bzw. Veränderungsrate). Eine Überschreitung der durch die Grundlohnrate vorgegebenen Obergrenze für

Erlöszuwächse ist weiterhin nur in eng begrenzen Ausnahmefällen möglich (s. Kap. IV.1.2). Ein BAT-Ausgleich findet nur noch statt, „soweit dies erforderlich ist, um den Versorgungsauftrag zu erfüllen" (§ 6 Abs. 2 BPflV). Der Mindererlösausgleich wurde von 50 v.H. auf 40 v.H. abgesenkt.

Die Regelungen zielten insgesamt erkennbar darauf ab, eine Leistungsausweitung möglichst zu vermeiden und Überschreitungen des prospektiv vereinbarten Budgets stärker zu begrenzen. Der grundsätzliche Anspruch der Krankenhäuser auf medizinisch leistungsgerechte Budgets und Pflegesätze wurde dadurch erheblich eingeschränkt.

3 DRG-Einführungsphase

3.1 Fallpauschalengesetz 2002

Die Vertragsparteien auf der Bundesebene entschieden sich Mitte 2000 für die Einführung des australischen AR-DRG-Systems als Grundlage für die Entwicklung eines deutschen Fallpauschalenkatalogs. Sie gründeten ein **DRG-Institut (Institut für das Entgeltsystem im Krankenhaus – InEK)** für die Pflege und Weiterentwicklung des deutschen DRG-Vergütungssystems. Seit 2003 kalkuliert dieses Institut die Entgeltkataloge.

Das GKV-Gesundheitsreformgesetz 2000 hatte in § 17b KHG nur eine grundsätzliche Entscheidung für ein DRG- basiertes Vergütungssystem getroffen. Nachdem die Vertragsparteien auf der Bundesebene das Verfahren für die Einführung geregelt hatten, bedurfte es einer näheren gesetzlichen Ausgestaltung der ordnungspolitischen Rahmenbedingungen. Zu klären war insbesondere, ob das Fallpauschalensystem ein reines Preissystem (ohne Mengenbegrenzung) sein sollte, oder ob es ein prospektiv zu verhandelndes flexibles Erlösbudget geben sollte. Die Art des Preissystems (Festpreise, Höchstpreise oder Richtpreise) war ebenfalls festzulegen. Wegen der gesetzlichen Vorgabe in § 17b Abs. 1 KHG, ein „durchgängiges" DRG-Vergütungssystem für alle stationären und teilstationären Leistungen einzuführen, was international ohne Beispiel ist (Tuschen u. Trefz 2004, 105, 126), stand auch die Frage im Raum, ob es eine längere Einführungsphase (**Konvergenzphase**) geben müsse, um insbesondere die Krankenhäuser vor unkalkulierbaren Risiken zu schützen.

Das **Fallpauschalengesetz (FPG)** vom 23.4.2002 (BGBl. I, 1412) regelte mit Wirkung vom 1. Januar 2003 die Rahmenbedingungen. In Artikel 2 wurden die §§ 17 und 17b KHG neu gefasst, welche die Vorgaben für die Einführungsphase enthielten.

Einzelheiten regelte das Gesetz über die Entgelte für voll- und teilstationäre Krankenhausleistungen (**Krankenhausentgeltgesetz – KHEntgG**) in Artikel 5 FPG. Die Bundespflegesatzverordnung wurde den veränderten Gegebenheiten angepasst, da sie nur noch für Krankenhäuser gelten soll, die nicht vom DRG – Vergütungssystem erfasst werden. Die wichtigsten Regelungen im FPG sind:

- Die Krankenhäuser und Einrichtungen für Psychiatrie, Psychosomatik und Psychtherapeutische Medizin bleiben vom Fallpauschalensystem ausgenommen (§ 17b Abs. 1 Satz 1 KHG 2002).
- Das Fallpauschalensystem wird für die übrigen Krankenhäuser als „**lernendes System" mit schützenden Rahmenbedingungen** eingeführt, um die Risiken zu begrenzen und das System schrittweise an die Besonderheiten des deutschen Versorgungssystems anzupassen.
- Das Fallpauschalensystem wird für alle Krankenhäuser (die nicht vom System ausgenommen sind) mit einer ersten Fassung eines deutschen Fallpauschalenkatalogs verbindlich zum 1. Januar 2004 eingeführt (§ 17b Abs. 6 Satz 1 KHG 2002).
- Unter bestimmten Voraussetzungen wahlweise oder mit Zustimmung der anderen Pflegesatzparteien konnten die Krankenhäuser das Vergütungssystem zum 1. Januar 2003 mit einem von den Vertragsparteien auf der Bundesebene vereinbarten vorläufigen Fallpauschalenkatalog auf der Grundlage des von ihnen ausgewählten australischen Katalogs einführen (§ 17b Abs. 4 Satz 2 bis 6 KHG 2002). Die Wahrnehmung dieser Option wurde den Krankenhäusern später dadurch erleichtert, dass die „Optionshäuser" von der durch Artikel 5 des Beitragssatzsicherungsgesetzes vom 23.12.2002 (BGBl. I, 4637) verfügten „Nullrunde" ausgenommen wurden (12. SGB V-ÄndG vom 12.6.2003, BGBl. I, 844).
- In den Jahren 2003 und 2004 wird das Vergütungssystem budgetneutral eingeführt. Für diese Jahre ist in entsprechender Anwendung der Bundespflegesatzverordnung (§ 6 mit der darin enthaltenen Obergrenzenregelung) ein Gesamtbetrag zu vereinbaren. Die Fallpauschalen sind Abschlagszahlungen auf den Gesamtbetrag und werden mit einem **krankenhausindividuellen Basisfallwert** abgerechnet, der sich aus der Division des Gesamtbetrages mit der Gesamtzahl der Bewertungsrelationen ergibt.
- Ab 2005 wird von den Vertragsparteien auf Landesebene ein landesweit einheitlicher Basisfallwert festgelegt (§ 10 Abs. 2 KHEntgG).
- Der Gesamtbetrag wird abgelöst durch ein krankenhausindividuell zu verhandelndes **Erlösbudget**, bestehend aus den DRG-Fallpauschalen und den bundesweit geltenden **Zusatzentgelten**, sowie durch krankenhausindividuell zu verhandelnde außerbudgetäre Entgelte für Leistungen, die in den Jahren 2003 und 2004 noch nicht von den DRG-Fallpauschalen und Zusatzentgelten erfasst werden, sowie für neue Untersuchungs- und Behandlungsmethoden.
- Die Budget- und Pflegesatzverhandlungen sind **nach grundlegend neuen Regeln** zu führen. Der Grundsatz der Beitragssatzstabilität hat für die Pflegesatzparteien ab 2005 keine Bedeutung mehr. Die Deckelung

der einzelnen Krankenhausbudgets durch die Grundlohnrate (§ 6 Abs. 1 BPflV) entfällt dann. Art und Menge der DRG-Fallpauschalen sind von den Pflegesatzparteien leistungsorientiert zu verhandeln. **Über Kosten wird bei der Ermittlung des Erlösbudgets nicht mehr verhandelt.**

- Das Erlösbudget ist ein flexibles Budget. Die Fallpauschalen und Zusatzentgelte sind Abschlagszahlungen auf das Erlösbudget. Das KHEntgG (§ 4 Abs. 9) enthält differenzierte Regelungen für den Ausgleich von Mehr- oder Mindererlösen. Für die außerbudgetären Entgelte ist kein Erlösausgleich vorgesehen. Sie unterliegen keiner Begrenzung und sind verhandelbare Preise, die vom Krankenhaus zu kalkulieren sind.
- Der landesweit geltende Basisfallwert ist erst ab 2007 ein einheitlicher und bindender **Festpreis**.
- In den Jahren 2005 und 2006 dient der landeseinheitliche Basisfallwert auf der Grundlage der Leistungsstruktur des Krankenhauses zur Ermittlung eines **Zielwertes** für das Erlösvolumen, an den das Erlösbudget des Krankenhauses in drei gleichen Schritten anzupassen ist. Es gilt also eine **dreijährige Konvergenzphase**, in welcher das bisherige Budgetsystem schrittweise in ein Preissystem umgewandelt werden soll. Krankenhäuser mit einem individuellen Basisfallwert unterhalb des landesweit geltenden Basisfallwerts können in der Konvergenzphase mit Budgetzuwächsen rechnen, während Krankenhäuser mit einem Basisfallwert oberhalb des Landesbasisfallwerts Budgetabsenkungen hinnehmen müssen. Es kommt zu einer Umverteilung der historischen Budgets entsprechend dem Grundsatz „Geld folgt der Leistung".
- Für die Vereinbarung des Landesbasisfallwerts haben die Vertragsparteien auf der Landesebene weiterhin den Grundsatz der Beitragssatzstabilität zu beachten.
- Die Finanzierung der Ausbildungsstätten und Ausbildungsvergütungen erfolgt getrennt vom Erlösbudget.

3.2 Änderungsgesetze und ergänzende Vorschriften

Nachdem sich die Vertragsparteien auf der Bundesebene im Jahr 2002 nicht auf einen Fallpauschalenkatalog mit den dazugehörigen Abrechnungsbestimmungen für das Jahr 2003 (Optionsjahr) einigen konnten, sodass das Bundesministerium für Gesundheit mit der Verordnung zum Fallpauschalensystem für Krankenhäuser vom 19.9.2002 (BGBl. I, 3674) im Wege einer Ersatzvornahme reagieren musste, ergab sich Handlungsbedarf für eine Weiterentwicklung der gesetzlichen Rahmenbedingungen der DRG – Einführung im Sinne des lernenden Systems. Einerseits sollten Entscheidungsblockaden der Selbstverwaltung aufgehoben werden, andererseits sollten die Handlungsmöglichkeiten erweitert werden, um sachgerechte Vergütungsregelungen für die Leistungen einzelner Fachgebiete und besondere Einrichtungen zu ermöglichen (Entw FPÄndG, BT-Drs. 15/994; Rau 2003, 200ff.).

Vor diesem Hintergrund ermächtigte das **Erste Fallpauschalenänderungs-gesetz (FPÄndG)** vom 21.7.2003 (BGBl. I, 1461) die Vertragsparteien auf der Bundesebene, besondere Einrichtungen, deren Leistungen insbesondere aus medizinischen Gründen, wegen einer Häufung von schwerkranken Patienten oder aus Gründen der Versorgungsstruktur mit den Entgeltkatalogen noch nicht sachgerecht vergütet werden, zeitlich befristet aus dem Vergütungssystem herauszunehmen (§ 17b Abs. 1 Satz 15 KHG 2003). Für solche Einrichtungen können nun in entsprechender Anwendung der Bundespflegesatzverordnung fall- oder tagesbezogene Entgelte oder in eng begrenzten Ausnahmefällen Zusatzentgelte krankenhausindividuell vereinbart werden. Dasselbe galt zeitlich befristet bis 2006 für Leistungen, die mit den DRG-Fallpauschalen und bundesweiten Zusatzentgelten nicht sachgerecht vergütet werden konnten. § 6 KHEntgG wurde entsprechend erweitert und neu gefasst (Art. 2 Nr. 4 FPÄndG). Das Bundesministerium für Gesundheit und soziale Sicherung wurde ermächtigt, durch Rechtsverordnung Fristen für die Einführung des Vergütungssystems vorzugeben und bei Nichteinhaltung der Fristen selbst zu entscheiden. Es wurde auch ermächtigt, Leistungen oder besondere Einrichtungen, die mit dem DRG-Vergütungssystem noch nicht sachgerecht vergütet werden konnten, im Wege der Ersatzvornahme zu bestimmen (§ 17b Abs. 7 KHG 2003). Der Fallpauschalenkatalog mit den Abrechnungsbestimmungen wurde auf dieser Grundlage im Wege der Ersatzvornahme durch Rechtsverordnung vom 13.10.1993 (BGBl. I, 1995) festgelegt. Ebenfalls wurden die besonderen Einrichtungen bestimmt, die vom Fallpauschalensystem ausgenommen sind (VO vom 19.12.2003, BGBl. I, 2811).

Nach den ersten Erfahrungen mit dem lernenden DRG – Fallpauschalensystem zeigte sich, dass das System noch nicht ausgereift war und unter den bestehenden Rahmenbedingungen zu unerwünschten Verwerfungen führen würde. Es wurde kritisiert, dass das System noch nicht hinreichend ausdifferenziert sei. Bestimmte Patientengruppen und Fachbereiche seien unterfinanziert (z.B. Kindermedizin, Onkologie). Die Kosten hochwertiger Leistungen seien ungenügend erfasst und kalkuliert, die Zahl der an der Kalkulation teilnehmenden Häuser zu gering. Die Folge sei ein **Kompressionseffekt**, der zu einer Überbewertung normaler Leistungen und zu einer Unterbewertung hochwertiger Leistungen führe. Es würden so in erheblichem Umfang Finanzmittel von den Universitätskliniken und Krankenhäusern der Maximalversorgung zu den Krankenhäusern niedrigerer Versorgungsstufen umverteilt. Einzelne dieser Kliniken würden bis zum Ende der dreijährigen Konvergenzphase bis zu 20 v.H. ihres Budgets verlieren. Aus diesen Gründen wurde insbesondere von der Deutschen Krankenhausgesellschaft massiv gefordert, die Konvergenzphase um zwei Jahre zu verlängern und in den beiden ersten Jahren der Konvergenzphase (2005 und 2006) niedrigere Quoten für Budgetanpassungen (einen „flacheren Einstiegswinkel") vorzusehen. (Ausführlich zum Ganzen: Tuschen 2004, 366ff.; ders. 2005, 28ff.; Rau 2004, 979ff.; Hensen et al. 2005, 96ff.)

Mit dem **Zweiten Fallpauschalenänderungsgesetz (2. FPÄndG)** vom 15.12.2004 (BGBl. I, 3439) reagierte der Gesetzgeber auf diese Kritik. Er verlängerte die

Konvergenzphase um zwei Jahre, sodass diese nun 2009 enden sollte. Die Schritte zum Abbau der Differenz zwischen dem aktuell vereinbarten Erlös-budget und dem Zielbudget am Ende der Konvergenzphase wurden wie folgt festgelegt: 15 v.H. in 2005, jeweils 20 v.H. in den Jahren 2006 bis 2008 und 25 v.H. im Jahr 2009 (§ 4 Abs. 6 KHEntgG 2004). Zum Schutz der Universitäts-kliniken, Krankenhäuser der Maximalversorgung und Spezialkliniken wurde darüber hinaus eine Obergrenze (**Kappungsgrenze**) für die jährlichen Bud-getabsenkungen, die sich bei den vorgenannten Konvergenzquoten ergeben, eingeführt. Diese Obergrenze liegt bei 1 v.H. in 2005, 1,5 v.H. in 2006, 2 v.H. in 2007, 2,5 v.H. in 2008 und 3 v.H. in 2009 des jährlich angepassten Erlös-budgets (§ 4 Abs. 6 Satz 4 KHEntgG). Für Budgeterhöhungen, die sich bei An-wendung der Konvergenzquoten ergeben, gibt es keine Obergrenze. Um der Gefahr von Ausgabensteigerungen bei den Krankenkassen vorzubeugen, wer-den die „**Schonbeträge**", die als Folge der Begrenzung der Budgetabsenkung bei den Krankenhäusern verbleiben, bei der Vereinbarung des Landesbasis-fallwerts mindernd berücksichtigt (§ 10 Abs. 2 Satz 5 KHEntgG).

In der Abbildung 1 sind die Konvergenzschritte anschaulich dargestellt.

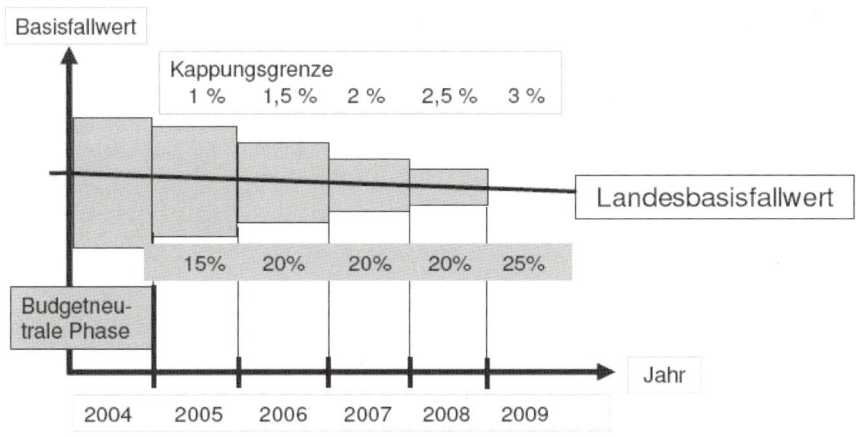

Abb. 1   DRG-Konvergenzphase (mit freundlicher Genehmigung von Ralf Hanusch [Hanusch 2008])

Neben diesen Kernelementen enthält das 2. FPÄndG eine Reihe von komple-mentären Regelungen zur Optimierung und Weiterentwicklung des Fallpau-schalensystems. Dazu zählen:

- Entsprechend der ab 2005 geltenden Leistungsorientierung bei der Bud-getfindung und wegen der Verlängerung der Konvergenzphase sind Leis-tungsveränderungen durch eine Veränderung des zuletzt vereinbarten Budgets (Ausgangsbudget) zu berücksichtigen (§ 4 Abs. 4 Satz 1 Nr. 1 KHEntgG). Zusätzliche Leistungen werden in der Konvergenzphase bei den prospektiven Budgets mit jährlich steigenden Entgeltquoten und ab 2009 in voller Höhe finanziert (§ 4 Abs. 4 Satz 2 KHEntgG).

- Das Ausgangsbudget wird um die Veränderungsrate (Grundlohnrate, § 71 SGB V) verändert, damit diese nicht durch die Konvergenzquoten geschmälert wird (§ 4 Abs. 4 Satz 1 Nr. 3 KHEntgG).
- Für den Mehr- oder Mindererlösausgleich werden die Vorgaben weiter differenziert (§ 4 Abs. 9 KHEntgG).
- Die im 1. FPÄndG vorgesehene Befristung für krankenhausindividuelle Entgelte außerhalb des Erlösbudgets bis Ende 2006 wird aufgehoben. Zugleich wird den Pflegesatzparteien die Vereinbarung von Zusatzentgelten für hochspezialisierte vollstationäre Leistungen ermöglicht, soweit diese mit den Fallpauschalen nicht sachgerecht vergütet werden. Diese Zusatzentgelte sind Teil des Erlösbudgets und entlasten dadurch den Basisfallwert des Krankenhauses.
- Für Krankenhäuser, die nicht an der Notfallversorgung teilnehmen, wird ein pauschalierter Notfallabschlag in Höhe von 50 € je vollstationärem Fall festgelegt.
- Um die Datenbasis zu verbreitern, wird Krankenhäusern, die an der DRG-Kalkulation teilnehmen, ein Teil der dadurch entstehenden Kosten vergütet (§ 17b Abs. 5 Satz 1 Nr. 1 KHG).

Durch das **Gesetz zur Stärkung des Wettbewerbs in der gesetzlichen Krankenversicherung (GKV-Wettbewerbsstärkungsgesetz – GKV-WSG)** vom 26.3.2007 (BGBl. I, 378) wurden Regelungen für den Krankenhausbereich getroffen, von denen einige der Weiterentwicklung des Fallpauschalensystems dienen und andere einen Beitrag der Krankenhäuser zur Sanierung der GKV darstellen. Hervorzuheben sind:

- Der Mindererlösausgleich in § 4 Abs. 9 KHEntgG und § 12 Abs. 2 BPflV wird von 40 v.H. auf 20 v.H. abgesenkt.
- Für nach dem 31.12.2006 entlassene gesetzlich krankenversicherte Patienten ist von den nach dem KHEntgG abrechnenden Krankenhäusern ein Abschlag ("**Sanierungsbeitrag**") von 0,5 v.H. auf den Rechnungsbetrag vorzunehmen. Er gilt bis zum Inkrafttreten einer neuen gesetzlichen Regelung zur Finanzierung der Krankenhäuser nach dem Jahr 2008 (§ 8 Abs. 9 KHEntgG).
- Die von den Vertragsparteien auf der Bundesebene zu ermittelnden Richtwerte über die durchschnittlichen Kosten je Ausbildungsplatz und die Mehrkosten der Ausbildungsvergütungen (§ 17a Abs. 4b KHG) sind von den Pflegesatzparteien ab 2010 bei der Vereinbarung des Ausbildungsbudgets zu berücksichtigen (§ 17a Abs. 2, Abs. 3 Satz 5 bis 9, Abs. 6 KHG).
- Der Zugang der Krankenhäuser zur ambulanten Erbringung hochspezialisierter Leistungen nach dem Katalog in § 116b Abs. 3 und 4 SGB V wird dadurch erleichtert, dass die Krankenhäuser auf Antrag vom Land im Rahmen der Krankenhausplanung zur Leistungserbringung bestimmt werden können. (Einzelheiten und Hintergründe bei Rau 2007, 179ff. und Tuschen 2007, 10ff.)

4 Ordnungspolitischer Rahmen der Krankenhausfinanzierung ab 2009

4.1 Krankenhausfinanzierungsreformgesetz (KHRG)

Bereits bei dem Beschluss, ein DRG-Vergütungssystem einzuführen, hatte der Gesetzgeber sich auf gesetzliche Regelungen bis zum Ende der Konvergenzphase beschränkt. Vor dem Hintergrund der in der DRG-Einführungsphase gewonnenen Erfahrungen sollte der ordnungspolitische Rahmen der Krankenhausfinanzierung nach Ablauf der Konvergenzphase neu gestaltet werden.

Die Diskussion darüber setzte frühzeitig ein. Einigkeit bestand darüber, dass sich das leistungsorientierte DRG-Vergütungssystem grundsätzlich bewährt hat, sodass seine Weiterentwicklung betrieben werden sollte. Besonders von wissenschaftlicher Seite und von den Krankenkassen wurde gefordert, weitere Elemente zur Förderung des Wettbewerbs in das Finanzierungssystem aufzunehmen. Dazu gehörte zunächst die Forderung nach Einführung der monistischen Finanzierung zum Zweck einer leistungsorientierten Investitionsfinanzierung. Sie wurde als Voraussetzung für gleiche Wettbewerbschancen für Krankenhäuser und Vertragsärzte und für die Auflösung des erheblichen **Investitionsstaus** angesehen (SVR 2007, 37, 57; MonKomm. 2008, 327). Es wurde kritisiert, dass sich die Länder immer stärker aus der Investitionsfinanzierung zurückziehen und Investitionen aus den Benutzerentgelten mitfinanziert werden müssen, was zu einer „**schleichenden Monistik**" führe (Steiner et al. 2008, 19, 39). Ferner wurde gefordert, die Krankenhausplanung der Länder auf die Sicherstellung der Notfallversorgung zurück zu drängen und unter partieller Abkehr vom Festpreissystem einen Preiswettbewerb durch Einzelverträge („**Rabattverträge**", „**Opting-Out-Modelle**") zwischen einzelnen Krankenkas-

sen und Krankenhäusern für planbare (elektive) Krankenhausleistungen zuzulassen (SVR 2007, 59; MonKomm 2008, 331; Leber et al. 2007, 27; Leber u.
Wolff 2008, 45, 109).

Diese Forderungen stießen bei der Bundesregierung und in Teilen der Regierungsfraktionen auf eine positive Resonanz. (Vgl. Bundesministerium für
Gesundheit 2008, 316ff.; CDU/CSU-Bundestagsfraktion 2008, 561ff.; Fachpolitiker in den Regierungsfraktionen 2008, 690ff.)

Sie konnten sich in der Diskussion mit den Ländern aber nicht durchsetzen.
Die Länder forderten die Beibehaltung der dualen Finanzierung und stellten
fest, dass die Krankenhäuser durch die seit 1993 bestehende Budgetdeckelung
und die „Spargesetze" einen erheblichen Beitrag zur Kostendämpfung im Gesundheitswesen geleistet hätten und nun aufgrund der jüngsten Tarifabschlüsse im öffentlichen Dienst dringend finanziell besser gestellt werden
müssten. Dadurch könne einem weiteren massiven Personalabbau, vor allem
in der Pflege, vorgebeugt werden. Sie forderten darüber hinaus eine schrittweise Angleichung der Landesbasisfallwerte an einen bundeseinheitlichen
Basisfallwert bis zum Jahr 2015 (vgl. 81. Gesundheitsministerkonferenz 2008;
Entschließung des Bundesrats, BR-Drs. 442/08.).

Mit dem schließlich vom Bundestag auf Initiative der Bundesregierung am
17.12.2008 verabschiedeten „Entwurf eines **Gesetzes zum ordnungspolitischen Rahmen der Krankenhausfinanzierung ab dem Jahr 2009 (Krankenhausfinanzierungsreformgesetz – KHRG)**" (BT-Drs. 16/11429) werden drei
Hauptziele verfolgt: Die Festlegung der Rahmenbedingungen der Krankenhausfinanzierung ab dem Jahr 2009; die Schaffung verlässlicherer Rahmenbedingungen und soliderer Kalkulationsgrundlagen für die Planung und
Durchführung notwendiger Investitionsmaßnahmen und die Verbesserung
der finanziellen Situation der Krankenhäuser. Diese Ziele sollen hauptsächlich
mit folgenden Maßnahmen erreicht werden:

- **Verlängerung der Konvergenzphase um ein Jahr bis 2010**, um das Fi-
  nanzvolumen, das sich insgesamt durch Anpassung der krankenhausindividuellen Basisfallwerte an den jeweiligen Landesbasisfallwert im
  letzten Konvergenzschritt ergibt (**Konvergenzvolumen**), auf zwei Jahre
  zu verteilen.
- Anpassung der bestehenden Regelungen an den künftigen Regelbetrieb
  des DRG-Vergütungssystems.
- Schrittweise Angleichung der unterschiedlich hohen Landesbasisfallwerte an einen **einheitlichen Basisfallwertkorridor** im Zeitraum von
  2010 bis 2014, im Einzelfall zur Schonung der Krankenhäuser in einem
  längeren Zeitraum. **Das langfristige Ziel ist ein bundeseinheitlicher
  Basisfallwert.**
- **Einführung eines pauschalierenden tagesbezogenen Entgeltsystems
  für psychiatrische und psychosomatische Einrichtungen** ab dem Jahr
  2013, verbunden mit einer kurzfristigen Verbesserung der Finanzierung

der Personalstellen nach der Psychiatrie-Personalverordnung. Nähere Festlegungen, zum Beispiel zur Dauer einer budgetneutralen Einführung und zu einer schrittweisen Angleichung der vereinbarten Krankenhausbudgets an ein einheitliches Preisniveau (Konvergenzphase) sollen ein bis zwei Jahre nach dem KHRG mit einem weiteren Gesetz vorgenommen werden. Die Bundespflegesatzverordnung kann dann aufgehoben werden. Die Vertragsparteien auf der Bundesebene sind beauftragt, bis Ende 2009 die erforderlichen Vorarbeiten zu leisten.

- Anteilige Finanzierung der Tariflohnerhöhungen für die Jahre 2008 und 2009 im Jahr 2009 über die Veränderungsrate (Obergrenze) hinaus.
- Planmäßiger Wegfall des Abschlags in Höhe von 0,5 v.H. vom Rechnungsbetrag („Sanierungsbeitrag") bei gesetzlich krankenversicherten Patienten.
- Abschlag vom Landesbasisfallwert für Mehrleistungen im Jahr 2009.
- Einführung eines **Förderprogramms zur Verbesserung der Situation des Pflegepersonals** in Krankenhäusern; in drei Jahren schrittweiser Aufbau einer anteiligen Finanzierung für bis zu 17000 zusätzliche Stellen im Pflegedienst.
- Überprüfung der Finanzierung von Zusatzkosten, die infolge der ärztlichen Weiterbildung entstehen.
- Beauftragung des Statistischen Bundesamtes, einen **Orientierungswert** zu ermitteln, der zeitnah die Kostenentwicklung im Krankenhausbereich erfasst und voraussichtlich ab dem Jahr 2011 als Alternative zur bisherigen strikten Grundlohnanbindung des Landesbasisfallwertes dienen kann.
- Für Krankenhäuser, die in den Krankenhausplan eines Landes aufgenommen sind, soll eine Investitionsförderung durch **leistungsorientierte Investitionspauschalen** ab dem 1. Januar 2012, für psychiatrische und psychosomatische Einrichtungen, die in den Krankenhausplan eines Landes aufgenommen sind, ab dem 1. Januar 2014 ermöglicht werden. Hierzu erfolgt die Vergabe eines Entwicklungsauftrages, um bis zum 31. Dezember 2009 Grundsätze und Kriterien für die Ermittlung eines Investitionsfallwertes auf Landesebene zu entwickeln. Die Investitionsfinanzierung der Hochschulkliniken ist zu berücksichtigen. Die näheren Einzelheiten werden danach vom Bund und den Ländern festgelegt. Die Vertragsparteien auf der Bundesebene sollen bis zum 31. Dezember 2009 die Grundstrukturen für Investitionsbewertungsrelationen und das Verfahren zu ihrer Ermittlung und bis zum 31. Dezember 2010 (31. Dezember 2012 für psychiatrische und psychosomatische Einrichtungen) mit Hilfe ihres DRG Instituts (InEK) bundeseinheitliche Bewertungsrelationen entwickeln. **Die Länder können eigenständig über den Umstieg auf das neue Finanzierungssystem entscheiden.**

Nach der Zustimmung des Bundesrates (BR-Drs. 31/09) ist das KHRG am 25.3.2009 in Kraft getreten (BGBl. I, 533).

Wesentliche Teile des KHRG können erst nach Abschluss der erforderlichen Vorarbeiten in künftigen Zeiträumen wirksam werden. Das gilt insbesondere für die Investitionsfinanzierung, die Umstellung auf ein leistungsorientiertes Vergütungssystem für psychiatrische und psychosomatische Einrichtungen und die Ablösung der Grundlohnanbindung durch einen Orientierungswert. Kurzfristig von Bedeutung sind vor allem die Verlängerung der Konvergenzphase bis 2010 und die anteilige Finanzierung der Tarifkostensteigerungen in 2008 und 2009.

Die Vertragsparteien auf der Bundesebene haben Anfang 2010 die Grundstrukturen für Investitionsbewertungsrelationen und das Verfahren zu ihrer Ermittlung vereinbart (http://www.dkgev.de/dkg.php/aid/6963/cat/56, Abruf am 22.1.2013). Zu den Einzelheiten siehe Kapitel II.4. Auf den Umsetzungsstand für ein leistungsorientiertes Vergütungssystem für psychiatrische und psychosomatische Einrichtungen wird weiter unten (s. Kap. I.4.4) eingegangen.

4.2 GKV-Finanzierungsgesetz

Am 1. Januar 2011 ist das **Gesetz zur nachhaltigen und sozial ausgewogenen Finanzierung der gesetzlichen Krankenversicherung (GKV-Finanzierungsgesetz – GKV-FinG)** in Kraft getreten (BGBl. I 2010, 2309). Mit ihm wird angestrebt, das deutsche Gesundheitssystem im Hinblick auf eine nachhaltige und ausgewogene Finanzierung weiter zu entwickeln. Neben einer langfristigen Stärkung der Finanzierungsgrundlagen der gesetzlichen Krankenversicherung (GKV), insbesondere durch Schaffung der Voraussetzungen für einen funktionsfähigen Wettbewerb innerhalb der GKV, sieht das Gesetz zur Abwendung eines erwarteten Defizits von bis zu 11 Mrd. € in 2011 (BT-Drucks. 17/3040, 2ff.) auch kurzfristig wirksame Ausgabenbegrenzungen vor. Zu diesen gehören für die Krankenhäuser:

- In den Jahren 2011 und 2012 wird an der Veränderungsrate (Grundlohnrate) festgehalten; es erfolgt noch kein Übergang zum Orientierungswert. Darüber hinaus wird die Veränderungsrate abgesenkt, und zwar um 0,25 Prozentpunkte in 2011 und um 0,5 Prozentpunkte in 2012. Die Absenkung der Veränderungsrate begrenzt im Bereich des KHEntgG den Preisanstieg (Anstieg des Landesbasisfallwertes) und im Bereich der BPflV die Budgetzuwächse.
- Abweichend von dem Grundsatz, dass sich das Erlösbudget nach dem KHEntgG aus der Multiplikation der Menge der Leistungen mit dem Preis der Leistungen ergibt, gilt für Leistungen, die im Vergleich zur Vereinbarung für das laufende Kalenderjahr zusätzlich im Erlösbudget berücksichtigt werden (Mehrleistungen), ein Vergütungsabschlag. Dieser ist für 2011 in Höhe von 30 Prozent gesetzlich festgelegt und ab dem Jahr 2012 von den Pflegesatzparteien zu vereinbaren. Für Mehrleistungen mit einem hohen Sachkostenanteil sowie für Mehrleistungen, die auf zusätzliche Kapazitäten aufgrund der Krankenhausplanung oder des In-

vestitionsprogramms des Landes beruhen, gelten Ausnahmen, ebenso zur Vermeidung unzumutbarer Härten. Der Mehrleistungsabschlag gilt nur für das Jahr der Vereinbarung; in den Folgejahren sind die von ihm betroffenen Leistungen in voller Höhe zu vergüten. (Ausführlich Klever-Deichert et al. 2011; Rau 2011)

4.3   GKV-Versorgungsstrukturgesetz

Das am 1. Januar 2012 in Kraft getretene Gesetz zur Verbesserung der Versorgungsstrukturen in der gesetzlichen Krankenversicherung (GKV-Versorgungsstrukturgesetz – GKV-VStG) vom 22. Dezember 2011 (BGBl. 2011 I, 2983) enthält für die Krankenhäuser wichtige Regelungen über die ambulante spezialärztliche Versorgung (§ 116b SGB V). Regelungen über die Vergütung voll- und teilstationärer Leistungen enthält das Gesetz dagegen nicht. Der Bundesrat hatte im Gesetzgebungsverfahren in einem Entschließungsantrag gefordert,

> „den Sparbeitrag der Krankenhäuser im Jahr 2012 vor dem Hintergrund der Tarifsteigerungen und der Qualitätssicherung in den Krankenhäusern zurück zu nehmen und den neuen Orientierungswert fristgerecht einzuführen."

Dieser Forderung ist die Bundesregierung nicht nachgekommen.

4.4   Psych-Entgeltgesetz

Der Gesetzgeber des KHRG hatte die Vertragsparteien auf der Bundesebene mit der Entwicklung eines durchgängigen, leistungsorientierten und pauschalierenden Vergütungssystems für psychiatrische und psychosomatische Einrichtungen (2010: 692 Einrichtungen) auf der Grundlage von tagesbezogenen Entgelten beauftragt. Erst danach sollten Rahmenbedingungen und die weiteren Einzelheiten für den Einführungsprozess des pauschalierenden Entgeltsystems vom Gesetzgeber festgelegt werden.

Die Vertragsparteien auf der Bundesebene sind ihrem Entwicklungsauftrag mit der „Vereinbarung über die Einführung eines pauschalierenden Entgeltsystems für psychiatrische und psychosomatische Einrichtungen gemäß § 17d KHG Psych-Entgeltsystem" vom 30. November 2009 mit Ergänzungsvereinbarung vom 16. März 2012 nachgekommen (http://www.aok-gesundheitspartner. de/bund/krankenhaus/psy/grundlagen/index.html, Abruf am 22.1.2013). Sie haben Regelungen getroffen, die eine budgetneutrale Einführung des pauschalierenden Vergütungssystems ermöglichen. Das InEK ist mit der Entwicklung und Pflege des Vergütungssystems beauftragt. Die Vereinbarungspartner haben bestimmt, dass das neue Vergütungssystem als lernendes System eingeführt werden soll. Dazu gehört ein Pretest zur Entwicklung einer Kalkulationsmethode in 2010 und eine Probekalkulation in 2011. Im Jahr 2012 erfolgt die Echtkalkulation auf der Basis der Daten des Jahres 2011; sie ist die Grundlage für die budgetneutrale Einführung in 2013.

Das Deutsche Institut für medizinische Dokumentation und Information (DIMDI) hat Ende 2009 erstmals einen erweiterten OPS-Katalog für die Klassifikation der Behandlungsfälle vorgelegt, der systematisch weiterentwickelt wird (http://www.dimdi.de/static/de/klassi/ops/kodesuche/onlinefassungen/opshtml2013/chapter-9.htm, Abruf am 22.1.2013). Die Vertragsparteien auf der Bundesebene vereinbaren jährlich Kodierrichtlinien (http://www.g-drg.de/cms/PEPP-Entgeltsystem_2013, Abruf am 22.1.2013). Bereits im Jahr 2014 sollen erste Ergebnisse einer Begleitforschung über die Einführung des neuen Entgeltsystems vorliegen.

Nach diesen Vorarbeiten war der Gesetzgeber gefordert, die Rahmenbedingungen und die Einzelheiten für die Einführung des pauschalierenden Entgeltsystems zu regeln. Im März 2012 legte die Bundesregierung den Entwurf für ein „**Gesetz zur Einführung eines pauschalierenden Entgeltsystems für psychiatrische und psychosomatische Einrichtungen (Psych-Entgeltgesetz – PsychEntgG)**" vor (BT-Drucks. 17/8986). Das Gesetz wurde mit Änderungsanträgen des Bundestagsausschusses für Gesundheit (BT-Drucks. 17/9992) im Juli 2012 beschlossen und ist mit seinen wichtigsten Teilen am 1. Januar 2013 in Kraft getreten (BGBl. 2012 I, 1613).

Mit dem Gesetz wird der Weg von der krankenhausindividuellen Verhandlung kostenorientierter Budgets hin zu einer leistungsorientierten Krankenhausvergütung fortgesetzt. Es regelt die Überleitung vom alten in das neue Vergütungssystem und strukturiert die Bundespflegesatzverordnung entsprechend neu. Dabei weist es starke Analogien zur DRG-Einführungsphase auf. Die Eckpunkte des Gesetzes für die Vergütung der voll- und teilstationären Leistungen von Psych-Einrichtungen sind:

- Das Psych-Entgeltsystem wird als lernendes System unter geschützten Bedingungen eingeführt.
- Änderungsvorschläge zu den medizinischen Klassifikationen können im Rahmen eines Vorschlagsverfahrens jährlich beim Deutschen Institut für Medizinische Dokumentation und Information (DIMDI) von allen beteiligten Organisationen eingebracht werden. Auch können medizinische Fachgesellschaften auf die Weiterentwicklung des Systems durch das InEK gestaltend Einfluss nehmen.
- In Analogie zum KHEntgG vereinbaren die Vertragspartner auf der Bundesebene einheitliche mit Bewertungsrelationen bewertete Entgelte sowie einheitliche Zusatzentgelte. Unter bestimmten Voraussetzungen können daneben von den Pflegesatzparteien krankenhausindividuelle Entgelte sowie Zu- und Abschläge vereinbart werden, z.B. für besondere Einrichtungen. Auch für neue Untersuchung- und Behandlungsmethoden können krankenhausindividuelle Entgelte vereinbart werden.
- Ab 2013 gilt eine vierjährige **budgetneutrale Phase**, in der die Budgetfindung sich nach alten Regeln vollzieht, wobei allerdings die das Budget begrenzende Veränderungsrate durch den – von den Vertragsparteien auf der Bundesebene zu vereinbarenden – Veränderungswert ersetzt

wird. In dieser Phase dienen die neuen Entgelte nur als Verrechnungs-
größen zur Abfinanzierung des vereinbarten Budgets.

- In den Jahren 2013 und 2014 können die Psych-Einrichtungen frei entscheiden, auf das neue Entgeltsystem umzusteigen. Erst ab 2015 wird der Umstieg für alle Psych-Einrichtungen verbindlich. Um Anreize für einen frühzeitigen freiwilligen Umstieg zu setzen, werden den „Optionshäusern" verbesserte Mindererlösausgleiche (95 v.H) sowie niedrigere Mehrerlösausgleiche (65 v.H.) zugestanden, um das durch einen frühzeitigen Umstieg
bestehende Fehlerrisiko zu minimieren. Ab 2015 werden Minder- und Mehrerlösausgleiche wieder auf das alte Niveau abgesenkt bzw. angehoben.

- Nach dem Ende der budgetneutralen Phase beginnt im Jahr 2017 eine
fünfjährige **Konvergenzphase** zur stufenweisen Angleichung der krankenhausindividuellen Budgets an das neue, landesweit einheitliche
Preisniveau. Dazu wird erstmals in 2017 auf der Landesebene ein **Landesbasisentgeltwert** vereinbart. Am Ende der Konvergenzphase (ab 2022)
gilt für alle Psych-Einrichtungen innerhalb eines Landes der gleiche
Preis für gleiche Leistungen (*„Das Geld folgt der Leistung"*).

- Um Erlöseinbußen wegen der Budgetanpassung bei den einzelnen Kon-
vergenzschritten erträglich zu gestalten, werden Budgetminderungen
durch eine Obergrenze für Budgetabsenkungen, eine sogenannte **Kappungsgrenze**, begrenzt. Die Kappungsgrenze liegt im ersten Konvergenzjahr bei einem Prozentpunkt und im fünften Konvergenzjahr bei
drei Prozentpunkten.

- Leistungsveränderungen werden in der Konvergenzphase wie in der
DRG-Konvergenzphase anteilig mit im Gesetz festgelegten Prozentsätzen (2017: 45; 2018: 55; 2019: 60; 2020: 70; 2021: 80) berücksichtigt.

Die Einführungsphase des Psych-Entgeltsystems zeigt Abbildung 2.

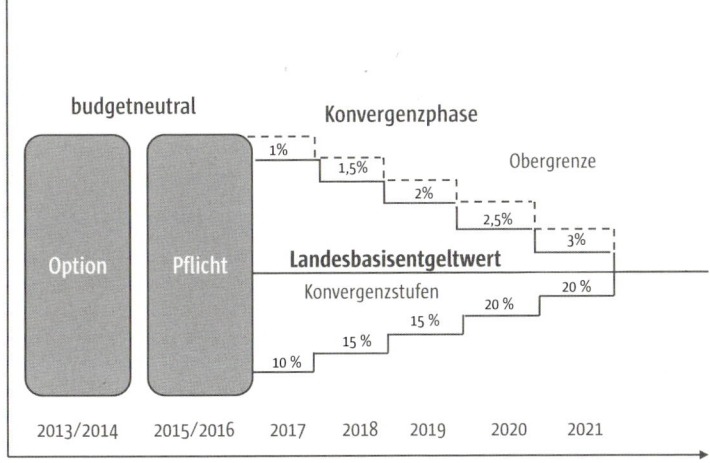

Abb. 2   Pauschalierendes Vergütungssystem für Psychiatrie und Psychosomatik (PEPP-System) –
Einführungsphase

Den ersten Psych-Entgeltkatalog mit den dazugehörigen Abrechnungsbestimmungen hat das Bundesministerium für Gesundheit im Wege der Ersatzvornahme am 19. November 2012 durch Rechtsverordnung festgelegt, weil sich die Vertragsparteien auf der Bundesebene nicht darauf einigen konnten (http://www.g-drg.de/cms/PEPP-Entgeltsystem_2013/PEPP-Entgeltkatalog, Abruf am 22.1.2013).

Das PsychEntgG enthält neben der Festlegung der Rahmenbedingungen und der Einzelheiten für die Einführung des Psych-Entgeltsystems noch eine Reihe von „angehängten" Vorschriften, die teilweise auch das KHEntgG betreffen. Die wichtigsten Regelungen sind:

- Die anteilige Finanzierung der Tarifsteigerungen in 2012 über die Veränderungsrate hinaus; der Ersatz der Veränderungsrate durch den Veränderungswert ab 2013 sowie (im Bereich des KHEntgG) die Verlängerung und gesetzliche Festschreibung des Mehrleistungsabschlags bis 2014. Der Mehrleistungsabschlag soll Anreize für eine Leistungsausweitung eindämmen. Bis zum 30. Juni 2013 sollen die Vertragsparteien auf der Bundesebene durch einen Forschungsauftrag klären, welche Einflussgrößen auf die Leistungsentwicklung einwirken. Ab 2015 soll die Mengensteuerung auf der Grundlage einer gesetzlichen Regelung unter Einbeziehung der Ergebnisse des Forschungsauftrags und von gemeinsamen Vorschlägen der Vereinbarungspartner auf der Bundesebene erfolgen (Ausschussbericht zu Art. 3 Buchst. b) – § 4 Abs. 2a KHEntgG –, BT-Drucks. 17/9992, 30). Damit reagiert der Gesetzgeber auf die Kritik an der Mengenentwicklung (s. Kap. II 9.4 und 11.1.2).
- Die Weiterentwicklung der Versorgung psychisch kranker Menschen, die auf eine Verbesserung der Patientenversorgung oder der sektorenübergreifenden Leistungserbringung ausgerichtet ist, soll Gegenstand von Modellvorhaben (§ 63ff. SGB V) sein. Ein sektorenübergreifendes Vergütungssystem (vgl. § 17d Abs. 1 Satz 3 KHG) kann daher zunächst nur im Rahmen von Modellvorhaben umgesetzt werden.
- Neu ist die Möglichkeit, geriatrische Institutsambulanzen zur ausreichenden geriatrischen Versorgung zuzulassen.
- Schließlich wird zur Schaffung von Rechtssicherheit klargestellt, dass Krankenhäuser stationäre und teilstationäre Leistungen auch durch nicht fest angestellte Ärztinnen und Ärzte, insbesondere Vertragsärzte, erbringen können (Einzelheiten in Kap. II.3.3.2).

Die Vorschriften über die Vereinbarung und Berücksichtigung des Veränderungswerts, den Tarifausgleich in 2012, die Durchführung eines Forschungsauftrags zur Untersuchung der Mengendynamik sowie die Durchführung von Modellvorhaben sind bereits am 1. August 2012 in Kraft getreten.

Der Bundesrat hatte sich im Gesetzgebungsverfahren zum PsychEntgG unter Hinweis auf die angespannte finanzielle Lage der Krankenhäuser für eine gezieltere (nicht alle Krankenhäuser belastende) Mengensteuerung und eine auf

Dauer angelegte vollständige Refinanzierung von Tarifsteigerungen ausgesprochen (Plenarprotokoll 899/12, 326ff.). In einem Entschließungsantrag vom 12. Oktober 2012 (BR-Drucks. 432/12) hat er diese Forderungen erneuert.

II

Grundlagen der Krankenhausfinanzierung

1 Das Pflegesatzrecht

Als Pflegesätze bezeichnet das KHG (§ 2 Nr. 4) alle Entgelte der Benutzer und ihrer Kostenträger für stationäre und teilstationäre Leistungen des Krankenhauses (vgl. auch VG Hamburg v. 31.3.2004 – 7 K 832/01 –, KRS 04.028).

Die Gesamtheit der Normen, welche die Bemessung und Abrechnung der Entgelte sowie das Verfahren hierzu regeln, bildet das formelle und materielle Pflegesatzrecht. Diese Normen befinden sich ganz überwiegend im KHG, im KHEntgG und in der durch das PsychEntgG neu strukturierten BPflV. Die Rechtsmaterie gehört zur konkurrierenden Gesetzgebung des Bundes (Art. 74 Nr. 19a GG). Den Rahmen bildet das KHG. Es enthält selbst bereits sehr detaillierte Regelungen. Das KHEntgG ist ein sogenanntes Artikelgesetz, das mit dem Fallpauschalengesetz 2002 verabschiedet und zuletzt durch das Psych-EntgG geändert wurde. Das KHG und das KHEntgG haben als formelle Gesetze grundsätzlich gleichen Rang. Soweit das KHEntgG speziellere Regelungen enthält, geht es im Rang vor. Die BPflV ist eine Rechtsverordnung auf der Ermächtigungsgrundlage des § 16 KHG. Weite Teile sind durch das PsychEntgG – ein formelles Gesetz – neu gefasst worden. Die BPflV gilt für die Vergütung der allgemeinen Krankenhausleistungen von Fachkrankenhäusern und selbstständigen, gebietsärztlich geleiteten Abteilungen an somatischen Krankenhäusern für die Fachgebiete Psychiatrie und Psychotherapie, Kinder- und Jugendpsychiatrie und -psychotherapie (psychiatrische Einrichtungen) sowie psychosomatische Medizin und Psychotherapie (psychosomatische Einrichtungen), § 17d Abs. 1 KHG. Diese Einrichtungen sind nach § 17b Abs. 1 KHG nicht in das DRG-Vergütungssystem einbezogen. Einzelne Vorschriften der BPflV gelten über die Verweisung in § 6 Abs. 3 KHEntgG für besondere Einrichtungen, die zeitlich befristet vom DRG – Vergütungssystem ausgenommen sind (§ 17b Abs. 1 Satz 15 KHG), sowie für Einrichtungen, deren Leistungen weitgehend nicht nach dem Fallpauschalenkatalog, sondern über krankenhausindividuell zu vereinbarende Entgelte abgerechnet werden.

Zum Pflegesatzrecht gehören weitere auf der Grundlage des KHG und des KHEntgG sowie des PsychEntgG vom Bundesministerium für Gesundheit erlassene Rechtsverordnungen. Zu nennen sind insbesondere die „Verordnung über die Abgrenzung der im Pflegesatz nicht zu berücksichtigenden Investitionskosten von den pflegesatzfähigen Kosten der Krankenhäuser (**Abgrenzungsverordnung – AbgrV**)" vom 12.12.1985 (BGBl. I, 2255), zuletzt geändert durch Artikel 6 PsychEntgG, sowie die „Verordnung über Maßstäbe und Grundsätze für den Personalbedarf in der stationären Psychiatrie (**Psychiatrie-Personalverordnung – Psych-PV**)" vom 10.12.1990 (BGBl. I, 2930), zuletzt geändert durch Artikel 4 der Verordnung vom 26.9.1994 (BGBl. I, 2750). Die Geltungsdauer der Psych-PV ist bis Ende 2016 begrenzt (Art. 7 und 8 PsychEntgG). Zu nennen sind ferner die vom Bundesministerium für Gesundheit durch Rechtsverordnung vorgenommenen **Ersatzvornahmen** (§§ 17b Abs. 7, 17d Abs. 6 KHG).

Zum Pflegesatzrecht im weiteren Sinne gehört auch die „Verordnung über die Rechnungs- und Buchführungspflichten von Krankenhäusern (**Krankenhausbuchführungsverordnung – KHBV**)" vom 24.3.1987 (BGBl. I, 1045), zuletzt geändert durch Artikel 5 PsychEntgG. Diese Verordnung verpflichtet die Krankenhäuser unter anderem zu einer Rechnungslegung nach kaufmännischen Grundsätzen mit einer Kosten- und Leistungsrechnung zur Ermittlung der pflegesatzfähigen Kosten und zur Abgrenzung von den Investitionskosten.

Schließlich gehört § 109 Abs. 4 Satz 3 SGB V zum (formellen) Pflegesatzrecht. Diese Vorschrift verpflichtet die Krankenkassen, mit den zugelassenen Krankenhausträgern, d.h. den Krankenhausträgern, die über einen Versorgungsvertrag verfügen (§ 108 SGB V), Pflegesatzverhandlungen nach Maßgabe des KHG, des KHEntgG und der BPflV zu führen.

Seit dem Krankenhaus-Neuordnungsgesetz 1985 ist das Pflegesatzrecht vom **Vereinbarungsprinzip** beherrscht, um die Selbstverwaltung von Krankenhäusern und Krankenkassen einerseits zu stärken und andererseits in die Pflicht zu nehmen (**„Vorfahrt für die Selbstverwaltung"**). Das Vereinbarungsprinzip gilt für die örtliche Ebene, die Landesebene und die Bundesebene. Auf der örtlichen Ebene werden die Pflegesatzvereinbarungen zwischen den Sozialleistungsträgern und dem einzelnen Krankenhaus geschlossen; im Fall der Nichteinigung entscheidet eine Schiedsstelle (§§ 18 Abs. 1, 2 und 4, 18a KHG, 11, 13 KHEntgG, 11, 13 BPflV), Auf der Landesebene vereinbaren die Landeskrankenhausgesellschaft, die Landesverbände der Krankenkassen und der Landesausschuss des Verbandes der privaten Krankenversicherung (Vertragsparteien auf der Landesebene) jährlich einen landesweit geltenden Basisfallwert zur Bestimmung der Höhe der Fallpauschalen (§ 10 KHEntgG i.V.m. § 18 Abs. 1 Satz 2 KHG). Ab 2017 vereinbaren sie auch einen landesweit geltenden Basisentgeltwert für psychiatrische und psychosomatische Einrichtungen (§ 10 BPflV i.V.m. § 18 Abs. 1 Satz 2 KHG). Im Fall der Nichteinigung entscheidet ebenfalls eine Schiedsstelle (§ 10 Abs. 10 Satz 4 i.V.m. § 13 KHEntgG, § 10 Abs. 5 Satz 4 i.V.m. § 13 BPflV). Die wichtigste gestaltende Rolle kommt dem Spitzenverband Bund der Krankenkassen gemeinsam mit dem Verband der privaten Krankenversicherung und der Deutschen Krankenhausgesellschaft als Vertragsparteien auf der Bundesebene zu. Sie setzen mit ihren Vereinbarungen und Empfehlungen den verbindlichen Rahmen für die Landesebene und die örtliche Ebene. Ihre vornehmste Aufgabe besteht in der Ausgestaltung und Weiterentwicklung der pauschalierenden Vergütungssysteme. § 17b und § 17d KHG geben ihnen insoweit einen umfangreichen Gestaltungsauftrag. Dazu gehören vor allem die – in der Regel jährliche – Fortschreibung der Entgeltkataloge für Fallpauschalen, tagesbezogene Pauschalen und Zusatzentgelte sowie Regelungen über Zu- und Abschläge und Abrechnungsbestimmungen (§§ 17b Abs. 2, 17d Abs. 2 KHG, § 9 Abs. 1 KHEntgG, § 9 Abs. 1 BPflV). Aber auch die jährliche Vereinbarung eines einheitlichen Basisfallwertkorridors zur schrittweisen Angleichung der unterschiedlichen Basisfallwerte der Länder im DRG-Bereich (§ 10 Abs. 8 KHEntgG) gehört zu den wichtigen Aufgaben der Vertragsparteien auf der Bundesebene.

Einigen sich die Vertragsparteien auf der Bundesebene nicht, kann in bestimmten Fällen das Bundesministerium für Gesundheit eine Ersatzvornahme durch Rechtsverordnung vornehmen (§§ 17b Abs. 7, 17d Abs. 6 KHG i.V.m. § 9 Abs. 2 KHEntgG, § 9 Abs. 2 BPflV). So hat das Bundesministerium für Gesundheit den DRG-Entgeltkatalog für 2012 durch Rechtsverordnung festgelegt, weil sich die Vertragsparteien auf der Bundesebene nicht einigen konnten (zu den Gründen s. http://ebookbrowse.com/verordnungsentwurf-verordnung-zum-drg-entgeltkatalog-fuer-das-jahr-2012-pdf-d255587521, Abruf am 22.1.2013). Auch der Entgeltkatalog 2013 für die Psych-Einrichtungen wurde durch Rechtsverordnung des Bundesministeriums für Gesundheit (PEPPV 2013) verabschiedet (http://www.bmg.bund.de/ministerium/presse/pressemitteilungen/2012-04/entgeltsystem-in-der-psychiatrie.html, Abruf am 22.1.2013). In anderen Fällen entscheidet eine auf der Bundesebene gebildete Schiedsstelle (§§ 9 Abs. 2, 10 Abs. 9 Satz 6 KHEntgG, § 9 Abs. 2 BPflV i.V.m. § 18a Abs. 6 KHG)

Die vorgenannten Vereinbarungen sind auf allen drei Handlungsebenen als **öffentlich-rechtliche koordinationsrechtliche Verträge im Sinne des § 53 Abs. 1 Satz 1 SGB X** einzustufen, weil sich die Verträge auf Sachverhalte beziehen, die in der gesetzlichen Ordnung öffentlich-rechtlich geregelt sind, der Gegenstand der vertraglichen Regelung also dem öffentlichen Recht angehört (vgl. BVerwG, NJW 1966, 219; Dietz et al. 2011 § 18 KHG Erl. 2; Möller 2008, 610, 612). Sämtliche Verträge entfalten eine **normative Wirkung**, soweit ein Genehmigungserfordernis besteht, nach wirksamer Genehmigung (BSG v. 8.11.2011 – B 1 KR 8/11 R –, KRS 11.102). Für die Pflegesatzvereinbarung ergibt sich das aus dem Umstand, dass sie für alle Benutzer und Kostenträger gilt (§ 17 Abs. 1 Satz 1 KHG), also auch für Personen und Institutionen, die an der Vereinbarung nicht beteiligt sind, verbindlich ist. Bei den auf Landes- und Bundesebene geschlossenen Verträgen wird die normative Wirkung von Vereinbarungen (einschließlich Empfehlungsvereinbarungen) insbesondere für die nachgeordneten Vertragsparteien teilweise ausdrücklich im Gesetz angeordnet (vgl. § 17b Abs. 6 und § 17d Abs. 4 KHG für das Vergütungssystem, §§ 10 Abs. 1 Satz 1, Abs. 9 KHEntgG für den Landesbasisfallwert und § 10 Abs. 1 BPflV für den Basisentgeltwert). Aber auch dann, wenn die verbindliche Wirkung der Vereinbarungen nicht ausdrücklich gesetzlich angeordnet ist, haben diese Normwirkung, weil ihr Zweck darin besteht, für alle Krankenhausbenutzer, Krankenhäuser und Kostenträger einheitliche und verbindliche Regelungen zu schaffen. Der Gesetzgeber hat die Vertragsparteien mit einer untergesetzlichen Normsetzungsbefugnis ausgestattet (näher dazu BSG v. 8.11.2011 – B 1 KR 8/11 R –; vgl. auch BSG v. 20.3.1996 – 6 RKa 62/94 –; v. 28.2.2008 – B 1 KR 16/07 R –; v. 3.2.2010 – B 6 KA 31/09 R –, KRS 10.007; LSG Berlin-Brandenburg v. 15.7.2009 – L 7 B 74/08 KA ER –, KRS 09.020 m. umfangr. Nachw.; OLG Hamm v. 23.6.2009 – 9 U 150/08 –, KRS 09.030; Leber 2009).

Wenn die Vertragsparteien privatrechtliche Organisationen (z.B. eingetragene Vereine) sind wie die Deutsche Krankenhausgesellschaft und die Landeskrankenhausgesellschaften, nehmen sie als vom Gesetzgeber Beliehene hoheitliche Aufgaben in der mittelbaren Staatsverwaltung wahr (vgl. BVerfGE 106, 275 [305]; Degener-Hencke 2010). Das gilt jedoch nicht für das (als GmbH organisierte) Institut für Entgeltkalkulation (InEK), das die Vertragsparteien auf der Bundesebene gemeinsam zu ihrer Unterstützung errichtet haben. Eine unmittelbare Beleihung durch den Gesetzgeber liegt nicht vor. Deshalb kann das InEK nur Entscheidungen und Vereinbarungen der Vertragsparteien auf der Bundesebene vorbereiten, aber nicht selbst unmittelbar Reglungen treffen (ebenso Genzel u. Degener-Hencke 2010).

Außerhalb der Regelungskompetenz der Vertragsparteien sind die **Länder** für die Durchführung des Pflegesatzrechts zuständig, soweit nicht das Bundesministerium für Gesundheit hierzu gesetzlich ermächtigt ist (§ 16 Abs. 2, § 17b Abs. 1 Satz 7, § 17d Abs. 6, § 18a Abs. 4 KHG). Mit der vorgeschriebenen Genehmigung von Pflegesatzvereinbarungen und Vereinbarungen über den Landesbasisfallwert sowie den Landesbasisentgeltwert (§ 18 Abs. 5 KHG, § 14 KHEntgG, § 14 BPflV) durch die zuständigen Landesbehörden haben die Länder im Pflegesatzrecht wichtige **Mitwirkungsrechte** (s. Kap. VII.1.3.4).

2   Krankenhausbegriff

Das KHG, das KHEntgG und die BPflV mit ihren Budget- und Entgeltregelungen (dem Pflegesatzrecht) gelten für Krankenhäuser und mit den Krankenhäusern notwendigerweise verbundene Ausbildungsstätten (§§ 1 und 2 KHG, § 1 KHEntgG, § 1 BPflV). Der Anwendungsbereich der BPflV umfasst darüber hinaus nicht nur psychiatrische und psychosomatische Fachkrankenhäuser, sondern bezieht sich auch auf psychiatrische und psychosomatische Fachabteilungen somatischer Krankenhäuser. Soweit ein Krankenhaus über mehrere psychiatrische und psychosomatische Abteilungen verfügt, wird die Gesamtheit dieser Fachabteilungen durch eine Legaldefinition als Krankenhaus im Sinne der BPflV definiert.

Jedoch unterliegen nicht alle Krankenhäuser den Regelungen im Pflegesatzrecht. Diese gelten vielmehr nur für Krankenhäuser, die einen Versorgungsauftrag erhalten haben (s. Kap. II.5). Das ergibt sich mittelbar aus den Vorschriften in § 17 Abs. 2 KHG, §§ 8 Abs. 1, 11 Abs. 1 KHEntgG, §§ 8 Abs. 1, 11 Abs. 1 BPflV und §§ 108, 109 Abs. 4 SGB V. Nur mit Krankenhäusern, die einen Versorgungsauftrag erhalten haben, müssen die Krankenkassen Pflegesatzverhandlungen führen (§ 109 Abs. 4 Satz 3 SGB V), und nur solche Krankenhäuser sind berechtigt und verpflichtet, die in der Pflegesatzvereinbarung festgelegten Entgelte zu berechnen. Eine Ausnahme gilt nur für die Behandlung von Notfallpatienten (§ 8 Abs. 1 Satz 3 KHEntgG, § 8 Abs. 1 Satz 3 BPflV).

Das Pflegesatzrecht gilt nicht für Krankenhäuser, die aus dem Geltungsbereich des KHG ausgenommen sind (§ 3 KHG) oder nach dem KHG nicht gefördert werden können (§§ 20 Satz 1 KHG, 5 Abs. 1 KHG, § 1 Abs. 2 Satz 2 KHEntgG, § 1 Abs. 2 BPflV).

Eine Sonderstellung nehmen die Universitätskliniken ein, ferner die Bundeswehrkrankenhäuser, wenn sie Zivilpatienten behandeln, und die Krankenhäuser der Träger der gesetzlichen Unfallversicherung, soweit nicht die gesetzliche Unfallversicherung die Kosten trägt. Auf sie sind das KHEntgG und die BPflV anzuwenden, obwohl sie aus dem Geltungsbereich des KHG ausgenommen sind bzw. nicht nach dem KHG gefördert werden. Das Gleiche gilt für Fachkliniken in der Trägerschaft von Sozialleistungsträgern, wenn sie nach der Krankenhausplanung des Landes der allgemeinen Versorgung der Bevölkerung dienen (§ 1 Abs. 2 KHEntgG, § 1 Abs. 2 BPflV i.V.m. § 5 Abs. 1 Nr. 1, 4 und 7 KHG).

Krankenhäuser, für die das Pflegesatzrecht nicht gilt und die folglich keinen Anspruch auf Abschluss einer Pflegesatzvereinbarung haben, können ihre Vergütung nach allgemeinen zivilrechtlichen Grundsätzen (§§ 612ff. BGB) gestalten. Es gelten dann Marktpreise. Diese können erheblich über den Preisen öffentlich geförderter Häuser liegen. Preisgrenzen ergeben sich nur aus §§ 134, 138 BGB. Eine allgemeine Billigkeits- und Angemessenheitskontrolle der Preisgestaltung von Privatkliniken gibt es nicht (BGHZ 154, 154 [156]; BGH v. 24.6.2009 – IV ZR 212/07 –; BGH v. 21.4.2011 – III ZR 114/10 –, KRS 11.011; OLG Köln v. 18.8.2010 – 5 U 127/09 –, KRS 10.035; OLG München v. 14.1.2010 – 29 U 5136/09 –, KRS 10.076; Quaas 2009, 1247). Nur Privatkrankenhäuser, die in räumlicher Nähe zu einem Krankenhaus mit Versorgungsauftrag liegen und mit diesem organisatorisch verbunden sind, dürfen für allgemeine, dem Versorgungsauftrag des Krankenhauses entsprechende Krankenhausleistungen keine höheren Entgelte verlangen, als sie nach dem KHG, dem KHEntgG und der BPflV zu leisten wären (§ 17 Abs. 1 Satz 5 KHG i.d.F. des Art. 6 Nr. 1a GKV-VStG). Der Gesetzgeber hat damit auf die Entwicklung in der Rechtsprechung reagiert, wonach Privatkliniken unter dem Dach von Plankrankenhäusern die Preisgestaltung nach zivilrechtlichen Grundsätzen gestattet war (BGH v. 21.4.2011 a.a.O; OLG Köln a.a.O; OLG München a.a.O).

Das KHG (§ 2 Nr. 1) definiert Krankenhäuser als „Einrichtungen, in denen durch ärztliche und pflegerische Hilfeleistung Krankheiten, Leiden oder Körperschäden festgestellt, geheilt oder gelindert werden sollen oder Geburtshilfe geleistet wird, und in denen die zu versorgenden Personen untergebracht und verpflegt werden können." Demgegenüber ist nach § 107 Abs. 1 SGB V eine Einrichtung nur dann Krankenhaus, wenn sie zudem fachlich-medizinisch unter ständiger ärztlicher Leitung steht und die genannten Hilfeleistungen durch jederzeit verfügbares, fachlich-medizinisches Personal erbracht werden können. Damit ist der Krankenhausbegriff im Geltungsbereich des SGB V **enger** gefasst als in § 2 KHG (BSG v. 28.2.2007 – B 3 KR 15/06 R –, KRS 07.016; Quaas 2009, 1246). Er dient im Wesentlichen der Abgrenzung gegenüber den Vorsorge- und Rehabilitationseinrichtungen nach § 107 Abs. 2 SGB V, die keine Krankenhäuser im Sinne des SGB V sind, wohl aber im Sinne des § 2 KHG (BSG v. 28.1.2009 – B 6 KA 61/07 R –, KRS 09.026; Quaas aaO). Auch Tages- und Nachtkliniken erfüllen den Krankenhausbegriff in § 107 Abs. 1 SGB V; die darin normierten Anforderungen „ständiger" ärztlicher Leitung, „jederzeitiger" Verfügbarkeit von ärztlichem, Pflege-, Funktions- und medizinisch-technischem Personal sowie der Möglichkeit der „Unterbringung" sind so zu verstehen, dass bei teilstationären Einrichtungen die ärztliche Leitung und das Personal nur in den dort üblichen Betriebszeiten verfügbar sein müssen und die Möglichkeit einer Unterbringung tagsüber oder nachts ausreicht (BSG a.a.O). Ein Hebammenhaus ohne ärztliche Hilfeleistungen ist dagegen kein Krankenhaus (Bayer. VGH v. 6.2.2012 – 14 ZB 11.2646 –, KRS 12.010).

Die Aufnahme einer Einrichtung in den Krankenhausplan des Landes entfaltet eine Bindungswirkung im Anwendungsbereich des SGB V (BSG v. 28.1.2009 – B6 KA 61/07 –, KRS 09.026; a.M. LSG NRW v. 17.10.2007 – L 10 KA 21/06 –, KRS 07.081).

Beispiele aus der Rechtsprechung

- Eine in den Krankenhausplan des Landes aufgenommene Tagesklinik, die von Montag bis Freitag in der Zeit von 8.30 Uhr bis 16.00 Uhr geöffnet hat, ist ein Krankenhaus im Sinne des § 107 Abs. 1 SGB V (BSG a.a.O.).
- Ein nicht in den Krankenhausplan des Landes aufgenommenes Krankenhaus, das seinen Schwerpunkt auf sogenannte Außenseitermethoden legt, die noch nicht durch evidenzbasierte Studien belegt sind, ist kein Krankenhaus im Sinne des § 107 Abs. 1 SGB V, weil es nicht nach wissenschaftlich anerkannten Methoden arbeitet (LSG Hessen v. 17.12.2007 – L 1 KR 62/04 –, KRS 07.083).

Krankenhäuser sind von voll- und teilstationären Einrichtungen medizinischer Rehabilitation, auf die das Pflegesatzrecht keine Anwendung findet (§ 20 Satz 1, § 5 Abs. 1 Nr. 7 KHG, § 1 Abs. 2 Nr. 2 KHEntgG, § 1 Abs. 2 Nr. 2 BPflV, § 107 Abs. 2 SGV), abzugrenzen. Diese Abgrenzung kann schwierig sein, besonders im Bereich der psychotherapeutischen Medizin/Psychosomatik, weil Rehabilitationseinrichtungen und Krankenhäuser dasselbe Ziel verfolgen, die Krankheit zu behandeln und die Folgen für die Patienten zu beseitigen. Die Abgrenzung kann nur nach der Art der Einrichtung, der Behandlungsmethoden und dem Hauptziel der Behandlung vorgenommen werden. Wobei sich diese Kriterien auch in der Organisation der Einrichtung widerspiegeln müssen. Bei Krankenhäusern steht die Diagnostik sowie die ärztlich-therapeutische und pflegerische Versorgung im Mittelpunkt, bei Rehabilitationseinrichtungen die Anwendung von Heilmitteln einschließlich Krankengymnastik und Bewegungstherapie nach einem ärztlichen Behandlungsplan.

Es kommt demnach für die Abgrenzung auf das Behandlungskonzept der Einrichtung an, wobei alle Umstände zu berücksichtigen sind (BSG v. 20.1.2005 – B 3 KR 9/03 R –, KRS 05.005; VGH Ba.-Wü. v. 23.4.2002 – 9 S 2124/00 –, KRS 02.019; Tuschen u. Trefz 2004, 175; 2010, 215).

Im Unterschied zur Rehabilitation ist die **Frührehabilitation** als Leistung der Krankenhäuser dadurch gekennzeichnet, dass bei einer primär erforderlichen akutstationären Behandlung eine gleichzeitige Rehabilitationsbedürftigkeit besteht (BMG, Erlass v. 27.10.2004, www.bmgs.bund.de, Abruf am 18.12.2008). Im Gegensatz zur Rehabilitation im Sinne einer Anschlussheilbehandlung erfordert die Frührehabilitation in der Regel *keine positive Rehabilitationsprognose*. Ziel ist es, so früh wie möglich mit rehabilitativen Maßnahmen zu beginnen, um einen Funktionsverlust und immobilisationsbedingte Schäden zu verhindern (Positionspapier zur fachübergreifenden Frührehabilitation, www.aerzteblatt.de/091774, Abruf am 5.12.2011; ausführlich SG Braunschweig v. 17.3.2010 – S 40 KR 87/05 –, KRS 10.038 m.w.Nachw.; VG Münster v. 23.6.2010 – 9 K 249/09 –, KRS 10.094; SG Berlin v. 22.8.2012 – S 28 KR 631/09 –, KRS 12.044. Zur Abgrenzung der Frührehabilitation von der Rehabilitation bei neurologischen Patienten s. BGH v. 18.10.2010 – III ZR 239/09 –, KRS 10.058). Eine besondere Form der Frührehabilitation ist die geriatrisch-frührehabilitative Komplexbehandlung (OPS-Code 8-550 ...).

Sieht das Behandlungskonzept der Einrichtung Maßnahmen vor, die der allgemeinen psychosozialen Betreuung und der Eingliederung psychisch Kranker in das gesellschaftliche, berufliche und soziale Leben dienen, erfüllt diese Einrichtung nicht den Krankenhausbegriff im Sinne des § 109 SGB V (BSG v. 15.3.1995 – 6 R KA 1/94 –, KRS 95.013).

Das Pflegesatzrecht macht das einzelne Krankenhaus zum Gegenstand seiner Regelungen. Wenn ein Krankenhausträger mehrere bisher wirtschaftlich selbstständige Krankenhäuser zusammenführt (z.B. in eine neu gegründete GmbH), stellt sich die Frage, ob künftig von einem einheitlichen Krankenhaus oder weiterhin von mehreren Krankenhäusern auszugehen ist. Die Legaldefinition des Krankenhausbegriffs in § 2 Nr. 1 KHG und § 107 Abs. 1 SGB V gibt für diese Frage nichts her. In einer Gesamtschau der Normen des Krankenhausfinanzierungsrechts ist festzustellen, dass diese Normen vom Erscheinungsbild eines einheitlichen Krankenhauses mit verschiedenen – unter Umständen örtlich getrennten – Abteilungen ausgehen, das durch eine umfassende Zusammenarbeit und eine zentrale Patientenaufnahme geprägt ist (BVerwG v. 22.9.1983 – 3 C 24.82 –, KRS 83.095; v. 23.4.2001 – 3 B 15.01 –, KRS 01.031; VGH Ba.-Wü. v. 28.11.2000 – 9 S 1976/98 –, KRS 00.129). Die Schaffung einer Betriebs- und Wirtschaftseinheit mit einheitlicher Betriebsleitung, einheitlichem Rechnungswesen und gemeinsamem Jahresabschluss reicht deshalb für sich allein nicht für die Annahme eines einheitlichen Krankenhauses aus; die Krankenhauseinrichtungen müssen auch in fachlich-medizinischer Hinsicht eine Einheit bilden. Daran fehlt es, wenn Abteilungen eines Fachgebiets in den zusammengeführten Einrichtungen parallel vorgehalten werden (BVerwG a.a.O.; VGH Ba.-Wü. a.a.O) Ohne eine erkennbare standortübergreifende medizinische Schwerpunkt- und Zentrenbildung ist daher in der Regel weiterhin von mehreren Krankenhäusern auszugehen mit der Folge, dass diese sowohl im Förderungsrecht als auch im Pflegesatzrecht einzeln den gesetzlichen Regelungen unterworfen sind.

Die Länder können in den Landeskrankenhausgesetzen abweichende Regelungen treffen. Vier Bundesländer haben Fusionsregeln getroffen. Auch danach sind jedenfalls die Doppelvorhaltung von Abteilungen und die fehlende organisatorische und wirtschaftliche Einheit Ausschlusskriterien für ein einheitliches Krankenhaus (Übersicht bei Quaas 2011. Zur Rechtslage in NRW OVG NRW v. 20.5.2009 – 13 A 2002/07 –, KRS 09.088; v. 21.12.2009 – 13 A 98/09 –, KRS 09.059; v. 6.10.2010 – 13 A 216/10 –, KRS 10.053). Krankenhausrechtlich wird eine Fusion erst mit dem Feststellungsbescheid der Planungsbehörde wirksam; erst mit der krankenhausrechtlich genehmigten Fusion entsteht ein als rechtliche Einheit zu betrachtendes Gesamtkrankenhaus. Der Zeitpunkt der gesellschaftsrechtlichen Fusion ist daher nicht maßgebend (VG Minden v. 12.11.2010 – 6 K 3527/08 –, KRS 10.057).

Bei einem **Umzug** eines Krankenhauses aus einem alten Krankenhausgebäude in ein neues Krankenhausgebäude ist nicht zwischen zwei verschiedenen Krankenhäusern zu unterscheiden (BVerwG v. 16.8.1983 – 3 C 55/82 –). Dies gilt auch dann, wenn das Krankenhaus in ein neu errichtetes Krankenhausgebäude auf einem anderen Grundstück umzieht (VG Schleswig v. 3.10.2010 – 1 B 15/10 –).

Die Existenz eines Krankenhausbetriebes endet nicht, wenn die laufende betriebliche Tätigkeit vorübergehend eingestellt wird, weil das alte Krankenhausgebäude abgerissen wird (BVerwG v. 9.12.1982 – 3 C 81.81 –).

3 Krankenhausleistungen

3.1 Überblick

Mit den Pflegesätzen werden die allgemeinen Krankenhausleistungen im Rahmen von vollstationären und teilstationären Behandlungen im Krankenhaus vergütet (§ 2 Nr. 4, § 17 Abs. 3 Nr. 1 KHG, §§ 1 Abs. 1, 2 Abs. 1 KHEntgG, §§ 1 Abs. 1, 2 Abs. 1 BPflV). Mit ihnen werden alle für die Versorgung der Patienten erforderlichen allgemeinen Krankenhausleistungen abgegolten (§ 7 Abs. 1 Satz 2 KHEntgG, § 7 Abs. 1 Satz 2 BPflV). Zu den Leistungen des Krankenhauses im Rahmen einer vollstationären und teilstationären Behandlung gehören auch darüber hinaus gehende Wahlleistungen, welche der Patient in Anspruch nimmt (wahlärztliche Leistungen, Unterbringung in einem Ein- oder Zweibettzimmer, § 17 KHEntgG, § 16 Abs. 1 Satz 2 BPflV). Deren Vergütung erfolgt aber nach zivilrechtlichen Grundsätzen durch die Patienten und nicht durch die von den Sozialleistungsträgern zu entrichtenden Pflegesätze (vgl. BGH v. 4.11.2010 – III ZR 323/09 –, KRS 10.056. Zur Problematik der Abgrenzung der Wahlleistungen von den allgemeinen Krankenhausleistungen Quaas 2009, 1280). Die Deutsche Krankenhausgesellschaft und der Verband der privaten Krankenversicherung können Empfehlungen zur Bemessung der Entgelte für nichtärztliche Wahlleistungen abgeben (§ 17 Abs. 1 Satz 4 KHEntgG, § 16 BPflV). Dies ist in einer Vereinbarung aus dem Jahr 2002 geschehen (das Krankenhaus 2002, 728). Die in der Anlage 2 zu dieser Vereinbarung enthaltenen Wahlleistungsentgelte werden laufend der Entwicklung angepasst (zuletzt zum 1. Januar 2013, vgl. http://www.dkgev.de/dkg.php/cat/71/aid/9796/title/Wahlleistung_Unterkunft_-_Anpassung_fuer_Preise_der_Komfortelemente_fuer_das_Jahr_2013, Abruf am 22.1.2013). Für die Gerichte ist die Vereinbarung die wesentliche Entscheidungshilfe bei der Beurteilung der Angemessenheit der Entgelte für die Wahlleistung Unterkunft (BGH v. 4.8.2000 – III ZR 158/99 –, KRS 00.018; VGH Baden-Württemberg v. 17.4.2012 – 2 S 1730/11 –, KRS 12.018).

Für die Vergütung von weiteren Krankenhausleistungen durch die Sozialleistungsträger enthält überwiegend das SGB V Regelungen. Die Vergütung der vor- und nachstationären Behandlung richtet sich nach § 115a SGB V, die Vergütung für ambulante Operationen und sonstige stationsersetzende Eingriffe bei gesetzlich versicherten Patienten nach § 115b SGB V, bei sonstigen Patienten nach den für sie geltenden Vorschriften, Vereinbarungen und Tarifen (§ 17 Abs. 1 KHG, § 1 Abs. 3 KHEntgG, § 1 Abs. 3 BPflV). Die Kosten für wissenschaftliche **Forschung und Lehre**, die über den normalen Krankenhausbetrieb hinausgehen, sind in den Pflegesätzen nicht zu berücksichtigen (§ 17 Abs. 3 Nr. 2 KHG). Behandlungen im Rahmen von **klinischen Studien** einschließlich der Studien mit Arzneimitteln gehören aber zu den allgemeinen Krankenhausleistungen (§ 8 Abs. 1 Satz 2 KHEntgG, § 8 Abs. 1 Satz 3 BPflV).

Eine Übersicht über die verschiedenen Krankenhausleistungen und die Grundsätze über deren Vergütung durch die Sozialleistungsträger enthält Tabelle 1

Tab. 1   Krankenhausleistungen und deren Vergütung durch die Sozialleistungsträger

Art der Leistung	Art der Vergütung	Rechtsgrundlage
Allgemeine Krankenhausleistungen im Rahmen von voll- und teilstationärer Behandlung einschließlich Frührehabilitation	Pflegesätze (Fallpauschalen, Zusatzentgelte, tages-, fall- oder zeitraumbezogene Entgelte, Zu- und Abschläge)	§§ 2 Nr. 4, 4 Nr. 2 KHG, § 7 KHEntgG, § 7 BPflV
Vor- und nachstationäre Behandlung[1]	Pauschalvergütung nach Vereinbarung der Vertragsparteien auf der Landesebene oder Empfehlung der Vertragsparteien auf der Bundesebene[2]	§ 115a Abs. 3 SGB V
Ambulantes Operieren	Einheitliche Vergütung nach Vereinbarung der Spitzenverbände[3]	§ 115b Abs. 1 SGB V
Ambulante spezialfachärztliche Versorgung	Diagnosebezogene Gebühren nach Vereinbarung der Spitzenverbände	§ 116b Abs. 2 und 6 SGB V[4]
Ambulante Notfallbehandlung	Wie vertragsärztliche Vergütung durch Vereinbarung auf Landesebene	§ 115 Abs. 1, Abs. 2 Nr. 5 SGB V[5]
Ambulante Behandlung im Rahmen einer Institutsermächtigung wegen Unterversorgung	Vertragsärztliche Vergütung	§§ 116a, 120 Abs. 1 Satz 1 SGB V
Ambulante Behandlung in Hochschulambulanzen	Einzel- oder Pauschalvergütung nach Vereinbarung auf Landesebene	§§ 117 Abs. 1, 120 Abs. 2 und 3 SGB V
Ambulante Leistungen der psychiatrischen und psychosomatischen Institutsambulanzen sowie der sozialpädiatrischen Zentren	Individuell in Verträgen mit den Landesverbänden der Krankenkassen	§§ 118, 119, 120 Abs. 2 SGB V)

Art der Leistung	Art der Vergütung	Rechtsgrundlage
Ambulante Leistungen der kinder- und jugendmedizinischen, kinderchirurgischen, kinderorthopädischen, pädaudiologischen und kinderradiologischen Abteilungen	Individuelle fall- oder einrichtungsbezogene Pauschalen nach Vereinbarung mit den Landesverbänden der Krankenkassen	§ 120 Abs. 1a SGB V
Ambulante Leistungen der geriatrischen Institutsambulanzen	Vergütung aus der Gesamtvergütung nach vertragsärztlichen Grundsätzen	§§ 118a, 120 Abs. 1 SGB V
Integrierte Versorgung	Individuell nach IV-Vertrag	§ 140c SGB V
Durchführung strukturierter Behandlungsprogramme bei chronischen Krankheiten	Individuell nach Vertrag	§ 137f SGB V
Modellvorhaben	Individuell nach Vertrag	§§ 64, 64b SGB V
Medizinische Versorgungszentren	Vertragsärztliche Vergütung	§§ 87ff. SGB V
Ausbildung	Zuschlag je voll- und teilstationärem Fall	§ 17a Abs. 5 und 6 KHG, § 7 Abs. 1 Nr. 4 KHEntgG, § 7 Abs. 1 Nr. 3 BPflV

[1] Die vorstationäre Behandlung dient dem Ziel, die Erforderlichkeit einer vollstationären Krankenhausbehandlung zu klären oder die vollstationäre Krankenhausbehandlung vorzubereiten. Sie ist auf längstens drei Behandlungstage innerhalb von fünf Tagen vor Beginn der stationären Behandlung begrenzt (§ 115a Abs. 1 Nr. 1 und Abs. 2 Satz 1 SGB V). Die nachstationäre Behandlung im Anschluss an eine vollstationäre Krankenhausbehandlung hat das Ziel, den Behandlungserfolg zu sichern oder zu festigen; sie darf in der Regel sieben Behandlungstage innerhalb von 14 Tagen nach der Entlassung aus der vollstationären Behandlung nicht überschreiten (§ 115a Abs. 1 Nr. 2 und Abs. 2 Satz 2 und 3 SGB V). Zweck der vor- und nachstationären Behandlung ist es, die vollstationäre Krankenhausbehandlung auf das medizinisch notwendige Maß zu beschränken und bei geeigneten Patienten die diagnostischen und therapeutischen Leistungen vor- und nachstationär zu erbringen. Die vor- und nachstationäre Behandlung ist eine Leistung eigener Art als Annex zur vollstationären Versorgung im Krankenhaus (BSG v. 10.3.2010 – B 3 KR 15/08 R –, KRS 10.017; LSG Bayern v. 27.9.2011 – L 5 KR 81/08 –, KRS 11.064). Folglich sind diagnostische Maßnahmen, die nicht zu dem Zweck erfolgen, die Notwendigkeit einer vollstationären Behandlung zu klären oder den Behandlungserfolg zu sichern, keine vor- oder nachstationäre Behandlung im Sinne des § 115 Abs. 1 SGB V. Bei der nachstationären Behandlung kommt es nicht darauf an, ob die Behandlung auch ambulant hätte erfolgen können. Bei der vorstationären Behandlung ist nicht erforderlich, dass den vorstationären Behandlungsmaßnahmen eine vollstationäre Krankenhausbehandlung tatsächlich nachfolgt (LSG Berlin-Brandenburg v. 16.7.2012 – L 1 KR 118/11 –, KRS 12.042; LSG Sachsen-Anhalt v. 27.1.2011 – L 4 KR 62/05 –, KRS 11.056; SG Berlin v. 31.8.2011 – S 210 KR 454/10 –, KRS 11.069). Auch wenn eine ambulante Operation nachfolgt, handelt es sich um eine vorstationäre Behandlung, die neben der ambulanten Operation zu vergüten ist; die ambulante Operation kann auch außerhalb des Krankenhauses durchgeführt werden (LSG Saarland v. 14.12.2011 – L 2 KR 122/09 –, KRS 11.097). – Die Fristen sind verbindlich, sodass die Pflegesatzparteien keine Vergütungsvereinbarung für Behandlungen außerhalb der Fristen treffen können (LSG Bayern a.a.O.; a.M. SG Berlin v. 5.4.2011 – 76 KR 833/10 –, KRS 11.027).

[2] Sofern eine Vereinbarung auf der Landesebene nicht zustande gekommen ist, gilt als Vergütungsregelung gemäß § 115a Abs. 3 Satz 4 SGB V die Gemeinsame Empfehlung über die Vergütung für vor- und nachstationäre Behandlung nach § 115a Abs. 3 SGB V der Spitzenverbände (BSG v. 10.3.2010 – B 3 KR 15/08 R –, KRS 10.017 m.w.Nachw.). Diese Empfehlungsvereinbarung sieht fachabteilungsbezogene Vergütungspauschalen vor (www.bwkg.de/download/Vergütung vor- und nachstationär, Abruf am 22.2.2012).

[3] Vertrag nach § 115b Abs. 1 SGB V – Ambulantes Operieren und stationsersetzende Eingriffe im Krankenhaus – (AOP-Vertrag) zwischen dem GKV-Spitzenverband, der Deutschen Krankenhausgesellschaft und der Kassenärztlichen Bundesvereinigung vom 4.12.2009 i.d.F. der Änderungsvereinbarung vom 8.12.2011 (http://www.gkv-spitzenverband.de/krankenversicherung/krankenhaeuser/ambulante_kh_leistungen/ambulantes_operieren_115_b/ambulantes_operieren_115_b.jsp, Abruf am 22.1.2013). Die Vergütung folgt vertragsarztrechtlichen Grundsätzen (§ 7 AOP-Vertrag).

[4] Die ambulante spezialfachärztliche Versorgung wurde durch das Gesetz zur Verbesserung der Versorgungsstrukturen in der gesetzlichen Krankenversicherung (GKV-Versorgungsstrukturgesetz – GKV-VStG) vom 22. Dezember 2011 vollständig neu geregelt (Art. 1 Nr. 44). Für die Vergütung der Leistungen der ambulanten spezialfachärztlichen Versorgung vereinbaren der Spitzenverband Bund der Krankenkassen, die Deutsche Krankenhausgesellschaft und die Kassenärztliche Bundesvereinigung diagnosebezogene Gebührenpositionen in Euro und deren jeweiligen Einführungszeitpunkte, nachdem der Gemeinsame Bundesausschuss (§ 92 SGB V) in Richtlinien das Nähere geregelt hat. Bis dahin erfolgt die Vergütung auf der Grundlage des Einheitlichen Bewertungsmaßstabs für ärztliche Leistungen (EBM) mit dem Preis der jeweiligen regionalen Euro-Gebührenordnung (§ 87a Abs. 2 SGB V). Bei öffentlich geförderten Krankenhäusern ist diese Vergütung um einen Investitionskostenabschlag zu kürzen (§ 116b Abs. 6 Satz 2 und 8 SGB V). Ausführlich Kuhla 2012.

[5] BSG v. 6.9.2006 – B 6 KA 31/05 R, KRS 06.102. Das BSG hält bei öffentlich geförderten Krankenhäusern wegen der niedrigeren Eigenaufwendungen für Investitionen einen Investitionskostenabschlag in Höhe von 10 Prozent von den für Vertragsärzte geltenden Vergütungssätzen für gerechtfertigt. Ein niedrigerer Punktwert für Krankenhäuser verstößt dagegen nach Auffassung des BSG gegen den Gleichbehandlungsgrundsatz (Art. 3 Abs. 1 GG).

(ausführlich Hess 2009, 168ff.; Quaas 2009, 1271ff.; Genzel u. Degener-Hencke 2010, 1040ff.).

3.2 Allgemeine voll- und teilstationäre Krankenhausleistungen

Das KHEntgG und die BPflV enthalten, soweit es die voll- und teilstationären Leistungen betrifft, eine weitgehend deckungsgleiche Legaldefinition des Begriffs „allgemeine Krankenhausleistungen" (§ 2 Abs. 2 KHEntgG, § 2 Abs. 2 BPflV). Allgemeine Krankenhausleistungen sind danach die Krankenhausleistungen, die unter Berücksichtigung der Leistungsfähigkeit des Krankenhauses im Einzelfall nach Art und Schwere der Krankheit für die medizinisch zweckmäßige Versorgung notwendig sind. Dazu gehören insbesondere die ärztliche Behandlung, die Pflege, die Versorgung mit Arznei-, Heil- und Hilfsmitteln sowie Unterbringung und Pflege (§ 2 Abs. 1 KHEntgG, § 2 Abs. 1 BPflV). Die Behandlung und Pflege muss nach einem allgemein anerkannten wissenschaftlichen Standard erfolgen (§ 107 Abs. 1 Nr. 2 SGB V). Sie umfasst gegebenenfalls auch Leistungen, die in dem vorgenannten Katalog nicht aufgezählt sind, weil es sich nicht um einen abschließenden Katalog handelt. So gehören auch Dolmetscherleistungen zu den allgemeinen Krankenhausleistungen. Der Begriff der allgemeinen Krankenhausleistungen ist inhaltlich deckungsgleich mit dem Anspruch der gesetzlich Krankenversicherten auf Krankenhausbehandlung nach § 39 Abs. 1 SGB V (ebenso Tuschen u. Trefz 2010, 221). Die allgemeinen Krankenhausleistungen sind unter Berücksichtigung der Leistungsfähigkeit des Krankenhauses zu erbringen (§ 2 Abs. 2 Satz 1 KHEntgG, § 2 Abs. 2 Satz 1 BPflV). Das bedeutet, dass das gesamte im Krankenhaus versammelte medizinische Können und Wissen, auch soweit es nur bei besonders spezialisierten Ärzten oder bei Chefärzten besteht, in die Behandlung einzubringen ist, wenn dies im Einzelfall erforderlich ist, um eine dem aktuellen medizinischen Wissensstand entsprechende Behandlung zu gewährleisten. Der Patient kann in solchen Fällen nicht auf Wahlleistungen verwiesen werden (BVerfG v. 7.11.2002 – 2 BvR 1053/ –; KRS 02.083).

Die Behandlung von Erkrankungen, die nicht der Anlass für die Krankenhausaufnahme waren, aber gleichwohl unaufschiebbar behandlungsbedürftig sind (interkurrente Erkrankungen, z.B. chronische Niereninsuffizienz), gehört ebenfalls zu den allgemeinen Krankenhausleistungen.

Hervorzuheben ist, was neben den allgemeinen Krankenhausleistungen und Wahlleistungen *auch* zu den Krankenhausleistungen gehört, nämlich die während des Krankenhausaufenthalts durchgeführten Maßnahmen zur Früherkennung von Krankheiten im Sinne des SGB V; die vom Krankenhaus veranlassten Leistungen Dritter; die aus medizinischen Gründen notwendige Mitaufnahme einer Begleitperson des Patienten oder die Mitaufnahme einer Pflegekraft nach § 11 Abs. 3 SGB V; die Frührehabilitation und das Entlassungsmanagement im Sinne von § 39 Abs. 1 Satz 4 und 5 SGB V; schließlich die besonderen Aufgaben von Zentren und Schwerpunkten für die stationäre Versorgung von Patienten, insbesondere die Aufgaben von Tumorzentren und geriatrischen Zentren sowie entsprechenden Schwerpunkten.

Nicht zu den Krankenhausleistungen gehören die Leistungen der **Belegärzte**, auch dann nicht, wenn sie auf der Basis von Honorarverträgen mit dem Krankenhausträger (§ 121 Abs. 5 SGB V) tätig werden (§ 18 KHEntgG) (ebenso Tuschen u. Trefz 2010, 219; Rau in Halbe et al. 2010, 113; Prütting 2012), sowie die Leistungen der Beleghebammen und -entbindungspfleger (§ 2 Abs. 1 Satz 2 KHEntgG). Belegärzte sind nicht am Krankenhaus angestellte Vertragsärzte, die berechtigt sind, ihre Patienten im Krankenhaus unter Inanspruchnahme der hierfür bereit gestellten Dienste, Einrichtungen und Mittel vollstationär oder teilstationär zu behandeln (§ 121 Abs. 2 SGB V). Bei der Behandlung durch Belegärzte wird die ärztliche Versorgung aus der ansonsten einheitlichen Leistung des Krankenhauses ausgegliedert und Gegenstand selbstständiger Rechtsbeziehungen zwischen Arzt, Krankenhaus und Patient (BSG v. 22.4.2009 – B 3 KR 24/07 R –, KRS 09.027). Das gilt sinngemäß auch für Beleghebammen und -entbindungspfleger.

Die **Dialyse** zählt zu den Krankenhausleistungen, wenn eine Dialysebehandlung während des Krankenhausaufenthalts in einer eigenen Dialyseeinrichtung durchgeführt wird (§ 2 Abs. 3 Satz 3 KHEntgG, § 1 Abs. 8 PEPPV 2013).

Es ist in den Pflegesatzverhandlungen also zu klären, ob es sich bei den vom Krankenhaus geltend gemachten Leistungen um voll- oder teilstationäre Leistungen „des Krankenhauses" handelt. Das kann vor allem dann zweifelhaft sein, wenn Leistungen dem ambulanten Bereich zugeordnet werden können oder wenn dritte Personen oder Einrichtungen am Leistungsprozess beteiligt sind. Eine gesetzliche **Abgrenzung** der maßgebenden Merkmale für eine voll- und teilstationäre Behandlung findet sich weder im Pflegesatzrecht noch im Krankenversicherungsrecht (§ 39 SGB V). Von der Ermächtigung in § 16 Nr. 2 KHG, die verschiedenen Leistungen der Krankenhäuser gegeneinander abzugrenzen, hat die Bundesregierung keinen Gebrauch gemacht.

> Der Regierungsentwurf zum 2. FPÄndG vom 28.5.2004 enthielt eine Definition der teilstationären Behandlung, diese wurde aber nicht Gesetz (Einzelheiten bei BSG v. 28.2.2007 – B 3 KR 17/06 R –, KRS 07.016. Vgl. auch Quaas u. Dietz 2004, 513, 515).

Eine Rahmenempfehlung der Vertragsparteien auf der Bundesebene nach § 112 Abs. 5 SGB V mit Abgrenzungskriterien liegt ebenfalls nicht vor.

Die Abgrenzung der ambulanten Behandlung von der voll- und teilstationären Behandlung hat in der Vergangenheit große Schwierigkeiten bereitet und die Pflegesatzverhandlungen stark belastet, zumal sie in Rechtsprechung und Literatur kontrovers behandelt wurde. Für weitgehende Rechtssicherheit hat das Bundessozialgericht in jüngster Zeit mit mehreren Urteilen gesorgt (BSG v. 4.3.2004 – B 3 KR 4/03 –, KRS 04.011; v. 28.2.2007 – B 3 KR 15/06 – und B 3 KR

17/06 R –, KRS 07.016). Danach kommt es für die Definition von vollstationärer, teilstationärer und ambulanter Krankenhausbehandlung entscheidend auf das Merkmal der **geplanten Aufenthaltsdauer** an. Eine physische und organisatorische Eingliederung in das spezifische Versorgungssystem des Krankenhauses ist dann gegeben, wenn sie sich zeitlich über mindestens einen Tag und eine Nacht erstreckt. Demgemäß ist eine Behandlung nur **ambulant**, wenn der Patient die Nacht vor und die Nacht nach der Behandlung nicht im Krankenhaus verbringt. Kennzeichnend für die **teilstationäre** Versorgung ist eine zeitliche Beschränkung auf die Behandlung tagsüber, bei der die Nacht zu Hause verbracht wird (**Tageskliniken**, z.B. in der Psychiatrie und Geriatrie), oder auf die Behandlung abends und nachts, bei der der Patient sich tagsüber in seinem normalen Umfeld bewegt (**Nachtkliniken, z.B. Diabeteskliniken**). Bei teilstationärer Krankenhausbehandlung wird – im Unterschied zur ambulanten Behandlung – die medizinisch-organisatorische Infrastruktur eines Krankenhauses benötigt, ohne dass eine ununterbrochene Anwesenheit des Patienten im Krankenhaus notwendig ist. Teilstationäre Behandlungen erstrecken sich regelmäßig über einen längeren Zeitraum.

Diese Definitionen sind in der Regel geeignet, bei **Operationen** eine Abgrenzung der stationären Behandlung vom ambulanten Operieren und anderen stationsersetzenden Eingriffen vorzunehmen. Sie helfen aber nicht immer, weil es Fallpauschalen gibt, die für die Behandlung an nur einem Behandlungstag kalkuliert worden sind; der DRG-Fallpauschalenkatalog 2013 enthält 23 für einen Tag kalkulierte Fallpauschalen. Die Abgrenzung einer nicht-operativen stationären Behandlung von einer ambulanten Behandlung gelingt mit Hilfe dieser Definitionen noch weniger. So ist der Patient, der mit Verdacht auf Herzinfarkt in eine Intensivstation eingeliefert wird, aber nach wenigen Stunden entlassen wird, weil sich der Verdacht nicht bestätigt hat, ein stationärer Fall. Entscheidend ist in solchen Fällen, neben der geplanten Dauer der Behandlung, in welchem Umfang der Patient die Infrastruktur des Krankenhauses benötigt. Das hängt davon ab, wie die Krankheit üblicherweise behandelt wird (BSG v. 28.2.2007 – B 3 KR 17/06 R –, KRS 07.016). Nach diesen Kriterien ist auch die in den Pflegesatzverhandlungen häufig strittige **Dialyse** von der ambulanten Behandlung abzugrenzen. Entscheidend ist demnach, ob der Dialysepatient die Infrastruktur des Krankenhauses benötigt, was insbesondere bei älteren multimorbiden Patienten der Fall sein kann. Im Zweifel ist den Pflegesatzparteien anzuraten, einen indikationsbezogenen Kriterienkatalog zu vereinbaren, auf dessen Basis sie Mengenplanungen für die Dialyse vornehmen können.

> Das BSG (Urt. v. 4.3.2004 – B 3 KR 4/03 R –, KRS 04.011) neigt dazu, die Dialyse grundsätzlich als ambulant einzustufen, übersieht dabei aber, dass die Dialyse weiterhin als Krankenhausbehandlung in Betracht kommt (§ 2 Abs. 2 Satz 3 KHEntgG). Zutreffend Quaas u. Dietz 2004, 516, sowie Tuschen u. Trefz 2010, 224. Vgl. auch DRG L71Z – Niereninsuffizienz mit Dialyse.

Einen solchen Kriterienkatalog gibt es in der Vereinbarung der Vertragsparteien auf der Bundesebene über das ambulante Operieren nach § 115b SGB V vom 17.8.2006 in der Fassung der Änderungsvereinbarung vom 8.12.2011 (**AOP-Vertrag**). Bei Auslegungsproblemen, z.B. bei der Frage, in welchen Fällen der Kategorie 1 („in der Regel ambulant", vgl. § 3 Abs. 2 und 3 AOP-Vertrag) eine stationäre Behandlung vorliegt, können die vom BSG entwickelten Kriterien zusätzlich herangezogen werden. Für eine Operationsleistung, die stationär erbracht worden ist, obwohl eine ambulante Operation ausreichend gewesen wäre, kann das Krankenhaus eine Vergütung nach dem AOP-Vertrag verlangen, wenn es die Operation nach diesem Vertrag hätte durchführen können (BSG v. 18.9.2008 – B 3 KR 22/07 R –, KRS 08.064).

Die präoperative **Eigenblutentnahme** ist wegen ihres funktionalen Zusammenhangs mit der stationären Behandlung der stationären Leistung zuzurechnen (BSGE 74, 263). Der Transport von Eigenblut von dem die Blutspende abnehmenden Krankenhaus zum operierenden Krankenhaus gehört ebenfalls zu den allgemeinen Krankenhausleistungen (SG Köln v. 14.8.2008 – S 5 KR 392/08 ER –, KRS 08.110).

3.3 Leistungen Dritter

Bei den vom Krankenhaus veranlassten **Leistungen Dritter** (§ 2 Abs. 2 KHEntgG, § 2 Abs. 2 BPflV) ergeben sich ebenfalls Abgrenzungsprobleme. Im Rahmen von Kooperationen und Zentrumsbildungen wird häufig eine Arbeitsteilung zwischen den beteiligten Krankenhäusern vereinbart, z.B. bei der kardiologischen, strahlentherapeutischen oder intensivmedizinischen Versorgung und in der Diagnostik (Radiologie, Labormedizin etc.), vgl. § 8 Abs. 6 KHEntgG. Auch Leistungen niedergelassener Ärzte und selbstständiger Therapeuten (Physiotherapie, Ergotherapie etc.) werden von vielen Krankenhäusern „eingekauft". Krankenhäuser sind vielfach das logistische Zentrum in regionalen Versorgungsnetzen. *Wann handelt es sich um pflegesatzfähige Leistungen des Krankenhauses und wann um Leistungen des Kooperationspartners?*

3.3.1 Verbringung und Verlegung

Um Leistungen des Krankenhauses handelt es sich zweifelsfrei, wenn die Leistungen des Dritten im Verhältnis zu der vom Krankenhaus zu erbringenden Hauptbehandlungsleistung lediglich ergänzende oder unterstützende Funktion haben, es sich also lediglich um eine **Verbringung** handelt. Zu den Leistungen des Krankenhauses gehört in diesem Fall auch der Transport des Patienten zum Dritten. Geht die Verantwortung für die Gesamtbehandlung dagegen vollständig auf den Dritten (z.B. auf ein anderes Krankenhaus) über, handelt es sich um eine **Verlegung** und damit um eine Leistung des Dritten (BSG v. 28.2.2007 – B 3 KR 17/06 R –, KRS 07.016). Der Verlegungstransport ist weder eine Leistung des abgebenden Krankenhauses noch des aufnehmenden Krankenhauses (BSG v. 21.2.2002 – B 3 KR 4/01 R –, KRS 02.006). Allerdings ist die Arztbegleitung bei Verlegungstransporten eine allgemeine Krankenhausleistung des verlegenden Krankenhauses (LSG Bayern v. 24.6.2010 – L 4 KR 167/08 –; vgl. auch BSG v. 13.9.2011 – B 1 KR 4/11 R –, KRS 11.100). Werden zum Beispiel Patienten bei Verdacht auf Herzinfarkt von einem Krankenhaus, das weder über eine kardiologische noch eine intensivmedizinische Abteilung verfügt, an ein Krankenhaus mit der erforderlichen Ausstattung „überwiesen" und nach diagnostischer Abklärung auf der Intensivstation wieder zurück gebracht, handelt es sich bei der Behandlung im anderen Krankenhaus um eine Leistung des anderen Krankenhauses (BSG a.a.O.). Geschieht dies regelmäßig im Rahmen einer Kooperation, können die Leistungen des anderen Krankenhauses nicht Gegenstand einer Pflegesatzvereinbarung mit dem abgebenden Krankenhaus sein. Ein weiteres Abgrenzungskriterium ist der Versorgungsauftrag (s. Kap. II.5). Erbringt der Dritte Leistungen außerhalb des Versorgungsauftrags des abgebenden Krankenhauses, sind die Leistungen nur dem Dritten zuzurechnen (BSG a.a.O.).

3.3.2 Kooperationen mit niedergelassenen Ärzten

Konsiliarärztliche Tätigkeiten von niedergelassenen Ärzten für Krankenhäuser sind an der Tagesordnung und der Regelfall der „vom Krankenhaus veranlassten Leistungen Dritter", insbesondere in der Diagnostik. Erbringen niedergelassene Ärzte, die sich im oder am Krankenhaus niedergelassen haben, in Kooperation mit den Fachabteilungen des Krankenhauses diagnostische Leistungen für stationäre Patienten (z.B. CT-Untersuchungen), handelt es sich um Leistungen des Krankenhauses (SG Dortmund v. 30.4.2008 – S 48[44] KR 298/05 –, KRS 08.027; Schwarz 2008, 590ff.; Quaas u. Zuck 2005, 352; abl. OVG Rh.-Pf. v. 28.9.2004 – 7 A 10151/04 –, KRS 04.018 für Linksherzkatheteruntersuchungen).

In jüngster Zeit finden darüber hinaus Kooperationen zwischen Krankenhäusern und niedergelassenen Ärzten in der Weise statt, dass niedergelassene Ärzte, ohne Belegärzte zu sein, als freie Mitarbeiter *an Stelle von Krankenhauspersonal* gegen Honorarzahlung des Krankenhauses umfangreiche *therapeutische* Leistungen, zum Beispiel Operationen, bei stationären Patienten im Krankenhaus erbringen (**Honorarvertragsmodell**). In diesen Fällen handelt es sich nicht um eine Verbringung und auch nicht um eine Verlegung, weil der Patient im Krankenhaus verbleibt. Es handelt sich ferner nicht um eine konsiliarärztliche Tätigkeit im herkömmlichen Sinne, die im Wesentlichen auf Beratung, Untersuchung und Mitbehandlung gerichtet ist (Quaas u. Zuck 2005 a.a.O.). Man kann auch nicht sagen, dass die Gesamtverantwortung für die Behandlung auf den niedergelassenen Arzt übergegangen ist, denn die (ggf. intensivmedizinische) Überwachung und pflegerische Versorgung des Patienten werden vom Krankenhaus erbracht.

Teilweise wird die Abgrenzung danach vorgenommen, wer die Hauptleistung erbringt (LSG Sachsen v. 30.4.2008 – L 1 KR 103/107 –, KRS 08.028; Schwarz 2008, 590). Lässt sich eindeutig feststellen, dass das Krankenhaus die Hauptleistung erbringt, kann ihm die Leistung des Dritten zugerechnet werden. Wenn das aber nicht der Fall ist, versagt dieses Abgrenzungskriterium. So ist zum Beispiel die perkutane Koronarangioplastie als Hauptleistung anzusehen, wenn die Beseitigung einer Gefäßstenose das Hauptziel der Behandlung ist. Auch diese Hauptleistung kann unter Umständen dem Krankenhaus zugerechnet werden, wenn sie von einem niedergelassenen Arzt in Kooperation mit einer Abteilung für Innere Medizin erbracht wird (SG Dortmund v. 30.4.2008 – S 48[44] KR 298/05 –, KRS 08.027).

In diesen Fällen muss auf die konkrete Ausgestaltung der vertraglichen Beziehungen zwischen dem Krankenhaus und dem niedergelassenen Arzt abgestellt werden. Bleibt die Gesamtverantwortung für die Behandlung danach beim Krankenhaus, indem es den Patienten gegenüber vertrags- und haftungsrechtlich als Erbringer der Behandlungsleistung auftritt und der niedergelassene Arzt nur Erfüllungsgehilfe im zivilrechtlichen Sinne (§ 278 BGB) ist, bleibt die vom kooperierenden Arzt erbrachte Leistung eine Leistung des Krankenhauses. Sie bleibt es selbst dann, wenn sie im Rahmen der gesamten Behandlung als Hauptleistung anzusehen ist.

Die Leistung des niedergelassenen Arztes kann allerdings dann keine Leistung des Krankenhauses sein, wenn das Krankenhaus nicht in der Lage ist, die medizinisch notwendige Versorgung insgesamt sicherzustellen, insbesondere nicht über die notwendige personelle und sachliche Ausstattung verfügt. Es überschreitet dann wegen fehlender Leistungsfähigkeit seinen Versorgungsauftrag (BSG v. 28.2.2007 – B 3 KR 17/06 R –, KRS 07.016; vgl. auch OVG Berlin v. 26.6.1996 – 7 S 144.96 –, KRS 96.075, u. OVG Rh.-Pf. v. 28.9.2004 – 7 A 10151/04 –, KRS 04.018; VG Hannover v. 22.7.2010 – 7 A 1052/09 –, KRS 10.034 m.w.Nachw.).

Generell gilt, dass Leistungen Dritter nur im Rahmen des Versorgungsauftrages des Krankenhauses erbracht werden können.

Ansonsten steht es jedem Krankenhaus innerhalb bestehender rechtlicher Schranken frei, ob es seine dem Versorgungsauftrag entsprechenden Leistungen mit hauptberuflich angestellten, zugelassen Fachärzten oder anderen Ärzten erbringt (BVerwG v. 16.1.1986 – 3 C 37.83 –, KRS 86.014; OVG Berlin a.a.O; SG Schwerin v. 1.7.2009 – S 3 KA 31/08 –, KRS 09.063; VG Frankfurt/M. v. 9.2.2010 – 5 K 1985/08 F –, KRS 10.008; VG Hannover v. 22.7.2010 – 7 A 1052/09 –, KRS 10.034). Das Krankenhaus muss aber sicherstellen, dass die nicht fest angestellten Ärztinnen und Ärzte für ihre Tätigkeit im Krankenhaus die gleichen Anforderungen erfüllen, wie sie auch für fest im Krankenhaus angestellte Ärztinnen und Ärzte gelten (§ 2 Abs. 3 KHEntgG, § 2 Abs. 3 BPflV) Diese Sicherstellungspflicht erstreckt sich z. B. auf die Facharztqualifikation für den jeweiligen Tätigkeitsbereich, das Vorliegen des Fortbildungszertifikats der Ärztekammer, die Durchführung einer Einweisung gemäß Medizinprodukte-Betreiberverordnung, die stetige Teilnahme an Instrumenten des Qualitäts- und Risikomanagements im jeweiligen Tätigkeitsbereich, Kenntnisse der Standard- und Notfallabläufe im jeweiligen Tätigkeitsbereich, die Kenntnisnahme der einschlägigen Dienstvorschriften und die Übereinstimmung der vereinbarten Tätigkeiten mit den gesetzlichen Regelungen, insbesondere zu Gesundheitsschutz, Gefahrenabwehr und Arbeitszeit (amtliche Begründung zu § 2 Abs. 3 KHEntgG, BT-Drucks. 17/1992, 30).

Rechtliche Schranken sind insbesondere bei der Kooperation mit Vertragsärzten zu beachten. Bei Vertragsärzten ergeben sich Einschränkungen aus dem vertragsärztlichen Zulassungsrecht. Die Zulassungsverordnung für Vertragsärzte – Ärzte-ZV – darf nicht umgangen werden und Vertragsärzte dürfen nicht als „unechte" Belegärzte tätig werden (VG Gelsenkirchen v. 29.9.2005 – S 16 KA 15/04 –, MedR 2007, 569). Von Bedeutung ist vor allem § 20 Ärzte-ZV. Nach § 20 Abs. 2 Ärzte-ZV ist die Tätigkeit in oder die Zusammenarbeit mit einem zugelassenen Krankenhaus mit der Tätigkeit als Vertragsarzt zwar grundsätzlich vereinbar; es gelten aber die Einschränkungen in §§ 19a Abs. 1, 20 Abs. 1 Ärzte-ZV. Diese Vorschriften verpflichten den zugelassenen Vertragsarzt, die vertragsärztliche Tätigkeit bei einem vollen Versorgungsauftrag vollzeitig auszuüben. Wenn der Vertragsarzt unter Berücksichtigung der Dauer und zeitlichen Lage der Tätigkeit im oder am Krankenhaus den Versicherten nicht in dem seinem Versorgungsauftrag entsprechenden Umfang persönlich zur Verfügung steht und insbesondere nicht in der Lage ist, Sprechstunden zu den in der vertragsärztlichen Versorgung üblichen Zeiten anzubieten, ist seine (Neben-)Tätigkeit nach § 20 Abs. 1 Satz 1 Ärzte-ZV unzulässig.

Das Bundessozialgericht hatte § 20 Abs. 1 Ärzte-ZV vor der Neufassung durch das GKV-Versorgungsstrukturgesetz (Art. 9 Nr. 7) dahin ausgelegt, dass neben einer vertragsärztlichen Zulassung mit vollem Versorgungsauftrag eine weitere Beschäftigung von nicht mehr als 13 Stunden wöchentlich ausgeübt werden dürfe (BSG v. 30.1.2002 – B 6 KA 12/01 R –, KRS 02.028 = BSGE 89,134). Habe der Vertragsarzt nach § 19 Abs. 2 Ärzte-ZV nur einen hälftigen Versorgungsauftrag, dürfe er eine anderweitige Tätigkeit bis zu 26 Stunden wöchentlich ausüben (BSG v. 13.10.2010 – B 6 KA 40/09 R –, KRS 10.069). Die Neufassung des § 20 Abs. 1 Ärzte-ZV bewirkt eine Flexibilisierung der vertragsärztlichen Berufsausübung und führt zu einer Lockerung der zeitlichen Grenzen für Nebenbeschäftigungen von Vertragsärzten. Die vom BSG aufgestellten starren Zeitgrenzen gelten nicht mehr. Wenn die in § 20 Abs. 1 Satz 1 Ärzte-ZV genannten Voraussetzungen erfüllt sind, der Vertragsarzt insbesondere in der Lage ist, Sprechstunden zu den in der vertragsärztlichen Versorgung üblichen Zeiten anzubieten, ist eine Nebenbeschäftigung auch bei einer Überschreitung der vom BSG entwickelten Zeitgrenzen möglich (so ausdrücklich amtliche Begründung zu Art. 9 Nr. 6 GKV-Versorgungsstrukturgesetz, BT-Drucks. 17/6906, 104). Von praktischer Bedeutung ist insbesondere die Einhaltung einer Mindestsprechstundenzahl von 20 Stunden wöchentlich bei einem vollen Versorgungsauftrag und von 10 Stunden wöchentlich bei einem halben Versorgungsauftrag zu den üblichen Zeiten (§ 17 Abs. 1a BMV-Ä).

Rechtsunsicherheit bestand bis in die jüngste Zeit noch über die Frage, ob die Tätigkeit des Vertragsarztes im Krankenhaus stets eine Tätigkeit als angestellter Krankenhausarzt sein muss oder auch eine freiberufliche Tätigkeit auf der Basis eines Dienstvertrages (Honorarvertrages) sein kann. Das BSG hatte für den Bereich des ambulanten Operierens durch Auslegung des AOP-Vertrages entschieden, dass der Vertragsarzt fest angestellt sein muss. Unter Berufung auf die Gesetzesmaterialien zum Vertragsarztrechtsänderungsgesetz (BT-Drucks. 16/2474, 29) führt es aus, dass der durch dieses Gesetz eingefügte § 20 Abs. 2 Satz 2 Ärzte-ZV den Vertragsärzten nur Betätigungen als angestellter Krankenhausarzt und in Medizinischen Versorgungszentren einräumen wollte. Daraus könne nicht die Gestaltung aller denkbaren Kooperationsformen abgeleitet werden (BSG v. 23.3.2011 – B 6 KA 11/10 R –, KRS 11.008). Die enge Auslegung des § 20 Abs. 2 Ärzte-ZV durch das BSG findet im Gesetzeswortlaut keine Stütze. Zwar ist sein Hinweis wohl richtig, dass der Gesetzgeber vor allem die Öffnung von Medizinischen Versorgungszentren für die gleichzeitige Tätigkeit im MVZ und als im Krankenhaus angestellter Arzt im Auge hatte, um eine restriktive Zulassungspraxis für angestellte Krankenhausärzte zu überwinden (so auch Dahm 2010, 601), jedoch ergibt sich kein Hinweis darauf, dass er nur bestimmte rechtliche Formen der Zusammenarbeit zwischen Vertragsärzten und Krankenhäusern gestatten wollte; § 20 Abs. 2 Satz 2 Ärzte-ZV enthält eine solche Einschränkung nicht. Auch den vom BSG zitierten Gesetzesmaterialien lässt sich keine Einschränkung entnehmen. Dort heißt es:

> „Dies gilt sowohl für Fälle, in denen der Arzt als angestellter Arzt der Organisationshoheit des Krankenhauses unterliegt … als auch für Fälle, in denen der Arzt in anderer Form mit dem Krankenhaus … kooperiert".

Der Gesetzgeber hat auf die Rechtsprechung des Bundessozialgerichts reagiert und im GKV-Versorgungsstrukturgesetz (Art. 1 Nr. 41a und 41b) klargestellt, dass ambulante Operationen und die vor- und nachstationäre Behandlung im Krankenhaus auch auf der Grundlage einer vertraglichen Zusammenarbeit mit nicht fest angestellten Ärzten erbracht werden können. Für die voll- und teilstationäre Behandlung hat das PsychEntgG (Art. 2 Nr. 3, Art. 3 Buchst. b)) klargestellt, dass das Krankenhaus auch diese Leistungen durch nicht fest angestellte Ärzte erbringen kann.

Nach allem ist festzuhalten: Wird § 20 Abs. 1 Ärzte-ZV eingehalten, ist gegen eine Kooperation auf der Basis eines Dienstvertrages (Honorarvertrages) nichts einzuwenden und sogar eine Chefarzttätigkeit des Vertragsarztes im Krankenhaus möglich (h.M., SG Schwerin v. 1.7.2009 – S 3 KA 31/08 –, KRS 09.063; VG

Frankfurt/M. v. 9.2.2010 – 5 K 1985/08 –, KRS 10.008; VG Hannover v. 22.7.2010 – 7 A 1052/09 –, KRS 10.034; OLG Köln v. 18.8.2010 – 5 U 127/09 –, KRS 10.035; Bender 2009,565; Quaas 2009, 523; ders. 2010, 648; Dahm 2010, 601 m.w.Nachw.).

Bei der näheren Ausgestaltung der Kooperationsbeziehungen zwischen Krankenhäusern und Vertragsärzten sind ferner rechtliche Schranken zu beachten, die sich aus dem Krankenversicherungsrecht sowie aus dem ärztlichen Berufsrecht ergeben. So darf sich der Vertragsarzt für die Zuweisung von gesetzlich krankenversicherten Patienten an das kooperierende Krankenhaus kein Entgelt oder sonstige wirtschaftliche Vorteile versprechen oder gewähren lassen (§§ 73 Abs. 7, 128 Abs. 2 Satz 3 SGB V). Sogenannte „Einweiserpauschalen" verstoßen darüber hinaus gegen ärztliches Berufsrecht und Wettbewerbsrecht (OLG Koblenz v. 20.5.2003 – 4 U 1523/02 –, KRS 03.017). Das Gleiche gilt, wenn Leistungen und Gegenleistungen nicht in einem angemessenen Verhältnis stehen, z.B. weil der Vertragsarzt das kooperierende Krankenhaus bei seinen Patienten empfehlen soll (OLG Schleswig-Holstein v. 4.11.2003 – 6 U 17/03 –, KRS 03.084; OLG Düsseldorf v. 1.9.2009 – I – 20 U 121/08 –, KRS 09.022).

3.3.3 Kooperationen zwischen Krankenhäusern

Kooperationen zwischen Krankenhäusern sind in der Weise möglich, dass Leistungen eines Krankenhauses im Rahmen seines Versorgungsauftrags von Personal eines anderen Krankenhauses erbracht werden. Es können auch Sachmittel und Geräte des anderen Krankenhauses in Anspruch genommen werden (OLG München v. 14.1.2010 – 29 U 5136/09 –, KRS 10.076; OLG Köln v. 18.8.2010 – 5 U 127/09 –, KRS 10.035). Das OLG Köln (a.a.O.) hält es sogar für denkbar und zulässig, dass eine Krankenhausbetreibergesellschaft einem Krankenhaus eine komplette Einrichtung nebst Infrastruktur zur Verfügung stellt (ähnlich Quaas 2009, 1301). Voraussetzung ist in diesen Fällen, dass das Krankenhaus, das Leistungen durch ein anderes Krankenhaus erbringen lässt, alle Leistungen im eigenen Namen und auf eigene Rechnung erbringt; es darf sich nicht um eine Verlegung in das andere Krankenhaus handeln. Ist das Krankenhaus, welches die Leistung im eigenen Namen erbringt, eine von einem Plankrankenhaus ausgegründete Privatklinik, kann es Personal und Geräte des Plankrankenhauses in Anspruch nehmen. In der Preisgestaltung ist es dann aber nicht frei, sondern kann keine höheren Entgelte verlangen als das Plankrankenhaus für entsprechende Leistungen (§ 17 Abs. 1 Satz 5 KHG i.d.F. des Art. 6 Nr. 1a des GKV-Versorgungsstrukturgesetzes gegen BGH v. 21.4.2011 – III ZR 114/10 –, KRS 11.011; kritisch und an der Verfassungsmäßigkeit zweifelnd Quaas 2012, 318 und 2012, 193).

Um eine weitere Kooperationsform handelt es sich, wenn Krankenhäuser mit sogenannten Patientenhotels zusammenarbeiten, die sie möglicherweise selbst als Privatkliniken nach § 30 GewO gegründet haben, insbesondere für die Versorgung von „Low-Care-Patienten" nach dem Ende der Akutphase (Leber

2006, 313ff.). Wenn das Krankenhaus regelmäßig die Hauptleistung (z.B. Operation) selbst erbringt, sodass die Leistungen des Patientenhotels nur unterstützende Funktion haben (was z.B. der Fall ist, wenn die medizinische Versorgung der Patienten weiterhin durch die Ärzte des Krankenhauses erfolgt), und wenn das Krankenhaus alle Leistungen im eigenen Namen erbringt, handelt es sich insgesamt um eine pflegesatzfähige Leistung des Krankenhauses (ebenso Quaas 2009, 1279).

4 Duale Finanzierung

Nach dem seit 1972 im KHG verankerten Grundsatz der dualen Finanzierung werden die Investitionskosten im Wege öffentlicher Förderung durch die Länder und die Kosten für Behandlungen und den laufenden Betrieb über Erlöse aus den Pflegesätzen von den Benutzern übernommen (§ 4 KHG). Die Länder finanzieren Investitionsmaßnahmen in der Regel durch Einzelbewilligung und die Wiederbeschaffung kurzfristiger Anlagegüter sowie kleine bauliche Maßnahmen durch feste jährliche Pauschalbeträge (§ 9 KHG). Eine Ausnahme bildet Nordrhein-Westfalen, das im Jahr 2008 ein System umsatzbezogener pauschaler Investitionsförderung eingeführt hat (ausführlich Leber u. Pfeiffer 2010, 55ff.). Aus dem dualen Finanzierungsprinzip ergibt sich die Notwendigkeit, die Investitionskosten gegen die pflegesatzfähigen Kosten abzugrenzen. Zu den **pflegesatzfähigen Kosten** gehören alle Kosten, deren Berücksichtigung im Pflegesatz nicht ausdrücklich ausgeschlossen ist (§ 2 Nr. 5 KHG). Die grundlegende Abgrenzungsvorschrift enthält § 17 Abs. 4 KHG. Er regelt, dass bei nach dem KHG voll geförderten Krankenhäusern

- Investitionskosten mit Ausnahme der Kosten der Wiederbeschaffung von Wirtschaftsgütern mit einer durchschnittlichen Nutzungsdauer bis zu drei Jahren sowie
- Kosten der Grundstücke, des Grundstückserwerbs, der Grundstückserschließung sowie ihrer Finanzierung nicht im Pflegesatz zu berücksichtigen sind.

Zur näheren Abgrenzung der in § 17 Abs. 4 KHG bezeichneten Kosten hat die Bundesregierung auf der Grundlage der Ermächtigung in § 16 Abs. 1 Nr. 5 KHG die „Verordnung über die Abgrenzung der im Pflegesatz nicht zu berücksichtigenden Investitionskosten von den pflegesatzfähigen Kosten" (**Abgrenzungsverordnung – AbgrV**) vom 12.12.1985 (BGBl. I, 2255, zuletzt geändert durch Art. 4a KHRG zur Harmonisierung mit dem Einkommensteuergesetz) erlassen. Diese Rechtsverordnung enthält detaillierte Abgrenzungsvorschriften, auf die hier verwiesen werden kann, da sie in der Praxis kaum Schwierigkeiten bereiten.

> Ausführliche Kommentierung bei Dietz et al. AbgrV 2007; Übersicht bei Tuschen u. Trefz 2004, 47 sowie bei Tuschen u. Philippi 2000, 214ff.

Für Verwirrung und Unsicherheit hinsichtlich der Zuordnung der Instandhaltungskosten hat eine Zeit lang ein Urteil des Bundesverwaltungsgerichts aus dem Jahr 1993 gesorgt, wonach für den Begriff der Instandhaltung die allgemeinen steuer- und bilanzrechtlichen Grundsätze über die Abgrenzung von den Herstellungskosten heranzuziehen sind. Die AbgrV 1986 hatte „große" Instandhaltungsmaßnahmen (vollständiger oder überwiegender Ersatz von baulichen Einheiten wie Dach, Fassade etc. oder Außenanlagen) dem Investitionsförderrecht zugeordnet, wofür das Bundesverwaltungsgericht keine Ermächtigungsgrundlage sah (Urt. v. 21.1.1993 – 3 C 66.90 –, KRS 93.001). § 4 Nr. 2 AbgrV weist seit 1997 die „großen" Instandhaltungsmaßnahmen dem Pflegesatzbereich zu. Sie werden pauschal in Höhe von 1,1 v.H. der für die allgemeinen Krankenhausleistungen vereinbarten Vergütung finanziert, es sei denn, dass das Land diese Maßnahmen weiterhin finanziert (§ 17 Abs. 4b KHG, § 7 Abs. 1 Nr. 4 BPflV). Praktische Bedeutung in den Pflegesatzverhandlungen hat die **Instandhaltungspauschale** nur noch im Anwendungsbereich der BPflV. Bei DRG-Krankenhäusern werden die Instandhaltungspauschalen als mit den Fallpauschalen abgegolten angesehen. Nach dem Ende der budgetneutralen Phase im Psych-Entgeltbereich ist die Instandhaltungspauschale auch im Anwendungsbereich der BPflV ohne Bedeutung.

Durchbrochen wird der Grundsatz der dualen Finanzierung bei Krankenhäusern, deren Investitionen nach dem KHG nicht, nur teilweise oder anteilig mit Restfinanzierung durch den Krankenhausträger gefördert werden. Diese Krankenhäuser können Abschreibungen auf Anlagegüter, Rücklagen und Zinsen als pflegesatzfähige Kosten geltend machen, allerdings nur bis zur Kappungsgrenze in § 17 Abs. 5 KHG (§§ 3 Abs. 4, 4 Abs. 7 BPflV, s. Kap. IV.2.2). Für DRG-Krankenhäuser ist dies ab 2009 nicht mehr relevant, weil sie ihre Fallpauschalen nicht mehr mit einem individuell kalkulierten Basisfallwert abrechnen. Nach dem Ende der Konvergenzphase im Psych-Entgeltbereich verlieren die Vorschriften auch in diesem Bereich ihre Bedeutung.

Eine weitere Durchbrechung des Systems der dualen Finanzierung enthält Artikel 14 Abs. 1 GSG. Danach beteiligen sich die Benutzer oder ihre Kostenträger in den Beitrittsgebieten (Art. 3 Einigungsvertrag) bis zum Jahr 2014 mit einem Investitionszuschlag für jeden Berechnungs- oder Belegungstag an den öffentlich geförderten Investitionen nach § 9 Abs. 1 und 2 KHG (s. Kap. III.7.3).

Mit dem KHRG wird durch die Neufassung des § 10 KHG eine Reform der Investitionsfinanzierung angestrebt. Das bisherige antragsbasierte System der Einzelförderung von Investitionen und der Pauschalförderung kurzfristiger Anlagegüter soll beginnend ab 2012 durch leistungsorientierte Investitionspauschalen abgelöst werden, um unternehmerisch orientierte Investitionsentscheidungen zu ermöglichen (Rau 2012, 250). Der Bund und die Länder wurden beauftragt (§ 10 Abs. 1 Satz 2 KHG), bis Ende 2009 Grundsätze und Kriterien für die Ermittlung eines Investitionsfallwertes auf Landesebene zu entwickeln. Nach dem Ergebnis der Abstimmung können die Länder landesindividuelle Investitionsfallwerte errechnen, indem die im jeweiligen Land verfügbaren Mittel eines Jahres für Fördermittel nach § 9 KHG durch die Summe der Investitionsbewertungsrelationen aller im jeweiligen Jahr in den Krankenhausplan des Landes aufgenommenen Krankenhäuser dividiert werden (Rau 2012 a.a.O). Für die Entwicklung von Investitionsbewertungsrelationen hatten die Vertragsparteien auf der Bundesebene zusammen mit dem InEK einen gesetzlichen Entwicklungsauftrag bis zum 31. Dezember 2010. Die Vertragsparteien auf der Bundesebene haben die Grundstrukturen für Investitionsbewertungsrelationen in einer Vereinbarung vom 28. Januar 2010 festgelegt (http://www.dkgev.de/dkg.php/aid/6963/cat/56, Abruf am 22.1.2013). Danach erfolgt die Kalkulation der Investitionsbewertungsrelationen durch das InEK fallbezogen auf der Grundlage der gesamten Anschaffungs- und Herstellungskosten für die vorhandenen Anlagegüter, die im Zeitpunkt der Kalkulation nicht älter als sieben Jahre alt sind. Der Ausweis der Investitionsbewertungsrelationen erfolgt im DRG-Entgeltkatalog bzw. im Psch-Entgeltkatalog, wobei im ersten Jahr der Anwendung die Anzahl zusätzlicher Fallgruppen die Zahl 30 nicht überschreiten soll (ausführlich Mörsch u. Derix 2010, 731). Das erste Jahr der Anwendung wird voraussichtlich das Jahr 2014 sein, sodass der im Gesetz genannte Einführungstermin 2012 nicht gehalten werden konnte. Das InEK hat im Jahr 2012 eine Probekalkulation auf der Basis eines zuvor entwickelten Kalkulationshandbuchs durchgeführt. Im Jahr 2013 soll die erste Echtkalkulation auf der Datenbasis des Jahres 2012 erfolgen (Rau 2012 a.a.O.).

An der dualen Finanzierung ändert die angestrebte Reform nichts; die Länder bleiben für die Investitionsfinanzierung zuständig und bestimmen über die Ausgestaltung ihrer Krankenhausinfrastrukturen und über das zur Verfügung stehende Investitionsvolumen (BR-Drs. 31/09, 3). Ob es überhaupt zu einer Reform kommen wird, hängt von der Förderpolitik der Länder ab. Diese haben sich das Recht ausbedungen, eigenständig über einen Systemwechsel zu entscheiden (§ 10 Abs. 1 Satz 4 KHG). Gegenwärtig halten sich die Bereitschaft zu einem Systemwechsel, dessen Ablehnung und eine abwartende Haltung die Waage (Grabow 2012). Das Land Nordrhein-Westfalen will an seinem System der umsatzbezogenen Pauschalförderung festhalten (zu Vor- und Nachteilen Fernholz-Gräfe u. Specker 2012). Dieses System einschließlich der Förderung nach Förderkennziffern in einer Übergangsphase ist mit dem KHG und dem Grundgesetz vereinbar (BVerwG v. 30.8.2012 – 3 C 17.11 – KRS 12.046; OVG NRW v. 10.2.2011 – 13 A 648/10 – KRS 11.006).

Nicht gelöst wird durch den Umstieg auf leistungsorientierte Pauschalen die Erosion der Investitionsfinanzierung durch die Länder. Die Investitionsfördermittel der Länder sind seit 1996 stark rückläufig. Ihr Anteil an den Gesamtausgaben für Krankenhäuser ist seit dieser Zeit bis 2010 von 6,2 Prozent auf 3,7 Prozent gesunken. Inflationsbereinigt sank die Fördersumme aller Länder von rd. 3,7 Mrd. € in 1996 auf rd. 2,3 Mrd. € in 2010 oder um 37,4 Prozent je Einwohner (Rau 2012, 249). Die Entwicklung der Fördermittel zeigt Tabelle 2.

Als Folge dieser Entwicklung mussten die Krankenhäuser im Jahr 2009 bereits 54 Prozent der Mittel für Investitionen aus Eigenmitteln und Krediten aufbringen, davon einen großen Teil aus Pflegesatzerträgen (Augurtzky et al. 2011; Rau 2012, 249; Grabow 2012). Die zweckwidrige Verwendung von Mitteln für die Patientenversorgung widerspricht den Intentionen des KHG und führt zu einer teilmonistischen Finanzierung auf „kaltem Wege". Da die Länder die gesetzliche Fixierung einer angemessenen Investitionsquote ablehnen, ist eine Trendumkehr nicht in Sicht (Rau a.a.O.; Kritik bei Leber u. Wolff 2012).

>>> *So führt die Einführung von Pauschalen zur Investitionsfinanzierung nur zu einer anderen Verteilung der von den Ländern nach Haushaltslage bereit gestellten Mittel (Fernholz-Gräfe u. Specker 2012 am Beispiel NRW).*

Tab. 2   Inflationsbereinigte Investitionsfördermittel der Länder, 1996 bis 2010 (nach Rau 2012, 249. Mit freundlicher Genehmigung des Bibliomed Verlages)

Land	KHG-Mittel (in Millionen Euro)			KHG-Mittel (in Euro) je Einwohner		
	1996	2010	1996/2010	1996	2010	1996/2010
Baden Württemberg	336,12	276,46	−17,8%	32,49	25,72	−20,8%
Bayern	634,00	410,17	−35,3%	52,76	32,76	−37,9%
Berlin	294,66	69,00	−76,6%	85,00	20,03	−76,4%
Brandenburg	181,51	85,56	−52,9%	71,25	34,12	−52,1%
Bremen	38,81	30,17	−22,3%	57,18	45,74	−20,0%
Hamburg	86,82	82,34	−5,2%	50,82	46,31	−8,9%
Hessen	208,61	215,66	+3,4%	34,67	35,56	+2,6%
Mecklenburg-Vorpommern	149,45	56,39	−62,3%	82,10	34,25	−58,3%
Niedersachsen	216,38	229,02	+5,8%	27,76	28,88	+4,0%
Nordrhein-Westfalen	543,71	404,43	−25,6%	30,35	22,06	−25,3%
Rheinland Pfalz	141,63	99,92	−29,5%	35,53	24,94	−29,8%
Saarland	39,42	31,38	−20,4%	36,38	30,77	−15,4%
Sachsen	295,07	77,60	−73,7%	64,76	18,69	−71,1%
Sachsen-Anhalt	231,62	58,16	−74,9%	84,79	24,81	−70,7%
Schleswig-Holstein	78,69	78,33	−0,5%	28,80	27,66	−4,0%
Thüringen	228,19	110,09	−51,8%	91,40	49,12	−46,3%
Gesamt	3.704,69	2.314,68	−37,5%	45,24	28,31	−37,4%

5 Versorgungsauftrag

5.1 Der Versorgungsauftrag als Basis für Pflegesatzvereinbarungen

Das Pflegesatzrecht knüpft für die Bemessung der Budgets und Abrechnung der Pflegesätze an den Versorgungsauftrag an. § 17 Abs. 2 KHG schreibt vor, dass tagesgleiche Pflegesätze medizinisch leistungsgerecht sein und einem Krankenhaus bei wirtschaftlicher Betriebsführung ermöglichen müssen, den Versorgungsauftrag zu erfüllen. § 11 Abs. 1 KHEntgG und § 11 Abs. 1 BPflV halten die Pflegesatzparteien an, in ihren Pflegesatzvereinbarungen den Versorgungsauftrag zu **beachten**. Die Krankenhäuser dürfen – mit Ausnahme der Behandlung von Notfallpatienten – nur Entgelte im Rahmen des Versorgungsauftrages berechnen (§ 8 Abs. 1 Satz 3 KHEntgG, § 8 Abs. 1 Satz 3 BPflV). Sie sind im Rahmen ihres Versorgungsauftrags zur Krankenhausbehandlung der gesetzlich Versicherten verpflichtet (§ 109 Abs. 4 Satz 2 SGB V). Diese haben Anspruch auf alle Leistungen im Rahmen des Versorgungsauftrags (§ 39 Abs. 1 Satz 3 SGB V).

>>> *Bei Überschreitung des Versorgungsauftrages hat das Krankenhaus keinen Vergütungsanspruch gegen die Kostenträger (BSG v. 24.7.2003 – B 3 KR 28/02 R –, KRS 03.039; BVerwG v. 20.12.2007 – 3 C 53.06 –, KRS 07.117). Die Krankenkassen ihrerseits dürfen keine Krankenhausbehandlung außerhalb des Versorgungsauftrages des Krankenhauses erbringen lassen (§ 108 SGB V). Umgekehrt hat das Krankenhaus einen Anspruch auf leistungsgerechte Vergütung der Leistungen, die es im Rahmen seines Versorgungsauftrages erbringt (BVerwG v. 26.2.2009 – 3 C 7.08 –, KRS 09.006; OVG Nds. v. 25.1.2001 – 11 L 2984/00 –, KRS 01.001).*

Aus allem ergibt sich, dass „der Versorgungsauftrag des Krankenhauses **Maß und Grenze jeder Pflegesatzvereinbarung** ist. Die Budgetvereinbarung darf daher keine Leistungen des Krankenhauses vorsehen, die außerhalb seines Versorgungsauftrages liegen" (BVerwG v. 20.12.2007 – 3 C 53.06 –, KRS 07.117; OVG Rh.-Pf. v. 25.2.2010 – 7 A 10976/09 –, KRS 10.032).

Im Rahmen seines Versorgungsauftrages ist das Krankenhaus in der Gestaltung seines Leistungsangebots jedoch frei, soweit es dabei nicht gesetzlichen Beschränkungen unterliegt; zum Beispiel durch die Mindestmengenregelung in § 137 Abs. 1 Satz 3 Nr. 2 SGB V oder durch Richtlinien des Gemeinsamen Bundesausschusses nach §§ 91, 137c Abs. 2 SGB V (vgl. LSG NRW v. 4.6.2008 – L 5 KR 9/08 – (Protonentherapie), KRS 08.030; Thomae 2008, 725). Transplantationszentren benötigen nach § 9 TPG eine besondere Zulassung.

Nach den deckungsgleichen Generalvorschriften in § 8 Abs. 1 Satz 4 KHEntgG und § 8 Abs. 1 Satz 4 BPflV ergibt sich der Versorgungsauftrag des Krankenhauses

- bei einem Plankrankenhaus aus den Festlegungen des Krankenhausplans in Verbindung mit den Bescheiden zu seiner Durchführung nach § 6 Abs. 1 i.V.m. § 8 Abs. 1 Satz 3 KHG sowie einer ergänzenden Vereinbarung nach § 109 Abs. 1 Satz 4 SGB V,
- bei einer Hochschulklinik aus der Anerkennung nach den landesrechtlichen Vorschriften, dem Krankenhausplan nach § 6 Abs. 1 KHG sowie einer ergänzenden Vereinbarung nach § 109 Abs. 1 Satz 4 SGB V,
- bei anderen Krankenhäusern aus dem Versorgungsvertrag nach § 108 Nr. 3 SGB V.

! Bei den Plankrankenhäusern und Hochschulkliniken wird ein Versorgungsvertrag gesetzlich fingiert (§ 109 Abs. 1 Satz 2 SGB V).

Diese Vorschriften sind wenig konkret und enthalten deshalb ein hohes Streitpotenzial.

5.2 Festlegungen des Krankenhausplans

Der **Krankenhausplan** ist nur eine verwaltungsinterne Maßnahme ohne unmittelbare Rechtswirkung nach außen (BVerwG v. 25.7.1985 – 3 C 25.84 –, KRS 85.077; v. 18.12.1986 – 3 C 67.85 –, KRS 86.128, st. Rspr.). Der Krankenhausplan wird erst durch den Feststellungsbescheid der zuständigen Landesbehörde verbindlich. Der Feststellungsbescheid konkretisiert den Versorgungsauftrag, der im Übrigen weder im Bundesrecht noch im Landesrecht näher definiert ist, in der Regel aber nicht. Er ist in erster Linie auf die Erfordernisse einer kapazitätsbezogenen Investitionsförderung ausgerichtet (Thomae 2008, 725;

Huster 2010; Quaas 2009, 1252). Der Krankenhausplan und der Feststellungsbescheid lassen daher oft große Interpretationsspielräume zu. In Rechtsprechung und Literatur herrscht als Folge hiervon eine unübersichtliche **Kasuistik**. Die durch diese Kasuistik geprägten groben Linien werden hier nachge-
zeichnet.

Die Planungstiefe der Krankenhauspläne der Bundesländer ist unterschiedlich. Während manche Länder in ihren Krankenhausplänen detaillierte Festlegungen (z.B. zu Schwerpunkten) treffen, beschränken sich andere Länder
im Krankenhausplan auf Aussagen zu Standorten, zu Bettenkapazitäten, zum
Fachgebietsspektrum sowie zu Versorgungsstufen der Plankrankenhäuser (BT-
Drs. 13/3498, 6). In jüngerer Zeit beschränken sich die Länder zunehmend auf
eine kapazitätsorientierte Rahmenplanung unter Verzicht auf die Ausweisung
von Schwerpunkten und Fachgebieten (Kuhla 2007, 952; Roth 2008, 704; Thomae 2008, 725; Prütting 2012). Zu einer detaillierten Krankenhausplanung mit
Ausweisung des Bedarfs an Krankenhausbetten hinsichtlich einzelner Krank-
heitsbilder sind die Länder nicht verpflichtet (VGH Ba.-Wü. v. 23.4.2002 – 9 S
2124/00 –, KRS 02.019). Der Krankenhausplan muss lediglich den landesweiten
Versorgungsbedarf in räumlicher, fachlicher und struktureller Gliederung be-
schreiben. Wie die Gliederung im einzelnen aussieht, obliegt der Ausgestaltung durch das jeweilige Landesrecht (BVerwG v. 18.12.1986 – 3 C 67.85 – KRS
86.128, st. Rspr., zuletzt Beschluss v. 25.10.2011 – 3 B 17.11 –, KRS 11.055, KRS).
Ob im Krankenhausplan insbesondere Abteilungen, Zentren oder Schwerpunkte ausgewiesen werden, liegt deshalb im Ermessen der Planungsbehör-
den der Länder (OVG NRW, Beschluss v. 6.12.2011 – 13 A 1402/11 –, KRS 11.059).

Aufgrund dieser unterschiedlichen Handhabung der Krankenhausplanung in
den einzelnen Ländern kommt es darauf an, ob Maßnahmen oder Leistungen
des Krankenhauses **der Krankenhausplanung entsprechen**, sich also in die
Krankenhausplanung einfügen und nicht in Widerspruch zu ihr stehen
(BVerwG v. 11.11.1999 – 3 C 22.99 –, KRS 99.024; BSG v. 24.7.2003 – B 3 KR 28/02 R –,
KRS 03.039). Das ist im Einzelfall anhand der Ziele und Grundentscheidungen
der Krankenhausplanung zu beurteilen.

Setzt das Krankenhaus zur Behandlung seiner Patienten zusätzlich zu den
Planbetten weitere Betten (z.B. Reha-Betten) ein, um seine Kapazität zu er-
weitern, so überschreitet es seinen Versorgungsauftrag; die durch die **Kapazitätserweiterung** möglich gewordenen Leistungen können keinen Eingang in
die Pflegesatzvereinbarung finden (BVerwG v. 20.12.2007 – 3 C 53.06 –, KRS
07.117; OVG Nds. v. 22.9.2005 – 11 LC 133/05 –, KRS 05.096; VGH Ba.-Wü. v.
19.9.2006 – 9 S 1383/04 –, KRS 06.019; Thier 2006, 210). Findet durch den Neubau eines Bettenhauses keine Kapazitätserweiterung statt, weil die Patienten
vorher im Wege der Streubelegung versorgt worden sind, hat sich der Versorgungsauftrag nicht geändert (BVerwG v. 21.1.2003 – 3 C 4.02 –, KRS 03.010). Der
Versorgungsauftrag wird auch nicht geändert, wenn das Krankenhaus wegfallende Leistungen (z.B. Herztransplantationen) durch andere chirurgische

Leistungen voll **kompensiert** (VGH Ba.-Wü. v. 19.9.2006 – 9 S 1383/04 –, KRS 06.019) oder eine Belegabteilung in eine Hauptabteilung umwandelt (SchSt. Hessen v. 12.2.2008 – 20/2007).

Wenn das Krankenhaus Leistungen erbringt, für die es nach den im Krankenhausplan festgelegten Tätigkeitsfeldern **nicht ausgewiesen** ist, z.B. chirurgische Eingriffe trotz Fehlens einer chirurgischen Abteilung, überschreitet es seinen Versorgungsauftrag (BVerwG v. 20.12.2007 – 3 C 53.06 –, KRS 07.117; BSG v. 24.7.2003 – B 3 KR 28/02 R –, KRS 03.039; Thier 2006, 210). Das Gleiche gilt, wenn das Krankenhaus Leistungen erbringt, die nach dem Krankenhausplan **Zentren oder Schwerpunkten** (z.B. Perinatalzentren, onkologischen Zentren, Epilepsieschwerpunkten) oder im Krankenhausplan ausgewiesenen **Subdisziplinen** vorbehalten sind (VG Arnsberg v. 20.11.1998 – 3 K 5479/97 –, KRS 98.027; Kuhla 2007, 952; Thomae 2008, 725; Quaas 2009, 1253). Noch nicht geklärt ist die Frage, ob für den Versorgungsauftrag zur Durchführung der Notfallversorgung eine Zuweisung durch Feststellungsbescheid erforderlich ist oder ob die Einbindung in die Notfallversorgung durch den Träger des Rettungsdienstes ausreichend ist (so VGH Hessen v. 5.10.2011 – 5 A 1702/10 –, KRS 11.062, gegen VG Gießen v. 29.10.2008 – 8 K 310/08 –, KRS 08.095).

Enthält der Krankenhausplan – wie regelmäßig – keine Festlegungen darüber, welche Leistungen in den einzelnen ausgewiesenen Fachdisziplinen erbracht werden dürfen, ist auf die **Weiterbildungsordnungen** der zuständigen Landesärztekammern abzustellen, da die Krankenhauspläne der Länder diese bei der Bezeichnung der Fachgebiete zugrunde legen (VGH Ba.-Wü. v. 19.9.2006 – 9 S 612/04 –, KRS 06.105; VG Minden v. 5.12.2005 – 3 K 3627/02 –, KRS 05.071; SG Gelsenkirchen v. 13.5.2008 – S 28(24)/KR 6/07 –, KRS 08.029; Kuhla 2007, 952; Lange 2008, 1309; Thomae 2008, 725). Das steht mit den Vorgaben im KHG (§§ 1 Abs. 1, 6 Abs. 1) in vollem Einklang (BVerwG v. 25.10.2011 – 3 B 17.11 –, KRS 11.005). Der Versorgungsauftrag des Krankenhauses bezieht sich auf das gesamte in der Weiterbildungsordnung dem jeweiligen Fachgebiet zugeordnete Leistungsspektrum einschließlich von Teilgebieten und Schwerpunkten, wenn diese nicht Gegenstand einer besonderen Krankenhausplanung sind (BVerwG a.a.O.; LSG NRW v. 26.6.2008 – L 5 KR 19/07 –, KRS 08.086; VG Frankfurt/M. v. 9.2.2010 – 5 K 1985/08 –, KRS 10.007; SG Duisburg v. 30.4.2010 – S 9 KR 195/07 –, KRS 10.024).

Ein Krankenhaus, das eine Abteilung für Psychiatrie und Psychotherapie unterhält, handelt im Rahmen seines Versorgungsauftrages, wenn es Leistungen der **Gerontopsychiatrie** erbringt, weil das Gebiet der Psychiatrie und Psychotherapie nach der maßgeblichen Weiterbildungsordnung auch die Behandlung von gerontopsychiatrischen Erkrankungen umfasst (VGH Ba.-Wü. v. 19.9.2006 – 9 S 612/04 –, KRS 06.105).

Das im Krankenhausplan ausgewiesene Fachgebiet **Innere Medizin** umfasst auch die Behandlungen mit Zytostatika, wenn der Krankenhausplan diese Behandlungen nicht hämatologisch-onkologischen Fachabteilungen zuweist, weil das Teilgebiet Hämatologie/Onkologie zum Gebiet der Inneren Medizin gehört (VG Minden a.a.O). Weist der Krankenhausplan Linksherzkatheteruntersuchungen nicht einer Fachabteilung für **Kardiologie** zu, können diese Behandlungen in der Abteilung für Innere Medizin erbracht werden, weil das Fachgebiet Innere Medizin nach der Weiterbildungsordnung auch den Schwerpunkt Kardiologie umfasst (VG Stuttgart v. 1.3.2007 – 4 K 3404/06 –, KRS 07.011). Das gleiche gilt für Koronarangioplastien (SG Dortmund v. 30.4.2008 – S 48(44) KR 298/05 –, KRS 08.029) und Stentimplantationen (VG Dresden v. 14.10.2008 – 7 K 1314/08, KRS 08.094). Lautet der Versorgungsauftrag im Feststellungsbescheid „Innere Medizin – Allgemein", soll er nicht Linksherzkatheteruntersuchungen umfassen (OVG Saarlouis v. 8.5.2012 – 3 A 100/10 –, KRS 12.035; VG Saarlouis v. 9.3.2010 – 3 K 506/08 –, KRS 10.093). In einer Abteilung für Innere Medizin können geriatrische Leistungen erbracht werden, wenn der Krankenhausplan für das Versorgungsgebiet keine geriatrischen Fachabteilungen vorsieht; bei der **Geriatrie** handelt es sich nach der Weiterbildungsordnung um eine Zusatzweiterbildung im Hauptfach Innere Medizin (SG Duisburg v. 30.4.2010 – S 9 KR 195/07 – KRS 10.024; Thomae 2008, 725). Weitergehender OVG NRW (v. 22.11.2012 – 13 A 2379/11 –, KRS 12.051), VG Münster (v. 23.6.2010 – 9 K 249/09 –, KRS 10.094) und VG Gelsenkirchen (v. 24.8.2011 – 7 K 3163/09 –, KRS 11.060): Als besondere Form der Frührehabilitation kann die geriatrisch-frührehabilitative Komplexbehandlung in jeder Fachabteilung, für die das Krankenhaus einen Versorgungsauftrag hat, erbracht werden.

Zum Fachgebiet **Neurologie**, das im Krankenhausplan für das Krankenhaus ausgewiesen ist, gehört auch der Betrieb einer Stroke Unit (OVG Nds. v. 25.1.2001 – 11 L 2984/00 –, KRS 01.001).

Die nach der Weiterbildungsordnung dem Fachgebiet **Gefäßchirurgie** zuzuordnende rekonstruktive Gefäßchirurgie gehört nicht zum Versorgungsauftrag einer Abteilung für **Allgemeinchirurgie** (LSG NRW v. 26.6.2008 – L 5 KR 19/07 –, KRS 08.086). Die Durchführung einer Knie-Totalendoprothese gehört zum Versorgungsauftrag einer Abteilung für Allgemeinchirurgie, wenn sie nach der Weiterbildungsordnung nicht ausschließlich der Orthopädie/Unfallchirurgie vorbehalten ist (LSG Berlin-Brandburg v. 11.11.2011 – L 1 KR 119/09 –, KRS 11.068; SG Gelsenkirchen v. 13.5.2008 – S 28(24) KR 6/07 –, KRS 08.029; a.M. LSG Berlin-Brandenburg v. 30.4.2009 – L 9 KR 149/08 –, KRS 09.061).

Können Operationen nach der Weiterbildungsordnung in verschiedenen Fachgebieten durchgeführt werden, handelt das Krankenhaus im Rahmen des Versorgungsauftrages, wenn es nur eine Abteilung für eines dieser Fachgebiete vorhält (BSG v. 24.7.2003 – B 3 KR 28/02 R –, KRS 03.039 (Kreuzbandplastik); LSG Essen v. 29.8.2002 – L 16 KR 43/01 –, KRS 02.099). So können auch thorax- und unfallchirurgische Leistungen sowie Engriffe an der Wirbelsäule und am Herzen in einer Abteilung für **Allgemeinchirurgie** erbracht werden, wenn weder der Krankenhausplan noch die Weiterbildungsordnung diese Behandlungen Fachabteilungen (für Unfallchirurgie, Thoraxchirurgie, Neurochirur-

gie, Orthopädie) zuweisen (OVG NRW v. 8.1.2008 – 13 A 1571/07 –, KRS 08.001;
OVG Nds. v. 27.7.2010 – 7 A 1052/09 –; SG Gelsenkirchen v. 29.5.2008 – S 17 KN
402/05 KR –; VG Frankfurt/M. v. 9.2.2010 – 5 K 1985/02 –, KRS 10.008; SG Fulda
v. 19.1.2010 – S 4 KR 495/08 –, KRS 10.081; SG Aachen v. 20.3.2012 – S 13 KR 88/11 –,
KRS 12.005; Lange 2008, 1309).

Weist der Krankenhausplan die Plankrankenhäuser bestimmten **Versorgungsstufen** (Grund- und Regelversorgung, Schwerpunktversorgung, Maximalversorgung) zu, wird der Versorgungsauftrag des Krankenhauses auch
dadurch bestimmt. Danach ist zum Beispiel fraglich, ob ein Krankenhaus der
Grundversorgung mit einer Abteilung für Innere Medizin ohne Intensivbe-
handlungseinrichtungen Linksherzkatheteruntersuchungen erbringen kann
(VG Neustadt v. 17.6.2003 – 7 K 1975/02 –, KRS 03.033; OVG Rh.-Pf. v. 28.9.2004 –
7 A 10151/04 –, KRS 04.018). Die Unterschiede zwischen den Krankenhäusern
verschiedener Versorgungsstufen bestehen regelmäßig in einer größeren Planbettenzahl, dem breiteren Fachabteilungsspektrum und der größeren Spezialisierung der übergeordneten Krankenhäuser. Viel lässt sich daraus für den
Versorgungsauftrag eines Krankenhauses nicht ableiten (VG Dresden v.
14.10.2008 – 7 K 1314/08 –, KRS 08.094; SG Aachen v. 20.3.2012 – S 13 KR 88/11 –,
KRS 12.005; Quaas 2009, 1252).

Der Versorgungsauftrag des Krankenhauses einer bestimmten Versorgungsstufe endet aber, wenn das Krankenhaus aufgrund seiner personellen und
materiellen Ausstattung dauerhaft nicht in der Lage ist, eine Behandlung
nach allgemein anerkannten medizinischen und wissenschaftlichen Standards durchzuführen. Seine **Leistungsfähigkeit** reicht dann nicht mehr aus
(BVerwG v. 25.3.1993 – 3 C 69/90 –, KRS 93.024; BSG v. 28.2.2007 – B 3 KR 17/06 R –,
KRS 07.016; OVG Berlin v. 26.6.1996 – 7 S 144.96 –, KRS 96.075; VG Freiburg v.
20.2.2002 – 1 K 148/00 –, KRS 02.004; VG Hannover v. 22.7.2010 – 7 A 1052/09 –
KRS 10.034 m.w. Nachw.; Tuschen u. Trefz 2010, 220). In diesem Fall muss das
Krankenhaus von der Behandlung von Patienten absehen, und seine Leistungen können insoweit nicht in einer Pflegesatzvereinbarung berücksichtigt
werden. Ob ein Krankenhaus hinreichend leistungsfähig ist, hängt auch davon ab, ob es die Voraussetzungen in den Leitlinien der Fachgesellschaften
erfüllt (SG Aachen v. 20.3.3012 – S 13 KR 88/11 –, KRS 12.005), und bestimmt sich
bei psychiatrischen Krankenhäusern auch danach, in welchem Umfang das
Krankenhaus die Vorgaben der Psych-PV einhält (VG Minden v. 20.11.2007 – 6 K
3782/06 –, KRS 07.095). Bei Belegkrankenhäusern ist allein der Belegarzt dafür
verantwortlich, dass die Ausstattung des Belegkrankenhauses ausreicht, um
die zu erwartenden ärztlichen Behandlungsleistungen bewältigen zu können
(OLG Oldenburg v. 8.11.2010 – 5 U 89/19 –, KRS 10.097).

Schließlich sind die aus der Krankenhausplanung hervorgehenden **Investi-
tionsprogramme** der Länder (§ 8 Abs. 1 KHG) ergänzend heran zu ziehen, um
festzustellen, ob das Krankenhaus auf geförderte Investitionen beruhende
Leistungen erbringt (BVerwG v. 11.11.1999 – 3 C 22.99 –, KRS 99.024, st. Rspr.).

Regelmäßig ergibt sich die Übereinstimmung einer Investitionsmaßnahme (z.B. Großgerätebeschaffung) mit dem Investitionsprogramm des Landes aus dem Fördermittelbescheid. Ausreichend ist aber auch ein „Billigungsbescheid", durch den die zuständige Landesbehörde die Übereinstimmung einer Investitionsmaßnahme des Krankenhauses mit der Krankenhausplanung bestätigt, die Gewährung von Fördermitteln aber wegen der Haushaltslage des Landes ablehnt (BVerwG a.a.O).

5.3 Hochschulkliniken

Hochschulkliniken werden nicht nach dem KHG gefördert (§ 5 Abs. 1 Nr. 1 KHG). Sie nehmen mit ihrem Forschung und Lehre dienenden Leistungsangebot aber in erheblichem Umfang an der Versorgung der Bevölkerung teil. Ihr Leistungsangebot bestimmen sie im Rahmen der landesrechtlichen Anerkennung als Hochschule wegen der Freiheit von Forschung und Lehre selbst (Art. 5 Abs. 1 GG; s. VG Aachen v. 25.4.2007 – 8 K 571/03 –, KRS 07.059; VG Köln v. 15.4.2008 – 7 K 3870/06 –, KRS 08.025). Die Krankenhauspläne der Länder beziehen die Leistungsangebote der Hochschulkliniken in die Bedarfsdeckung mit ein, weil diese einen Teil des ermittelten Bedarfs decken. Sie werden dadurch zur verbindlichen Grundlage für die Budget- und Entgeltverhandlungen. Die Hochschulkliniken gliedern ihr Leistungsangebot ebenfalls nach den Weiterbildungsordnungen, sodass diese den Versorgungsauftrag der Hochschulkliniken maßgeblich bestimmen.

5.4 Ergänzende Vereinbarungen

Die Landesverbände der Krankenkassen und die Verbände der Ersatzkassen gemeinsam können mit dem Krankenhausträger und im Einvernehmen mit der für die Krankenhausplanung zuständigen Landesbehörde eine gegenüber dem Krankenhausplan geringere Bettenzahl vereinbaren, soweit die Leistungsstruktur des Krankenhauses nicht verändert wird (§ 109 Abs. 1 Satz 4 SGB V). Der Versorgungsauftrag des Krankenhauses ist dann durch die reduzierte Bettenzahl beschränkt. Diese der Flexibilisierung der Krankenhausplanung dienende Vorschrift hat wegen des bestimmenden Einflusses der Länder durch das Erfordernis des Einvernehmens nur geringe Bedeutung (BVerwG v. 29.4.2004 – 3 C 25.03 –, KRS 04.084).

Enthält der Krankenhausplan keine oder keine abschließende Festlegung der Bettenzahl oder der Leistungsstruktur des Krankenhauses, werden diese durch die genannten Vertragsparteien ergänzend vereinbart. In diesem Fall ist nur das Benehmen mit der Planungsbehörde erforderlich (§ 109 Abs. 1 Satz 5 SGB V).

5.5 Versorgungsvertrag

Die §§ 108 Nr. 3, 109 Abs. 2 und 3 SGB V statuieren ein **eigenständiges Zulassungsrecht** für die Kassenverbände auf der Landesebene. Die Kassenverbände können gemeinsam ein Krankenhaus durch Abschluss eines Versorgungsvertrages zur Krankenhausversorgung zulassen. Der Versorgungsvertrag definiert dann den Versorgungsauftrag. Die Zulassung eines Krankenhauses durch Versorgungsvertrag hat nur *subsidiären Charakter*; sie ist kein Instrument, um die staatliche Krankenhausplanung zu konterkarieren (BVerwG v. 14.4.2011 – 3 C 17/10 –, KRS 11.022). Sie ist von vorneherein ausgeschlossen, wenn das Krankenhaus zur Bedarfsdeckung nicht erforderlich ist (§ 109 Abs. 3 Nr. 2 SGB V). Wird der Bedarf durch Plankrankenhäuser, Hochschulkliniken und Krankenhäuser, mit denen bereits ein Versorgungsvertrag geschlossen wurde, vollständig gedeckt, haben diese Vorrang. Es ist dann kein Raum für den Abschluss eines weiteren Versorgungsvertrages. Das gilt auch, wenn das antragstellende Krankenhaus mit Krankenhäusern konkurriert, die einen Antrag auf Aufnahme in den Krankenhausplan gestellt haben (LSG Ba.-Wü. v. 3.5.2011 – L 11 KR 337/10 –, KRS 11.030). Bei der Bedarfsprüfung haben die Kassenverbände nur den durch die Plankrankenhäuser, Hochschulkliniken und Vertragskrankenhäuser *nicht* gedeckten Bedarf zu prüfen. Besteht ein ungedeckter Bedarf und bietet das antragstellende Krankenhaus die Gewähr für eine leistungsfähige und wirtschaftliche Krankenhausversorgung (§ 109 Abs. 3 Nr. 1 SGB V), hat es einen Anspruch auf Abschluss eines Versorgungsvertrages, etwa dann, wenn es keinen Antrag auf Planaufnahme gestellt hat (BVerwG v. 14.4.2011 – 3 C 17/10 –, KRS 11.022); der Betreiber eines Krankenhauses hat die Wahl, ob er die Zulassung zur Versorgung der GKV-Versicherten durch die Aufnahme in den Krankenhauplan oder durch den Abschluss eines Versorgungsvertrages zu erreichen versucht (BSG v. 16.5.2012 – B 3 KR 9/11 R –, KRS 12.036 m. Anm. Quaas 2012, 683). Ein Ermessen steht den Kassenverbänden insoweit nicht zu. Eine andere Auslegung wäre mit dem Grundrecht auf Berufsfreiheit (Art. 12 Abs. 1 GG) nicht zu vereinbaren (BVerwG a.a.O.; BSG v. 28.7.2008 – B 1 KR 5/08 R –, KRS 08.040; v. 16.5.2012 – B 3 KR 9/11 R –; LSG Ba.-Wü. v. 7.7.2009 – L 11 KR 2751/07 –, KRS 09.064).

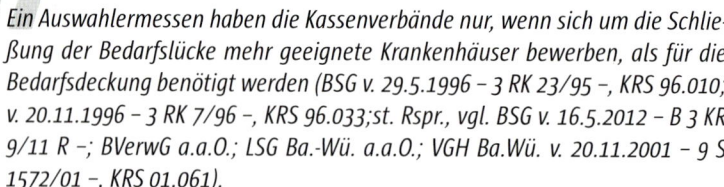

Ein Auswahlermessen haben die Kassenverbände nur, wenn sich um die Schließung der Bedarfslücke mehr geeignete Krankenhäuser bewerben, als für die Bedarfsdeckung benötigt werden (BSG v. 29.5.1996 – 3 RK 23/95 –, KRS 96.010; v. 20.11.1996 – 3 RK 7/96 –, KRS 96.033; st. Rspr., vgl. BSG v. 16.5.2012 – B 3 KR 9/11 R –; BVerwG a.a.O.; LSG Ba.-Wü. a.a.O.; VGH Ba.Wü. v. 20.11.2001 – 9 S 1572/01 –, KRS 01.061).

Das Krankenhaus bietet nicht die Gewähr für eine leistungsfähige und wirtschaftliche Krankenhausversorgung, wenn es nach seiner Konzeption nicht den Anforderungen des Qualitätsgebots in § 2 Abs. 1 Satz 3 SGB V entspricht.

Das ist beispielsweise der Fall, wenn es den Schwerpunkt auf Außenseitermethoden legt, die nicht in die Leistungspflicht der GKV fallen. Ebenfalls ungeeignet ist das Krankenhaus, wenn es in großem Umfang Versicherte der GKV ohne Versorgungsvertrag behandelt. Darin liegt ein nachhaltiger und grober Verstoß gegen wesentliche Grundlagen des GKV-Systems (BSG v. 28.7.2008 – B 1 KR 5/08 R –, KRS 08.040; LSG Hessen v. 17.12.2007 – L 1 KR 62/04 –, KRS 07.083).

Die Ablehnung eines Versorgungsvertrages durch die Krankenkassenverbände ist ein Verwaltungsakt. Dagegen ist eine kombinierte Anfechtungs- und Leistungsklage des Krankenhausträgers, gerichtet auf die Abgabe einer Willenserklärung auf Einwilligung in den Abschluss des beantragten Versorgungsvertrages, zulässig (st.Rspr., BSG a.a.O.; LSG Ba.-Wü. v. 3.5.2011 – L 11 KR 337/10 –, KRS 11.030). Die Kassenverbände haften auf Schadensersatz wegen culpa in contrahendo, wenn sie den Abschluss eines Versorgungsvertrages rechtswidrig ablehnen (BGH v. 24.6.2004 – III ZR 215/03 –, KRS 04.031; v. 18.11.2010 – III ZR 239/09 –, KRS 10.058).

Ob die Bedarfsprüfung durch die Kassenverbände gerichtlich voll überprüfbar ist, der Krankenhausplan insoweit also keine Tatbestands- oder Bindungswirkung erzeugt, ist umstritten (bejahend BSG v. 26.4.2001 – B 3 KR 18/99 R –, KRS 01.018; v. 16.5.2012 – B 3 KR 9/11 R –, KRS 12.036; offen gelassen von BVerwG v. 14.4.2011 – 3 C 17/10 –, KRS 11.022; abl. LSG Ba.-Wü. v. 7.7.2009 – L 11 KR 2751 –, KRS 09.004; v. 3.5.2011 – L 11 KR 337/10 –, KRS 11.030). Nach der vorherrschenden Meinung müssen die Krankenkassenverbände und im Rechtsstreit die Gerichte die dem Krankenhausplan zugrunde liegende Bedarfsanalyse und Bedarfsberechnung eigenständig überprüfen (vgl. zur dabei anzuwendenden Methode BSG v. 16.5.2012 – B 3 KR 9/11 R –, KRS 12.036).

Der Versorgungsvertrag wird mit der Genehmigung durch die zuständige Landesbehörde wirksam (§ 109 Abs. 3 Satz 2 SGB V).

Welcher Versorgungsauftrag durch den Versorgungsvertrag erteilt wurde, ist durch **Auslegung** zu ermitteln. Der Versorgungsauftrag kann eng gefasst sein. So kann der Versorgungsvertrag vorsehen, dass der einweisende Arzt die Entscheidung über die Wahl des Krankenhauses trifft (BSG v. 24.1.2008 – B 3 KR 17/07 R –, KRS 08.006). Wenn sich der Versorgungsvertrag nur auf die Behandlung psychosomatisch/psychovegetativer Erkrankungen erstreckt, gehört die Behandlung von Alkoholkranken nicht zum Versorgungsauftrag, ebenso nicht die Behandlung von neurotischen und psychiatrischen Krankheitsbildern (LSG NRW v. 27.11.2001 – 1 K 148/00 –, KRS 02.004; v. 20.3.2001 – L 5 KR 54/00 –, KRS 01.043).

Die Kassenverbände können mit dem Krankenhausträger im Benehmen mit der für die Krankenhausplanung zuständigen Landesbehörde Bettenzahl und Leistungsstrukturen des Krankenhauses vereinbaren, wenn der Krankenhausplan hierzu keine oder keine abschließenden Regelungen enthält (§ 109 Abs. 1 Satz 5 SGB V). Je mehr die Länder zu einer bloßen Rahmenplanung übergehen, desto bedeutsamer werden solche komplementären Versorgungsverträge zur Konkretisierung des Versorgungsauftrages der Krankenhäuser.

> *Die Pflegesatzparteien sind dagegen nicht berechtigt, in der Pflegesatzvereinbarung oder in sonstigen Vereinbarungen den Versorgungsauftrag des Krankenhauses zu ergänzen oder zu verändern. Eine dritte Planungsebene würde das Planungsrecht der Länder und der Kassenverbände unterlaufen. Was die Pflegesatzparteien zu regeln haben, regelt das Pflegesatzrecht abschließend (BSG v. 24.7.2003 – B 3 KR 28/02 R –, KRS 03.039; OVG Nds. v. 22.9.2005 – 11 LC 133/05 –, KRS 05.096; LSG Berlin-Brandenburg v. 11.11.2011 – L 1 KR 119/09 – KRS 11.068,; VG Stuttgart v. 1.3.2007 – 4 K 3404/06 –, KRS 07.011; SG Gelsenkirchen v. 13.5.2008 – S 28(24) KR 6/07 –, KRS 08.029; SG Duisburg v. 30.4.2010 – S 9 KR 195/07 –, KRS 10.024; SG Fulda v. 19.1.2010 – S 4 KR 495/06 –, KRS 10.081; SG Aachen v. 20.3.2012 – S 13 KR 88/11 –, KRS 12.005; Quaas 2009, 1252; Tuschen u. Trefz 2010, 328).*

> *Andererseits kann das Krankenhaus auch Leistungen abrechnen, die nicht in der Pflegesatzvereinbarung enthalten sind, aber zum Versorgungsauftrag des Krankenhauses gehören (BSG v. 24.7.2003 – B 3 KR 28/02 R –, KRS 03.039; LSG Berlin-Brandenburg v. 11.11.2011 – L 1 KR 119/09 –, KRS 11.068; SG Duisburg v. 30.4.2010 – S 9 KR 195/07 –, KRS 10.024; a.M. LSG Berlin-Brandenburg v. 30.4.2009 – L 9 KR 149/08 –, KRS 09.061; OLG Hamm v. 23.6.2009 – 9 U 150/08 – m.abl.Anm. Leber, das Krankenhaus 2010, 50ff.).*

5.6 Kündigung

Paragraf 110 Abs. 1 SGB V gibt den Kassenverbänden auf der Landesebene ein Instrument in die Hand, den Versorgungsvertrag ganz oder teilweise zu beenden. Sie können den Versorgungsvertrag mit einem Plankrankenhaus, einer Hochschulklinik (offen gelassen von BSG v. 6.8.1998 – B 3 KR 3/98 R –, KRS 98.024) oder einem Vertragskrankenhaus ganz oder teilweise kündigen, wenn das Krankenhaus nicht mehr die Gewähr für eine leistungsfähige und wirtschaftliche Krankenhausbehandlung bietet oder für eine bedarfsgerechte Krankenhausbehandlung nicht mehr erforderlich ist.

> *Der Vorrang der Plankrankenhäuser und Hochschulkliniken, der bei der Zulassung besteht, existiert im Fall der Kündigung nicht.*

Die Möglichkeit der Kündigung soll sicherstellen, dass im Interesse der Wirtschaftlichkeit der Krankenhausversorgung eine durch die sukzessive Aufnahme von Krankenhäusern in den Krankenhausplan eingetretene Überversorgung zurückgeführt werden kann (BT-Drs. 11/2237, 150).

Die Kassenverbände müssen im Fall der Kündigung eine **Auswahlentscheidung** nach denselben Regeln treffen, die für die Aufnahme eines Krankenhauses in den Krankenhausplan (§ 8 Abs. 1 KHG) und die Herausnahme eines Krankenhauses aus dem Krankenhausplan gelten (BVerwG v. 25.7.1985 – 3 C 25.84 –, KRS 85.077; v. 14.4.2011 – 3 C 17/10 –, KRS 11.022; BSGE 81,182 (186); OVG NRW v. 30.10.2007 – 13 A 1570/07 –, KRS 07.108). Sie müssen in diese Auswahlentscheidung alle Plankrankenhäuser, Hochschulkliniken und Vertragskrankenhäuser einbeziehen.

》》》 *Auf diese Weise können die Kassenverbände die gesamte Krankenhausplanung und besonders die Bedarfsanalyse des Landes auf den Prüfstand stellen.*

Das ist politisch zwar gewollt und in § 110 SGB V so angelegt, in der Realität wegen des Genehmigungserfordernisses der zuständigen Landesbehörde (§ 110 Abs. 2 Satz 2 SGB V) aber von geringer Wirkung (BSG v. 6.8.1998 – B 3 KR 3/98 R –, KRS 98.024). Nach der Einführung des Fallpauschalensystems, das unwirtschaftlichen Angebotsstrukturen entgegenwirkt, hat die Kündigung an Bedeutung verloren.

6 Leistungsgerechtigkeit

Die Krankenhäuser werden dadurch wirtschaftlich gesichert, dass sie neben den öffentlichen Mitteln für Investitionen leistungsgerechte Erlöse aus den Pflegesätzen erhalten (§ 4 Nr. 2 KHG). Das Erfordernis der Leistungsgerechtigkeit der Erlöse ist an die Stelle des Prinzips der Selbstkostendeckung, bei dem die Kostensituation des Krankenhauses im Vordergrund stand, getreten. Mit Einführung des Fallpauschalensystems hat das Gesetz die Bildung leistungsgerechter Erlöse vorgegeben. Für das pauschalierende Vergütungssystem enthalten §§ 17b Abs. 1 Satz 1, 17d Abs. 1 Satz 1 KHG, § 4 Abs. 2 KHEntgG die Vorgabe, dass es leistungsorientiert sein muss. Für die tagesgleichen Pflegesätze im Anwendungsbereich der BPflV in der bis zum 31. Dezember 2012 geltenden Fassung (§ 10 Abs. 1 Nr. 1) ist festgelegt, dass diese *medizinisch* leistungsgerecht *und* einem Krankenhaus bei wirtschaftlicher Betriebsführung ermöglichen müssen, den Versorgungsauftrag zu erfüllen (§ 17 Abs. 2 Satz 1 KHG, § 3 Abs. 1 Satz 3 BPflV)

> *Das geltende Recht geht davon aus, dass ein medizinisch leistungsgerechtes Budget dem Krankenhaus ermöglicht, seinen Versorgungsauftrag zu erfüllen, und dass umgekehrt zur Erfüllung des Versorgungsauftrages ein medizinisch leistungsgerechtes Budget auch erforderlich ist (BVerwG v. 10.7.2008 – 3 C 7/07 –, KRS 08.032).*

Die Begriffe „leistungsgerecht" und „medizinisch leistungsgerecht" unterscheiden sich inhaltlich nicht; sie enthalten beide ein **Differenzierungsgebot**.

In den Budgets und Pflegesätzen müssen sich die unterschiedlichen Leistungen des Krankenhauses **nach Art und Menge** widerspiegeln (Dietz et al. 2007 § 17 KHG Erl. 3.1.). Im pauschalierenden Vergütungssystem erfolgt die gebotene Differenzierung nach der **Art** der Leistungen durch die Fallpauschalen, tagesbezogenen Pauschalen und Zusatzentgelte (§ 4 Abs. 2 KHEntgG, § 3 Abs. 2 BPflV), im System mit tagesgleichen Pflegesätzen durch die Bildung von Abteilungspflegesätzen (§ 17 Abs. 2 Satz 4 KHG). Die **Menge** der Leistungen muss in der Höhe des Budgets zum Ausdruck kommen. Ändert sich die Leistungsmenge, ist das Budget anzupassen (BVerwG v. 24.10.2002 – 3 C 38.01 –, KRS 02.082), wobei einer Anpassung nach oben Grenzen gesetzt sein können (s. Kap. IV.1.2).

Das leistungsorientierte, pauschalierende Vergütungssystem für psychiatrische und psychosomatische Einrichtungen, das die tagesgleichen Pflegesätze ab dem Jahr 2013 ablöst (§ 17d Abs. 4 KHG), muss hinsichtlich der gebotenen Differenzierung den unterschiedlichen Aufwand der Behandlung bestimmter, medizinisch unterschiedlicher Patientengruppen abbilden, wobei der Differenzierungsgrad praktikabel sein soll (§ 17d Abs. 1 Satz 4 KHG).

Während im pauschalierenden Vergütungssystem die **Kosten** des einzelnen Krankenhauses für das Erlösbudget keine Rolle spielen, sind sie bei der Vereinbarung eines leistungsgerechten Budgets **im Anwendungsbereich der BPflV** bis Ende 2016 weiterhin von Bedeutung. Das ergibt sich aus § 3 Abs. 2 BPflV, wonach bis zum Jahr 2016 ein Gesamtbetrag in entsprechender Anwendung des § 6 Abs. 1 BPflV in der bis zum 31. Dezember 2012 geltenden Fassung (BPflV a.F.) zu vereinbaren ist. Der Gesamtbetrag ist aus den kalkulierten Kosten des Krankenhauses abgeleitet (vgl. Anlagen K 1 bis K 6 zur BPflV a.F.). Ferner ergibt sich aus dem Verweis auf § 3 BPflV a.F. in § 6 Abs. 1 BPflV a.F., dass für die Ermittlung von leistungsbezogenen Budgets und Pflegesätzen im Anwendungsbereich der BPflV bis Ende 2016 **Krankenhausvergleiche** heranzuziehen sind. Zur Unterstützung der Pflegesatzparteien bei der Ermittlung vergleichbarer Krankenhäuser oder Abteilungen und der Bemessung von medizinisch leistungsgerechten Budgets und tagesgleichen Pflegesätzen sollen die Deutsche Krankenhausgesellschaft oder die Bundesverbände der Krankenhausträger gemeinsam einerseits und die Spitzenverbände der Krankenkassen andererseits einen Krankenhausvergleich erstellen, den die Pflegesatzparteien als Orientierungsmaßstab zu berücksichtigen haben (§ 5 i.V.m. § 3 Abs. 2 BPflV a.F.). Ein solcher Krankenhausvergleich ist jedoch über das Teststadium nicht hinaus gekommen, weshalb die Pflegesatzparteien einen individuellen Vergleich anstellen müssen (Dietz et al. 2007, Erl. zu § 5 BPflV). Bei dem Vergleich sind Unterschiede der Krankenhäuser in Art und Anzahl der Leistungen sowie die medizinischen Besonderheiten zu beachten (§ 3 Abs. 2 Satz 3 BPflV). Deshalb ist ein Vergleich von Budgets und Pflegesätzen allein kein zulässiger Beurteilungsmaßstab (Tuschen u. Philippi 2000, 57). Auch der in den Pflegesatz- und Schiedsverhandlungen häufig anzutreffende Vergleich mit **anonymisierten Durchschnittswerten** anderer Krankenhäuser oder Abteilungen ist keine zulässige Beurteilungsgrundlage. Eine Vergleichbarkeit setzt vielmehr die *Kenntnis* von den Gegebenheiten in den miteinander verglichenen Krankenhäusern oder Abteilungen voraus. Außerdem müssen die zum Vergleich herangezogenen Daten eine ausreichende Basis haben, damit sie als repräsentativ angesehen werden können (OVG Saarland v. 7.7.2004 – 3 R 3/03 –, KRS 04.016; v. 28.11.2008 – 3 A 379/07 –, KRS 08.111; OVG NRW v. 24.9.2002 – 13 A 2341/01 –, KRS 02.104).

Welche Schlussfolgerungen aus einem zulässigen Krankenhausvergleich gezogen werden können, ist nicht geklärt. Müssen sich die Ergebnisse des Vergleichs auf das Krankenhaus als Ganzes beziehen oder können die Ergebnisse des Vergleichs einzelner Abteilungen berücksichtigt werden? Die Auswirkungen auf das Budget können je nach der gewählten Methode sehr unterschiedlich sein. In welchem Umfang ist das vom Krankenhaus kalkulierte Budget zu korrigieren, wenn es die Vergleichswerte überschreitet? Ist das Budget auf den Mittelwert aus den Daten der Vergleichsabteilungen herab zu setzen? (offen gelassen v. OVG NRW a.a.O). Nach dem Wortlaut des § 17 Abs. 2 Satz 2 KHG a.F. können sowohl das Krankenhaus als Ganzes als auch einzelne Abteilungen verglichen werden. Ausgehend von dem erkennbaren Grundgedanken, dass für das Krankenhaus leistungsgerecht ist, was für andere Krankenhäuser mit vergleichbarem Leistungsangebot ausreichend ist, kann sich das Budget an durchschnittlichen Fallkosten der Vergleichskrankenhäuser und -abteilungen orientieren.

> *Das medizinisch leistungsgerechte Budget ist für jedes Pflegesatzjahr neu zu ermitteln. Die Vereinbarung über ein leistungsgerechtes Budget für das Vorjahr ist nicht automatisch die Grundlage der Vereinbarung für das Folgejahr (BVerwG v. 6.11.2006 – 3 B 71.06 –, KRS 06.132; VGH Ba.-Wü. v. 17.4.2007 – 9 S 1006/06 –, KRS 07.057).*

Veränderungen der Leistungsmenge und -struktur, der durchschnittlichen Verweildauer und der Kostensituation des Krankenhauses sind vielmehr zu berücksichtigen, ebenso vorhandene **Wirtschaftlichkeitsreserven** (OVG NRW v. 24.9.2002 – 13 A 2341/01 –, KRS 02.104; OVG Rh.-Pf. v. 28.9.2004 – 7 A 10150/04 –, KRS 04.022). Die Sozialleistungsträger haben für behauptete Wirtschaftlichkeitsreserven die Darlegungslast (OVG NRW a.a.O).

> *Die durch die Veränderungsrate gezogene Erlösobergrenze (Kappungsgrenze) in § 6 Abs. 1 Satz 4 BPflV a.F. ist für die Ermittlung des medizinisch leistungsgerechten Budgets ohne Bedeutung. Dieses Budget ist unabhängig von der Erlösobergrenze zu ermitteln (BVerwG v. 26.2.2009 – 3 C 7.08 –, KRS 09.006; v.8.9.2005 – 3 C 41.04 –, KRS 05.047; v. 6.11.2006 – 3 B 71.06 –, KRS 06.132; v. 10.7.2008 – 3 C 7/07 –, KRS 08.032).*

Die Pflegesatzparteien können allerdings auf die Ermittlung eines leistungsgerechten Budgets ganz verzichten und das Budget des Vorjahres mit der Veränderungsrate nach § 6 Abs. 1 BPflV a.F. fortschreiben (§ 3 Abs. 2 Satz 4 BPflV a.F.). Davon wird in der Praxis bei einem stabilen Leistungsgerüst Gebrauch gemacht.

7 Budgetierung

7.1 Budget- und Entgeltsystem

Das Pflegesatzrecht wird seit 1986 geprägt durch ein Budgetsystem. Es ist im geltenden Recht unterschiedlich ausgestaltet für Krankenhäuser, für die das KHEntgG gilt, und Krankenhäuser, für die die BPflV anzuwenden ist. In beiden Fällen ist aber **das Budget der Betrag, den das Krankenhaus für seine vereinbarten Leistungen verlangen kann** (BVerwG v. 20.12.2007 – 3 C 53.06 –, KRS 07.117; v. 18.3.2009 – 3 C 14.08 –, KRS 09.009). Lediglich die Leistungen für ausländische Patienten, die mit dem Ziel einer Krankenhausbehandlung nach Deutschland einreisen, werden auf Verlangen des Krankenhauses nicht durch das Budget vergütet (§ 4 Abs. 10 KHEntgG, § 3 Abs. 6 BPflV). Eine Ausnahme bilden ferner die Entgelte für neue Untersuchungs- und Behandlungsmethoden und die Zusatzentgelte für die Behandlung von Blutern, die außerhalb des Budgets vergütet werden (§ 4 Abs. 1 Satz 2, § 6 Abs. 2 und 3 KHEntgG, § 6 Abs. 3 BPflV), sowie die nicht patientenbezogenen Zu- und Abschläge (§ 7 Abs. 1 Satz 1 Nr. 4 KHEntgG, § 7 Satz 1 Nr. 3 BPflV)

>>> *Das Budget- und Entgeltsystem des KHEntgG und der BPflV bezieht sich auf das externe Krankenhausbudget, das vom Krankenhaus mit den Sozialleistungsträgern (§ 18 Abs. 2 KHG) vereinbart wird. Das interne Kostenbudget ist aus dem externen Budget abzuleiten.*

Wegen der Vielfalt der Kostenträger und Benutzer kann der vereinbarte Budgetbetrag nicht in einer Summe oder in Teilbeträgen gezahlt werden. Er muss vielmehr über die Pflegesätze aufgebracht werden. Diese sind der Sache nach **Abschlagszahlungen auf das Budget** (BVerwG a.a.O; Tuschen u. Philippi 2000,7; Tuschen u. Trefz 2004, 74). Würden die Pflegesätze losgelöst von einem Budget gezahlt werden, handelte es sich um ein reines Preissystem, das bisher nicht verwirklicht worden ist. Das KHRG und das PsychEntgG halten vielmehr am Budgetsystem fest. Das Budget ist damit weiterhin für den weit überwiegenden Teil der allgemeinen Krankenhausleistungen der verbindliche Rahmen (§§ 4 Abs. 2, 11 Abs. 1 KHEntgG, §§ 3 Abs. 1, 4 Abs. 1, 11 Abs. 1 BPflV). Wenn § 3 Abs. 2 BPflV von einem „Gesamtbetrag" spricht, so ist damit das Gesamtbudget aus Erlösbudget und Erlössumme gemeint (s. § 3 Abs. 2 Satz 3 BPflV).

Nach der BPflV in der bis zum 31. Dezember 2012 geltenden Fassung wird das Budget über tagesgleiche Pflegesätze verrechnet (Abteilungspflegesätze, Basispflegesatz und entsprechende teilstationäre und Belegpflegesätze, § 13 BPflV a.F.). Die BPflV a.F. kennt keine weiteren Entgelte. Erst ab 2013 wird nach den Vorgaben in § 17d KHG und im PsychEntgG auch für psychiatrische und psychosomatische Krankenhäuser und Fachabteilungen ein leistungsorientiertes Vergütungssystem eingeführt, das stärker differenziert. In den Jahren 2013 und 2014 kann der Umstieg in das neue Entgeltsystem freiwillig erfolgen, ab 2015 ist der Umstieg verbindlich.

Das KHEntgG enthält für die Vergütung der allgemeinen Krankenhausleistungen ein differenziertes Budget- und Entgeltsystem. Das von ihm sogenannte – weil Kosten keine Rolle mehr spielen – **Erlösbudget** umfasst die bundeseinheitlichen Fallpauschalen und Zusatzentgelte (§ 9 Abs. 1 Nr. 1 und 2 KHEntgG). Bis Ende 2008 umfasste es auch Zusatzentgelte für Leistungen, die den bundeseinheitlichen Entgeltkatalogen zwar zugeordnet, mit ihnen jedoch wegen des Grades der Spezialisierung und/oder der Komplexität der Behandlung nicht sachgerecht vergütet werden (§ 6 Abs. 2a KHEntgG). Das KHRG hat diese Entgelte aus dem Erlösbudget herausgenommen (§ 4 Abs. 1 KHEntgG n.F.).

Daneben gibt es eine Reihe weiterer Entgelte, die außerhalb des Erlösbudgets zu vergüten und von den Pflegesatzparteien *krankenhausindividuell* zu vereinbaren sind; sie sind in § 7 Abs. 1 KHEntgG genannt. An dieser Stelle sind besonders die Entgelte für besondere Einrichtungen und für Leistungen zu erwähnen, die noch nicht von den bundeseinheitlichen Fallpauschalen und Zusatzentgelten erfasst werden (§ 6 Abs. 1 KHEntgG), sowie die Entgelte für neue Untersuchungs- und Behandlungsmethoden, die noch nicht in die bundeseinheitlichen Entgeltkataloge aufgenommen worden sind (§ 6 Abs. 2 KHEntgG), und schließlich die aus dem Erlösbudget herausgenommenen Entgelte für spezialisierte/komplexe Leistungen (§ 6 Abs. 2a KHEntgG). Für die krankenhausindividuellen Entgelte für Leistungen nach § 6 Abs. 1 und (ab 2009) Abs. 2a KHEntgG ist dabei eine **Erlössumme** zu bilden (§ 6 Abs. 3 KHEntgG). Die Erlössumme ist ebenfalls ein Budget. Die Bezeichnung als Erlössumme dient zur Abgrenzung vom Erlösbudget.

Das PsychEntgG hat die Systematik des KHEntgG übernommen. Es unterscheidet ebenfalls zwischen dem Erlösbudget mit den bundeseinheitlichen Entgelten und der Erlössumme für die krankenhausindividuellen Entgelte (§§ 3 Abs. 2 Satz 3, 6 Abs. 3 BPflV).

Für ausbildende Krankenhäuser vereinbaren die Pflegesatzparteien schließlich ein krankenhausindividuelles **Ausbildungsbudget** (§ 17a Abs. 3 Satz 1 KHG).

Für die Budgets, die Erlössumme und die Pflegesätze (Entgelte) gilt, dass sie im Voraus zu kalkulieren sind (**Grundsatz der Prospektivität**), vgl. §§ 17 Abs. 1 Satz 2, 17a Abs. 3 Satz KHG), § 4 Abs. 2 KHEntgG), § 3 Abs. 2 BPflV). Dementsprechend sind Budgets und Pflegesätze für künftige Zeiträume zu vereinbaren (§ 18 Abs. 3 KHG, § 11 Abs. 1 Satz 2 KHEntgG, § 11 Abs. 1 Satz 2 BPflV). Darin äußern sich hauptsächlich die Abkehr vom Selbstkostendeckungsprinzip und die Hinwendung zu einem leistungsorientierten Finanzierungssystem, welches das Risiko von Gewinnen und Verlusten einschließt. Der Vereinbarungszeitraum ist verbindlich das Kalenderjahr. Es können aber auch Vereinbarungen für mehrere zusammenhängende Kalenderjahre geschlossen werden (§§ 11 Abs. 2, 15 Abs. 1 KHEntgG, §§ 11 Abs. 2, 15 Abs. 1 BPflV).

In der Praxis ist gleichwohl die prospektive Pflegesatzvereinbarung vor Beginn eines neuen Kalenderjahres **die Ausnahme** geworden. Das hat mehrere Gründe. Die Veränderungsrate nach § 71 Abs. 2 Satz 3, Abs. 3 SGB V, welche die Vertragsparteien auf der Bundesebene bei der jährlichen Vereinbarung des Veränderungswerts berücksichtigen müssen (§ 9 Abs. 1 Satz 1 Nr. 5a KHEntgG, § 9 Abs. 1 Nr. 5 BPflV; s. Kap. II.8) wird relativ spät im laufenden Jahr – bis zum 15. September – für das folgende Kalenderjahr vom Bundesministerium für Gesundheit festgestellt (§ 71 Abs. 3 Satz 1 SGB V). Die Vereinbarung des Veränderungswerts für das nächste Kalenderjahr muss bis zum 31. Oktober des laufenden Jahres erfolgen. Die Vertragsparteien auf der Landesebene haben dann bis zum 30. November des laufenden Jahres Zeit, den Landesbasisfallwert und (künftig im Psych-Bereich) den Landesbasisentgeltwert für die Abrechnung der pauschalen Entgelte zu vereinbaren. Bei diesem Zeitplan ist es nahezu ausgeschlossen, dass die Pflegesatzparteien noch vor Beginn des neuen Kalenderjahres eine Pflegesatzvereinbarung verhandeln und genehmigen lassen können. Müssen der Veränderungswert und/oder der Landesbasisfallwert bzw. der Landesbasisentgeltwert wegen Nichteinigung der Vertragspartner in einem Schiedsverfahren festgesetzt werden, erstrecken sich die anschließenden Budget- und Pflegesatzverhandlungen regelmäßig weit in das Folgejahr hinein. Einigen sich dann auch die Pflegesatzparteien nicht, endet das notwendige Schiedsverfahren nicht selten erst im übernächsten Kalenderjahr.

In solchen Fällen wird der Grundsatz der Prospektivität mit der Vorauskalkulation von Budgets und Pflegesätzen aber *nicht durchbrochen*. Für die Pflegesatzparteien und die Schiedsstellen bleibt die Ex ante-Sicht maßgebend. Es können also nicht ohne weiteres die Ist-Daten des bereits abgelaufenen Kalenderjahres zugrunde gelegt werden. Das wäre ein Rückfall in die Zeit des Kostenerstattungsprinzips. Außerdem würde der Mechanismus des Kosten- und Erlösausgleichs (s. Kap. II.7.3), der die Vorauskalkulation voraussetzt, unterlaufen werden (BVerwG v. 19.1.1984 – 3 C 45.81 –, KRS 84.007; VGH Ba.-Wü. v. 19.9.2006 – 9 S 1383/04 –, KRS 06.019). In der Ex ante-Sicht können die für die Vereinbarung maßgebenden Daten durchaus von den Ist-Daten abweichen. So kann das im Ist nachgewiesene Leistungsgerüst wegen laufender oder strittiger Fehlbelegungs- oder Kodierprüfungen durch den Medizinischen Dienst der Krankenversicherung (MDK) offen sein, sodass es einer Einschätzung darüber durch die Vertragsparteien oder die Schiedsstelle bedarf. Im Anwendungsbereich der BPflV können die Ist-Kostendaten durch einen ex ante vorgenommenen Krankenhausvergleich noch bis zum Ende der budgetneutralen Phase relativiert werden.

Indes muss jede Vorauskalkulation von der im Zeitpunkt der Vereinbarung vorhandenen Datenlage ausgehen. Gibt es keine Anhaltspunkte dafür, dass sich diese bei einer Ex ante-Sicht anders darstellt, können die Vertragsparteien oder die Schiedsstelle die Ist-Daten zugrunde legen (VGH Ba.-Wü. a.a.O.; VG Karlsruhe v. 29.3.2004 – 12 K 3688/02 –, KRS 04.027; VG Minden v. 31.10.2006 – 6 K 594/05 –, KRS 06.107; Dietz et al. § 3 BPflV Erl. 5). Die Krankenhäuser haben daran ein verständliches Interesse, weil die mit einem nachträglichen Ausgleich verbundenen Nachteile vermieden oder reduziert werden können.

7.2 Budgetbindung und Neuvereinbarung

Die Pflegesatzparteien sind an das Budget gebunden (§ 4 Abs. 5 Satz 1 KHEntgG, § 3 Abs. 7 BPflV). Das vereinbarte oder von der Schiedsstelle festgesetzte Budget und die dazugehörigen Pflegesätze bleiben so lange wirksam, bis sie durch eine genehmigte Folgevereinbarung oder- festsetzung abgelöst werden. Eine **Kündigung** einer Pflegesatzvereinbarung ist im Gesetz nicht vorgesehen. Mit der Vorauskalkulation ist aber das Risiko verbunden, dass die Pflegesatzparteien mit ihrer Prognose über die künftige Entwicklung falsch liegen und die tatsächliche Entwicklung erheblich von der prognostizierten Entwicklung abweicht. So können Veränderungen in der Anzahl der Patienten und in der Patientenstruktur eine gravierende Abweichung von der angenommenen Leistungsentwicklung verursachen. Sowohl das KHEntgG als auch die BPflV lassen **ausnahmsweise** eine Neuvereinbarung des Budgets bei **wesentlichen Änderungen** der der Pflegesatzvereinbarung zugrunde gelegten Annahmen zu. Jede Vertragspartei kann die Neuvereinbarung verlangen (§ 4 Abs. 5 Satz 2 KHEntgG, § 4 Abs. 7 Satz 2 BPflV). Der Sache nach handelt es sich um eine Regelung für den Fall des **Wegfalls der Geschäftsgrundlage** (BVerwG v. 16.11.1995 – 3 C 32.94 –, KRS 95.141).

Der Begriff der wesentlichen Änderung enthält eine objektive und eine subjektive Komponente. **Objektiv** muss gegenüber den bei der Pflegesatzvereinbarung zugrunde gelegten Annahmen eine so gravierende Abweichung eingetreten sein, dass das Austauschverhältnis zwischen Leistung und Gegenleistung in einer vom Gerechtigkeitsgedanken her nicht mehr akzeptablen Weise gestört ist. Eine so gewichtige Abweichung hat das Bundesverwaltungsgericht (a.a.O) in einem Fall gesehen, in dem die tatsächlichen Belegungszahlen um 11% von den in der Budgetvereinbarung prognostizierten Zahlen abwichen.

> *Das Bundesverwaltungsgericht hat damit zugleich anerkannt, dass eine Neuvereinbarung auch bei abweichender Belegung in Betracht kommt (ebenso BVerwG v. 26.2.2009 – 3 C 7.08 –, KRS 09.006; a.M. Dietz et al. 2007 § 12 BPflV Erl. II.9.: Der Erlösausgleich ist die speziellere Regelung).*

In **subjektiver** Hinsicht ist für eine Befreiung von der Vertragsbindung nur dann Raum, wenn anzunehmen ist, dass die Parteien die Pflegesatzvereinbarung in Kenntnis der später eingetretenen Entwicklung nicht abgeschlossen haben würden. Es kommt also auf den erkennbaren Willen *beider* Seiten beim Abschluss des Vertrages an, nicht darauf, was *eine* Partei gewollt hat. Hat eine Partei sich bei der Bewertung der der Vereinbarung zugrunde gelegten Daten geirrt, geht das zu ihren Lasten, und sie kann keine Neuvereinbarung verlangen (VG Neustadt/W. v. 30.8.1995 – 3 K 666/94 –, KRS 95.068). Die Vertragsparteien können im Voraus vereinbaren, dass in bestimmten Fällen das Budget nur teilweise neu vereinbart wird (§ 4 Abs. 5 Satz 3 KHEntgG, § 4 Abs. 7 Satz 3 BPflV). Auch in diesem Fall müssen die genannten Voraussetzungen vorliegen.

Der sich im Fall der Neuvereinbarung ergebende Unterschiedsbetrag zum bisherigen Budget ist im Anwendungsbereich der BPflV über das neu zu vereinbarende Budget abzurechnen (§§ 3 Abs. 7 Satz 4, 4 Abs. 10 Satz 4 BPflV). Im Anwendungsbereich des KHEntgG ist der Unterschiedsbetrag mit dem Erlösausgleich, also nachträglich, über den gemeinsamen Zu- oder Abschlag (§ 5 Abs. 4 KHEntgG) zu verrechnen. Hierbei sind die Höchstgrenzen in § 5 Abs. 4 Satz 3 KHEntgG und § 15 Abs. 2 Satz 3 BPflV zu beachten. Danach dürfen die Pflegesätze durch den zu finanzierenden Unterschiedsbetrag oder gemeinsamen Zuschlag um nicht mehr als 30 v.H. steigen; im Anwendungsbereich des KHEntgG gilt ab 2010 eine Grenze von 15 v.H. Darüber hinaus gehende Beträge sind jeweils bis zu dieser Grenze in nachfolgenden Budgets oder in nachfolgenden Vereinbarungszeiträumen über den gemeinsamen Zuschlag zu finanzieren (§ 5 Abs. 4 Satz 3 KHEntgG, § 12 Abs. 3 Satz 4 BPflV).

Eine Neuvereinbarung ist nach den genannten Vorschriften nur während des laufenden Pflegesatzzeitraums möglich. Dabei genügt es, dass das Verlangen nach einer Neuvereinbarung vor Ablauf des Vereinbarungszeitraums gestellt wird (Dietz et al. 2007 § 12 BPflV Erl. III.5.). Nach Ablauf des Vereinbarungszeitraums gelten allein die nachfolgend erläuterten Ausgleichsregelungen.

7.3 Flexible Budgetierung

Das KHEntgG und die BPflV lassen nach Ablauf des Pflegesatzzeitraums Ausgleiche zu, wenn sich herausstellt, dass die prognostizierte Entwicklung anders verlaufen ist als angenommen und die auf das vorauskalkulierte Budget geleisteten Abschlagszahlungen (Pflegesätze) das Budget über- oder unterschreiten. Erbringt das Krankenhaus mehr oder durchschnittlich höherwertige Leistungen als vorauskalkuliert, erzielt es **Mehrerlöse**, im umgekehrten Fall **Mindererlöse**. Würden Mehrerlöse in voller Höhe dem Krankenhaus verbleiben, erhielte es für seine Leistungen in der Regel mehr als zur Kostendeckung erforderlich ist, weil nur die variablen und eventuell die sprungfixen Kosten steigen. Würden Mindererlöse voll zu seinen Lasten gehen, könnte es in der Regel seine Fixkosten nicht mehr decken, weil diese kurzfristig nicht veränderbar sind. Außerdem würden die gezahlten Pflegesätze den Charakter von mengenunabhängigen Preisen annehmen.

>> *Das Budgetprinzip wäre damit aufgehoben.*

Um solche Auswirkungen zu vermeiden, gibt es einen nachträglichen Ausgleich für Mehr- oder Mindererlöse, mit dem im Anwendungsbereich der BPflV das Budget angepasst (verändert) wird (§ 3 Abs. 2, § 4 Abs. 6 BPflV). Im Anwendungsbereich des KHEntgG bleibt das vereinbarte Budget ab 2009 unverändert; der Ausgleich erfolgt im nachfolgenden Vereinbarungszeitraum über einen Zu- oder Abschlag auf die Entgelte (§ 5 Abs. 4 Satz 1 KHEntgG).

>> *Diesen Mechanismus bezeichnete das Gesetz als flexible Budgetierung (§ 12 Abs. 2 BPflV a.F.).*

Mit Einführung der flexiblen Budgetierung im Jahr 1986 wurden Mehr- oder Mindererlöse mit 75 v.H. ausgeglichen. Dem lag die Erwägung zugrunde, dass 75 v.H. der im Krankenhaus anfallenden Kosten Fixkosten seien, während 25 v.H. der Kosten leistungsabhängig seien und vom Krankenhaus beeinflusst werden könnten. Die Regelung zielte also darauf, dem Krankenhaus bei einer Minderbelegung die gleichwohl anfallenden Fixkosten zu erstatten und ihm bei einer Mehrbelegung nur die zusätzlich angefallenen variablen Kosten zu vergüten. Die auszugleichende Unter- oder Überdeckung entsprach den in den Pflegesätzen enthaltenen Fixkostenanteilen, die zu wenig oder zu viel gezahlt wurden (BVerwG v. 16.11.1995 – 3 C 32.94 –, KRS 95.141; v. 20.12.2007 – 3 C 53.06 – KRS 07.117; v. 18.3.2009 – 3 C 14.08 –, KRS 09.009; BR-Drs. 224/85, 35; Tuschen u. Trefz 2004, 74).

Dieser **betriebswirtschaftliche Ansatz** wurde im Zuge der weiteren Entwicklung des Pflegesatzrechts immer mehr verwässert. Die Ausgleichssätze wurden mehrfach geändert (s. Kap. I.2 und I.3). Der Ausgleichsmechanismus wurde zu einem **Instrument der Ausgabenbegrenzung**. Er soll die Krankenhäuser zu einer möglichst punktgenauen Einhaltung des vorauskalkulierten Budgets anhalten und von einer Leistungsausweitung zu Lasten anderer Krankenhäuser und der Kostenträger abhalten. Zusätzliche Leistungen werden nicht mehr voll finanziert, Mindererlöse werden unzureichend ausgeglichen (BVerwG v. 7.7.2005 – 3 C 23.04 –, KRS 05.044; v. 20.12.2007 – 3 C 53.06 –, KRS 07.117; v. 18.3.2009 – 3 C 14.08 –, KRS 09.009; BT-Drs. 13/7264, 72; BR-Drs. 224/85, 35; Tuschen u. Trefz 2004, 89; Dietz et al. 2007 § 12 BPflV Erl. III.4.; MonKomm 2008, 331; s. auch Begründung zu § 3 Abs. 5 BPflV n.F., BT-Drucks. 17/8986, 36).

Die Abbildung 3 verdeutlicht das Prinzip der flexiblen Budgetierung.

Andererseits wird das Instrument der Mehr- oder Mindererlösausgleiche politisch genutzt, um finanzielle Anreize durch Risikominimierung zu setzen und Krankenhäuser dadurch zu einem freiwilligen Umstieg auf das neue Psych-Entgeltsystem zu bewegen (§ 3 Abs. 5 BPflV n.F.).

Vor diesem politischen Hintergrund müssen die derzeit geltenden Regelungen über die flexible Budgetierung gesehen werden.

Nach § 12 Abs. 2 **BPflV** a.F., § 3 Abs. 5, § 4 Abs. 8 BPflV n.F. werden die durch eine von der Vereinbarung abweichende Entwicklung entstandenen Mindererlöse ab dem Jahr 2007 nur zu 20 v.H. (bis Ende 2006 zu 40 v.H.) ausgeglichen. Mehrerlöse bis zur Höhe von 5 v.H. werden zu 85 v.H. und Mehrerlöse über 5 v.H. zu 90 v.H. ausgeglichen. Nur Krankenhäuser, die in den Jahren 2013 und 2014 freiwillig das neue Psych-Entgeltsystem anwenden, nehmen an einem verbesserten Mehr- oder Mindererlösausgleich teil (95 v.H. Mindererlösausgleich, 65 v.H. Mehrerlösausgleich). Voraussetzung ist jeweils, dass die *Summe* der auf den Pflegesatzzeitraum entfallenden Gesamterlöse des Krankenhauses aus den Pflegesätzen vom vorauskalkulierten Budget abweicht; es ist

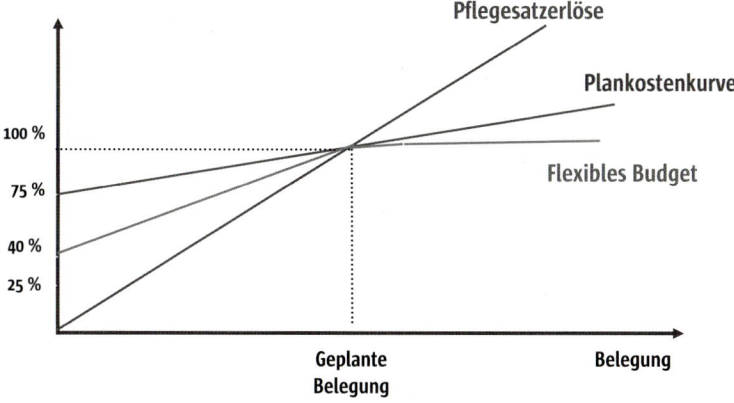

Abb. 3   Prinzip der flexiblen Budgetierung (Fleßa 2008)

also nicht auf die Entwicklung der einzelnen Pflegesätze abzustellen. Die Pflegesatzparteien können im Voraus andere Vomhundertsätze vereinbaren, wenn dies der angenommenen Entwicklung von Leistungen und Kosten des Krankenhauses besser entspricht (§§ 3 Abs. 5 Satz 2, 4 Abs. 8 Satz 2 BPflV)

Den jahrelangen Streit zwischen den Pflegesatzparteien über die Frage, was unter dem Begriff **„Gesamterlöse"** bei dem vorzunehmenden Summenvergleich (§ 12 Abs. 2 Satz 1 BPflV a.F.) zu verstehen ist, hat das Bundesverwaltungsgericht mit Urteil vom 20. Dezember 2007 – 3 C 53.06 –, KRS 07.117, beendet. Die Sozialleistungsträger hatten gemeint, dass zu den Gesamterlösen auch Erträge des Krankenhauses gehören, die es außerhalb seines Versorgungsauftrages erzielt hat, zum Beispiel durch Nutzung zusätzlicher Betten über die Planbetten hinaus (OVG Nds. v. 22.9.2005 – L 11 LC 87/04 –, KRS 05.048; VGH Ba.-Wü. v. 19.9.2006 – 9 S 1383/04 –, KRS 06.019; Thier 2006, 210). Ausgehend von dem Grundgedanken, dass mit dem Erlösausgleich die während eines zurückliegenden Budgetzeitraums eingetretene Abweichung bestimmter Ist-Werte von den prospektiven Annahmen ganz oder teilweise nachgebessert werden soll, hat das Bundesverwaltungsgericht klargestellt, dass nur Vorgänge ausgeglichen werden können, die, wären sie rechtzeitig bekannt gewesen, schon bei der Budgetvereinbarung für den vorangegangenen Pflegesatzzeitraum hätten vereinbart werden können oder müssen.

> *Nur was Gegenstand der Budgetvereinbarung hätte sein können, kann nachträglich ausgeglichen werden. Da mit dem Budget nur Leistungen des Krankenhauses im Rahmen seines Versorgungsauftrages vergütet werden können, sind nicht budgetfähige Leistungen nicht auszugleichen (vgl. auch BVerwG v. 18.3.2009 – 3 C 14.08 –, KRS 09.009).*

Nunmehr ist auch durch die Formulierungen in §§ 3 Abs. 5 und 4 Abs. 8 BPflV n.F. klargestellt, dass für den Mehr- oder Mindererlösausgleich auf die budgetfähigen Entgelte abzustellen ist. Dabei werden ab 2013 bei Krankenhäusern, die das Psych-Entgeltsystem anwenden, die Erlöse aus den bundeseinheitlichen Entgelten mit den krankenhausindividuellen Entgelten zu einer Gesamtsumme zusammengefasst. Der Summenvergleich mit den vereinbarten Budgets (Gesamtbetrag bis 2016, Erlösbudget und Erlössumme ab 2017) entscheidet darüber, ob ein Mehr- oder Mindererlösausgleich vorzunehmen ist.

Wird das Budget nicht prospektiv, sondern unterjährig vereinbart, muss zur Ermittlung der Erlösabweichungen im Wege des Summenvergleichs mit den für das Kalenderjahr vereinbarten Entgelten gerechnet werden und nicht mit den gezahlten Entgelten, weil diese auch den Zahlbetragsausgleich (Liquiditätsausgleich) nach § 15 Abs. 3 KHEntgG, § 15 Abs. 2 BPflV enthalten.

Das KHEntgG enthält ein gegenüber der BPflV wesentlich differenzierteres Ausgleichssystem. Auch hier ist zunächst ein Summenvergleich vorzunehmen. Das Erlösbudget und die Erlössumme werden dabei zu einem Gesamt-betrag zusammengefasst. Die Summe der tatsächlich erzielten Erlöse für Leis-tungen, die dem Erlösbudget oder der Erlössumme zuzuordnen sind, ist mit der Summe der vereinbarten Erlöse für diese beiden Finanzierungstöpfe zu vergleichen. Im Falle einer Abweichung der Gesamterträge vom Gesamtbetrag gilt ein **gestuftes Ausgleichssystem**.

> *Für das Erlösbudget und die Erlössumme gelten einheitliche Ausgleichssätze (§ 4 Abs. 3, 6 Abs. 3 Satz 5 KHEntgG). Somit gelten auch für die nach § 6 Abs. 1 KHEntgG vereinbarten tagesgleichen Pflegesätze die Ausgleichssätze des § 4 Abs. 3 KHEntgG.*

Überhaupt nicht ausgeglichen werden Mehr- oder Mindererlöse aus Zusatz-entgelten für die Behandlung von Blutern sowie aufgrund von Abschlägen von den Fallpauschalen und Zusatzentgelten wegen Nichterfüllung der Verpflich-tungen des Krankenhauses zur Qualitätssicherung (§ 8 Abs. 4 KHEntgG i.V.m. § 137 Abs. 1 Satz 3 Nr. 5 SGB V). Mindererlöse aus Zusatzentgelten für Arznei-mittel und Medikalprodukte werden ebenfalls nicht ausgeglichen. Ansonsten werden Mindererlöse zu 20 v.H. ausgeglichen. Mehrerlöse werden zu 65 v.H. ausgeglichen mit Ausnahme der Mehrerlöse aus Zusatzentgelten für Arznei-mittel und Medikalprodukte sowie aus Fallpauschalen für schwerverletzte, insbesondere polytraumatisierte oder schwer brandverletzte Patienten, für die eine Ausgleichsquote von 25 v.H gilt. Für Fallpauschalen mit einem sehr ho-hen Sachkostenanteil sowie für teure Fallpauschalen mit einer schwer plan-baren Leistungsmenge, insbesondere bei Transplantationen oder Langzeitbe-atmung, sollen die Vertragsparteien im Voraus von den Regelsätzen abwei-chende Ausgleiche vereinbaren.

> *„Sollen" bedeutet eine Rechtspflicht, wenn nicht besondere Gründe für eine Ausnahme sprechen.*

Damit wird wenigstens für die sachkostenintensiven und schwer planbaren Leistungen die Möglichkeit für eine sachgerechtere Finanzierung der variab-len Kosten eröffnet (Tuschen 2005, 955).

Für die nach § 6 Abs. 2 KHEntgG, § 6 Abs. 2 BPflV krankenhausindividuell zu vereinbarenden Entgelte für **neue Untersuchungs- und Behandlungsmetho-den** sowie für die Behandlung von Blutern sind gesetzlich keine Ausgleiche vorgesehen.

> *Diese Entgelte sind somit echte Preise.*

Auch für die verschiedenen Zu- und Abschläge (§ 7 Abs. 1 Satz 1 KHEntgG, § 7 Satz 1 BPflV) gibt es keine Ausgleiche. Dagegen ist für das **Ausbildungsbudget** ein vollständiger Ausgleich von Mehr- oder Minderlösen vorgesehen, wenn die Summe der Zahlungen auf das Ausbildungsbudget das vereinbarte Ausbildungsbudget über- oder unterschreiten (§ 17a Abs. 3 Satz 11 KHG).

Die nachfolgende Tabelle 3 enthält eine Übersicht über die aktuellen Ausgleichsregelungen.

Eine wichtige Änderung gegenüber der DRG-Konvergenzphase enthält § 4 Abs. 3 Satz 8 KHEntgG. Danach wird der Erlösausgleich nicht mehr über das Erlösbudget oder die Erlössumme des Folgejahres, sondern gesondert über einen prozentualen Zu – oder Abschlag auf die Entgelte des Folgejahres verrechnet. Das bedeutet eine **Modifizierung der flexiblen Budgetierung**, weil keine nachträgliche Budgetanpassung mehr stattfindet. Es kann weiterhin von einer flexiblen Budgetierung gesprochen werden, weil das vereinbarte Budget bei Abweichungen von der geplanten Leistungsentwicklung nicht endgültig den Betrag festlegt, den das Krankenhaus für seine Leistungen im abgelaufenen Vereinbarungszeitraum erhält.

Tab. 3   Übersicht über die aktuellen Ausgleichsregelungen

Ausgleichstatbestand	Mindererlösausgleich	Mehrerlösausgleich
KHEntgG		
Erlösbudget und Erlössumme		
Fallpauschalen für Schwerverletzte	20 v.H.[1]	25 v.H.[1]
Zusatzentgelte für Arzneimittel und Medikalprodukte		25 v.H.
Sachkostenintensive, schwer planbare, teure Fallpauschalen	krankenhausindividuell	krankenhausindividuell
Sonstige Mehr- oder Mindererlöse	20. v.H.	65 v.H.
Zu- und Abschläge		
Neue Untersuchungs- und Behandlungsmethoden		
Zusatzentgelte für Bluter	100 v.H.	100 v.H.
BPflV		
Gesamtbetrag (2013–2016)	20 v.H.[3] (95 v.H.)[2]	85–90 v.H.[3] (65 v.H.)[2]
Erlösbudget und Erlössumme (2017–2021)	20 v.H.[3]	85–90 v.H.[3]
Zu- und Abschläge		
Neue Untersuchungs- und Behandlungsmethoden		
Ausbildungsbudget	100 v.H.	100 v.H.

[1] Soweit nicht krankenhausindividuell abweichend vereinbart

[2] Nur bei freiwilligem Umstieg auf das Psych-Entgeltsystem in den Jahren 2013 und 2014

[3] Abweichende Vereinbarung möglich

Die Ausgleichsregelungen können dazu führen, dass das Krankenhaus seine Leistungen **nicht kostendeckend** erbringen kann. Besonders bei Minderleistungen droht eine Fixkostenunterdeckung. Das ist politisch mit Rücksicht auf die Finanzlage der gesetzlichen Krankenversicherung zwar gewollt (Tuschen 2007, 10; Rau 2007, 180), wirft aber die Frage nach der **Verfassungsmäßigkeit** einzelner Regelungen auf. Vergütungsregelungen greifen in die Freiheit der Berufsausübung ein (Art. 12 Abs. 1 GG).

Unter Hinweis darauf, dass die Finanzierbarkeit der gesetzlichen Krankenversicherung einen überragend wichtigen Gemeinwohlbelang darstellt, hat das Bundesverfassungsgericht (Beschl. v. 8.10.2004 – 1 BvR 682/01 –, KRS 04.023) selbst den vollständigen Mehrerlösausgleich, der mit den festen Budgets in den Jahren 1993 bis 1995 verbunden war (s. Kap. I.2), nicht für verfassungswidrig gehalten (kritisch Quaas 2005, 188). Es sei den Krankenhäusern zuzumuten, dass Leistungen oberhalb der Budgetgrenze nicht vergütet werden, zumal die einschränkende Regelung nur für wenige Jahre gelte. Das Gericht räumte dem Gesetzgeber einen weitgehenden Spielraum zur Erprobung unterschiedlicher Instrumente ein.

Im konkreten Fall wurde dem betroffenen Krankenhaus vorgehalten, es habe seine Leistungsplanung am Budget orientieren, seine Leistungen unterjährig steuern und die Budgeteinhaltung durch andere unternehmerische Entscheidungen (z.B. Personalreduzierung) beeinflussen können. Das Krankenhaus habe auch nicht dargelegt, dass es existentiell betroffen sei oder seinen Versorgungsauftrag nicht mehr erfüllen könne.

Daraus ist abzuleiten, dass die Verfassungsmäßigkeit der Ausgleichsregelungen nur dann infrage gestellt werden kann, wenn es einem Krankenhaus nach Ausschöpfung aller unternehmerischer Einfluss- und Steuerungsmöglichkeiten dauerhaft nicht möglich ist, kostendeckende Erlöse zu erzielen, sodass sein Bestand und damit auch sein Versorgungsauftrag ernsthaft bedroht sind. Hierbei ist nicht die Situation des einzelnen Krankenhauses maßgebend, sondern eine *generalisierende* Betrachtungsweise geboten (BVerfGE 70, 1, 30). Art. 12 Abs. 1 GG schützt nicht das einzelne Krankenhaus vor Verlusten. Solange es den Pflegesatzparteien gestattet ist, Ausgleichssätze zu vereinbaren, die der Leistungs- und Kostenstruktur des Krankenhauses besser gerecht werden als die gesetzlichen Vorgaben, wird die Schwelle zur Verfassungswidrigkeit nicht überschritten.

7.4 Ordnungspolitische Kritik

Die Budgetierung mit Erlösausgleich ist ordnungspolitisch umstritten. Sie ist nach Auffassung der Monopolkommission „als ein Instrument zu begreifen, mit dem den Krankenhäusern Anreize genommen werden, ihre Fallzahlen zu Lasten der übrigen Anbieter auszuweiten. Sie verfestigt die bestehenden

Strukturen der Krankenhausversorgung" (2008, 319; 2010, 375). Die Monopol-kommission ist der Auffassung, dass eine Fortsetzung der Budgetierung eine erhebliche Störung des Krankenhauswettbewerbs bedeutet und wichtige marktliche Anpassungsprozesse verlangsamt. Sie setzt sich für die Einführung eines reinen Preissystems mit Selektivverträgen ein (ähnlich SVR 2007, 59). Auch der Sachverständigenrat zur Begutachtung der gesamtwirtschaftlichen Entwicklung spricht sich für die Abkehr vom reinen Budgetierungssystem mit Festpreisen aus und plädiert dafür, dass die Krankenkassen selektiv mit einzelnen Krankenhäusern über Preise, Mengen und Qualität verhandeln, was eine Einschränkung der Wahlfreiheit der Versicherten zur Folge hätte (Jahresgutachten 2010/2011, 245). Die Monopolkommission sieht in dem Konzept selektiver Verträge auf dem Leistungsmarkt *eine wichtige Chance*, um Effizienzpotenziale im deutschen Gesundheitssystem nachhaltig auszuschöpfen (Hauptgutachten 2010, 377). Dem ist der Gesetzgeber bisher wegen der offenen Fragen zur Sicherung der Versorgungsqualität nicht gefolgt (vgl. Stellungnahme der Bundesregierung zum 18. Hauptgutachten der Monopolkommission vom 17.12.2010, BT-Drucks. 17/4305, 13).

8 Beitragssatzstabilität

Seit 1993 (mit Inkrafttreten des GSG) ist der Grundsatz der Beitragssatzstabilität mit unterschiedlichen Ausprägungen im Pflegesatzrecht verankert. § 17 Abs. 1 Satz 3 KHG enthält die Vorgabe, dass „bei der Ermittlung der Pflegesätze der Grundsatz der Beitragssatzstabilität (§ 71 Abs. 1 SGB V) nach Maßgabe dieses Gesetzes und des Krankenhausentgeltgesetzes zu beachten" ist. Nach dem Grundsatz der Beitragssatzstabilität in § 71 Abs. 1 SGB V sind die Vertragsparteien gehalten, Vergütungsregelungen so zu gestalten, dass Beitragssatzerhöhungen grundsätzlich ausgeschlossen werden. Diese Vorgabe müssen die Vertragsparteien dadurch erfüllen, dass sie ihre Vergütungsvereinbarungen in Höhe der durchschnittlichen Veränderungsrate der beitragspflichtigen Einnahmen aller Mitglieder der Krankenkassen (§ 267 Abs. 1 Nr. 2 SGB V) begrenzen. Die **Veränderungsrate** (auch: **Grundlohnrate**) wird vom Bundesministerium für Gesundheit bis zum 15. September eines jeden Jahres für Vereinbarungen des folgenden Kalenderjahres festgelegt (§ 71 Abs. 2 und 3 SGB V).

>>> *Diese Regelungen bedeuten, dass die Entwicklung der Ausgaben für Krankenhausbehandlung grundsätzlich an die Einnahmenentwicklung in der GKV angekoppelt ist.*

Sie sollen die finanzielle Stabilität der gesetzlichen Krankenversicherung absichern. Zur näheren Ausgestaltung enthalten das KHEntgG und die BPflV spezielle und konkretisierende Regelungen, sodass § 71 SGB V im Pflegesatzrecht *keine eigenständige* Bedeutung hat (BVerwG v. 24.10.2002 – 3 C 38.01 –, KRS

02.082; v. 1.12.2005 – 3 B 75.05 –; VGH Ba.-Wü. v. 1.3.2005 – 9 S 943/04 –, KRS 05.039). Unter anderem schreiben § 6 Abs. 1 Satz 3 BPflV, 10 Abs. 4 Satz 4 KHEntgG in der bis zum 31. Dezember 2012 geltenden Fassung vor, dass die Veränderungsrate im Jahr 2011 um 0,25 Prozentpunkte und im Jahr 2012 um 0,5 Prozentpunkte gemindert ist. Mit Wirkung ab 1. Januar 2013 wird die Veränderungsrate durch den **Veränderungswert** ersetzt (§ 10 Abs. 4 Satz 1 KHEntgG, § 3 Abs. 2 Satz BPflV). Dieser wird von den Vertragsparteien auf der Bundesebene vereinbart (§ 9 Abs. 1 Satz 1 Nr. 5a KHEntgG, § 9 Abs. 1 Nr. 5 BPflV)

Im Anwendungsbereich der BPflV begrenzt die Veränderungsrate bzw. der Veränderungswert das Budget des einzelnen Krankenhauses. Die durch die Veränderungsrate bzw. den Veränderungswert gezogene **Obergrenze**, die sogenannte **Kappungsgrenze**, kann nur in eng begrenzten Ausnahmefällen überschritten werden (§ 6 Abs. 1 Satz 4, Abs. 2 BPflV in der bis zum 31. Dezember 2012 geltenden Fassung, § 3 Abs. 2 Satz 1 BPflV in der ab 1. Januar 2013 geltenden Fassung). **Im Anwendungsbereich des KHEntgG** wird eine Erhöhung des landesweit einheitlichen Basisfallwerts durch die Veränderungsrate bzw. den Veränderungswert begrenzt (§ 10 Abs. 4 KHEntgG). Ausnahmen wie in der BPflV sind hier grundsätzlich nicht zugelassen. Im Jahr 2009 gestattete § 10 Abs. 5 KHEntgG aber eine Obergrenzenüberschreitung wegen der Tariferhöhungen in 2008 und 2009 in begrenztem Umfang. Auch in 2012 ist eine Obergrenzenüberschreitung beim Landebasisfallwert wegen der Tarifsteigerungen in 2012 in begrenztem Umfang zulässig (Art. 3 Nr. 4 Ziff. 4 Buchst. c) PsychEntgG). Hervorzuheben ist, dass nach dem KHEntgG nur der Preisanstieg begrenzt ist (Erhöhung des Landesbasisfallwerts), während nach der BPflV das Produkt aus Menge x Preis – das Budget – begrenzt ist. Erst mit Beginn der Konvergenzphase ab 2017 wird auch im Psych-Bereich der Preisanstieg (Anstieg des Landesbasisentgeltwerts) durch den Veränderungswert begrenzt (§ 10 Abs. 3 Satz 1 BPflV). Da nach dem KHEntgG (§ 4) – vom Mehrleistungsabschlag in § 4 Abs. 2a abgesehen – Mengensteigerungen ohne Begrenzung nach oben möglich sind, enthält die BPflV die strengere Begrenzungsregelung, zumal die Ausnahmen von der Budgetdeckelung (s. Kap. IV.1.2) nicht verhindern können, dass das Krankenhaus **keine kostendeckende Vergütung** erhält. Der Gesetzgeber nimmt das bewusst in Kauf (BVerwG v. 7.7.2005 – 3 C 23.04 –, KRS 05.044; v. 10.7.2008 – 3 C 7.07 –, KRS 08.032; VG Minden v. 31.10.2006 – 6 K 594/05 –, KRS 06.107 m.w. Nachw.).

Tatsächlich hat sich die wirtschaftliche Situation der Krankenhäuser durch die seit 1993 andauernde Begrenzung der Budgets und Erlöse stetig verschlechtert. Sehr niedrige Grundlohnraten, aber hohe Kostensteigerungen, insbesondere bei Löhnen und Gehältern durch Tarifabschlüsse, haben zu einem Missverhältnis von Erlösen und Kosten geführt. Im Jahr 2006 erzielten 28 v.H. aller Krankenhäuser (600) ein Defizit (N.N. 2008, 21). Auch wegen der rückläufigen Fördermittel für Investitionen (s. Kap. II.4; DKG, Krankenhaus 2008, 453, 456) befinden sich die Krankenhäuser in einer ähnlichen Situation wie vor Inkrafttreten des KHG 1972 (SVR 2007, 57).

Bei dieser Sachlage ist die Frage, ob die Vorschriften über die Budget- und Erlösbegrenzung in §§ 3 Abs. 2, 10 Abs. 3 BPflV, § 10 Abs. 4 KHEntgG einer **verfassungsrechtlichen Prüfung** standhalten. Diese Frage wird schon durch die bisherige Rechtsprechung nahe gelegt. So hat das Bundesverwaltungsgericht in seinem „Instandhaltungsurteil" (v. 26.10.1995 – 3 C 11.94 –, KRS 95070, s. Kap. II.4) im Anschluss an die Rechtsprechung des Bundesverfassungsgerichts (BVerfGE 47, 285, 321; 48, 240, 244) festgestellt:

> „Ein gesetzlicher Zwang, der Allgemeinheit über mehrere Jahre Leistungen zu einem Preis anzubieten, der notwendige und unaufschiebbare Kosten in erheblichem Umfang nicht deckt, würde im Hinblick auf die Garantie der Berufsfreiheit in Art. 12 Abs. 1 GG auch erheblichen verfassungsrechtlichen Bedenken begegnen".

Einem Krankenhaus dürften nicht in einer die Existenz gefährdenden Weise Refinanzierungsmöglichkeiten genommen werden. In einem weiteren Urteil des Bundesverwaltungsgerichts (v. 24.10.2002 – 3 C 38.01 –, KRS 02.082) heißt es:

> „Nichts anderes könnte gelten, wenn ein Krankenhaus in erheblichem Umfang Leistungen auf unabsehbare Zeit unentgeltlich erbringen müsste. Einschränkungen, die für eine vorübergehende Zeit zumutbar sein mögen, können unzumutbar werden, wenn die Unentgeltlichkeit zu einer dauerhaften Verpflichtung wird".

Im Ergebnis ebenso BVerwG v. 7.7.2005 – 3 C 23.04 –; KRS 05.044; OVG Nds. v. 6.3.2003 – 11 LB 306/02 –, KRS 03.089; VG Minden v. 31.10.2006 – 6 K 594/05 –, KRS 06.107.

Festzustellen ist, dass die spezifische Rechtsprechung zur Verfassungsmäßigkeit von Erlösobergrenzenregelungen stets maßgeblich darauf abgestellt hat, dass die angegriffenen Vorschriften nur einen vorübergehenden und absehbaren Zeitraum betrafen oder Übergangscharakter hatten. Deswegen wurden sie im Ergebnis für verfassungsrechtlich unbedenklich gehalten.

BVerfG v. 8.10.2004 – 1 BvR 682/01 –, KRS 04.023; BVerwG v. 24.10.2002 – 3 C 38.01 –, KRS 02.082; v. 7.7.2005 – 3 C 23.04 –, KRS 05.044; OVG Thüringen v. 4.7.2000 – 2 KO 90/97 –, KRS 00.048; VG Minden v. 31.10.2006 – 6 K 594/03 –, KRS 06.107.

Hinzu kommt, dass die existentielle Betroffenheit einer größeren Zahl von Krankenhäusern nicht nachgewiesen werden konnte (BVerfG a.a.O.; OVG Nds. v. 6.3.2003 – 11 LB 306/02 –, KRS 03.089; VG Minden a.a.O.).

Im geltenden Recht ist die Erlösbegrenzung durch die Veränderungsrate nicht als nur vorübergehende Regelung angelegt, weil sie schon 20 Jahre lang andauert. Angesichts der wirtschaftlichen Lage vieler Krankenhäuser kann auch eine existentielle Bedrohung einer größeren Zahl von Krankenhäusern nicht mehr von vornherein ausgeschlossen werden. Rund 40 Prozent der Allgemeinkrankenhäuser erwirtschaften in 2012 voraussichtlich ein Defizit (BR-Drucks. 432/12, 3).

Deshalb ist eine verfassungsrechtliche Überprüfung des Systems der Erlösbegrenzung angezeigt. Als Vergütungsregelung ist es vor allem auf Vereinbarkeit mit dem Grundrecht auf freie Berufsausübung (Art. 12 Abs. 1 GG) zu prüfen. Nach dem vom Bundesverfassungsgericht entwickelten und in ständiger Rechtsprechung entwickelten Prüfungsmaßstab muss die gesetzliche Regelung durch ausreichende Gründe des Gemeinwohls gerechtfertig sein und dem Gebot der Wahrung des Grundsatzes der Verhältnismäßigkeit entsprechen; dazu muss sie zur Erreichung des angestrebten Zwecks geeignet und erforderlich sowie angemessen und zumutbar sein (BVerfGE 47, 285, 321; BVerfG v. 8.10.2004 – 1 BvR 682/01 –, KRS 04.023; BVerwG v. 7.7.2005 – 3 C 23.04 –, KRS 05.044; OVG Thüringen v. 4.7.2000 – 2 KO 90/97 –, KRS 00.048).

Die Finanzierbarkeit der gesetzlichen Krankenversicherung ist ein überragend wichtiges Gemeinwohlinteresse, von dem sich der Gesetzgeber bei der Ausgestaltung des Systems und bei der damit verbundenen Steuerung des Verhaltens der Leistungserbringer leiten lassen darf (BVerfGE 103, 172, 184; BVerfG v. 8.10.2004 – 1 BvR 682/01 –, KRS 04.023). Die Verhinderung von Beitragssteigerungen in der gesetzlichen Krankenversicherung ist deshalb durch Gemeinwohlinteressen gedeckt. Die Begrenzung von Budgets und Entgelten durch die Veränderungsrate ist zur Erreichung dieses Ziels auch geeignet. Ob sie generell erforderlich ist, mag dahinstehen. Jedenfalls ist die Erforderlichkeit im Hinblick auf die *konkrete Ausgestaltung* der Ankoppelung an die Einnahmen der gesetzlichen Krankenversicherung **zu verneinen**. Nach § 71 Abs. 3 Satz 1 SGB V wird die Veränderungsrate nicht, wie es dem Grundsatz der Vorauskalkulation der Budgets und der Entgelte entsprechen würde, vorausgeschätzt, sondern aus Daten ermittelt, die bei Beginn des Vereinbarungszeitraums bis zu zweieinhalb Jahre zurückliegen. So wird die Veränderungsrate für 2013 wie folgt ermittelt:

$$\frac{\text{2. Halbjahr 2011} + \text{1. Halbjahr 2012}}{\text{2. Halbjahr 2010} + \text{1. Halbjahr 2011}} = 2{,}03 \text{ v.H.}$$

Die Veränderungsrate hat damit keinen Bezug zur aktuellen und voraussichtlichen Kostenentwicklung auf Krankenhausseite und zur aktuellen und voraussichtlichen Einnahmenentwicklung bei den Krankenkassen.

Diese Ausgestaltung hat für die Krankenhäuser den großen Nachteil, dass hohe Kostensteigerungen aufgrund aktueller Ereignisse (z.B. Tarifabschlüsse, Energiepreisentwicklung etc.) nicht über das nächste Budget ganz oder teilweise refinanziert werden, sondern mit einer Verzögerung von mindestens zwei Jahren. Grundlohnsteigerungen in der gesetzlichen Krankenversicherung als Folge hoher Tarifabschlüsse schlagen sich bei den Krankenhäusern zunächst nicht nieder. Das wird besonders in 2012 deutlich, weil die Veränderungsrate durch Art. 8 Nr. 3, Art. 10 GKV-FinG noch um 0,5 Prozentpunkte gemindert ist. Hohen Überschüssen in der gesetzlichen Krankenversicherung als Folge der positiven Wirtschaftsentwicklung (rd. 20 Mrd. € am Ende des

1. Quartals 2012, vgl. Pressemitteilung des Bundesministeriums für Gesundheit vom 20. Juni 2012, http://www.bmg.bund.de/ministerium/presse/pressemitteilungen/2012-02/sachverstaendigenrat-stellt-gutachten-vor.html, Abruf am 22.1.2012) stehen wachsende Defizite in den Krankenhäusern als Folge der Tarifsteigerungen (6,3 v.H. in 2012/2013) gegenüber.

Die Verwendung von vergangenheitsbezogenen Daten ist für die finanzielle Stabilität der gesetzlichen Krankenverscherung nicht erforderlich. Diese kann auch durch eine – systemkonforme – Vorausschätzung der Veränderungsrate erreicht werden, eventuell mit einer Korrekturmöglichkeit im Falle einer Fehlschätzung. Die Methode der Vorausschätzung der Veränderungsrate sah § 6 Abs. 1 BPflV i.d.F. des Artikels 11 Nr. 2 des 2. GKV-Neuordnnungsgesetzes vom 23.6.1997 (BGBl. I, 1520, 1533) in den Jahren 1997 und 1998 schon einmal vor. Damals waren die Vertragsparteien auf der Bundesebene beauftragt, die geschätzte Veränderungsrate als Budgetobergrenze zu vereinbaren. Die Methode der Vorausschätzung von Entwicklungsdaten mit nachträglicher Korrekturmöglichkeit bei Fehlschätzung ist, zum Teil in anderem Zusammenhang (§ 6 Abs. 2 BPflV a.F., § 10 Abs. 1 Satz 3, Abs. 4 Satz 2 KHEntgG), auch im geltenden Pflegesatzrecht verankert. Sie belastet die Krankenhäuser wegen der nicht verzögerten Refinanzierung von Kostensteigerungen erheblich weniger als die vergangenheitsbezogene Ermittlung der Veränderungsrate, sichert die finanzielle Stabilität der gesetzlichen Krankenversicherung aber genau so wirksam.

Dem Gesetzgeber steht damit ein anderes, gleich wirksames, aber das Grundrecht der Krankenhäuser auf freie Berufsausübung weniger fühlbar einschränkendes Mittel zur Verfügung, um die finanzielle Stabilität der gesetzlichen Krankenversicherung abzusichern. Das geltende System der Budget- und Erlösbegrenzung durch die Veränderungsrate ist *in seiner konkreten Ausgestaltung* daher unverhältnismäßig und mit Art. 12 Abs. 1 GG nicht zu vereinbaren (vgl. BVerfG v. 20.12.1990 – 1 BvR 1418/90 – (Preisabschläge auf Arzneimittel); OVG Thüringen v. 4.7.2000 – KO 90/97 –, KRS 00.048).

Diese verfassungsrechtliche Beurteilung ändert sich durch die im PsychEntgG vorgesehenen Entlastungen für Krankenhäuser nicht entscheidend. Zwar erhalten die Krankenhäuser auch außerhalb des Geltungsbereichs der BPflV – der Tarifausgleich nach § 6 Abs. 2 BPflV a.F. gilt bis Ende 2012, vgl. Art. 2 Buchst. e) PsychEntgG – einen Tarifausgleich für das Jahr 2012 in Höhe von 50 v.H. des Unterschieds zwischen der Veränderungsrate und der Tarifrate (§ 9 Abs. 5 KHEntgG). Diese Entlastung wirkt jedoch nur einmalig und beseitigt nicht die systembedingt mögliche Unterfinanzierung (ebenso Bundesrat, Entschließungsantrag vom 12.10.2012, BR-Drucks. 432/12, 2).

Die Regelungen im PsychEntgG bieten keine Gewähr dafür, dass eine systembedingte Kostenunterdeckung in den nächsten Jahren ausgeschlossen werden kann. Zwar wird die Veränderungsrate mit Wirkung ab 2013 durch den Veränderungswert ersetzt. Der Veränderungswert soll die Kostenstrukturen und -entwicklungen besser berücksichtigen als die Veränderungsrate. So sah es schon das KHRG vor (§ 10 Abs. 6 KHEntgG a.F.). Der Veränderungswert kommt wie folgt zustande (§§ 9 Abs. 1 Nr. 5a, 10 Abs. 6 Satz 4 bis 6 KHEntgG, § 9 Satz 1 Nr. 5 BPflV): Im Auftrag des Bundesministeriums für Gesundheit ermittelt das Statistische Bundesamt bis zum 30. September eines jeden Jahres einen Orientierungswert über die Kostenentwicklung in den Krankenhäusern. Die Vertragsparteien auf der Bundesebene müssen bis zum 31. Oktober eines Jahres den Veränderungswert vereinbaren. Wenn der vom Statistischen Bundesamt ermittelte Orientierungswert geringer ist als die Veränderungsrate, haben die Vertragsparteien auf der Bundesebene den Veränderungswert in Höhe des Orientierungswerts zu vereinbaren. Übersteigt der Orientierungswert die Veränderungsrate, haben die Vertragsparteien auf der Bundesebene im Geltungsbereich des KHEntgG einen Verhandlungskorridor; sie können zuzüglich zur Veränderungsrate bis zu einem Drittel der Differenz zwischen Orientierungswert und Veränderungsrate als Veränderungswert vereinbaren. Im Geltungsbereich der BPflV ist eine Erhöhung der Veränderungsrate um 40 Prozent der Differenz zwischen Orientierungswert und Veränderungsrate verbindlich vorgegeben, um eine Verschlechterung gegenüber dem bisherigen Tarifausgleich nach § 6 Abs. 2 BPflV a.F. zu vermeiden.

Die Werte für 2013 lauten (beispielhaft):

Veränderungsrate = 2,03
Orientierungswert = 2,0
Veränderungswert = 2,0

In diesem Beispiel gibt es für die Vertragsparteien auf der Bundesebene nichts (über einen Korridor) zu verhandeln. Gleichwohl müssen sie den Veränderungswert vereinbaren.

Kostensteigerungen, die bereits anderweitig durch die Sozialleistungsträger finanziert wurden, sind bei der Vereinbarung des Veränderungswerts mindernd zu berücksichtigen, soweit dadurch die Veränderungsrate nicht unterschritten wird. Die Bereinigung des Veränderungswerts um anderweitige Finanzierungsanteile ist besonders im Geltungsbereich der BPflV von Bedeutung. Die Tarifsteigerungen des Jahres 2012 gehen in den Orientierungswert für 2013 ein, gleichzeitig gilt für 2012 noch die bisherige Regelung über die anteilige Tariflohnfinanzierung in § 6 Abs. 2 BPflV a.F. (§ 18 Abs. 1 Satz 1 Nr. 1 bis 3 BPflV n.F.).

Einigen sich die Vertragparteien auf der Bundesebene nicht über den Veränderungswert, entscheidet auf Antrag einer Vertragspartei die Bundesschiedsstelle (§ 18a Abs. 6 KHG), die bis zum 15. November des Jahres eine Entscheidung treffen muss (§ 9 Abs. 1 Nr. 5a, Abs. 2, § 10 Abs. 4 Satz 5 und 6 KHEntgG n.F.; § 9 Abs. 1 Nr. 5, Abs. 2 BPflV n.F.).

Hiernach ist festzuhalten, dass auch die Funktion des Veränderungswerts darin besteht, den Basisfallwert und den Basisentgeltwert sowie (bis zum Ende der budgetneutralen Phase im Psych-Bereich) das Budget in seiner Höhe zu begrenzen. Die vollständige Finanzierung des Orientierungswerts ist ausdrücklich ausgeschlossen, wenn er höher ist als die Veränderungsrate. Begründet wird dies mit der Notwendigkeit einer dauerhaften Finanzierbarkeit (BT-Drucks. 17/992, 31). Festzuhalten ist ferner, dass auch der Veränderungswert auf Vergangenheitsdaten und nicht auf einer Vorausschätzung der Kostenentwicklung beruht. Das Statistische Bundesamt ermittelt den Orientierungswert ausschließlich auf der Grundlage von empirischen Daten. Der Orientierungswert bildet die Kostenentwicklung des dritten und vierten Quartals des Vorjahres und des ersten und dritten Quartals des laufenden Jahres im Vergleich mit den entsprechenden Vorjahreszeiträumen ab (Statistisches Bundesamt, Konzept 2012). Die dem Orientierungswert zugrunde liegenden Daten reichen deshalb ebenfalls bis zu zweieinhalb Jahre vor den Vereinbarungszeitraum zurück. So ist zu erklären, dass der Orientierungswert für 2013 mit 2,00% unterhalb der Veränderungsrate für 2013 liegt.

Unvermeidbare Kostensteigerungen werden danach auch in Zukunft nicht vollständig finanziert. Folgen auf Jahre mit hohen Kostensteigerungen Jahre mit niedrigen Veränderungsraten, kann auch zeitversetzt kein Ausgleich für die Kostensteigerungen erfolgen. Die besondere verfassungsrechtliche Problematik der durch das PsychEntgG getroffenen Regelungen besteht darin, dass sie dauerhaft angelegt sind und nicht nur Übergangscharakter haben. Es bleibt zudem über den gesetzlich gezogenen Rahmen hinaus kein Spielraum für Ermessensentscheidungen, um zum Beispiel absehbare und ungewöhnlich hohe Kostensteigerungen bei der Vereinbarung des Veränderungswerts prospektiv zu berücksichtigen. Die Prüfung durch die Vertragsparteien und die Bundesschiedsstelle, ob die Begrenzung der Vergütung angemessen, zumutbar und zur Wahrung der finanziellen Stabilität der GKV erforderlich ist, wird gesetzlich unterbunden. Sie ist aber verfassungsrechtlich geboten, weil die starre Obergrenze eine dauerhafte Unterfinanzierung zur Folge haben kann (im Ergebnis ebenso Sodan 2012). Im Zusammenwirken mit der „doppelten Degression" (vgl. Kap. III.2.4.2) verstärkt sich das Problem noch (vgl. Bundesrat, BR-Drucks. 432/12, 2). Die Regelungen im PsychEntgG über die Vergütungsbegrenzung zur Sicherung der Beitragssatzstabilität in der gesetzlichen Krankenversicherung gehören daher auf den Prüfstand des Bundesverfassungsgerichts, wenn der Gesetzgeber keine verfassungskonforme Regelung schafft.

9 Pauschalierendes Vergütungssystem im somatischen Bereich (DRG-System)

9.1 Grundlegende Systematik

Das im Anwendungsbereich des KHEntgG seit 2003 für die Budgetierung und Abrechnung zum Einsatz kommende DRG-Vergütungssystem beruht auf einer Methode, mit der sich stationäre Behandlungsepisoden von Patienten in Kategorien – diagnosebezogenen Fallgruppen (DRGs) – einteilen und messen lassen. Sie unterscheiden sich nach ihrem klinischen Inhalt und dem Ressourcenverbrauch. Die Bildung von DRG-Fallgruppen erfordert ein **Klassifikationssystem**, um die diagnosebezogenen Fallgruppen nach medizinischen Indikationen und Prozeduren sowie Fallkosten abzugrenzen. Es muss laufend an geänderte medizinische Anforderungen und Kostensituationen angepasst werden. Um die Höhe der zu vergütenden Fallpauschalen ermitteln zu können, werden die einzelnen Fallgruppen kostenmäßig gewichtet und bewertet. Die Bewertungen werden als Relativgrößen (**Bewertungsrelationen**, Kostengewichte) ausgewiesen, d.h. in Relation zu einer Bezugsgröße 1,0 für eine Bezugsleistung (§ 17b Abs. 1 Satz 11 KHG). Der durchschnittlich „teure" Fall erhält den Wert 1,0 und wird jährlich neu berechnet. Die Höhe der Fallpauschale für einen Behandlungsfall ergibt sich aus der Multiplikation der Bewertungsrelation der dem Behandlungsfall zugeordneten DRG-Fallgruppe mit dem Basisfallwert. In der Konvergenzphase war bis Ende 2008 der krankenhausindividuelle Basisfallwert maßgebend, seitdem gilt der landeseinheitliche Basisfallwert (§ 4 Abs. 1 Satz 1 KHEntgG a.F., § 4 Abs. 2 Satz 2 KHEntgG n.F.).

Der Mittelwert der Bewertungsrelationen aller Behandlungsfälle des Krankenhauses, die mit Fallpauschalen vergütet werden, ist der **Case-Mix-Index (CMI)** und kennzeichnet den durchschnittlich vergüteten Behandlungsfall des Krankenhauses (§ 4 Abs. 9 Satz 6 Nr. 2 KHEntgG a.F.). Die Summe aller Bewertungsrelationen bildet den **Case-Mix**. Multipliziert mit dem Basisfallwert ergibt sich das Erlösbudget des Krankenhauses für Fallpauschalen. Es gilt also die Formel **Menge x Preis** (§ 4 Abs. 2 KHEntgG). Der Case-Mix aller Krankenhäuser im Land multipliziert mit dem Landesbasisfallwert ergibt das **Landeserlösvolumen** (s. Kap. II.11)

Nach der Einführung des DRG-Systems auf der Basis der australischen Klassifikation im Jahr 2003 haben die Vertragsparteien auf der Bundesebene mit Hilfe ihres DRG-Instituts – InEK – die Weiterentwicklung des Systems und die Anpassung an das deutsche Versorgungssystem in Angriff genommen (s. Kap. I.3). Die Krankenhäuser sind verpflichtet, ihre DRG-Daten zur Auswertung an das InEK zu übermitteln (§ 21 Abs. 1 und 5 KHEntgG; Vereinbarung der Vertragsparteien auf der Bundesebene v. 25.8.2006, www.g-drg.de/ § 21 Vereinbarung). Die Klassifikation der Behandlungsfälle in eine DRG-Fallgruppe mit Bewertungsrelation erfolgt inzwischen in einem eigenständigen deutschen G-DRG-System (Version 2013, http://www.g-drg.de/cms/G-DRG-System_2013/Definitionshandbuch/Definitionshandbuch_2013). Die grundsätzliche Klassifikation und Zuordnung von DRGs im G-DRG-System zeigt die Abbildung 4 nach dem Definitionshandbuch des InEK.

Erläuterungen (Kurzfassung) gemäß Definitionshandbuch des InEK

Die Klassifikation und Zuordnung erfolgt durch einen vom InEK lizensierten DRG-Grouper (Softwareprogramm), der folgende Datenelemente aufnimmt: Diagnosen nach ICD-10-GM, Prozeduren nach OPS, Prozeduren-Datum, Geschlecht, Alter, Aufnahmeanlass, Aufnahmegrund, Entlassungsgrund, Verweildauer, Urlaubstage, Aufnahmegewicht, Status der Verweildauer ein Belegungstag, Dauer der maschinellen Beatmung. Der Grouper führt nacheinander folgende Aufgaben durch:

- Überprüfung demografischer und klinischer Merkmale (Plausibilitätsprüfung);
- MDC-Zuordnung;
- Prä-MDC-Verarbeitung;
- MDC-Partitionierung;
- Zuordnung zur Basis-DRG (ADRG);
- Zuordnung von CCL und PCCL;
- DRG-Zuordnung.

Die Zuordnung zu einer Hauptdiagnosegruppe (**MDC**) erfolgt in der Regel anhand der Hauptdiagnose. Die Hauptdiagnosegruppe ist eine Kategorie, die grundsätzlich auf einem Körpersystem oder einer Erkrankungsätiologie aufbaut, die mit einem speziellen medizinischen Fachgebiet verbunden ist. Bei der **Prä-MDC**-Verarbeitung werden die kostenintensiven und teilstationären DRGs ermittelt. Ferner wird die MDC-Zuweisung in Fällen geändert, in denen eine MDC nicht ausschließlich auf Basis der Hauptdiagnose definiert ist. Tabelle 4 enthält die Hauptdiagnosegruppen.

Bei der **MDC-Partitionierung** erfolgt die Zuweisung der Behandlungsepisode zu einer operativen (O), medizinischen (M) oder „anderen" (A) Partition. Auf-

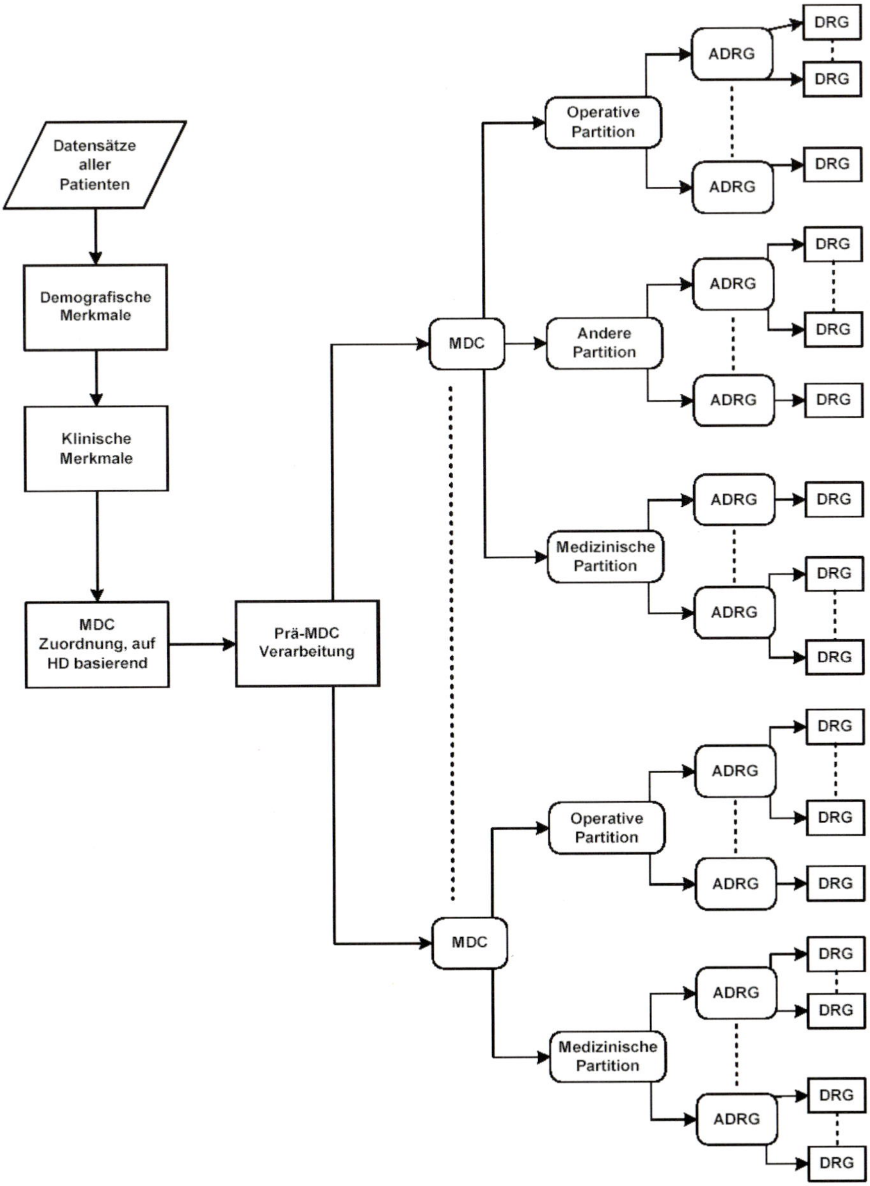

Abb. 4   Klassifikation und Zuordnung von DRGs im G-DRG-System

grund der dokumentierten Diagnose- und Prozedurenkodes werden die Behandlungsepisoden einer Basis-DRG (**ADRG**) zugeordnet. Basis-DRGs bestehen aus einer oder mehreren DRGs, die grundsätzlich durch die gleiche Liste von Diagnosen- und Prozedurenkodes definiert sind. DRGs innerhalb einer Basis-DRG unterscheiden sich durch ihren Ressourcenverbrauch und sind anhand der Faktoren PCCL, Alter, Verweildauer, Beatmung, Entlassungsgrund, Haupt-

Tab. 4   Hauptdiagnosegruppen

Prä MDC Sonderfälle (Beatmungsfälle, Transplantationen u.ä.)
■ MDC 01 Krankheiten und Störungen des Nervensystems
■ MDC 02 Krankheiten und Störungen des Auges
■ MDC 03 Krankheiten und Störungen des Ohres, der Nase, des Mundes und des Halses (HNO)
■ MDC 04 Krankheiten und Störungen der Atmungsorgane
■ MDC 05 Krankheiten und Störungen des Kreislaufsystems
■ MDC 06 Krankheiten und Störungen der Verdauungsorgane
■ MDC 07 Krankheiten und Störungen an hepatobiliärem System und Pankreas
■ MDC 08 Krankheiten und Störungen an Muskel-Skelett-System und Bindegewebe
■ MDC 09 Krankheiten und Störungen an Haut, Unterhaut und Mamma
■ MDC 10 Endokrine, Ernährungs- und Stoffwechselkrankheiten
■ MDC 11 Krankheiten und Störungen der Harnorgane
■ MDC 12 Krankheiten und Störungen der männlichen Geschlechtsorgane
■ MDC 13 Krankheiten und Störungen der weiblichen Geschlechtsorgane
■ MDC 14 Schwangerschaft, Geburt und Wochenbett
■ MDC 15 Neugeborene
■ MDC 16 Krankheiten des Blutes, der blutbildenden Organe und des Immunsystems
■ MDC 17 Hämatologische und solide Neubildungen
■ MDC 18A HIV
■ MDC 18B Infektiöse und parasitäre Erkrankungen
■ MDC 19 Psychische Krankheiten
■ MDC 20 Alkohol- und Drogengebrauch und alkohol- und drogeninduzierte psychische Störungen
■ MDC 21A Polytrauma
■ MDC 21B Verletzungen, Vergiftungen und toxische Wirkungen von Drogen und Medikamenten
■ MDC 22 Verbrennungen
■ MDC 23 Faktoren, die den Gesundheitszustand beeinflussen, und andere Inanspruchnahme des Gesundheitswesens

diagnose, Nebendiagnosen oder Prozeduren unterteilt. Der **CCL**-Wert kennzeichnet den Schweregrad einer Komplikation und/oder Komorbidität. Mit Hilfe eines komplexen Algorithmus werden die einzelnen CCL-Werte aus den Nebendiagnosen berechnet und ergeben so für den einzelnen Behandlungsfall den patientenbezogenen Gesamtschweregrad (PCCL). Innerhalb einer Basis-DRG erfolgt eine Reihung der DRGs nach abnehmendem Ressourcenverbrauch (A, B, C, D). Endet die Basis-DRG mit einem „Z", erfolgt in diesem Fall keine weitere Unterteilung. Der Fallpauschalenkatalog ist entsprechend aufgebaut. Zum Ganzen ausführlich und sehr anschaulich BSG v. 8.11.2011 – B 1 KR 8/11 R –, (KRS 11.102). Abbildung 5 zeigt die DRG-Logik.

Einen Auszug aus dem Fallpauschalenkatalog enthält Tabelle 5.

Zur jährlichen Anpassung und Weiterentwicklung des G-DRG-Klassifikationssystems untersucht das InEK jährlich die Kostenstrukturen in einer Stichprobe von Kalkulationskrankenhäusern, die nach § 17b Abs. 5 Satz 3 KHG zur Teilnahme an der Kalkulation zugelassen sind. Die Kalkulation erfolgt nach einem Kalkulationshandbuch, das von den Vertragsparteien auf der Bundesebene gemäß § 17b Abs. 3 KHG verbindlich vorgegeben wird (http://www.g-drg.de/cms/Kalkulation2/DRG-Fallpauschalen_17b_KHG/Kalkulationshandbuch). So-

---

ADRG J22 **Andere Hauttransplantation oder Debridement ohne komplexen Eingriff, ohne komplexe Diagnose, ohne äußerst schwere oder schwere CC**

- Prozedur aus Haut- und Lappenplastiken (TAB–J22–1)
- Prozedur aus Eingriffe bei Verbrennungen (TAB–J22–2)
- Prozedur aus Verschiedene Exzisionen, Wundreinigungen an bestimmten Lokalisationen (TAB–J22–3)

Haut- und Lappenplastiken
Eingriffe bei Verbrennungen
Verschiedene Exzisionen, Wundreinigungen an bestimmten Lokalisationen

---

DRG J22A **Andere Hauttransplantation oder Debridement ohne komplexen Eingriff, ohne komplexe Diagnose, ohne äußerst schwere oder schwere CC, mit Weichteildeckung**

- Prozedur aus Weichteildeckungen am Kopf (TAB–J22–4)
  - Prozedur aus Haut- und Lappenplastiken (TAB–J22–1)
  - Prozedur aus Eingriffe bei Verbrennungen (TAB–J22–2)
  - Prozedur aus Verschiedene Exzisionen, Wundreinigungen an bestimmten Lokalisationen (TAB–J22–3)

	Haut- und Lappenplastiken
Weichteildeckungen am Kopf	Eingriffe bei Verbrennungen
	Verschiedene Exzisionen, Wundreinigungen an bestimmten Lokalisationen

---

DRG J22B **Andere Hauttransplantation oder Debridement ohne komplexen Eingriff, ohne komplexe Diagnose, ohne äußerst schwere oder schwere CC, ohne Weichteildeckung**

Abb. 5   Darstellung einer DRG-Logik am Beispiel der ADRG J 22 (Version 2009)

Tab. 5   Auszug aus dem Fallpauschalenkatalog (Version 2009)

DRG	Part.	Beschreibung
A13F	O	Beatmung > 95 und < 250 Stunden ohne komplexe oder bestimmte OR-Prozedur, ohne intensivmedizinische Komplexbehandlung > 552 Punkte, ohne komplizierende Konstellation, Alter > 15 Jahre, oder verstorben oder verlegt < 9 Tage, mit komplexer Diagnose oder PTCA
A13G	O	Beatmung > 95 und < 250 Stunden ohne komplexe oder bestimmte OR-Prozedur, ohne intensivmedizinische Komplexbehandlung > 552 Punkte, ohne komplizierende Konstellation, Alter > 15 Jahre, oder verstorben oder verlegt < 9 Tage, ohne komplexe Diagnose oder PTCA
A15A	O	Knochenmarktransplantation/Stammzelltransfusion, autogen, außer bei Plasmozytom, Neubildung unsicheren Verhaltens, Lymphom oder bösartiger Neubildung von Hoden und Ovar, Alter < 18 Jahre oder mit In-vitro-Aufbereitung oder Alter < 16 Jahre
A15B	O	Knochenmarktransplantation/Stammzelltransfusion, autogen, außer bei Plasmozytom, Neubildung unsicheren Verhaltens, Lymphom oder bösartiger Neubildung von Hoden und Ovar, Alter > 17 Jahre, ohne In-vitro-Aufbereitung
A15C	O	Knochenmarktransplantation/Stammzelltransfusion, autogen, bei Neubildung unsicheren Verhaltens, Lymphom oder bösartiger Neubildung von Hoden und Ovar, Alter > 15 Jahre
A15D	O	Knochenmarktransplantation/Stammzelltransfusion, autogen, bei Plasmozytom
A42A	A	Stammzellentnahme bei Eigenspender mit Chemotherapie
A42B	A	Stammzellentnahme bei Eigenspender ohne Chemotherapie
A43Z	A	Frührehabilitation bei Wachkoma und Locked-in-Syndrom
A60A	M	Versagen und Abstoßung eines Organtransplantates, mehr als ein Belegungstag, mit äußerst schweren CC
A60B	M	Versagen und Abstoßung eines Organtransplantates, mehr als ein Belegungstag, ohne äußerst schwere CC, Alter < 16 Jahre
A60C	M	Versagen und Abstoßung eines Organtransplantates, mehr als ein Belegungstag, ohne äußerst schwere CC, Alter > 15 Jahre
A60D	M	Versagen und Abstoßung eines Organtransplantates, ein Belegungstag

bald die Varianz der Fallkosten ein bestimmtes Maß überschreitet, wird die betrachtete DRG in zwei oder mehrere Diagnosegruppen aufgespaltet. Auf diese Weise ist die Zahl der Diagenosegruppen von anfänglich 664 im Jahr 2003 auf 1187 im Jahr 2013 angewachsen. Der entsprechende Fallpauschalenkatalog (§ 17b Abs. 1 Satz 10 KHG, § 9 Abs. 1 Nr. 1 KHEntgG) enthält Bewertungsrelationen bei Versorgung durch Hauptabteilungen, Belegabteilungen und teilstationäre Einrichtungen (http://www.g-drg.de/cms/G-DRG-System_2013/Fallpauschalen-Katalog, Abruf am 30.10.2012). Die Notwendigkeit, für Belegabteilungen gesonderte Fallpauschalen auszuweisen, ergibt sich wegen der anderen Kostenstrukturen aus § 18 Abs. 2 Satz 1 KHEntgG.

An der jährlichen Weiterentwicklung und Anpassung des Systems sind die Bundesärztekammer und ein Vertreter der Bundesorganisation der Krankenpflegeberufe beratend beteiligt. Den medizinischen Fachgesellschaften sowie den Spitzenorganisationen der pharmazeutischen Industrie und der Industrie für Medizinprodukte ist Gelegenheit zur Stellungnahme zu geben (§ 17b Abs. 2 Sätze 4 und 5 KHG). Darüber hinaus haben die Vertragsparteien auf der Bundesebene beschlossen, zur Förderung der Akzeptanz des Systems weiteren externen Sachverstand einzubinden. Sie haben das InEK beauftragt, einen **strukturierten Dialog** zur Einbindung des medizinischen, wissenschaftlichen und sonstigen Sachverstands zu führen. In einem formalisierten Verfahren können Organisationen, Institutionen und Einzelpersonen Änderungsvorschläge einreichen (http://www.g-drg.de/cms/G-DRG-Vorschlagsverfahren/Verfahrensbeschreibung).

Zusammen mit dem Fallpauschalenkatalog und dem Katalog für bundeseinheitlich bewertete Zusatzentgelte vereinbaren die Vertragsparteien auf der Bundesebene gemäß § 17b Abs. 2 Satz 1 KHG, § 9 Abs. 1 Nr. 3 KHEntgG **Abrechnungsbestimmungen** (http://www.g-drg.de/cms/G-DRG-System_2013/Abrechnungsbestimmungen), Abruf am 22.1.2013). Für das Jahr 2012 hat das Bundesministerium für Gesundheit die Entgeltkataloge im Wege der Ersatzvornahme durch Rechtsverordnung festgelegt, weil die Vertragsparteien auf der Bundesebene sich nicht einigen konnten. Das Ministerium hat den Vorschlag des InEK übernommen (http://www.g-drg.de/cms/G-DRG-System_2012/Fallpauschalen-Katalog, Abruf am 22.1.2013).

Die Fallpauschalenvereinbarungen mit den dazugehörigen Abrechnungsbestimmungen sind verbindliche untergesetzliche Normen. Die (vermeintliche oder tatsächliche) Unterbewertung oder Nichtbewertung von Leistungen oder Leistungsbestandteilen rechtfertigt kein Abweichen von einer strengen Wortlaut- und ergänzenden systematischen Auslegung dieser Normen (BSG v. 8.11.2011 – B 1 KR 8/11 R –, KRS 11.102)

Von besonderem Interesse bei den Abrechnungsbestimmungen sind die Entgelte bei Überschreitung der **oberen Grenzverweildauer** sowie die um Abschläge verminderten Fallpauschalen bei Unterschreitung der **unteren Grenzverweildauer** und bei **Verlegungen**, weil diese zu den Fallpauschalen gehören, die bei der Leistungsplanung für das Erlösbudget zu berücksichtigen sind (§ 4

Abs. 2 KHEntgG). Aus ihrer Berücksichtigung resultieren die **effektiven Bewertungsrelationen**. Der Fallpauschalenkatalog enthält für die einzelnen DRG-Fallgruppen neben einer mittleren Verweildauer eine untere und eine obere Grenzverweildauer. Die mittlere Verweildauer gibt an, für wie viele Belegungstage die Fallpauschale durchschnittlich kalkuliert ist. **Hintergrund** dieser Regelung ist folgender:

> Fallpauschalen sind Einmalzahlungen an die Krankenhäuser, die diese zur Abgeltung sämtlicher Behandlungskosten erhalten (§ 17b Abs. 1 Satz 3 KHG). Die Vergütung erfolgt grundsätzlich unabhängig davon, wie lange die Behandlung im Krankenhaus dauert. Diesem System sind Kostenrisiken für das Krankenhaus immanent, weil das Behandlungskostenrisiko vom Kostenträger auf das Krankenhaus übergeht. Daraus kann ein Anreiz für das Krankenhaus entstehen, den Patienten verfrüht zu entlassen. Erfordert die Behandlung eine außerordentlich lange Verweildauer, trägt das Krankenhaus auch ein außerordentliches Kostenrisiko, was einen Anreiz zur Patientenselektion oder zur Absenkung der Behandlungsqualität auslösen kann. Der verfrühten Entlassung wirkt die Festlegung einer unteren Grenzverweildauer entgegen. Wird diese unterschritten, ist ein Abschlag von der Fallpauschale vorzunehmen (§ 1 Abs. 3 FPV). Dem Kostenrisiko des Krankenhauses bei langen Verweildauern wirkt die Festlegung der oberen Grenzverweildauer entgegen. Bei Überschreitung dieser Grenzverweildauer erhält das Krankenhaus neben der Fallpauschale für jeden weiteren Belegungstag ein tagesbezogenes Entgelt (§ 1 Abs. 2 FPV). Im Ergebnis bedeutet diese Regelung eine Aufteilung des Kostenrisikos zwischen Krankenhäusern und Kostenträgern.

Im Falle einer **Verlegung** in ein anderes Krankenhaus kann jedes Krankenhaus eine Fallpauschale abrechnen, jedoch ist von dem verlegenden Krankenhaus ein Abschlag unabhängig von Diagnosen und Prozeduren im anderen Krankenhaus vorzunehmen, wenn die im Fallpauschalenkatalog ausgewiesene mittlere Verweildauer unterschritten wird. Von dem aufnehmenden Krankenhaus ist ebenfalls ein Abschlag von der Fallpauschale vorzunehmen, wenn die im Fallpauschalenkatalog ausgewiesene mittlere Verweildauer bei ihm unterschritten wird (Einzelheiten bei BSG v. 6.3.2012 – B 1 KR 15/11 R –, KRS 12.014). Unterschreitet das aufnehmende Krankenhaus auch die untere Grenzverweildauer, ist die für diesen Fall geltende Abschlagsregelung anzuwenden.

Die Höhe der Zu- und Abschläge ergibt sich aus den pro Tag im Fallpauschalenkatalog ausgewiesenen Bewertungsrelationen und den in den Abrechnungsbestimmungen enthaltenen, auf den Basisfallwert bezogenen Berechnungsformeln (vgl. §§ 1 Abs. 2 und 3, 3 Abs. 1 und 2 FPV 2013).

Von Bedeutung für die Leistungsplanung sind ferner die Abrechnungsbestimmungen über die **Fallzusammenführung**, welche einem unerwünschten **Fallsplitting** entgegen wirken. Das Krankenhaus hat eine Zusammenfassung der Falldaten zu einem Fall und eine Neueinstufung in eine einzige Fallpauschale vorzunehmen, wenn

- ein Patient innerhalb der oberen Grenzverweildauer wieder aufgenommen wird und für die Wiederaufnahme eine Einstufung in dieselbe Basis-DRG vorgenommen wird (§ 2 Abs. 1 FPV 2013);

- ein Patient innerhalb von 30 Kalendertagen ab dem Aufnahmedatum des ersten Krankenhausaufenthalts wieder aufgenommen wird und der Behandlungsfall der gleichen Hauptdiagnosegruppe (MDC), aber einer operativen Partition statt einer medizinischen oder „anderen" Partition wie im ersten Behandlungsfall zuzuordnen ist (§ 2 Abs. 2 FPV 2013);
- ein Patient wegen einer in den Verantwortungsbereich des Krankenhauses fallenden Komplikation im Zusammenhang mit der durchgeführten Behandlung innerhalb der oberen Grenzverweildauer des ersten Krankenhausaufenthalts wieder aufgenommen wird (§ 2 Abs. 3 FPV 2013). Die Komplikation setzt nach der Rechtsprechung keine fehlerhafte Behandlung und kein Verschulden des Krankenhauses voraus. Die zur Wiederaufnahme des Patienten führende Komplikation fällt danach allein dadurch in den Verantwortungsbereich des Krankenhauses, dass sie die (unerwünschte) Folge der vom Krankenhaus durchgeführten Behandlung ist. Typische Komplikationen einer Behandlung fallen somit in den Verantwortungsbereich des Krankenhauses (BSG v. 12.7.2012 – B 3 KR 15/11R –, KRS 12.025; LSG Rh.-Pf. v. 4.8.2011 – L 5 KR 248/10 –, KRS 11.043; LSG Sachsen-Anhalt v. 22.6.2011 – L 4 KR21/10 –, GesR 2012, 80; relativierend SG Landshut v. 26.5.2011 – S 1 KR 223/09 –, KRS 11.007). Ausnahmen gelten nur für die unvermeidbaren Nebenwirkungen von Chemotherapien und Strahlentherapien im Rahmen onkologischer Behandlungen (§ 2 Abs. 3 Satz 2 FPV 2013). Von den Krankenhäusern wird die Rechtsprechung wegen der fehlenden Anknüpfung an ein vorwerfbares Verhalten als zu weitgehend empfunden. Die Vertragsparteien auf der Bundesebene wollen daher Gespräche mit dem Ziel einer Neufassung des § 2 Abs. 3 FPV aufnehmen (Protokollnotiz zu § 2 Abs. 3 FPV 2013).

Wird ein Patient aus einem Krankenhaus in weitere Krankenhäuser verlegt und von diesen innerhalb von 30 Kalendertagen ab dem Entlassungsdatum des ersten Krankenhausaufenthalts in dasselbe Krankenhaus zurück verlegt (**Rückverlegung**), hat das wiederaufnehmende Krankenhaus die Falldaten des ersten Krankenhausaufenthalts und aller weiteren innerhalb dieser Frist in diesem Krankenhaus aufgenommenen Fälle zusammenzufassen und eine Neueinstufung in eine Fallpauschale vorzunehmen. Daneben gilt die Abschlagsregelung für das aufnehmende Krankenhaus bei Verlegung (§ 3 Abs. 3 FPV 2013).

Die Fallpauschalenvereinbarung regelt weitere Einzelheiten, zum Beispiel die Vergütung gesondert abrechenbarer Leistungen bei Transplantationen und die Methode der Fallzählung (vgl. §§ 4 und 8 FPV 2013). Sie enthält in einer Anlage auch Klarstellungen (Interpretationshilfen) zu einzelnen Abrechnungsbestimmungen.

9.2 Kodierung

Grundvoraussetzung für das Funktionieren eines pauschalierenden Vergütungssystems auf der Grundlage von diagenosebezogenen Fallgruppen ist die sachgerechte Eingruppierung der Behandlungsfälle. Diese muss durch eine einheitliche Kodierung von Diagnosen und Prozeduren sichergestellt werden. Es ist Aufgabe der Vertragsparteien auf der Bundesebene, die einheitliche Kodierung in ihren Vereinbarungen über die Einführung und Weiterentwicklung des Vergütungssystems zu regeln (§ 17b Abs. 2 KHG). Sie vereinbaren deshalb **Kodierrichtlinien** als verbindliche untergesetzliche Normen (BSG v. 8.11.2011 – B 1 KR 8/11 R –, KRS 11.102). Nach den Vorgaben in § 301 Abs. 2 SGB V sind die Diagnosen nach der internationalen Klassifikation der Krankheiten (**ICD-10-GM**) in der jeweiligen vom Deutschen Institut für medizinische Dokumentation (DIMDI) im Auftrag des Bundesministeriums für Gesundheit herausgegebenen deutschen Fassung zu verschlüsseln. Die Operationen und sonstigen Prozeduren sind nach dem von diesem Institut herausgegebenen Operationen- und Prozedurenschlüssel (**OPS**) zu verschlüsseln (http://www.dimdi.de/static/de/klassi/ops/kodesuche/onlinefassungen/opshtml2013/index.htm, Abruf am 22.1.2013). Das DIMDI trifft seine Festlegungen nach Durchführung eines jährlichen Vorschlagsverfahrens (http://www.dimdi.de/dynamic/de/klassi/downloadcenter/ops/vorschlaege/). Hierauf basierend vereinbaren die Vertragsparteien auf der Bundesebene kontinuierliche, in der Regel jährliche, Anpassungen der Kodierrichtlinien (http://www.g-drg.de/cms/G-DRG-System_2013/Kodierrichtlinien/Deutsche_Kodierrichtlinien_2013, Abruf am 22.1.2013; Köhler et al. 2008, 1163). Für die Beantwortung von Fragen zu den Klassifikationen, insbesondere zu den OPS-Kodes, hat das DIMDI einen Helpdesk mit Fragen und Antworten eingerichtet (http://www.dimdi.de/static/de/klassi/faq/index.html, Abruf am 22.1.2013).

Die richtige Kodierung nach diesen Richtlinien (**Rightkoding**) ist nicht nur für die Abrechnung von essenzieller Bedeutung. So können zusätzliche Leistungen nicht berücksichtigt werden, wenn sie auf eine veränderte Kodierung von Diagnosen und Prozeduren zurück zu führen sind (§ 10 Abs. 3 Satz 1 Nr. 4 KHEntgG). Beim Erlösausgleich wurden bis Ende 2008 Mehrerlöse aus Fallpauschalen, die infolge einer veränderten Kodierung von Diagnosen und Prozeduren entstehen, vollständig ausgeglichen (§ 4 Abs. 9 Satz 3 KHEntgG a.F.). Diesen Vorschriften liegt der Gedanke zugrunde, dass eine verbesserte Kodierung nicht zu Mehrausgaben bei den Krankenkassen führen soll (Rau 2007, 179). Nach nunmehr mehrjähriger praktischer Anwendung des DRG-Systems dürften Fehlkodierungen zu vernachlässigen sein, wie internationale Erfahrungen zeigen (Tuschen u. Trefz 2004, 110, 291). Der Gesetzgeber des KHRG hat daraus mit der Neufassung des § 4 Abs. 3 (§ 4 Abs. 9 a.F.) KHEntgG insofern die Konsequenz gezogen, dass bei der Vereinbarung des Erlösbudgets Kodiereffekte nicht mehr zu berücksichtigen sind. Bei der Vereinbarung des Landesbasisfallwerts spielt der Kodiereffekt weiterhin eine Rolle (§ 10 Abs. 3 Satz 1 Nr. 4 KHEntgG). Die Sicherstellung einer korrekten Kodierung bleibt deswegen und zur Aufrechterhaltung der Funktionsfähigkeit des Systems eine permanente Aufgabe der Krankenhäuser. Eine falsche Kodierung hat Auswirkungen auf die Höhe des Landesbasisfallwerts und damit auf die Höhe des Erlösbudgets, auf den Erlösausgleich, die Mehrleistungsabschläge und die Kalkulation der DRG-Fallgruppen durch das InEK (ausführlich Raddatz 2012, 22).

9.3 Ausnahmen

§ 17b Abs. 1 Satz 1 KHG schreibt für die Vergütung der allgemeinen (vollstationären und teilstationären) Leistungen ein *durchgängiges* pauschalierendes Vergütungssystem vor. Vorrang hat jedoch das Prinzip der leistungsgerechten Vergütung (§ 4 Nr. 2 KHG). Deshalb lassen das KHG und das KHEntgG Ausnahmen von der Vergütung nach dem einheitlichen Fallpauschalenkatalog zu. Zu erwähnen sind hier zunächst die Entgelte für Leistungen, die nicht durch die Entgeltkataloge erfasst sind und von den Pflegesatzparteien **krankenhausindividuell** zu vereinbaren sind (§ 17b Abs. 1 Satz 14 KHG, § 6 Abs. 1 KHEntgG). Die **FPV** 2013 (Anlagen 3a und 3b) enthält 40 vollstationäre DRGs und 4 teilstationäre DRGs, für die eine Definition zwar möglich war, wegen großer Kostenvariabilität, inhomogener Patientengruppen, unterschiedlicher Behandlungskonzepte etc. jedoch keine Bewertungsrelationen errechnet werden konnten. Das InEK hat sich aus denselben Gründen in den letzten Jahren vergeblich bemüht, **teilstationäre Leistungen** zu definieren und zu bewerten. Mit Ausnahme der bewerteten DRG L90C (Niereninsuffizienz, Alter > 14 Jahre, ohne Peritonealdialyse) müssen somit *alle teilstationären Leistungen nach § 6 Abs. 1 KHEntgG krankenhausindividuell leistungsgerecht vereinbart werden* (§ 6 Abs. 1 FPV 2013).

Ein wichtiges Instrument zur Sicherung leistungsgerechter Erlöse sind ferner die **Zusatzentgelte** (§ 17b Abs. 1 Satz 12 KHG, 6 Abs. 1 KHEntgG). Mit der FPV 2013 (Anlagen 2 und 5 sowie 4 und 6) haben die Vertragsparteien auf der Bundesebene 90 bewertete und 65 unbewertete Zusatzentgelte vereinbart. Die Höhe der unbewerteten Zusatzentgelte ist ebenfalls krankenhausindividuell leistungsgerecht zu vereinbaren. Daneben haben die Pflegesatzparteien die Möglichkeit, fallbezogene Entgelte oder Zusatzentgelte für neue Untersuchungs- und Behandlungsmethoden, die mit den von den Vertragsparteien auf der Bundesebene definierten und bewerteten Fallpauschalen und Zusatzentgelten noch nicht sachgerecht vergütet werden können, zu vereinbaren (§ 6 Abs. 2 KHEntgG). Eine weitere Möglichkeit für die Pflegesatzparteien ist die Vereinbarung eines gesonderten Zusatzentgelts für hochspezialisierte Leistungen (§ 6 Abs. 2a KHEntgG).

>>> *Die Zusatzentgelte entlasteten in der Konvergenzphase bis 2008 den Basisfallwert des einzelnen Krankenhauses und entlasten seitdem den Landesbasisfallwert (§ 10 Abs. 3 Nr. 5 KHEntgG).*

Krankenhäuser, die einen hohen Verbrauch an besonders teuren Medikamenten und Medizinprodukten haben, konnten wegen der Zusatzentgelte in der

Konvergenzphase einen niedrigeren Basisfallwert kalkulieren, sodass sie im Vergleich mit Krankenhäusern, die von diesem Problem nicht betroffen waren, nicht schlechter dastanden. Außerdem wird der Landesbasisfallwert nicht zu Gunsten solcher Krankenhäuser „künstlich" hoch gehalten.

Die **besonderen Einrichtungen**, die nach § 17b Abs. 1 Satz 15 KHG von der Anwendung der DRG-Fallpauschalen ausgenommen sind, werden in Kapitel III.3 näher beschrieben.

Zusammenfassend ist festzuhalten, dass 96 Prozent der dem KHEntgG unterfallenden Krankenhäuser das DRG-Fallpauschalensystem anwenden (BT-Drucks. 696/08, 33). Bis zu 90 Prozent der allgemeinen Krankenhausleistungen werden über DRG's finanziert (Neubauer u. Beivers 2010, 38)

9.4 Entwicklungsstand und Bewertung

Es wird heute nicht mehr bezweifelt, dass das G-DRG-System geeignet ist, eine leistungsgerechte Vergütung der allgemeinen Krankenhausleistungen sicherzustellen (Leber u. Wolff 2008, 45, 107; Steiner et al. 2008, 19, 38). Die anfänglichen Schwachpunkte, die Anlass für die Verlängerung der Konvergenzphase waren (s. Kap. I.3.2), sind weitgehend ausgeräumt. Die Konvergenzphase wurde genutzt, um den *Kompressionseffekt* durch eine höhere Homogenität in den Fallgruppen, die Definition neuer Fallgruppen, die Aufnahme von zahlreichen Alterssplitts, die bessere Abbildung von Fällen mit extrem hohen Kosten sowie von Fällen mit komplexen Eingriffen und nicht zuletzt durch mehr Zusatzentgelte einzudämmen. Die jährlichen Fortschreibungen richten das Hauptaugenmerk jetzt auf die Konsolidierung des Gesamtsystems, insbesondere durch Detailanpassungen zur besseren Abbildung des medizinischen Leistungsgeschehens und von Extremkostenfällen (Brändle et al. 2011, 1245). Diesem Ziel diente auch die Einführung von zwei neuen Zusatzentgelten für die hoch aufwändige Pflege im Katalog 2012. Insgesamt ist von einer guten Entwicklung des Systems auszugehen (Köhler et al. 2010, 1052; Heimig 2010, 268; Laufer u. Rentschler 2011, 130)

>>> *Die Spannweite zwischen minimaler und maximaler Bewertungsrelation aller DRGs hat sich von 0,122 bis 29,709 im Jahr 2003 auf 0,141 bis 65,338 im Jahr 2012 drastisch erhöht, was ein Beleg für die leistungsgerechtere Ausdifferenzierung des Systems ist.*

Dazu hat auch eine deutliche *Verbesserung der Datenqualität* beigetragen, was die Transparenz und Akzeptanz des Systems entscheidend beeinflusst hat (SVR 2007, 46; Schlottmann et al. 2006, 939; 2007,1073; 2008, 1145; Heimig 2007, 46).

„Insgesamt hat sich das System in den wenigen Jahren seit seiner Einführung durch große Anstrengungen seitens der Selbstverwaltung, des Ministeriums aber auch sei-

tens der einzelnen Krankenhäuser und ihrer Beschäftigten von einer Adaption des australischen DRG-Systems zu einem auf die deutsche Versorgungssituation angepassten eigenständigen Fallpauschalensystem entwickelt, das in dieser Breite und Tiefe im internationalen Vergleich einmalig ist" (SVR 2007, 46).

„Die deutschen Systemanpassungen durch das InEK haben zum wahrscheinlich weltbesten DRG-System geführt" (Roeder et al. 2010, 320). Das G-DRG-System hat sich zu einem begehrten „Exportschlager" entwickelt (Heimig 2010, 268). Dennoch besteht weiterer Entwicklungs- und Anpassungsbedarf. Als **Problemfelder** werden u.a. genannt (Roeder et al. 2008, 3; Schlottmann et al. 2008, 1145, 1154; Tuschen 2008, 1,15; N.N. Krankenhaus 2008, 1008; Brändle et al. 2011, 1245; Fiori 2011, 310; Fiori et al. 2010, 1118; Fiori et al. 2011, 682; Domurath et al. 2011, 988; Ecker u. Halilovic 2011, 386; Heimig 2010, 268; Neubauer u. Beivers 2010, 38; Bader et al. 2011, 676):

- die Erfassung und Vergütung von Extremkostenfällen (Kostenausreißer, § 17b Abs. 1 Satz 16 KHG);
- die sachgerechte Vergütung der Notfallversorgung, der Frührehabilitation, der teilstationären Leistungen, der Vorhaltung bei hohem Spezialisierungsgrad, der Zentren, von seltenen Erkrankungen und hochkomplexen Fällen;
- die sachgerechte Vergütung der Leistungen bei Epidemien (z.B. EHEC) sowie
- die Vergütung von Kurzliegern.

Um die Vergütung von Kurzliegern wird eine besonders intensive Diskussion geführt. Der Vergütungsabschlag bei Unterschreitung der unteren Grenzverweildauer wird als Hauptgrund für überlange Verweildauern bei Kurzliegern angesehen. Dort liegt deshalb ein Prüfungsschwerpunkt der Krankenkassen und der Medizinischen Dienste im Rahmen der Einzelfallprüfung (§ 275 Abs. 1 SGB V). Die Vorwürfe der Krankenkassen reichen bis zum Vorwurf des Abrechnungsbetruges (Weimer 2012).

Auch eine übergroße Komplexität des Abrechnungssystems und die Interpretationsfähigkeit von Abrechnungsbestimmungen (z.B. bei der Kodierung der Hauptdiagnose) werden als Schwächen des Systems erkannt. (Zum Ganzen Fiori et al. 2012, 6; Kölbel u. Sulkiewicz 2012, 12; von Eiff et al. 2012, 16; Raddatz 2012, 22).

Schließlich werden Fehlanreize im DRG-System für Falschabrechnungen durch Krankenhäuser verantwortlich gemacht (Fiori 2012, 6; Weimer 2012, 401). Es wird sogar behauptet: „Das Umfeld, in dem das Abrechnungsverhalten der Kliniken stattfindet, stellt sich als deliktsfördernde Tatgelegenheitsstruktur dar" (Kölbel u. Waibel 2011, 129). Fehlanreize im System sollen auch verantwortlich für das Mengenwachstum im Fallpauschalenbereich sein (Wasem et al. 2012). Zur Mengendynamik als Folge der „doppelten Degression" s. Kapitel III.2.4.2.

Diese Problemfelder müssen im Zuge der kontinuierlichen Weiterentwicklung des Systems angegangen werden. Eine große Bedeutung kommt in diesem Zusammenhang dem DRG-Vorschlagsverfahren zu, das wichtige Impulse für die Weiterentwicklung des Systems liefert (Brändle et al. 2011, 1245). Die Vertragsparteien auf der Bundesebene sind gefordert, die Komplexität des Systems und die Interpretationsspielräume in den Abrechnungsbestimmungen und Kodierrichtlinien zu verringern.

Die betriebliche Ergebnissteuerung wird durch die mit dem DRG-System geschaffene Transparenz der Leistungsstrukturen enorm erleichtert. Das Kostenmanagement, Portfolioanalysen, die Deckungsbeitrags- und Profitcenterrechnung, die Personalbedarfsplanung sowie die Entwicklung von Qualitätsindikatoren sind mit Hilfe der DRG-Daten erheblich einfacher geworden. Und das, obwohl die interne Verteilung der DRG-Erlöse (das Erlössplitting) methodisch noch Schwierigkeiten bereitet (Naegler 2005, 765; Focke et al. 2006, 289; Rapp u. Wahl 2007, 756; Beduarek et al. 2007, 313; Frieling et al. 2008, 700; Sieben et al. 2008, 35; Leber u. Wolff 2008, 45,104; Bunzemeier et al. 2010; Stoeff u. Wagner 2012; Fiori et al. 2012, 993).

Die politischen Erwartungen an das pauschalierende Vergütungssystem (s. Kap. I.2 u. I.3.1) haben sich weitgehend erfüllt. Die durchschnittliche Verweildauer der Patienten ist deutlich zurückgegangen (von 10,1 Tagen in 2000 auf 7,9 Tage in 2010 [DKG 2012, 62]), die Leistungen der Krankenhäuser sind sehr transparent geworden, der intensivere Wettbewerb der Krankenhäuser um Patienten hat zu einer *Verbesserung der Wirtschaftlichkeit und Qualität der Krankenhausversorgung* beigetragen. Beispiele hierfür sind die Optimierung der Kostenstrukturen, die Standardisierung von Arbeits- und Behandlungsabläufen (clinical pathways), die Spezialisierung, die Konzentration auf die Kernkompetenzen des Krankenhauses, die Verlagerung von Leistungen in den ambulanten Bereich sowie ein veränderter Professionenmix im Krankenhaus. Hinzu kommen erhebliche *strukturelle Veränderungen* durch Zusammenschlüsse, vertikale und horizontale Kooperationen und auch die Privatisierung von Krankenhäusern in öffentlicher Trägerschaft (SVR 2007, 45; MonKomm 2008, 371; 2010, 375; Job et al. 2007, 38; Püschel 2007, 736; Beduarek et al. 2007, 313; N.N. Krankenhaus 2008, 21).

Von Seiten der Krankenkassen wird vor allem die Verbesserung der Leistungstransparenz gewürdigt.

> *„Auch für die Kassen erhöht sich die Transparenz über das, was an Gesundheitsleistungen finanziert wird, ungemein. Erstmals sind die Kassen in der Lage, überhaupt ansatzweise zu beschreiben, welche Leistungen sie eigentlich ‚eingekauft‘ haben."* (Leber u. Wolff 2008, 45, 104)

Eine abschließende Bewertung ist noch nicht möglich. Insbesondere sind Fragen der Qualität der Leistungen und des gesundheitlichen Outcomes offen. Ordnungspolitisch wird hinterfragt, ob die starke Fallgruppendifferenzierung und die relativ hohe Zahl von Zusatzentgelten nicht das Einfallstor für eine Einzelleistungsvergütung und eine Rückkehr zur Selbstkostendeckung sind. Auch die Anreizwirkungen, die das System erzeugt, sind noch nicht hinreichend erforscht (SVR 2007, 2007, 47; MonKomm 2008, 378). Einige fehlsteuernde Wirkungen werden jedoch zunehmend diskutiert, besonders der Anreiz zur Mengenausweitung aufgrund des Festpreissystems und des preismindernden Effekts (beim Landesbasisfallwert) von Leistungssteigerungen („Hamsterradeffekt", s. Kap. II.11). Ferner sind Gegenstand der Diskussion der schon erwähnte Anreiz zur überlangen vollstationären Behandlung von Kurzliegern wegen des Vergütungsabschlags bei Unterschreitung der unteren Grenzverweildauer sowie der fehlende Anreiz für tagesklinische und ambulante Behandlung wegen der unterschiedlichen Vergütungsregelungen. Diese dem G-DRG-System zugeschriebenen Fehlsteuerungen münden in der Forderung nach einem „Resetting" des Systems nach seiner erfolgreichen Einführung (Neubauer u. Beivers 2010, 42; Jürgens u. Lehmann 2011, 506). Nach Lösungen wird allerdings noch gesucht, da von einer hohen Komplexität der Mengendynamik auszugehen ist (Beivers u. Augurzky 2012, 124).

Die gesetzlich geforderte (§ 17b Abs. 8 KHG) und von den Vertragsparteien auf der Bundesebene in Schritten umgesetzte *Begleitforschung* setzt sich mit diesen Fragen nicht hinreichend auseinander (vgl. Berichte zur Begleitforschung, http://www.g-drg.de/cms/Begleitforschung_gem._17b_Abs._8_KHG, Abruf am 22.1.2013). Es sind daher weitere Forschungsarbeiten notwendig (Rau 2012, 686). Folgerichtig hat der Gesetzgeber des PsychEntG die Vertragsparteien auf der Bundesebene verpflichtet, im Jahr 2012 einen Forschungsauftrag mit dem Ziel zu vergeben, insbesondere die Leistungsentwicklung und deren Einflussgrößen zu untersuchen und Lösungsvorschläge zu erarbeiten (§ 17b Abs. 9 KHG).

10 Pauschalierendes Vergütungssystem im Bereich Psychiatrie und Psychosomatik (PEPP-System)

10.1 Grundstrukturen

Für die Entwicklung eines pauschalierenden Vergütungssystems im Bereich Psychiatrie und Psychosomatik kann, anders als beim DRG-System, nicht auf internationale Erfahrungen zurückgegriffen werden. Daher hat der Gesetzgeber den Vertragsparteien auf der Bundesebene einen Entwicklungsauftrag gegeben und dafür in § 17d Abs. 3 KHG i.d.F. des KHRG nur einen groben Rahmen vorgegeben.

Eine inhaltliche Festlegung besteht darin, dass es sich um ein durchgängiges, leistungsorientiertes und pauschalierendes Vergütungssystem auf der Grundlage von tagesbezogenen Entgelten mit einem praktikablen Differenzierungsgrad für den unterschiedlichen Behandlungsaufwand bei bestimmten, medizinisch unterscheidbaren Patientengruppen handeln soll (§ 17d Abs. 1 KHG). Zur Sicherung der Qualität der psychiatrischen und psychosomatischen Behandlung wird von Fallpauschalen zunächst abgesehen. Alternativen zu den tagesbezogenen Entgelten, zum Beispiel Komplexpauschalen für eine sektorübergreifende Versorgung, sollen im Rahmen der Weiterentwicklung geprüft werden, wenn die notwendigen Datengrundlagen und die Transparenz über die erbrachten Leistungen geschaffen sind (BT-Drucks. 16/1087, 25; die Vertragsparteien auf der Bundesebene haben inzwischen zur Schaffung der notwendigen Datengrundlagen eine Vereinbarung über die Dokumentation der Leistungen der psychiatrischen Institutsambulanzen geschlossen, vgl. Rümmelin 2012).

Ferner hat der Gesetzgeber inhaltlich vorgegeben, dass für Einrichtungen, die die Psychiatrie-Personalverordnung (Psych-PV) anwenden (psychiatrische Krankenhäuser und selbstständige, gebietsärztlich geleitete psychiatrische Abteilungen an Allgemeinkrankenhäusern, § 1 Abs. 2 Psych-PV), von den Leistungskomplexen auszugehen ist, die dieser Verordnung zugrunde liegen (§ 17d Abs. 3 Satz 2 KHG). Im Übrigen sind die gesetzlichen Vorgaben eng an die Regelungen zum DRG-Entgeltsystem angelehnt, weil sich diese bewährt haben (BT-Drucks. 16/1087 a.a.O.). So sind auch im PEPP-System Bewertungsrelationen als Relativgewichte zu definieren (§ 17d Abs. 1 Satz 5 KHG). Weil sich auch die Arbeit des Instituts für Entgeltkalkulation (InEK) im DRG-Bereich bewährt hat, ist dieses Institut von den Vertragsparteien auf der Bundesebene mit den Entwicklungsaufgaben zu beauftragen (§ 17d Abs. 3 Satz 3 KHG). Die beratende Teilnahme der Bundesärztekammer, der Berufsorganisationen der Krankenpflegeberufe, der medizinischen Fachgesellschaften, der Spitzenorganisationen der pharmazeutischen Industrie und der Industrie für Medizinprodukte am Entwicklungsprozess ist wie im DRG-Bereich geregelt; zusätzlich ist die Bundespsychotherapeutenkammer zu beteiligen (§ 17d Abs. 3 Satz 5 KHG). Damit sind die Voraussetzungen für eine breite Akzeptanz grundsätzlich auch für das PEPP-System gegeben.

Die Datenlieferung durch die Krankenhäuser an das InEK ist analog zum DRG-Bereich geregelt (§ 17d Abs. 9 KHG). § 17d Abs. 9 Satz 2 KHG sieht zusätzlich vor, dass die Kliniken, die die Psych-PV anwenden, für jeden voll- und teilstationären Behandlungsfall auch die tagesbezogene Einstufung der Patienten in die Behandlungsbereiche der Psych-PV (§§ 4, 8) analog zu deren Anlagen 1 (Erwachsenenpsychiatrie, 18 Behandlungsbereiche) und 2 (Kinder- und Jugendpsychiatrie, 7 Behandlungsbereiche) an das InEK zu übermitteln haben.

Auftragsgemäß (§ 17d Abs. 4 KHG) haben die Vertragsparteien auf der Bundesebene die Grundstrukturen für ein PEPP-System in ihrer „Vereinbarung über die Einführung eines pauschalierenden Entgeltsystems für psychiatrische und psychosomatische Einrichtungen gemäß § 17d KHG (Psych-Entgeltsystem)" vom 30. November 2009 mit Ergänzungsvereinbarung vom 16. März 2012 festgelegt (http://www.aok-gesundheitspartner.de/bund/krankenhaus/psy/grundlagen/index.html, Abruf am 22.1.2013). Die Eckpunkte der Vereinbarung betreffen neben der Beauftragung des InEK die Einführung des PEPP-Systems als „lernendes System", die Klassifikation der Behandlungsfälle, die Dokumentation, die Kodierung, die Kalkulation, die Abrechnungsbestimmungen und die Begleitforschung mit starker Analogie zum DRG-System.

10.1.1 Lernendes System

Das PEPP-System erfordert in den Krankenhäusern einen hohen Aufwand für die Leistungsdokumentation und Kostenerfassung. Die organisatorischen und DV- technischen Voraussetzungen für eine ausreichend differenzierte und valide Leistungs- und Kostenerfassung liegen aber noch nicht vor (Belling 2011, 61; Krüger u. Knapp 2010, 50). Die Krankenhäuser können dem InEK daher noch keine ausreichend belastbaren Daten zur Verfügung stellen, wie die Vertragsparteien auf der Bundesebene in der Präambel zu ihrer Ergänzungsvereinbarung vom 16. März 2012 ausdrücklich feststellen. Die erstmalige Systementwicklung für das Jahr 2013 beruht daher nach Auffassung der Vertragsparteien auf Annahmen und Erwartungen, die im Verlauf der Datenanalysen zur Systemanpassung und Weiterentwicklung überprüft werden müssen. Die Vertragsparteien haben sich auf eine jährliche Systemanpassung verständigt. Grundsätzliche Bestimmungen, die für die Systementwicklung zu klären sind, werden von den Vertragsparteien zeitnah und fortlaufend in enger Abstimmung mit dem InEK entschieden (§ 1 Abs. 2 Grundsatzvereinbarung).

Wegen der bestehenden Erkenntnislücken und der daraus resultierenden Unsicherheiten und Risiken hat sich der Gesetzgeber des PsychEntgG für eine sehr behutsame und risikobegrenzende Einführung des PEPP-Systems unter geschützten Bedingungen mit einer vierjährigen budgetneutralen Phase (2013 bis 2016) und einer sich anschließenden fünfjährigen Konvergenzphase (2017 bis 2021) entschieden. Er hat sich dabei noch Korrekturen vorbehalten, was sich auch daraus ergibt, dass die Vertragsparteien auf der Bundesebene dem Bundesministerium für Gesundheit bis zum 30. Juni 2016 einen gemeinsamen Bericht über Auswirkungen des neuen Entgeltsystems und erste Anwendungserfahrungen vorlegen müssen (§ 17d Abs. 4 Satz 4 KHG i.d.F. des PsychEntgG). Sollte sich nach Vorlage des Berichts ein Anpassungsbedarf für die gesetzlichen Rahmenbedingungen ergeben, können diese weiterentwickelt werden (BT-Drucks. 17/8986, 26).

> *„Den Einrichtungen, für die das PsychEntgG gilt, wird somit bis zur Anwendung eines Festpreissystems mit einheitlichen Landesbasisentgeltwerten eine lange Anpassungszeit eingeräumt, in der sie sich auf die veränderten Rahmenbedingungen einstellen können" (BT.-Drucks. 17/8986 a.a.O.).*

10.1.2 Klassifikation

Welche Klassifikationsmerkmale für die Definition eines tagesbezogenen Entgelts maßgebend sind, war für die Vertragsparteien auf der Bundesebene zunächst unklar. Bei der DRG-Entwicklung war das anders; die Klassifikationsmerkmale für die Definition von DRG-Fallgruppen waren bekannt (z.B. ICD, OPS, Geburtsgewicht, Beatmungszeiten).

> *„Auch wenn mit großer Wahrscheinlichkeit davon auszugehen ist, dass Diagnosen und Prozeduren keine zu vernachlässigende Rolle bei der Abgrenzung der einzelnen Tagespauschalen voneinander einnehmen werden, so sind der strukturelle Aufbau, die Abfragelogik sowie die relevanten Klassifikationsmerkmale und ihr Zusammenspiel für das neue Vergütungssystem dennoch völlig unbekannt" (Schlottmann 2012, 47).*

Die Vertragsparteien auf der Bundesebene haben das InEK beauftragt, bei der Entwicklung der tagesbezogenen Entgelte auf Basis der Psych-PV-Behandlungbereiche auch alle auf empirischer Datenbasis verfügbaren Klassifikationsmerkmale (ICD, OPS etc.) auf ihre Eignung zur Differenzierung der Entgelte insbesondere auch in unterschiedlichen Kombinationen zu überprüfen (§ 2 Abs. 1 Grundsatzvereinbarung).

10.1.3 Dokumentation

Paragraf 17d Abs. 9 KHG schreibt den psychiatrischen und psychosomatischen Einrichtungen vor, die in § 21 Abs. 2 KHEntgG genannten Daten an das InEK zu liefern. Zusätzlich ist von Einrichtungen, die die PsychPV anwenden, für jeden voll- und teilstationären Behandlungsfall die tagesbezogene Einstufung der Patienten in die Behandlungsbereiche nach den Anlagen 1 und 2 der Psych-PV zu übermitteln, wobei für die Dokumentation zur Begrenzung des Dokumentationsaufwandes eine Einstufung zu Beginn der Behandlung und bei jedem Wechsel des Behandlungsbereichs ausreicht.

Seit dem 1. Januar 2010 enthält der vom Deutschen Institut für Mathematik und Datenverarbeitung in der Medizin (DIMDI) im Auftrag des Bundesministeriums für Gesundheit herausgegebene Operationen- und Prozedurenschlüssel (OPS) neue OPS-Kodes (Komplexkodes) für die Diagnostik bzw. Behandlung von psychischen und psychosomatischen Störungen und Verhaltensstörungen bei Erwachsenen sowie bei Kindern und Jugendlichen (1-903; 1-904; 9-60 bis 9-64 für Erwachsene; 9-65 bis 9-69 für Kinder und Jugendliche). Die OPS-Kodes sind sehr stark ausdifferenziert; sie enthalten auf Ebene der Viersteller jeweils eine Differenzierung in Regelbehandlung, Intensivbehandlung, psychotherapeutische Komplexbehandlung und Psychosomatische Komplexbehandlung. Danach erfolgt noch eine weitere Aufsplittung entsprechend dem Personaleinsatz nach den Berufsgruppen Arzt, Psychologe, Spezialtherapeut und Pflege (Haas u. Leber 2010, 43; Krüger u. Knapp 2010, 50). **Daneben** gilt für die patientenbezogene Dokumentation der Behandlungsbereiche nach der Psych-PV der OPS-Kode 9-98. Er bildet die 25 Behandlungsbereiche in der Psych-PV ab (http://www.dimdi.de/static/de/klassi/ops/kodesuche/onlinefassungen/opshtml2013/index.htm, Abruf am 22.1.2013; ausführliche Erläuterungen bei Köhler et al. 2012, 179ff.). Die starke Ausdifferenzierung der OPS-Komplexkodes führt insgesamt zu einem sehr hohen Dokumentationsaufwand mit in der Regel mehreren OPS-Kodes je Behandlungsfall und -woche (Roeder et al. 2010; Hauth et al. 2012).

Die Grundsatzvereinbarung der Vertragsparteien auf der Bundesebene verpflichtet die Krankenhäuser, nach dem jeweils gültigen OPS-Katalog die tagesbezogene Einstufung der Patienten in eine der 25 Psych-PV-Behandlungsbereiche jeweils zu Beginn der Behandlung und bei jedem Wechsel des Behandlungsbereichs vorzunehmen. Um eine möglichst hohe Datenqualität als Voraussetzung für eine solide Kalkulation der Tagespauschalen zu erreichen, haben die Vertragsparteien auf der Bundesebene Anfang 2010 eine Anwendungshilfe (Gemeinsame Empfehlung) für die Eingruppierung in die Behandlungsgruppen der Psych-PV verabschiedet (http://www.aok-gesundheitspartner.de/bund/krankenhaus/psy/kodierung/index.html, Abruf am 23.01.2013).

10.1.4 Kodierung

Um eine einheitliche Anwendung der Diagnosen- und Prozedurenklassifikation (ICD und OPS) zu gewährleisten, vereinbaren die Vertragsparteien auf der Bundesebene jährlich Kodierrichtlinien (§ 4 Grundsatzvereinbarung). Obwohl die Funktion der Diagnosen und Prozeduren für die Klassifikation im neuen Entgeltsystem zunächst noch unklar war, sind die Vertragsparteien auf der Bundesebene davon ausgegangen, dass sie eine wichtige Rolle spielen werden. Die Sicherstellung einer einheitlichen Kodierqualität ist auch im PEPP-System von großer Wichtigkeit. Das „Rightkoding" ist im PEPP-System genau so wichtig wie im DRG-System. Kodierrichtlinien sichern die richtige Kodierung ab.

Eine erste Version von Kodierrichtlinien für die Psychiatrie und Psychosomatik (DKR-Psych) haben die Vertragsparteien auf der Bundesebene für das Jahr 2010 vereinbart. Sie sind in nachfolgenden Versionen wenig verändert worden (http://www.g-drg.de/cms/PEPP-Entgeltsystem_2013/Kodierrichtlinien, Abruf am 23.01.2013; Schlottmann 2012, 107).

10.1.5 Kalkulation

Die Ermittlung und Fortschreibung der Entgeltkataloge muss auf Basis der Versorgungsrealität in Deutschland erfolgen. Die für die Systementwicklung mit der Kalkulation der Entgelte erforderlichen Daten sind dazu aus einer sachgerechten Auswahl von Krankenhäusern zu erheben. Die Bewertungsrelationen sind auf der Grundlage der Ist-Kosten der Krankenhäuser zu ermitteln (§ 5 Abs. 1 Grundsatzvereinbarung). Da es keine entwickelte Kalkulationsmethode gab, haben die Vertragsparteien auf der Bundesebene sich auf folgende schrittweise Vorgehensweise verständigt:

- Durchführung eines Prätests zur Entwicklung der Kalkulationsmethode im ersten Halbjahr 2010 durch das InEK;
- Erstellung einer ersten Version eines Kalkulationshandbuchs durch das InEK bis zum 3. Quartal 2010;
- Probekalkulation durch die Krankenhäuser im Jahr 2011 auf der Datenbasis des Jahres 2010;
- Erste Kalkulation durch die Krankenhäuser im Jahr 2012 auf der Datenbasis des Jahres 2011.

Am Prätest haben 17 Krankenhäuser teilgenommen. Die Ergebnisse wurden nicht offiziell veröffentlicht. In der Literatur (Belling 2011, 61; Heimig 2010, 268) wird jedoch berichtet, dass insbesondere folgende Probleme sichtbar geworden sind:

- Die therapeutischen Kernleistungen werden in den Krankenhäusern höchst unterschiedlich erfasst;
- Die Betreuungsintensität auf den Stationen wird nicht erfasst, sodass die Stationskosten nicht direkt zugeordnet werden können; es existiert im Sinne einer „Residualgröße" ein Gemeinkostenblock von 65 bis 70 v.H., der nach noch zu definierenden Merkmalen auf den Kostenträger „Behandlungstag eines Behandlungsfalles" verrechnet werden muss;
- Wichtige Strukturelemente wie die regionale Pflichtversorgung mit der Vorhaltung einer Notfallversorgung werden nicht erfasst;
- Der Tagesbezug der Kostenträgerrechnung stellt die Krankenhäuser vor große Herausforderungen.

Die derzeit gültige Version 1.0 des Kalkulationshandbuchs vom 16. November 2010 www.g-drg.de/Psychiatrie/Psychosomatik/Kodierrichtlinien 2013 (http://www.g-drg.de/cms/Kalkulation2/Pauschaliertes_Entgeltsystem_Psychiatrie_17d_KHG ndbuch, Abruf am 23.01.2013), die auch der Kalkulation in 2012 für den Systemeinstieg in 2013 zugrunde liegt, berücksichtigt die Ergebnisse des Prätests, hat aber noch nicht für alle Probleme eine befriedigende Lösung (Belling et al. 2012; Hauth et al. 2012). Die Gemeinkostenverteilung erfolgt über Bezugsgrößen, die für definierte Leistungsbereiche nach Kostenarten differenziert vorgegeben sind. Das Kalkulationshandbuch enthält darüber hinaus detaillierte Vorgaben für die Kostenerfassung, die Kostenartenrechnung und die innerbetriebliche Leistungsverrechnung. Checklisten helfen den Krankenhäusern, die Anforderungen zu erfüllen.

Ergänzend haben die Vertragsparteien auf der Bundesebene das InEK beauftragt, für die Zuordnung der Behandlungsleistungen zu Tagespauschalen einen fallbezogenen Gruppierungsalgorithmus zu entwickeln. Hiermit ist die Erwartung verbunden, dass bei einer fallbezogenen Gruppierung ein robusteres System, ein geringerer administrativer Aufwand und eine breitere Datenbasis für die Systementwicklung als bei einer tagesbezogenen Gruppierung zu erreichen sind. Hintergrund ist, dass die Leistungsdokumentation mit ICD- und OPS-Kodes fallbezogen erfolgt. Ein System tagesgenauer Gruppierung würde eine tagesgenaue Kodierung von Leistungen voraussetzen. Den damit verbundenen hohen administrativen Aufwand hielten die Vertragsparteien auf der Bundesebene nicht für vertretbar. Es bleibt jedoch bei der Abrechnung von Tagespauschalen (§ 1 Ergänzungsvereinbarung). Das bedeutet, dass die Leistungsdokumentation auf der Fallebene stattfindet, die Kostenkalkulation dagegen auf der Tagesebene.

10.2 PEPP-Entgeltkatalog 2013

10.2.1 Klassifikation

Das InEK präsentierte Anfang September 2012 den ersten PEPP-Entgeltkatalog für das Einstiegsjahr 2013. Das Bundesministerium für Gesundheit übernahm diesen Entgeltkatalog unverändert in die im Wege der Ersatzvornahme (§ 17d Abs. 6 KHG) erlassene „Verordnung zum pauschalierenden Entgeltsystem für psychiatrische und psychosomatische Einrichtungen für das Jahr 2013 – PEPPV 2013" vom 19. November 2012 (BGBl. I 2012, 2303), nachdem die Deutsche Krankenhausgesellschaft das Scheitern der Verhandlungen über eine entsprechende Vereinbarung (§ 9 Abs. 1 Nr. 1 bis 3 BPflV) erklärt hatte.

Der erste PEPP-Entgeltkatalog für 2013 enthält für vollstationäre Leistungen 94 bundeseinheitlich mit Bewertungsrelationen bewertete Entgelte und 18 unbewertete, krankenhausindividuell (§ 6 Abs. 1 BPflV) zu verhandelnde Entgelte. Drei Entgelte für vollstationäre Leistungen entsprechen Fehlerklassen, für die kein Relativgewicht vorgesehen ist (Anlagen 1a und 1b). Für teilstationäre Leistungen wurden sieben mit Bewertungsrelationen bewertete Entgelte und 13 unbewertete, krankenhausindividuell zu verhandelnde Entgelte ermittelt (Anlagen 2a und 2b). Die Entgelte mit Bewertungsrelationen sind vier Strukturkategorien zugeordnet (Prä-Strukturkategorie; Psychiatrie; Kinder- und Jugendpsychiatrie; Psychosomatik). Ferner enthält der Katalog 52 bewertete sowie 23 unbewertete Zusatzentgelte (Anlagen 3 und 4). Grundlage der Kalkulation waren 17 Prozent aller voll- und teilstationären Fälle in der Psychiatrie und Psychosomatik aus 59 Einrichtungen. Damit basiert der erste PEPP-Entgeltkatalog nach Auffassung des InEK und des Bundesministeriums für Gesundheit auf einer ausreichenden Kostenstichprobe. In der Tat ist die Stichprobe größer als beim ersten DRG-Entgeltkatalog 2003.

Der Katalog weist eine Spreizung der Erlöse pro Tag von über 450 Prozent auf. Er weist damit auf der Grundlage empirischer Daten einen viel höheren Differenzierungsgrad auf als das bisherige System mit tagesgleichen Pflegesätzen. Dies war für das Bundesministerium für Gesundheit ein wesentlicher Grund, den Vorschlag des InEK zu übernehmen (Begründung zum Entwurf der PEPPV 2013).

Bei der Klassifikation der Entgelte hat das InEK in Übereinstimmung mit international verwendeten Klassifikationssystemen für die Psychiatrie und mit der Einteilung der Behandlungsbereiche nach der Psych-PV auf die Hauptdiagnose als maßgebliches Kriterium abgestellt. Die erhobenen Daten belegen, dass die Hauptdiagnosen als Kostentrenner gut geeignet sind, auch bei längeren Verweildauern. Als Splitkriterien eingesetzte Hauptdiagnosen zeigen bei einer Reihe von Basis-PEPP Kostenunterschiede von rund 20 Prozent pro Tag. Die gesetzliche Forderung nach einer ausreichenden und praktikablen Differenzierung (§ 17d Abs. 1 Satz 4 KHG) wird also über die Einteilung nach Hauptdiagnosen bereits erreicht. Darüber hinaus hat das InEK mit sieben sogenannten „Prä-PEPP" (analog zu den Prä-MDC im DRG-System) für hochaufwändige Intensivtherapien und 1:1 Betreuung für Erwachsene wie auch für Kinder und Jugendliche „erstmals eine spezifische Vergütungsmöglichkeit für hochkomplexe Fälle geschaffen, deren Vergütungen weit jenseits der ‚typischen Pflegesatzdimension' in der typischen Größenordnung ‚rund 200 € am Tag' liegen" (InEK, Anmerkungen 2012; eingehende Erläuterungen zur Gruppierungslogik im PEPP-Definitionshandbuch 2012/2013 des InEK, http://www.g-drg.de/cms/ PEPP-Entgeltsystem_2013/Definitionshandbuch, Abruf am 23.01.2013).

Ein besonderes Merkmal für die Psychiatrie ist die Unterteilung der Entgelte in bis zu vier **verweildauerabhängige Vergütungsstufen**. Für einen Patienten, der einer PEPP mit Vergütungsstufen zugeordnet wird, erhält die Einrichtung für die ersten Tage des stationären Aufenthalts – in der ersten Vergütungsstufe – vergleichsweise hohe Tagessätze, dann in der zweiten Vergütungsstufe niedrigere Tagessätze usw. Die Vergütungsstufen sind nach den vom InEK gegebenen Informationen so adjustiert, dass die durchschnittlichen Kosten der Behandlung von Patienten mit kurzer Verweildauer innerhalb der ersten Vergütungsstufe mit der ermittelten Bewertungsrelation vollständig vergütet werden. Die übrigen Vergütungsstufen sind so berechnet, dass die durchschnittlichen Kosten des Aufenthalts nach Durchlaufen der Vergütungsstufen im Durchschnitt gedeckt werden. Die Vergütungsstufen verhindern eine Unterfinanzierung von Kurzliegern und eine Überfinanzierung von Langliegern. Dabei liegt auch bei Langliegern das mittlere effektive Relativgewicht für die gesamte Aufenthaltsdauer typischerweise deutlich über dem Relativgewicht der letzten Stufe.

Beispiel: (nach InEK, Anmerkungen 2012)

PEPP PA14B *Persönlichkeits- und Verhaltensstörungen, Essstörungen und andere Störungen, Alter < 66 Jahre, ohne komplizierte Konstellation*

Relativgewicht ab Tag 1:	1,2467 (1. Vergütungsstufe)
Relativgewicht ab Tag 10:	0,8713 (2. Vergütungsstufe)
Relativgewicht ab Tag 31:	0,8027 (3. Vergütungsstufe)
Mittleres Relativgewicht bei Verweildauer von 9 Tagen:	1,2467
Mittleres Relativgewicht bei Verweildauer von 10 Tagen:	1,2090
Mittleres Relativgewicht bei Verweildauer von 30 Tagen:	0,9839
Mittleres Relativgewicht bei Verweildauer von 31 Tagen:	0,9781
Mittleres Relativgewicht bei Verweildauer von 50 Tagen:	0,9114
Mittleres Relativgewicht bei Verweidlauer von 100 Tagen:	0,8571

Somit entspricht die durchschnittliche Tagesvergütung für Langlieger aufgrund der hohen tagesbezogenen Vergütung in der ersten Vergütungsstufe den ermittelten durchschnittlichen tagesbezogenen Behandlungkosten für den gesamten Aufenthalt.

In der Psychosomatik weist der PEPP-Entgeltkatalog keine Vergütungsstufen aus. Nach der Kalkulationsstichprobe indizieren die durchschnittlichen Tages-Behandlungskosten einen einheitlichen Kostenverlauf.

10.2.2 Kritik

Von den Fachgesellschaften für Psychiatrie und Psychosomatik wurde der erste PEPP-Entgeltkatalog abgelehnt, was schließlich die Deutsche Krankenhausgesellschaft bewog, dem Entgeltkatalog nicht zuzustimmen. Als Kritikpunkte wurden insbesondere vorgebracht:

- Die Hauptdiagnose sei wenig geeignet, den Behandlungsaufwand zu erkennen.
- Der Entgeltkatalog sei nicht ausreichend differenziert. Dadurch werde ein Anreiz gesetzt, aufwändige Fälle zu Gunsten einfacher Fälle zu vermeiden.
- Suchterkrankungen seien nicht sachgerecht im Katalog abgebildet.
- Die Psychosomatik sei zu undifferenziert im Katalog abgebildet.
- Die verweildauerabhängige Vergütung setze falsche Anreize; wegen der absinkenden Tagessätze seien vorzeitige Entlassungen und Fallzahlsteigerungen zu befürchten.

Das InEK (Anmerkungen 2012) und das Bundesministerium für Gesundheit (in der Begründung zum Entwurf der PEPPV 2013) räumen ein, dass der PEPP-Katalog 2013 noch Schwächen enthält. So sei die Kalkulationsstichprobe für die Psychosomatik tatsächlich klein und vermutlich nicht repräsentativ, sodass die Abbildung der Psychosomatik im Rahmen der Weiterentwicklung des Entgeltkataloges zweifellos verbessert werden müsse. Das betreffe auch die Abbildung von Strukturmerkmalen wie die Teilnahme an der regionalen Pflichtversorgung. Die hohe Bedeutung der Hauptdiagnosen für den PEPP-Gruppierungsprozess sei auch der Tatsache geschuldet, dass noch nicht in einem vergleichbar hohen Maß wie im DRG-System ICD- und OPS-Kodes als belastbare Kostentrenner zur Verfügung stehen. Da das DIMDI gemeinsam mit den Fachgesellschaften an der Weiterentwicklung der ICD- und OPS-Kodes arbeite, sei künftig eine wesentlich verbesserte Abbildung insbesondere von schwer erkrankten Patienten zu erwarten. Das Gleiche gelte auch für die aufwandsgerechte Eingruppierung von Suchterkrankungen, insbesondere Opiatabhängigkeit. Die im PEPP-Katalog 2013 bereits definierten „Prä-PEPP" für hochaufwändige Fälle mit 1:1 Betreuung oder Behandlung im Intensivsetting stellten aber einen bedeutenden ersten Schritt dar.

Andere Kritikpunkte halten das InEK und das Bundesministerium für Gesundheit nicht für begründet. Der Anreiz zur Vermeidung aufwändiger Fälle sei wegen der Bildung von „Prä-PEPP" und von Vergütungsstufen bei den Basis-PEPP voraussichtlich gering. Die verweildauerabhängige Vergütung über Vergütungsstufen sei in einem System degressiver durchschnittlicher Tageskosen sachgerecht, weil sie die Unterfinanzierung von Kurzliegern und die Überfinanzierung von Langliegern vermeide. Ein eventuell damit verbundener Anreiz zur Verweildauerreduzierung sei durchaus erwünscht. Ein rein ökonomisch orientiertes Entlassungsmanagement mit der Absicht, den Patienten erneut stationär aufzunehmen und wieder die höchste Vergütungsstufe zu erreichen, werde durch die flankierenden Abrechnungsbestimmungen (s.u) weitgehend verhindert. Bei der Weiterentwicklung des Vergütungssystems könnten erkannte Fehlanreize minimiert werden.

Im Ergebnis sehen das InEK und das Bundesministerium für Gesundheit den auf der Grundlage der zur Verfügung stehenden empirischen Daten entwickelten ersten PEPP-Entgeltkatalog als geeignete Einstiegslösung an, zumal die erkannten Schwächen sich in der budgetneutralen Phase nicht auf die Höhe des Budgets auswirken. Die lange budgetneutrale Phase und die anschließende Konvergenzphase könnten dazu genutzt werden, die Abbildung der Leistungen schrittweise zu verbessern. Alle Beteiligten, insbesondere die medizinischen Fachgesellschaften, wurden aufgefordert, daran konstruktiv und engagiert mitzuarbeiten. Das InEK wurde verpflichtet, bis zum 30. November 2012 analog zum DRG-System (vgl. § 17d Abs. 3 Satz 4 KHG) ein Vorschlagsverfahren für den PEPP-Entgeltkatalog 2014 einzurichten (§ 10 PEPPV 2013).

10.3 PEPP-Abrechnungsbestimmungen 2013

Die Abrechnungsbestimmungen für die PEPP-Entgelte 2013 sind ebenfalls Bestandteil der PEPPV 2013. Über sie hatten sich die Vertragsparteien auf der Bundesebene im Vorfeld grundsätzlich verständigt, sodass sie nahezu unverändert in die Rechtsverordnung übernommen wurden.

Von besonderem Interesse sind die Vorschriften über die Fallzusammenfassung (Fallzusammenführung) nach Wiederaufnahmen und die Abrechnungsbestimmungen bei Verlegung. Das Krankenhaus hat bei den mit Bewertungsrelationen bewerteten Leistungen eine Zusammenfassung der Aufenthaltsdaten zu *einem* Fall und eine Neueinstufung in ein PEPP-Entgelt vorzunehmen, wenn ein Patient innerhalb von 21 Kalendertagen, bemessen nach der Zahl der Kalendertage ab dem Entlassungstag der vorangegangenen Behandlung, wieder aufgenommen wird, in dieselbe Strukturkategorie einzustufen ist und seit dem Aufnahmetag des ersten Krankenhausaufenthaltes nicht mehr als 120 Kalendertage verstrichen sind. Die Neueinstufung in ein PEPP-Entgelt ist mit den Daten aller zusammenzuführenden Krankenhausaufenthalte durchzuführen, wobei als Hauptdiagnose des zusammengeführten Falles die Hauptdiagnose des Aufenthalts mit der höchsten Anzahl an Berechnungstagen zu wählen ist (§ 2 PEPPV 2013). Eine Fallzusammenfassung hat unter den vorste-

henden Bedingungen auch zu erfolgen, wenn ein Patient in ein anderes Krankenhaus verlegt und von diesem oder einem anderen Krankenhaus in dasselbe Krankenhaus zurückverlegt wird (Rückverlegung, § 3 Abs. 2 PEPPV 2013).

Die Vorschriften über die Fallzusammenfassung sollen einen ökonomisch ori-
entierten „Drehtüreffekt" verhindern. Zu beachten ist, dass eine Fallzusammenfassung von bewerteten voll- und teilstationären Leistungen nicht erfolgt;
eine Fallzusammenfassung kommt nur innerhalb dieser Bereiche in Betracht
(§§ 2 Abs. 4, 3 Abs. 4, 6 Abs. 2 PEPPV 2013).

Bei Verlegungen ohne Rückverlegung rechnet jedes beteiligte Krankenhaus
Entgelte auf der Basis der im eigenen Krankenhaus erfassten Daten ab. Unterliegt ein Krankenhaus sowohl der Bundespflegesatzverordnung als auch
dem Krankenhausentgeltgesetz, sind diese unterschiedlichen Bereiche im Fall
von internen Verlegungen wie eigenständige Krankenhäuser zu behandeln
(§ 3 Abs. 1, Abs. 3 PEPPV 2013).

Die übrigen Abrechnungsbestimmungen sind mehr technischer Natur. Sie
betreffen zum Beispiel die Laufzeit der Entgelte, den Kostenträgerwechsel und
die Verweise auf die Anlagen zum PEPP-Entgeltkatalog.

11 Landesbasisfallwert

Die Höhe einer DRG-Fallpauschale ergibt sich aus der Multiplikation ihrer im Fallpauschalenkatalog bundeseinheitlich festgelegten Bewertungsrelation mit dem landesweit geltenden Basisfallwert. Der landeseinheitliche Basisfallwert bestimmt somit das Preisniveau der Fallpauschalen in den einzelnen Bundesländern. Er soll von den Vertragsparteien auf der Landesebene mit Wirkung für die Pflegesatzparteien jährlich bis zum 30. November eines Jahres für das folgende Kalenderjahr vereinbart werden (§ 10 Abs. 1 Satz 1, Abs. 10 KHEntgG). Es gilt also das Verhandlungs- und Vereinbarungsprinzip, aber mit der Besonderheit, dass die Vereinbarung zwischen den Parteien geschlossen werden kann, die an der Verhandlung teilgenommen haben. Eine Partei, die nicht teilgenommen hat, muss die Vereinbarung aus Gründen der Verfahrensbeschleunigung gegen sich gelten lassen.

11.1 Bemessungsgrundsätze

11.1.1 Ausgangswert

Das für das laufende Kalenderjahr vereinbarte Erlösvolumen auf der Landesebene (**Landeserlösvolumen**) für die mit Fallpauschalen zu vergütenden Leistungen einschließlich der Entgelte für die Überschreitung der oberen Grenzverweildauer sowie der um Abschläge verminderten Fallpauschalen bei Unterschreitung der unteren Grenzverweildauer und bei Verlegungen bildet den Ausgangswert für die Berechnung des Landesbasisfallwerts für das folgende Kalenderjahr. Das Ausgabenvolumen für die übrigen Entgelte bleibt bei der Berechnung des Landesbasisfallwerts außen vor (Zu- und Abschläge nach § 5, krankenhausindividuelle Entgelte nach § 6 KHEntgG und Zusatzentgelte nach § 17b Abs. 1 Satz 12 KHG, § 7 Abs. 1 Satz 1 Nr. 2 KHEntgG). Der durch das KHRG (Art. 2 Nr. 10 Buchst. bb) eingefügte § 10 Abs. 1 Satz 2 KHEntgG enthält eine *wichtige Präzisierung* der Verhandlungsgegenstände beim Ausgangswert. Danach haben die Vertragsparteien auf der Landesebene nicht das von ihnen selbst für das laufende Kalenderjahr festgelegte Erlösvolumen zum Ausgangspunkt der Verhandlungen zu machen, sondern das Erlösvolumen, das sich aus den Pflegesatzvereinbarungen der Krankenhäuser im Land aufgrund der von ihnen vereinbarten Summe der effektiven Bewertungsrelationen ergibt.

> **!**
> Damit wird das von den Krankenhäusern im Land vereinbarte DRG-Leistungs-
> volumen zum zentralen Verhandlungsgegenstand und zur Grundlage der Vo-
> rausschätzung.

Hintergrund der Regelung ist offenbar, dass das von den Vertragsparteien auf der Landesebene vereinbarte Leistungsvolumen in der Vergangenheit teilweise erheblich von den nachfolgenden Vereinbarungen der Pflegesatzparteien abwich. Die jetzige Regelung erfasst die Leistungswirklichkeit besser (Begr. zu § 10 Abs. 1 Satz 2 KHEntgG, BT-Drs. 16/11429, 60). Sie gilt für die Ermittlung des Landesbasisfallwerts ab 2009.

Der Ausgangswert wird nach § 10 Abs. 1 Satz 2 KHEntgG bestimmt durch die Multiplikation der Summe der im laufenden Jahr von den Krankenhäusern im Land vereinbarten effektiven Bewertungsrelationen (Landes-Case-Mix) mit dem Landesbasisfallwert des laufenden Jahres. Maßgebend sind die Summe der effektiven Bewertungsrelationen und die Erlössumme für Fallpauschalen nach Anlage 1 Abschnitt B 2 laufende Nr. 3 KHEntgG, also die Erlössumme für Fallpauschalen *ohne Zu- und Abschläge*. Soweit die Vereinbarungswerte einzelner Krankenhäuser noch nicht vorliegen, sind diese zu schätzen. Auf dieser Grundlage schätzen die Vertragsparteien die voraussichtliche Entwicklung im folgenden Kalenderjahr (Vereinbarungszeitraum).

11.1.2 Fortschreibung (Vorausschätzung)

Die Vorgaben für die Fortschreibung des Ausgangswertes zur Ermittlung des Landeserlösvolumens und des Landesbasisfallwerts für den Vereinbarungszeitraum enthält § 10 Abs. 3 KHEntgG. Die dort genannten Parameter sind zwar nicht abschließend, aber regelhaft zu berücksichtigen.

Vorgaben der Vertragsparteien auf der Bundesebene

Die Vertragsparteien auf der Bundesebene vereinbaren Empfehlungen für die Vertragsparteien auf der Landesebene zur Vereinbarung des Landesbasisfallwerts und geben vor, welche Tatbestände, die bei der Weiterentwicklung der Bewertungsrelationen nicht umgesetzt werden können, bei der Vereinbarung des Landesbasisfallwerts umzusetzen sind (§ 9 Abs. 1 Satz 2 KHEntgG). Die Vertragsparteien auf der Landesebene sind gehalten, die Vorgaben der Vertragsparteien auf der Bundesebene bei ihren Vereinbarungen zu berücksichtigen (§ 10 Abs. 3 Nr. 1 KHEntgG). Das bedeutet inhaltlich folgendes: Allgemeine Kostensteigerungen verändern zwar die Kalkulationsergebnisse, aber nicht unbedingt die Bewertungsrelationen, weil sie auch die Bezugsleistung (s. Kap. II.9.1) verändern; die Relation von Bezugsleistung zur jeweiligen Fallpauschale bleibt dann trotz höherer oder niedrigerer Kalkulationsergebnisse gleich. Die allgemeinen Kostenänderungen können daher nur bei der Veränderung des Landesbasisfallwerts berücksichtigt werden. Führen die Kalkulationsergebnisse zu veränderten Bewertungsrelationen bei einzelnen Fallpauschalen, wird ein Teil der Kostenänderungen bereits auf diese Weise aufgefangen. In welchem Umfang das geschehen ist, müssen die für die Kalkulation verantwortlichen Vertragsparteien auf der Bundesebene den Vertragsparteien auf der Landesebene vorgeben (Begr. zu § 10 Abs. 3 Nr. 1 KHEntgG bei Tuschen u. Trefz 2004, 286).

Allgemeine Kostenentwicklungen

Voraussichtliche allgemeine Kostenentwicklungen sind bei der Bemessung des Landesbasisfallwerts zu berücksichtigen (§ 10 Abs. 3 Nr. 2 KHEntgG). Die Kalkulation der Bewertungsrelationen durch die Vertragsparteien auf der Bundesebene erfolgt auf der Grundlage der Daten des Vorjahres, sodass künftige Kostenentwicklungen sich in den Bewertungsrelationen nicht niederschlagen (Tuschen u. Trefz 2010, 310). Diese müssen die Vertragsparteien auf der Landesebene berücksichtigen. Die Vertragsparteien auf der Bundesebene haben bei ihren Vorgaben an die Vertragsparteien auf der Landesebene für das übernächste Kalenderjahr die von den Vertragsparteien auf der Landesebene bereits berücksichtigten Kostenentwicklungen mindernd zu berücksichtigen (Dietz et al. 2007 § 10 KHEntgG Erl. IV.4.).

Mit dem Begriff „allgemeine Kostenentwicklungen" kommt zum Ausdruck, dass die Kostenentwicklung bei einzelnen Krankenhäusern nicht maßgebend ist, sondern die allgemein zu erwartende Kostenentwicklung, etwa wegen einer Tariferhöhung für Löhne und Gehälter, Preissteigerungen beim medizinischen Sachbedarf und der Energieversorgung oder wegen veränderter Steuern. Schließt beispielsweise ein Krankenhaus einen befristeten **Notlagentarifvertrag** (Sanierungstarifvertrag) ab, kann dieser nicht für die Bemessung des Basisfallwerts maßgebend sein, sondern nur der allgemeine Flächentarifvertrag. Anderenfalls würde die mit dem Sanierungstarifvertrag angestrebte Wirkung, die wirtschaftliche Situation des betroffenen Krankenhauses zu verbessern, durch einen niedrigeren Landesbasisfallwert teilweise zunichte gemacht, und die Krankenhäuser, für die der Flächentarifvertrag gilt, könnten Tarifsteigerungen nicht vollständig refinanzieren. Außerdem würde die grundlegende Systematik des leistungsorientierten Vergütungssystems, wonach die Kosten des einzelnen Krankenhauses für die Vergütung keine Rolle mehr spielen, durchbrochen werden. Auch das KHRG (Art. 2 Nr. 4 Buchst. b) stellte klar, dass

Notlagentarifverträge keine mindernden Auswirkungen auf das Erlösbudget haben sollen (Begr. zu § 4 Abs. 2a KHEntgG, BT-Drs. 16/11429, 58).

Auch beim Landesbasisfallwert für 2012 und 2013 sind die durch die Tarifentwicklung bedingten Kostensteigerungen bei der Vorauskalkulation *in voller Höhe* zu berücksichtigen. Die Regelung in § 10 Abs. 5 und 6 KHEntgG über die anteilige Tarifkostenrefinanzierung ist eine *Obergrenzenregelung* für den Fall, dass das nach den Vorgaben in § 10 Abs. 3 KHEntgG ermittelte leistungsgerechte Landeserlösvolumen die nach § 10 Abs. 4 Satz 4 KHEntgG um 0,5 Prozentpunkte geminderte Veränderungsrate überschreitet (s. Kap. II 11.2). Für die Ermittlung des leistungsorientierten Erlösvolumens enthält § 10 Abs. 3 Satz 1 Nr. 2 KHEntgG keine Begrenzung.

Wirtschaftlichkeitsreserven

Möglichkeiten zur Ausschöpfung von Wirtschaftlichkeitsreserven, soweit diese nicht bereits durch die Weiterentwicklung der Bewertungsrelationen nach der jährlichen Erhebung der Ist-Kosten durch das InEK erfasst worden sind, müssen („sind zu berücksichtigen") von den Vertragsparteien auf der Landesebene bei der Bemessung des Landesbasisfallwerts mindernd berücksichtigt werden (§ 10 Abs. 3 Satz 1 Nr. 3 KHEntgG). Hieraus folgt zunächst, dass die Ausschöpfung von Wirtschaftlichkeitsreserven über die Kalkulation von Bewertungsrelationen Vorrang hat. Ohne Information der Vertragsparteien auf der Bundesebene über das Ausmaß der Berücksichtigung von Wirtschaftlichkeitsreserven bei ihrer Kalkulation ist die Vorschrift jedoch nicht handhabbar. Im Übrigen muss es sich um allgemein bestehende Wirtschaftlichkeitsreserven handeln. Die Tatsache, dass einzelne Krankenhäuser Wirtschaftlichkeitsreserven haben, darf keine Rolle spielen, weil die Kostensituation einzelner Häuser im pauschalierenden Vergütungssystem ohne Belang ist. Es wäre auch nicht verständlich, dass wirtschaftlich arbeitende Krankenhäuser mit der Begründung, andere Krankenhäuser arbeiteten unwirtschaftlich, einen niedrigeren Landesbasisfallwert hinnehmen müssen.

Hinsichtlich der Frage, ob Wirtschaftlichkeitsreserven allgemein vorhanden sind, haben die Vertragsparteien auf der Landesebene und die Schiedsstellen einen weiten Beurteilungsspielraum. Diesen haben anfänglich manche Schiedsstellen genutzt, um unter Hinweis auf niedrigere Landesbasisfallwerte in anderen Bundesländern pauschale Absenkungen der Landesbasisfallwerte vorzunehmen. Heute, zehn Jahre nach der Einführung des DRG-Systems mit verbesserten Kalkulationsmöglichkeiten und der nachweisbaren Verbesserung der Wirtschaftlichkeit der Krankenhäuser (s. Kap. II.9.4) sowie aufgrund der finanziellen Lage in den Krankenhäusern (s. Kap. II.8) dürften kaum noch Anhaltspunkte für **allgemein** bestehende Wirtschaftlichkeitsreserven vorhanden sein. Ob überdurchschnittlich hohe Landesbasisfallwerte ein Hinweis auf allgemein bestehende Wirtschaftlichkeitsreserven in den Krankenhäusern sein können, ist mehr als zweifelhaft, zumindest aber offen. Mögliche Ursachen sind unterschiedliche Kostenstrukturen und historisch gewachsene Unterschiede (Schmitz u. Augurzky 2011, 505). Die Nivellierung der Landesbasisfallwerte erfolgt standardisiert durch den einheitlichen Basisfallwertkorridor (§ 10 Abs. 8 KHEntgG)

Mehrleistungen/Kostendegression

§ 10 Abs. 3 Satz 1 Nr. 4 KHEntgG schreibt vor, dass bei Fallzahlsteigerungen die allgemeine Kostendegression zu berücksichtigen ist. Im Zusammenhang damit gibt § 10 Abs. 3 Satz 2 KHEntgG vor, dass zusätzliche Fälle sich absenkend auf den Landesbasisfallwert auswirken müssen. Dem liegt der betriebswirtschaftliche Grundsatz zugrunde, dass bei einer Fallzahlsteigerung im Regelfall eine Kostendegression je Fall eintritt, weil nur die variablen und sprungfixen Kosten steigen. Nur diese tatsächlichen Kostensteigerungen, die in der Praxis häufig pauschal mit 35 v.H. angesetzt werden, sollen sich erhöhend auf den Landesbasisfallwert auswirken (Begr. zu § 10 Abs. 3 KHEntgG bei Tuschen u. Trefz 2004, 286). Die Neufassung des § 10 Abs. 3 Satz 1 Nr. 4 KHEntgG durch das KHRG (Art. 2 Nr. 10 Buchst. c) stellt dies nun auch ausdrücklich klar. Sie verzichtet auf eine pauschale Regelung zur Berücksichtigung der variablen Kosten. Vielmehr soll der Anteil der variablen Kosten anhand der Struktur der Mehrleistungen und deren variablen Kostenanteilen von den Vertragsparteien auf der Landesebene geschätzt werden (Begr. zu § 10 Abs. 3 Satz 1 Nr. KHEntgG, BT-Drucks. 16/11429, 60). Die Begrenzung auf die Berücksichtigung nur der gestiegenen variablen Kosten ist allerdings nicht sachgerecht, da auch die fixen Kosten ansteigen, sobald die größere Leistungsmenge eine (sachliche oder personelle) Kapazitätserweiterung erforderlich macht. Bei stetig steigenden Leistungen droht den Krankenhäusern eine **Fixkostenfalle**. Ein Beispiel hierfür ist der Fixkostenanstieg bei Epidemien wie er in der EHEC-Krise aufgetreten ist (Bader et al. 2011).

Bei einer *größeren* Leistungsmenge sinkt der Landesbasisfallwert, weil der Divisor (Summe der effektiven Bewertungsrelationen) größer wird. Nicht nur eine Fallzahlsteigerung verändert den Divisor, sondern auch eine Veränderung des durchschnittlichen Schweregrades, wie in § 10 Abs. Satz 1 Nr. 4 KHEntgG klargestellt ist.

Den Einfluss der Leistungsmenge auf die Höhe des Landesbasisfallwerts verdeutlicht die nachstehende Berechnungsformel.

$$\text{Landesbasisfallwert} = \frac{\text{Ausgabenvolumen (Landeserlösvolumen)}}{\substack{\text{Landes-Case-Mix} \\ \text{(Summe der effektiven Bewertungsrelationen)}}}$$

Unter dem Strich stehen den Krankenhäusern im Land bei einer gestiegenen Leistungsmenge aber mehr Mittel zur Verfügung, weil das einzelne Krankenhaus die volle Fallpauschale berechnen und bei einer Fallzahlsteigerung eine

Erhöhung seines Erlösbudgets erreichen kann. Auf die hiervon abweichende Regelung in § 4 Abs. 2a KHEntgG wird in Kapitel III.2.4.2 eingegangen (vgl. auch Tuschen u. Trefz 2010, 311).

Die Absenkung des Landesbasisfallwerts durch Mehrleistungen ist dann nicht gerechtfertigt, wenn die Mehrleistungen nicht vorhersehbar und auch nicht beeinflussbar waren, zum Beispiel wegen der Ausbreitung einer Epidemie. Die EHEC-Krise, welche die Krankenhäuser kurzfristig zu Kapazitätserweiterungen und damit zu einer Fixkostenausweitung gezwungen hat, macht dies deutlich (Koerdt u. Laufer 2011). In solchen Situationen sind pragmatische Lösungen insbesondere der Pflegesatzparteien gefragt. Besser wäre allerdings eine Klarstellung durch den Gesetzgeber, dass Leistungsveränderungen nicht zu einer Absenkung des Landesbasisfallwerts führen. Dann wäre auch sichergestellt, dass das wachsende Morbiditätsrisiko aufgrund der demografischen Entwicklung nicht auf die Krankenhäuser verlagert wird. Die Mengensteuerung zur Vermeidung medizinisch nicht gerechtfertigter Leistungssteigerungen muss beim einzelnen Krankenhaus ansetzen, weil die Preisabsenkung beim Landesbasisfallwert, die alle Krankenhäuser im Land trifft, eine Mengenausweitung zur Vermeidung von Einnahmeausfällen geradezu provoziert („Hamsterradeffekt"). So sieht es auch der Bundesrat in seiner Stellungnahme zum PsychEntgG (BT-Drucks. 17/8986, 58) und in seinem Entschließungsantrag vom Oktober 2012 (BR-Drucks. 432/12). Er spricht sogar von einem wirtschaftlichen Zwang zur Mengenausweitung. Anreizsysteme, die einer nicht gerechtfertigten Mengenausweitung beim einzelnen Krankenhaus entgegen wirken, verhindern eine durch das jetzige System erzeugte kollektive Fehlsteuerung und ermöglichen eine gezielte und verursachungsgerechte Mengensteuerung.

Im Gesetz ist mit dem Begriff „Leistungsveränderungen" auch der Fall angesprochen, dass die Summe der effektiven Bewertungsrelationen im Land *sinkt*. In diesem Fall müssen die mindernden Auswirkungen auf die Kosten der Krankenhäuser im Land von den Vertragsparteien auf Landesebene ebenfalls im Wege der Schätzung ermittelt und berücksichtigt werden, wobei nach dem Gesetzeswortlaut nur der Anteil der variablen Kosten zu berücksichtigen ist.

Abzüge für nicht gedeckte Leistungen

Damit die Beitragssatzstabilität nicht durch die Ausgabenentwicklung in Leistungsbereichen, die nicht von den Fallpauschalen erfasst werden (§ 7 Abs. 1 Satz 1 Nr. 2 bis 7 KHEntgG), gefährdet wird, ist das (geschätzte) veränderte Ausgabenvolumen für diese Leistungen, soweit es den Veränderungswert übersteigt, von dem der Berechnung des Landesbasisfallwerts zugrunde liegenden Ausgabenvolumen abzusetzen. Ausgenommen hiervon sind nur die Zuschläge zur Finanzierung der Ausbildungskosten (§ 10 Abs. 3 Satz 1 Nr. 5 KHEntgG i.V.m. § 17a Abs. 6 KHG). Im Jahr 2011 ist die (noch anzuwendende) Veränderungsrate („der Deckel") um 0,25 Prozentpunkte und im Jahr 2012 um 0,5 Prozentpunkte abgesenkt (§ 10 Abs. 3 Satz 4 KHEntgG)

Abzug von Schonbeträgen

Nach § 4 Abs. 6 Satz 4 KHEntgG a.F. werden die Erlösbudgets der Krankenhäuser, die in der Konvergenzphase bis 2009 nach unten zum Landesbasisfallwert konvergieren, in der Weise geschont, dass die Veränderung der Erlösbudgets auf die in dieser Vorschrift für die einzelnen Konvergenzjahre genannten Vomhundertsätze (in 2009 3 v.H.) begrenzt wird (s. Kap. III.1.4) Die so definierte Kappungsgrenze (Obergrenze) der Budgetabsenkung bewirkt, dass sich für die von der Kappungsgrenze profitierenden Krankenhäuser Schonbeträge ergeben, die für die Finanzierung der allgemeinen Krankenhausleistungen durch die Kostenträger nicht mehr zur Verfügung stehen. Die Summe dieser Schonbeträge ist von dem Ausgabenvolumen für Fallpauschalen abzusetzen, sodass der Basisfallwert sinkt (§ 10 Abs. 3 Nr. 6 KHEntgG a.F.). Die Umverteilung der Budgetmittel zugunsten der nach oben zum Landesbasisfallwert konvergierenden Krankenhäuser wird auf diese Weise begrenzt und ist für die Kostenträger insoweit kostenneutral (Rau 2004, 979). Der Abzug der Schonbeträge erfolgt letztmalig in 2009. Er erfolgt in voller Höhe; die Aufteilung des letzten Konvergenzschrittes (2009) auf zwei Jahre (2009 und 2010) gemäß § 5 Abs. 6 KHEntgG wirkt sich nicht aus. Durch Art. 8 Nr. 3 GKV-FinG wurde die Regelung über den Abzug von Schonbeträgen gestrichen, weil sie nach dem Ende der Konvergenzphase keine Relevanz mehr hat.

Berücksichtigung von Vergütungszuschlägen

Die „sonstigen Zuschläge" nach § 7 Abs. 1 Satz 1 Nr. 4 KHEntgG sind bei der Berechnung des Landesbasisfallwerts absenkend zu berücksichtigen, soweit die Leistungen bislang durch den Basisfallwert finanziert worden sind. Die Begrenzung des Abzugs auf diejenigen Leistungen, die bisher über den Basisfallwert finanziert worden sind, erfolgte durch Artikel 8 Nr. 3 GKV-FinG, um z.B. durch Spenden finanzierte Leistungen, die in die Regelfinanzierung übergehen, nicht dem Abzug zu unterwerfen (Begründung zu Art. 8 Nr. 3 GKV-FinG, BT-Drucks. 17/3040). Konkreter Anlass war die Einführung eines Zuschlags für pädiatrische hämato-onkologische Leistungen, die bislang aus Elternbeiträgen und Spenden finanziert worden waren (Klever-Deichert et al. 2011).

Eine Sonderregelung enthält § 120 Abs. 1a Satz 8 SGB V. Danach ist bei der Vereinbarung des Landesbasisfallwerts die Summe der für das Jahr 2009 erstmals vereinbarten ambulanten Pauschalen für die kinder- und jugendmedizinischen, kinderchirurgischen und kinderorthopädischen sowie insbesondere pädaudiologischen und kinderradiologischen Fachabteilungen von Krankenhäusern ausgabenmindernd zu berücksichtigen. Der Gesetzgeber hat unterstellt, dass die Leistungen dieser Fachabteilungen in der Vergangenheit zumindest teilweise aus dem Budget für stationäre Leistungen finanziert worden sind.

Berücksichtigung von Vergütungsabschlägen

Die erhöhende Berücksichtigung von Vergütungsabschlägen (§ 10 Abs. 3 Satz 1 Nr. 7 KHEntgG a.F.) wurde durch das GKV-FinG gestrichen. Hintergrund ist, dass bei der Ermittlung des Landesbasisfallwerts von der Erlössumme für Fallpauschalen ohne Zu- und Abschläge auszugehen ist (§ 10 Abs. 1 Satz 2 KHEntgG), sodass kein Anlass besteht, das ermittelte Landeserlösvolumen um Zu- oder Abschläge zu verändern, zumal auch die Erlösbudgets der Krankenhäuser, aus denen sich das Landeserlösvolumen ableitet, keine Zu- und Abschläge enthalten (§ 4 Abs. 1 Satz 2 KHEntgG, vgl. auch Klever-Deichert et al. 2011, 13).

Mehrleistungsabschläge von den Fallpauschalen (§ 4 Abs. 2a Satz 1 und 2 KHEntgG) sind bei der Ermittlung des Landesbasisfallwerts nicht absenkend zu berücksichtigen (§ 4 Abs. 2a Satz 7 KHEntgG). „Ansonsten würde insofern eine Doppelung entstehen, als bereits heute bei der Vereinbarung des Landesbasisfallwerts nach § 10 Abs. 3 Satz 1 Nummer 4 KHEntgG bei Leistungveränderungen nur der geschätzte Anteil der variablen Kosten zu berücksichtigen ist. Um diese Doppelung zu vermeiden, ist für die Vereinbarung des Landesbasisfallwerts die entsprechend abgesenkte Erlössumme für Fallpauschalen zu korrigieren" (Begründung zu Art. 8 Nr. 1 Buchst. b) GKV-FinG, BT-Drucks. 17/3040).

Kodiereffekt

Eine verbesserte Kodierung von Diagnosen und Prozeduren bei gleichbleibenden Leistungen soll nicht zu einem Ausgabenanstieg bei den Krankenkassen führen. Deshalb sind Kodiereffekte, die nicht mit echten Leistungsveränderungen zu begründen sind, aber zu einem höheren Case-Mix und zu höheren Fallpauschalen führen, über den Landesbasisfallwert absenkend auszugleichen (§ 10 Abs. 3 Satz 3 KHEntgG). Bei der Ermittlung des Landesbasisfallwerts für das folgende Kalenderjahr ist der erreichte höhere Kodierstand zugrunde zu legen. Schon dadurch kann der Landesbasisfallwert sinken. Der Kodiereffekt für das laufende Jahr wirkt zusätzlich absenkend. Zur Ermittlung des auf den Kodiereffekt entfallenden Ausgabenvolumens wird auf die Ausführungen in Kapitel III.1.6.2 verwiesen. Wegen der hohen Komplexität des Leistungsgeschehens in den Krankenhäusern im Land wird regelmäßig nur die pauschale Methode nach § 4 Abs. 9 Satz 6 und 8 KHEntgG a.F. zur Anwendung kommen, wobei ein gewichteter Mittelwert der Bewertungsrelationen je Fall (CMI) zugrunde zu legen ist.

Fehlschätzung

Das auch für die Vertragsparteien auf der Landesebene geltende Prinzip der Vorauskalkulation birgt bei den teilweise schwierigen Bemessungsparametern ein erhebliches Fehlerrisiko. Wenn die Vertragparteien rechtzeitig im laufenden Jahr für das folgende Kalenderjahr verhandeln, haben sie sowohl für das laufende Jahr als auch für das folgende Jahr eine Prognose über die Entwicklung der Bewertungsrelationen zu treffen. Wenn zu diesem Zeitpunkt noch nicht alle Krankenhäuser Erlösbudgets für das laufende Jahr vereinbart haben – was die Regel ist –, ist die Prognose mit großen Unsicherheiten behaftet. Wenn die Tarifsituation für Löhne und Gehälter noch unklar ist, resultieren auch daraus Prognoseunsicherheiten. Die Beispiele ließen sich fortsetzen. Die Auswirkungen einer Fehlschätzung auf die Erlössituation der Krankenhäuser können gravierend sein. Um dem zu begegnen, schreibt § 10 Abs. 1 Satz 3 KHEntgG vor, dass Fehlschätzungen des Landesbasisfallwerts bei der Vereinbarung des Landesbasisfallwerts für das Folgejahr **berichtigt** werden und die Vertragsparteien auf der Landesebene dies zu vereinbaren haben. Sie haben dabei festzulegen, zu welchen Tatbeständen und unter welchen Voraussetzungen im Folgejahr eine Verhandlung über eine Berichtigung aufgenommen wird (§ 10 Abs. 1 Satz 4 KHEntgG).

> *Die Vereinbarung über die Berichtigung von Fehlschätzungen ist somit zwingend Teil der Vereinbarung über den Landesbasisfallwert und damit auch schiedsstellenfähig.*

Über welche Tatbestände und unter welchen Voraussetzungen im Folgejahr über eine Berichtigung verhandelt werden soll, unterliegt der Gestaltungsfreiheit der Vertragsparteien und der Schiedsstelle. Tatbestände und Verhandlungsvoraussetzungen müssen aber benannt werden. So kann die Verhandlung über eine Fehlschätzung der Bewertungsrelationen an die Voraussetzung geknüpft werden, dass ein bestimmter Korridor über- oder unterschritten wird. Kommt es zu einer Berichtigung, so ist das vereinbarte Landeserlösvolumen nachträglich anzupassen (**Basisberichtigung**) und in Höhe des Anpassungsbetrages mit dem nachfolgenden Erlösvolumen ein **Ausgleich** vorzunehmen (§ 10 Abs. 1 Satz 5 KHEntgG).

Sondertatbestände

In den ab dem 1. Januar **2009** geltenden Landesbasisfallwert sind die Mehrkosten infolge der Abschaffung des **Arztes im Praktikum** in Höhe der von den Krankenhäusern im Land nach § 4 Abs. 14 KHEntgG a. F. insgesamt abgerechneten Zuschläge erhöhend in den Landesbasisfallwert einzurechnen. In den ab dem 1. Januar **2010** geltenden Landesbasisfallwert sind die Finanzierungsbeträge zur **Verbesserung der Arbeitszeitbedingungen** in Höhe der von den Krankenhäusern im Land nach § 4 Abs. 13 KHEntgG a. F. insgesamt abgerechneten Zuschläge erhöhend einzurechnen (§ 10 Abs. 11 i.V.m. § 4 Abs. 8 KHEntgG a. F.). Schließlich sind in dem ab dem 1. Januar **2012** geltenden Landesbasisfallwert die Finanzierungsbeträge für die **Neueinstellung von Pflegepersonal** (s. Kap. III.7.1.1) in der von den Krankenhäusern im Land insgesamt für das Jahr 2011 abgerechneten Zuschläge erhöhend zu berücksichtigen (§ 10 Abs. 12 i.V.m. § 4 Abs. 10 KHEntgG n. F.).

Zu der strittigen Frage, ob das Mittelvolumen, das voraussichtlich über die neu eingeführten Zusatzentgelte für hoch aufwändige Pflege (ZE 130 und 131) erzielt wird, auf das Volumen des Pflegestellenförderprogramms anzurechnen ist, hat das Bundesministerium für Gesundheit in der Begründung des Verordnungsentwurfs zum DRG-Entgeltkatalog für das Jahr 2012 Stellung genommen (http://www.aok-gesundheitspartner.de/bund/krankenhaus/drg/2012/index_07058.html, Abruf am 23.01.2013). Nach Sinn und Zweck des § 10 Abs. 12 KHEntgG sei davon auszugehen, dass den Krankenhäusern die Mittel aus dem Pflegestellenförderprogramm voll erhalten werden sollen, es aber nicht zu einer Mittelmehrung als Folge des Übergangs in die Regelfinanzierung kommen soll; deshalb sei das voraussichtliche Volumen der Abrechnung über Zusatzentgelte auf das in den Basisfallwert einzurechnende Fördervolumen des Pflegestellenförderprogramms anzurechnen.

11.2 Kappung (Obergrenze)

Die sich nach den vorgenannten Bemessungsgrundsätzen ergebende Veränderung des Landesbasisfallwerts darf die sich bei Anwendung des Veränderungswerts nach § 9 Abs. Satz Nr. 5a KHEntgG ergebende Veränderung des Landesbasisfallwerts nicht übersteigen (§ 10 Abs. 4 Satz 1 KHEntgG). Im Jahr 2011 ist die (noch anzuwendende) Veränderungsrate um 0,25 Prozentpunkte und im Jahr 2012 um 0,5 Prozentpunkte abgesenkt (§ 10 Abs. 4 Satz 4 KHEntgG). Die sogenannte Kappungsgrenze ist als Obergrenzenregelung zu verstehen. Sie ist erst auf einer zweiten Stufe relevant. Auf der ersten Stufe ist nach den Bemessungsgrundsätzen in § 10 Abs. 1 und 3 KHEntgG ein nominaler Landesbasisfallwert zu ermitteln, der auch als **leistungsgerechter Landesbasisfallwert** bezeichnet werden kann (Dietz et al. 2007 § 10 KHEntgG Erl. V.3.). Erreicht dieser die Obergrenze nicht, ist er auch der zu vereinbarende Landesbasisfallwert. Erst wenn er die Obergrenze übersteigt, wird er im Umfang der Überschreitung gekappt. Das Gesetz enthält also einen Zwei-Säulen-Mechanismus.

> *Einen Automatismus dahingehend, dass stets die Obergrenze ausgeschöpft werden kann, gibt es nicht.*

Das schließt nicht aus, dass sich die Vertragsparteien aus pragmatischen Gründen auf eine Fortschreibung des Landesbasisfallwerts um den Veränderungswert verständigen, wenn ihre Vorstellungen über die Anwendung der Bemessungsgrundsätze aufgrund der diesen innewohnenden Beurteilungsbandbreite weit auseinander liegen oder wenn sich in jedem Fall eine Überschreitung der Obergrenze ergeben würde. Nach dem Vereinbarungsprinzip haben die Vertragsparteien solche Gestaltungsfreiräume.

> **!** Der Zwei-Säulen-Mechanismus lässt immer dann eine volle Finanzierung des leistungsgerechten Landesbasisfallwerts zu, wenn sinkende Kosten (z.B. als Folge kürzerer Verweildauern) oder Leistungssteigerungen zu einer (rechentechnischen) Absenkung des Landesbasisfallwerts führen und die Obergrenze dadurch nicht erreicht wird. So entstehen Spielräume zur Finanzierung von allgemeinen Kostensteigerungen (z.B. Tarifsteigerungen).

Die Obergrenze darf ausnahmsweise überschritten werden, soweit eine Erhöhung des Landesbasisfallwerts infolge der Weiterentwicklung des DRG-Vergütungssystems oder der Abrechnungsregeln lediglich technisch bedingt ist und nicht zu einer Erhöhung der Gesamtausgaben für Krankenhausleistungen führt (§ 10 Abs. 4 Satz 2 KHEntgG).

> *„Es kann nicht ausgeschlossen werden, dass infolge von Vereinbarungen des Fallpauschalenkatalogs oder der Abrechnungsregeln, z.B. bei einer Zusammenlegung von Fällen, der Basisfallwert rein technisch bedingt erhöht wird, ohne dass dadurch Mehrausgaben für Krankenhausleistungen entstehen." (Begr. zu § 10 Abs. 4 Satz 2 KHEntgG, BT-Drs. 15/3672, 15).*

Soweit eine Berichtigung von Fehlschätzungen erforderlich ist, kann die Obergrenze ebenfalls überschritten werden, allerdings nur bis zur Höhe der im Jahr der Fehlschätzung geltenden Obergrenze (§ 10 Abs. 1 Satz 6 KHEntgG). Diese Möglichkeit der Obergrenzenüberschreitung ist demnach auf Fälle beschränkt, in denen die Obergrenze im Jahr der Fehlschätzung nicht ausgeschöpft wurde (Rau 2004, 979; Dietz et al. 2007 § 10 KHEntgG Erl. II.6.8.). Der mit der Berichtigung verbundene Ausgleich (§ 10 Abs. 1 Satz 5 KHEntgG) unterliegt keiner Begrenzung.

Eine Obergrenzenüberschreitung beim Landesbasisfallwert ist ferner zulässig, wenn die Summe der effektiven Bewertungsrelationen sinkt und sich wegen des kleineren Divisors ein Landesbasisfallwert oberhalb der Kappungsgrenze ergibt. Voraussetzung ist, dass dies nicht zu einer Erhöhung der Gesamtausgaben für Krankenhausleistungen führt (§ 10 Abs. 4 Satz 3 KHEntgG). Unter Gesamtausgaben ist nach der Systematik des Gesetzes das um den neuen Veränderungswert fortgeschriebene Landeserlösvolumen des Vorjahres zu verstehen (Dietz et al. 2007 § 10 KHEntgG Erl. V.5.). Es soll verhindert werden, dass das Landeserlösvolumen sinkt, wenn der Case-Mix rückläufig ist. Denn ein sinkender Case-Mix muss nicht bedeuten, dass die Krankenhäuser proportional dazu Kosten einsparen. Wenn beispielsweise bisher stationär erbrachte Leistungen in den ambulanten Bereich verlagert werden, fällt der darauf entfallende Case-Mix vollständig aus der Fallpauschalenvergütung heraus, während das Krankenhaus nur einen Teil der Kosten spart (Rau 2007, 179, 184). Der höhere über der Obergrenze liegende Landesbasisfallwert gleicht den Erlösrückgang aus.

Eine Sonderregelung für die Krankenhäuser in den neuen Bundesländern enthält § 10 Abs. 7 Satz 2 KHEntgG. Danach darf die Obergrenze beim Landesbasisfallwert überschritten werden, soweit der Tarifvertrag für den öffentlichen Dienst (TVöD) eine Angleichung des Tarifniveaus an den TVöD-West vorsieht. Zu berücksichtigen ist der prozentuale Anstieg der Personalkosten aufgrund des Angleichungsfaktors, auch wenn einzelne Krankenhäuser nicht nach dem TVöD vergüten, weil es sich um eine generalisierende Regelung handelt.

Schließlich darf die Obergrenze überschritten werden, wenn die Einrechnung der Finanzierungsbeträge wegen der Mehrkosten infolge der Abschaffung des Arztes im Praktikum (2009) und zur Verbesserung der Arbeitszeitbedingungen (2010) sowie für die Neueinstellung von Pflegepersonal (2012) eine Überschreitung notwendig macht (§ 10 Abs. 11 Satz 3, Abs. 12 Satz 2 KHEntgG).

11.3 Öffnungsklausel für die Jahre 2009 und 2012

2009

Eines der Hauptziele des KHRG ist die Verbesserung der finanziellen Situation der Krankenhäuser. Diese hatte sich insbesondere durch die seit 15 Jahren andauernde Budgetdeckelung und die hohen Tarifsteigerungen in den Jahren 2008 und 2009 gravierend verschlechtert (s. Kap. II.8). Der Gesetzgeber hat darauf in der Weise reagiert, dass die Krankenhäuser in 2009 einmalig eine anteilige zusätzliche Finanzierung von tariflich vereinbarten Lohn- und Gehaltssteigerungen für die Jahre 2008 und 2009 erhalten, wenn diese die durch die Veränderungsrate vorgegebene Obergrenze überschreiten. Die dadurch bedingte Basisanhebung wirkt dauerhaft (§ 10 Abs. 5 Satz 1 KHEntgG). Bezogen auf die Personalkosten werden 50 v.H. des Unterschieds zwischen der 2009 maßgeblichen Veränderungsrate (1,41 v.H.) und der Tarifrate, die sich aus den durchschnittlichen Auswirkungen der für die Jahre 2008 und 2009 *jeweils* tarifvertraglich vereinbarten Erhöhungen der Vergütungstarifverträge und vereinbarten Einmalzahlungen errechnet (**Erhöhungsrate**), finanziert.

Die Erhöhungsrate ist von den Vertragsparteien auf der Bundesebene zu vereinbaren (§ 10 Abs. 5 Satz 4 KHEntgG). Maßstab für die Ermittlung der Tarifrate sind für den nichtärztlichen Personalbereich einerseits und den ärztlichen Personalbereich andererseits jeweils diejenige tarifvertragliche Vereinbarung, die in dem jeweiligen Bereich für die meisten Beschäftigten maßgeblich ist (§ 10 Abs. 5 Satz 3 KHEntgG). Für das nichtärztliche Personal ist das der TVöD/Kommunen. Sanierungs- und Notlagentarifverträge für einzelne Krankenhäuser wirken sich demnach nicht aus. Zu berücksichtigen sind nur lineare Tarifsteigerungen und Einmalzahlungen, nicht strukturelle Veränderungen wie eine Veränderung von Eingruppierungsmerkmalen, Altersstufen etc. (Begr. zu § 10 Abs. 5 KHEntgG, BR-Drs. 696/08, 61). Paragraf 10 Abs. 5 Satz 5 KHEntgG schreibt den Vertragsparteien auf der Landesebene zwingend vor, den Landesbasisfallwert 2009 um **ein Drittel** des sich aus der Erhöhungsrate ergebenden Finanzierungsbetrages zu erhöhen. Ein Ermessen steht den Vertragsparteien und den Schiedsstellen nicht zu. Die Erhöhung des Landesbasisfallwerts um ein Drittel der Erhöhungsrate entspricht bei einem Personalkostenanteil von 67 v.H. an den Gesamtkosten des Krankenhauses einer Finanzierung von 50 v.H. der Erhöhungsrate.

Voraussetzung für die Basiserhöhung um ein Drittel der Erhöhungsrate ist, dass das nach § 10 Abs. 3 KHEntgG ermittelte leistungsgerechte Landeserlösvolumen die durch die Veränderungsrate vorgegebene Obergrenze überschreitet. Da nach § 10 Abs. 3 Satz 1 Nr. 2 die Tarifsteigerungen in vollem Umfang bei der Ermittlung des leistungsgerechten Landeserlösvolumens zu berücksichtigen sind, ist kein Raum für die Anwendung des § 10 Abs. 5 KHEntgG, wenn die Obergrenze des Landeserlösvolumens nicht erreicht wird. Wird die Obergrenze zwar überschritten, aber um weniger als ein Drittel der Erhöhungsrate, ist nur der Überschreitungsbetrag erhöhend zu berücksichtigen.

2012

Vor dem Hintergrund steigender Kosten für die Krankenhäuser infolge von Tarifabschlüssen sah sich der Gesetzgeber des PsychEntgG veranlasst, die für das Jahr 2009 getroffene Regelung auch für das Jahr 2012 anzuwenden, wobei dies als Vorgriff auf den anteiligen Veränderungswert 2013 gedacht ist mit der Besonderheit, dass die Berücksichtigung der Erhöhungsrate mit einem Drittel und damit die Obergrenze des anteiligen Veränderungswerts für 2012 verbindlich vorgegeben ist, die Vertragsparteien auf der Bundesebene also für 2012 keine Vereinbarung nach § 9 Abs. 1 Nr. 5a KHEntgG treffen müssen (vgl. BT-Drucks. 17/9992, 32). Paragraf 10 Abs. 5 KHEntgG enthält die entsprechenden Regelungen. Die Vertragsparteien auf der Bundesebene haben für 2012 auf der Basis einer Tarifrate von 3% eine Erhöhungsrate von 1,52% vereinbart.

Den Vertragsparteien auf der Landesebene ist die Möglichkeit eröffnet, die Berücksichtigung der Erhöhungsrate auf das Jahr 2013 zu verschieben (§ 10 Abs. 5 Satz 7 KHEntgG).

> *„Einerseits trägt diese Regelung zur Verwaltungsvereinfachung bei, da nicht alle Basisfallwerte neu zu verhandeln und alle Abrechnungssysteme umzustellen sind. Andererseits können damit große Zahlbetragsschwankungen vermieden werden, die sich durch eine kurze Restlaufzeit der Korrekturbeträge ergeben"* (BT-Drucks. a.a.O.).

Sind nicht alle Vertragsparteien auf der Landesebene mit der Verschiebung auf 2013 einverstanden, muss die Erhöhungsrate beim Basisfallwert 2012 berücksichtigt werden (§ 10 Abs. 5 Satz 8 KHEntgG). Das bedeutet dann eine nachträgliche Erhöhung des Basisfallwerts für 2012 um die Erhöhungsrate. Wegen der unterjährigen Erhöhung des Basisfallwerts muss zusätzlich ein Ausgleich vereinbart werden, der für den zu vereinbarenden Ausgleichszeitraum zu einem höheren „Zahlbasisfallwert" führt (§ 10 Abs. 5 Satz 6 KHEntgG).

Für die Pflegesatzparteien, die für 2012 bereits eine Pflegesatzvereinbarung getroffen haben, hat das zur Folge, dass sie das Erlösbudget 2012 im Wege einer Nachtragsvereinbarung rechnerisch anpassen und einen Ausgleichsbetrag vereinbaren müssen; das Krankenhaus kann die Neuvereinbarung nach § 4 Abs. 5 KHEntgG verlangen. Soll der Ausgleich noch in 2012 erfolgen, müssen sie auch den Zu- oder Abschlag nach § 5 Abs. 4 KHEntgG neu vereinbaren (§ 15 Abs. 1 Satz 3 und 4, Abs. 3 KHEntgG). Es ist aber auch als zulässig anzusehen, den Ausgleich erst mit dem Zu- oder Abschlag für 2013 vorzunehmen, da § 15 Abs. 3 Satz 1 KHEntgG den Ausgleich im restlichen Vereinbarungszeitraum (2012) nur „grundsätzlich" vorschreibt, Ausnahmen damit zulässt. Der Umstand, dass das Psych EntgG mit seinen hier relevanten Regelungen erst zum 1. August 2012 in Kraft getreten ist, also zu einem Zeitpunkt, in dem viele Pflegesatzvereinbarungen schon geschlossen waren, rechtfertigt eine Ausnahme, wenn alle Pflegesatzparteien damit einverstanden sind.

11.4 Angleichung an bundesweiten Basisfallwert (Konvergenzphase)

Mit dem KHRG verfolgte der Gesetzgeber das Ziel, in allen Bundesländern einen einheitlichen Basisfallwert einzuführen. Begründet wurde das vor allem damit, dass die Krankenkassen ab dem Jahr 2009 mit der Einführung des Gesundheitsfonds (§ 271 SGB V) einheitliche morbiditätsorientierte Zuweisungen aus diesem Fonds erhalten (§ 266 SGB V). Hiermit sei nicht zu vereinbaren, dass in den Ländern unterschiedlich hohe Landesbasisfallwerte bezahlt werden müssen. Die unterschiedlichen Landesbasisfallwerte seien auch nicht durch Unterschiede in den Versorgungsstrukturen zu erklären, sondern eher die Folge einer unterschiedlichen Finanzausstattung der Krankenkassen in der Vergangenheit (Begr. zu § 10 Abs. 8 KHEntgG, BR-Drs. 696/08, 63). Das KHRG gewährt den Ländern für die Angleichung der Landesbasisfallwerte an einen einheitlichen Basisfallwert auf der Bundesebene eine bis in das Jahr 2019 reichende Anpassungsfrist. In einem **ersten Schritt** gilt für alle Landesbasisfallwerte ein einheitlicher Basisfallwertkorridor. Er sieht eine Bandbreite von +2,5 v.H. bis –1, 25 v.H. um einen einheitlichen Basisfallwert vor. In den Jahren 2010 bis 2014 werden Landesbasisfallwerte, die außerhalb dieses Korridors liegen, schrittweise an die Außengrenzen des Korridors herangeführt (Konvergenz). Das Verfahren entspricht der Vorgehensweise, die bereits von der Konvergenz der einzelnen Krankenhausbudgets bekannt ist (s. Kap. III.1.4). Landesbasisfallwerte, die innerhalb des Korridors liegen, werden von der Konvergenz nicht erfasst (§ 10 Abs. 8 Satz 1 und 2 KHEntgG). In einem **zweiten Schritt** sollten die unterschiedlichen Basisfallwerte der Länder ab dem Jahr 2015 bis zum Jahr 2019 über den einheitlichen Basisfallwertkorridor hinaus weiter an den bundeseinheitlichen Basisfallwert angeglichen werden, wenn eine vom Bundesministerium für Gesundheit beauftragte wissenschaftliche Untersuchung ergibt, dass die Kostenstrukturen der Krankenhäuser in den Ländern vergleichbar ist. Das Verfahren dazu sollte später geregelt werden

(§ 10 Abs. 13 Satz 2 KHEntgG). Im Regierungsentwurf des KHRG wird zu diesen Regelungen folgendes ausgeführt (BR-Drs. 696/08, 63):

> *„Im Hinblick auf die von den Ländern angestrebten Prüfungen zu den Ursachen der unterschiedlich hohen Landesbasisfallwerte wird nicht eine vollständige Anpassung an einen durchschnittlichen Basisfallwert vorgegeben, sondern lediglich die Bandbreite der Unterschiede verringert ... Damit bleibt Finanzierungsspielraum für landesbezogene Strukturunterschiede, auf die einige Länder derzeit verweisen, und ausreichend Zeit für deren Überprüfung durch entsprechende Forschungsaufträge. Landesbasisfallwerte, deren Höhe innerhalb der Bandbreite liegt, werden zunächst nicht angeglichen. Bezogen auf die Landesbasisfallwerte des Jahres 2008 würde dies bei einem geschätzten einheitlichen Basisfallwert um 2.800 € eine Bandbreite von 2.870 bis 2.758 € bedeuten. Gemessen hieran würden zurzeit die Landesbasisfallwerte zum Beispiel von Rheinland-Pfalz und dem Saarland die Bandbreite überschreiten und beispielsweise Schleswig-Holstein die Bandbreite unterschreiten.“*

Hintergrund ist die in Tabelle 6 gezeigte Entwicklung der Landesbasisfallwerte.

Mit dem GKV-FinG (Art. 8 Nr. 3 Buchst. c) ist der Gesetzgeber von dem Ziel eines bundeseinheitlichen Basisfallwerts wieder abgerückt. Er möchte nun Preisunterschiede, die „einen gewissen Preiswettbewerb zwischen Ländern eröffnen“ dauerhaft aufrechterhalten (Begründung zu Art. 8 Nr. 3 Buchst. c) GKV-FinG, BT-Drucks. 17/3040).

Es bleibt demnach nur beim einheitlichen Basisfallwertkorridor um einen einheitlichen Basisfallwert.

Der Auftrag an das Bundesministerium für Gesundheit, eine wissenschaftliche Untersuchung über die Ursachen unterschiedlicher Basisfallwerte der Länder zu beauftragen, besteht aber fort (§ 10 Abs. 13 KHEntgG). Der Untersuchungsauftrag wurde auch vergeben. Erste Ergebnisse der Untersuchung waren für Mitte 2012 angekündigt (Schmitz u. Augurzky 2011), sind aber noch nicht veröffentlicht. Nachdem das Ziel bundeseinheitlicher Krankenhauspreise aufgegeben worden ist, werden die Untersuchungsergebnisse in erster Linie für eine Validierung des einheitlichen Baisfallwertkorridors relevant sein (kritisch Wolff u. Klein-Hitpaß 2012).

Paragraf 10 Abs. 8 Satz 3 KHEntgG gibt für den 5-jährigen Konvergenzzeitraum von 2010 bis 2014 die jährlichen Anpassungsschritte an die Außengrenzen des einheitlichen Basisfallwertkorridors vor. Die grundsätzlich gleich hohen Anpassungsschritte werden auf den jeweils verbleibenden Konvergenzzeitraum umgelegt. So ergeben sich die Vomhundertsätze für die einzelnen Jahre (20 v.H. in 2010, 25 v.H. in 2011, 33 v.H. in 2012, 50 v.H. in 2013, 100 v.H. in 2014). Ist der verhandelte Landesbasisfallwert höher als der obere Grenzwert des einheitlichen Basisfallwertkorridors, ist der sich bei Anwendung des maß-

Tab. 6 Entwicklung der Landesbasisfallwerte, AOK-Bundesverband

	Landesbasisfallwerte 2009 (Stand 03.12.2008)							Landesbasisfallwerte 2008 (Stand 03.12.2008)			
	LBFW ohne Ausgleiche ohne Kappung	Ausgleichs-betrag	LBFW mit Ausgleichen ohne Kappung	Kappungs-betrag	LBFW mit Ausgleichen mit Kappung	Art des LBFW[1]	von der Landesbehörde genehmigt mit Bescheid vom	LBFW ohne Ausgleiche ohne Kappung	LBFW mit Ausgleichen mit Kappung	Ausgleichs-betrag	Kappungs-betrag
Baden-Württemberg								2.853,90 €	2.832,69 €	3)	-21,21 €
Bayern								2.819,14 €	2.806,14 €	3)	-13,00 €
Berlin								2.898,00 €	2.898,00 €	4)	
Brandenburg								2.765,43 €	2.767,76 €	+4,33 €	-2,00 €
Bremen								2.878,00 €	2.871,36 €	+7,18 €	-13,82 €
Hamburg								2.824,00 €	2.824,00 €	4)	
Hessen								2.826,12 €	2.811,12 €	15,00 €[2]	-6,25 €
Mecklenburg-Vorpommern								2.733,25 €	2.727,00 €	3)	
Niedersachsen								2.785,00 €	2.763,26 €	-10,76 €	-10,98 €
Nordrhein-Westfalen								2.754,49 €	2.729,00 €	3)	-25,49 €
Rheinland-Pfalz	3.008,07 €	3)	–		–	VB	18.11.2008	2.959,53 €	2.956,53 €	3)	-3,00 €
Saarland								2.934,83 €	2.933,38 €	-0,45 €	-1,00 €
Sachsen								2.753,63 €	2.740,63 €	3)	-13,00 €
Sachsen-Anhalt[5]	2.775,00 €	3)	–	-20,00 €	2.755,00 €	VB	11.12.2007	2.775,00 €	2.755,00 €	3)	-20,00 €
Schleswig-Holstein								2.685,00 €	2.682,00 €	3)	-3,00 €
Thüringen								2.761,00 €	2.751,00 €	3)	-10,00 €

1) SSt – Schiedstelle, VB – Vereinbarung
2) Ausgleich und Kappung
3) kein Ausgleichsbetrag vereinbart
4) kein Ausgleich und keine Kappung vereinbart
5) LBFW für 2009 in gleicher Höhe wie 2008 vereinbart und genehmigt

gebenden Vomhundersatzes ergebende **Angleichungsbetrag** abzuziehen. Im umgekehrten Fall ist er hinzu zu rechnen. Nach dem Ende der Konvergenzphase (2014) ist der Landesbasisfallwert weiterhin in vollem Umfang an die Grenzwerte des einheitlichen Basisfallwertkorridors heranzuführen, wenn das Verhandlungsergebnis außerhalb dieses Korridors liegt (§ 10 Abs. 8 Satz 8 KHEntgG).

Ist vom verhandelten Landesbasisfallwert ein Angleichungsbetrag abzuziehen, weil er über dem oberen Grenzwert liegt, wird er auf höchstens 0,3 v.H. des Landesbasisfallwerts, der für das laufende Kalenderjahr gilt, begrenzt. Durch die **Kappung des Angleichungsbetrages** verlängert sich die Konvergenzphase so lange, bis der obere Grenzwert erreicht ist (§ 10 Abs. 8 Satz 5 KHEntgG). Damit

> *„wird die Belastung der Krankenhäuser in Ländern, in denen der höhere Landesbasisfallwert schrittweise auf den einheitlichen Basisfallwertkorridor abgesenkt wird, begrenzt. Es wird eine Obergrenze für die Absenkung des Landesbasisfallwerts vorgegeben. Die Obergrenze wird hauptsächlich für Rheinland-Pfalz und in geringem Umfang im Saarland wirksam werden. Der Konvergenzzeitraum verlängert sich dadurch in Rheinland-Pfalz z.B. um etwa fünf Jahre.“* (BT-Drs. 16/11429, 61).

Abbildung 6 verdeutlicht die Konvergenzphase bei den Landesbasisfallwerten.

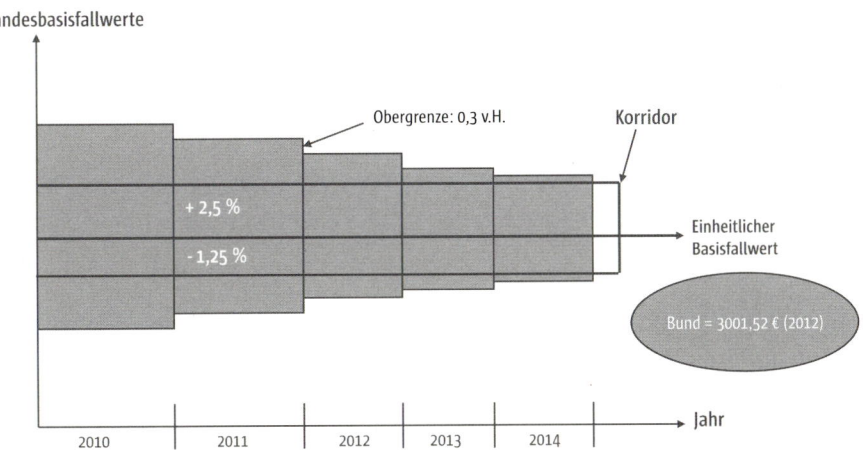

Abb. 6   Konvergenzphase für Landesbasisfallwerte

Um sicherzustellen, dass die Finanzierungsbeträge zur Verbesserung der Arbeitszeitbedingungen und für die Neueinstellung von Pflegepersonal, die ab 2010 bzw. 2012 in den Landesbasisfallwert eingerechnet werden, nicht durch die Konvergenz abgeschnitten werden, sind für die Jahre 2010 und 2012 vor der Ermittlung des Angleichungsbetrages die oberen und unteren Grenzwerte des einheitlichen Basisfallwertkorridors jeweils um diese Finanzierungsbeträge zu erhöhen (§ 10 Abs. 8 Satz 4 KHEntgG). Der sich unter Berücksichtigung des

Angleichungsbetrages ergebende Landesbasisfallwert ist zwingend zu vereinbaren und der Abrechnung der Fallpauschalen zugrunde zu legen (§ 10 Abs. 8
Satz 7 KHEntgG).

Der einheitliche Basisfallwert und der einheitliche Basisfallwertkorridor werden vom InEK im Auftrag der Vertragsparteien auf der Bundesebene berechnet.
Die Landeskrankenhausgesellschaften als Vertragspartei der Vereinbarung des
Landesbasisfallwerts melden zu diesem Zweck bis zum 31. Juli eines jeden Jahres den vereinbarten oder festgesetzten Landesbasisfallwert einschließlich der
Berichtigungen und ohne Ausgleiche, das der Vereinbarung zugrunde liegende Ausgabenvolumen und die vereinbarte Summe der effektiven Bewertungsrelationen an das InEK. Stehen diese Werte bis zu diesem Termin nicht zur
Verfügung, berechnet das InEK den einheitlichen Basisfallwert mit den Vorjahreswerten für das betreffende Land. Die Vertragsparteien auf der Landesebene sind danach gehalten, die Vereinbarung des Landesbasisfallwerts für
das laufende Jahr so rechtzeitig abzuschließen oder die Schiedsstelle so rechtzeitig anzurufen, dass bis zum 31. Juli des laufenden Jahres ein Ergebnis vorliegt.

Die Vertragsparteien auf der Bundesebene müssen auf der Grundlage der Be-
rechnungsergebnisse des InEK bis zum 31. Oktober eines jeden Jahres den einheitlichen Basisfallwert und den einheitlichen Basisfallwertkorridor vereinbaren. Das Berechnungsergebnis ist um den für das folgende Kalenderjahr
maßgeblichen Veränderungswert zu erhöhen, um den methodischen Gleich-
klang mit der Entwicklung der Landesbasisfallwerte zu wahren (§ 10 Abs. 9
Satz 5 KHEntgG). Wegen der unterjährigen Erhöhung der Landesbasisfallwerte um die anteilige Tarifrate in 2012 nach § 10 Abs. 5 KHEntgG müssen auch
der einheitliche Basisfallwert und der Basisfallwertkorridor 2012 unterjährig
angepasst werden.

12 Landesbasisentgeltwert

Die Höhe von mit Bewertungsrelationen bewerteten PEPP-Entgelten für Psych-Einrichtungen (§ 1 Abs. 1 BPflV) ergibt sich aus der Multiplikation der Bewertungsrelationen laut PEPP-Entgeltkatalog mit einem Basisentgeltwert.

In der budgetneutralen Phase bis Ende 2016 gelten krankenhausindividuelle Basisentgeltwerte (§ 3 Abs. 3 Satz 1 BPflV). Ab 2017 beginnt die stufenweise Anpassung der krankenhausindividuellen Basisentgeltwerte und der Erlösbudgets an den Landesbasisentgeltwert (§ 17d Abs. 4 Satz 7 KHG, § 4 Abs. 1 BPflV). Eine Konvergenz auf einen bundeseinheitlichen Basisentgeltwert oder Basisentgeltwertkorridor sieht das PsychEntgG nicht vor. Sie ist für die Zukunft aber nicht ausgeschlossen.

Auch für die Bestimmung des Landesbasisentgeltwerts gilt das Vereinbarungsprinzip. Bis zum 30. November eines jeden Jahres vereinbaren die Vertragsparteien auf der Landesebene den für die Pflegesatzparteien verbindlichen Landesbasisentgeltwert für das Folgejahr (Vereinbarungszeitraum). Die Vereinbarung kommt durch Einigung zwischen den Parteien zustande, die an der Verhandlung teilgenommen haben; bei Nichteinigung entscheidet die Schiedsstelle nach § 18a KHG (§§ 10 Abs. 4, 13 BPflV).

Die für die Vereinbarung des Landesbasisentgeltwerts maßgebenden Vorschriften in § 10 BPflV sind sehr stark an die Regelungen über den Landesbasisfallwert in § 10 KHEntgG angelehnt. Zum besseren Verständnis und zur sachgerechten Interpretation des § 10 BPflV ist daher zu empfehlen, sich zunächst die Regelungen in § 10 KHEntgG vor Augen zu führen (s. vorhergehendes Kapitel).

12.1 Bemessungsgrundsätze

12.1.1 Ausgangswert

Das im laufenden Kalenderjahr von den Psych-Einrichtungen im Land vereinbarte Erlösvolumen (Landeserlösvolumen) aus der Summe der mit Bewertungsrelationen bewerteten Entgelte nach dem bundeseinheitlichen Entgeltkatalog

(§ 7 Abs. 1 Nr. 1 BPflV) ist die Ausgangsgrundlage für die Berechnung des Landesbasisentgeltwerts für das folgende Kalenderjahr (Vereinbarungszeitraum). Maßgebend sind die von den Krankenhäusern vereinbarten Werte nach den Anlagen zur BPflV. Bei der erstmaligen Vereinbarung des Landesbasisentgeltwerts für das Jahr 2017 gelten die Vereinbarungswerte in den Anlagen B 1 und E 1, danach die Werte in den Anlagen B 2 und E 1. Soweit Werte für einzelne Krankenhäuser noch nicht vorliegen, sind diese zu schätzen (§ 10 Abs. 1 Satz 2 BPflV). Die Regelung entspricht derjenigen für den DRG-Bereich in § 10 Abs. 1 Satz 2 KHEntgG. Damit wird auch hier das Vereinbarungsvolumen der Krankenhäuser im laufenden Jahr die Grundlage der Vorausschätzung für das Folgejahr (Vereinbarungszeitraum) und nicht das Vereinbarungsvolumen der Vertragsparteien auf der Landesebene für das laufende Jahr.

12.1.2 Fortschreibung (Vorausschätzung)

Auf der Grundlage des für das laufende Kalenderjahr ermittelten (und gegebenenfalls geschätzten) Ausgangswerts müssen die Vertragsparteien auf der Landesebene das Landeserlösvolumenn und die Summe der effektiven Bewertungsrelationen für die nach dem bundeseinheitlichen Entgeltkatalog abzurechnenden Entgelte (§ 7 Abs. 1 Nr. 1 BPflV) vorausschätzen. Die dabei zu beachtenden Vorgaben enthält § 10 Abs. 2 BPflV; sie entsprechen fast vollständig den Vorgaben für den DRG-Bereich in § 10 Abs. 3 KHEntgG).

Vorgaben der Vertragsparteien auf der Bundesebene

Über den Katalog von Regelungsgegenständen in § 9 Abs. 1 Nr. 1 bis 6 BPflV hinaus können die Vertragsparteien auf der Bundesebene Vereinbarungen treffen, welche die Bestimmung des Landesbasisentgeltwerts betreffen; der im Gesetz aufgeführte Katalog ist nicht abschließend („insbesondere"). Die Vereinbarungen können etwa vorgeben, in welchem Umfang allgemeine Kostensteigerungen bereits bei der Weiterentwicklung der Bewertungsrelationen berücksichtigt worden sind (analog § 10 Abs. 3 Nr. 1 KHEntgG). Die Vertragsparteien auf der Landesebene sind hieran gebunden (§ 10 Abs. 2 Satz 1 Nr. 7 BPflV).

Allgemeine Kostenentwicklungen (10 Abs. 2 Satz 1 Nr. 1 BPflV)

Es ist nicht auf die Kostenentwicklung bei einzelnen Krankenhäusern abzustellen, sondern auf allgemein zu erwartende Entwicklungen bei den Personal- und Sachkosten (vgl. Ausführungen in Kap. II.11.1.2).

Wirtschaftlichkeitsreserven (§ 10 Abs. 2 Satz 1 Nr. 2 BPflV)

Die Regelung entspricht derjenigen in § 10 Abs. 3 Satz 1 KHEntgG. Hervorzuheben ist, dass nur allgemein bestehende Wirtschaftlichkeitsreserven ausgeschöpft werden können. Wirtschaftlichkeitsreserven bei einzelnen Krankenhäusern spielen bei der Vereinbarung des Landesbasisentgeltwerts keine Rolle; diese werden beim einzelnen Krankenhaus in der Konvergenzphase durch die Anpassung des Erlösbudgets an den Landesbasisentgeltwert abgeschöpft. Ob ein im Vergleich mit anderen Landesbasisentgeltwerten überdurchschnittlich hoher Landesbasisentgeltwert ein Grund für eine pauschale Basisabsenkung sein kann, ist fraglich. Jedenfalls erscheint eine Basisabsenkung nach einem Ländervergleich ohne einen Vergleich von Kosten- und Leistungsstrukturen nicht sachgerecht, zumal die Versorgungsstrukturen in den einzelnen Bundesländern sehr unterschiedlich sind.

Mehrleistungen/Kostendegression

Leistungsveränderungen, gemessen an Fallzahlen, Tagen und Schweregrad der behandelten Erkrankungen, werden – wie im DRG-Bereich (§ 10 Abs. 3 Nr. 4 KHEntgG) – nur in Höhe des geschätzten Anteils der variablen Kosten an den mit Bewertungsrelationen bewerteten Leistungen berücksichtigt (§ 10 Abs. 2 Satz 1 Nr. 3 BPflV). § 10 Abs. 2 Satz 2 BPflV enthält ergänzend die Klarstellung, dass zusätzliche Leistungen bei der Vereinbarung des Landesbasisentgeltwerts mindernd zu berücksichtigen sind. Diese Folge tritt bei einer größeren Leistungsmenge schon aus rechentechnischen Gründen ein, weil sich aufgrund des größeren Divisors ein niedrigerer Landesbasisentgeltwert ergibt. Dem liegt wie im DRG-Bereich die betriebswirtschaftliche Überlegung zugrunde, dass bei einer Leistungssteigerung im Regelfall eine Kostendegression je Leistungseinheit eintritt (BT-Drucks. 17/8986, 43). Die Begrenzung auf die variablen Kosten ist dann problematisch, wenn wegen eines starken Leistungsanstiegs auch die Fixkosten steigen. Ob die preissenkende Wirkung von Mehrleistungen auch im Psych-Entgeltbereich einen Anreiz zur Mengenausweitung („Hamsterradeffekt") auslösen wird (vgl. Kap. II.11.2), bleibt abzuwarten. Tendenziell ist jedoch die Grundlage dafür gelegt.

Abzüge für nicht gedeckte Leistungen

Wenn die Ausgabenentwicklung insgesamt in den Leistungsbereichen der nicht mit Bewertungsrelationen bewerteten Entgelte den Veränderungswert nach § 9 Abs. 1 Nr. 5 BPflV überscheitet, ist der überschießende Betrag absenkend zu berücksichtigen, damit die Ausgaben für diese Entgelte zur Sicherung der Beitragssatzstabilität durch den Veränderungswert begrenzt werden. Im Unterschied zur Regelung in § 10 Abs. 3 Nr. 5 KHEntgG wird von der Ausgabenbegrenzung nicht nur der Ausbildungszuschlag (§ 17a Abs. 6 KHG) ausgenommen; auch die sonstigen Zu- und Abschläge (§ 7 Satz 1 Nr. 3 BPflV i.V.m. § 17d Abs. 2 Satz 4 und 5 KHG, § 8 Abs. 4 BPflV) sind davon ausgenommen (§ 10 Abs. 2 Nr. 4 BPflV).

Abzug von Schonbeträgen

Damit die sich gemäß § 4 Abs. 5 Satz 5 BPflV aus der Kappung der Konvergenzbeträge bei Krankenhäusern mit überdurchschnittlichen krankenhausindividuellen Basisentgeltwerten voraussichtlich ergebenden Erlöse nicht zu einer Erhöhung der Krankenhausausgaben führen, sieht § 10 Abs. 2 Satz 1 Nr. 5 BPflV vor, dass diese Erlöse vom Landeserlösvolumen abzusetzen sind. Die Regelung entspricht derjenigen in § 10 Abs. 3 Nr. 6 KHEntgG a.F.).

Zu- und Abschläge

Die Summe der sonstigen Zuschläge (§ 7 Satz 1 Nr. 3 BPflV i.V.m. § 17d Abs. 2 Satz 4 und 5 KHG) ist vom Landeserlösvolumen abzusetzen, wenn die ihnen zugrunde liegenden Leistungen bislang durch den Basisentgeltwert finanziert worden sind (§ 10 Abs. 2 Satz 1 Nr. 5 BPflV). Dadurch wird eine Doppelfinanzierung durch Zuschläge einerseits und den Basisentgeltwert andererseits vermieden.

Die Summe der sonstigen Abschläge (§ 7 Abs. 1 Nr. 3 BPflV i.V.m. § 17d Abs. 2 Satz 4 und 5 KHG, § 8 Abs. 4 BPflV) ist dem Landeserlösvolumen hinzu zu rechnen (§ 10 Abs. 2 Satz 1 Nr. 6). Mit diesen Abschlägen (z.B. wegen Nichtteilnahme an der Notfallversorgung) wird keine Absenkung des Gesamtausgabenvolumens angestrebt, sondern nur eine sachgerechte Umverteilung der Vergütung zwischen den Krankenhäusern. Deshalb wird die Summe der Abschläge bei den einzelnen Einrichtungen im Land durch eine Erhöhung des Landeserlösvolumens ausgeglichen (BT-Drucks. 17/8986, 44).

Kodiereffekt

Soweit infolge einer veränderten Kodierung der Diagnosen und Prozeduren Ausgabenerhöhungen entstehen, sind diese vollständig durch eine entsprechende Minderung des Landesbasisentgeltwerts auszugleichen (§ 10 Abs. 2 Satz 3 BPflV). Durch eine bessere Kodierung kann es zur Abrechnung höherwertiger Entgelte kommen, ohne dass sich das Leistungsgeschehen entsprechend verändert. Erfahrungsgemäß verändert sich das Kodierverhalten der Krankenhäuser in der Einführungsphase des neuen Entgeltsystems, zum Beispiel durch eine differenziertere Erfassung von Diagnosen (insbesondere Nebendiagnosen) und Prozeduren. Da damit keine Leistungssteigerung verbunden ist, sind solche Kodiereffekte beim Landesbasisentgeltwert absenkend zu berücksichtigen.

Die BPflV schreibt den Vertragsparteien auf der Landesebene nicht vor, wie der Kodiereffekt zu ermitteln ist. Die Vertragsparteien sind daher gefordert, sich auf eine Berechnungsmethode zu verständigen. Dabei dürften die gleichen Probleme und Fragestellungen auftreten wie in der DRG-Einführungsphase (vgl. Kap. II.11.1.2 und Kap. III.1.6). Wie § 4 Abs. 9 Satz 6 und 8 KHEntgG a.F. enthält § 3 Abs. 5 Satz 3 und 5 BPflV ein pauschaliertes Verfahren für die Ermittlung der kodierbedingten Mehrerlöse auf der Ebene der Pflegesatzparteien (Einzelheiten in Kap. V.1.2.5 und V.2.1.2). Hieran können sich die Vertragsparteien auf der Landesebene orientieren. Angesichts der Datenmengen auf der Landesebene dürfte die Pauschalierung regelmäßig die einzig praktikable Methode sein.

Fehlschätzung

Fehlschätzungen, die bei den prospektiv zu treffenden Annahmen leicht möglich sind, können von den Vertragsparteien auf der Landesebene korrigiert werden, indem für das Folgejahr eine Berichtigung des vereinbarten Landeserlösvolumens (Basisberichtigung) und ein entsprechender Ausgleich vorgenommen werden (§ 10 Abs. 1 Satz 3 bis 5 BPflV).

> „Durch die Basisberichtigung wird sichergestellt, dass die Verhandlungen des Basisentgeltwerts für das folgende Jahr auf einer sachgerechten Ausgangsbasis aufsetzen" (BT-Drucks. 17/8986, 45).

Um willkürliche nachträgliche Korrekturen zu vermeiden, sind die Vertragsparteien gehalten, bereits prospektiv die Tatbestände und Voraussetzungen festzulegen, für die später eine Korrektur vorgenommen werden kann. Die Regelung entspricht derjenigen in § 10 Abs. 1 Satz 4 bis 6 KHEntgG, also auch hinsichtlich der Deckelung des Basisberichtigungsbetrages durch den Veränderungswert, der für die ursprüngliche Vereinbarung galt (§ 10 Abs. Satz 5 BPflV).

12.2 Kappung (Obergrenze)

§ 10 Abs. 3 BPflV enthält eine mit § 10 Abs. 4 KHEntgG inhaltsgleiche Obergrenzenregelung für den Anstieg des Landesbasisentgeltwerts. Die Obergrenze wird durch den Veränderungswert nach § 9 Abs. 1 Nr. 5 BPflV bestimmt. Zu beachten ist hierbei, dass die Veränderungsrate um 40 Prozent der Differenz zwischen Veränderungsrate und Orientierungswert zu erhöhen ist, wenn der Orientierungswert die Veränderungsrate übersteigt; § 9 Abs. 1 Nr. 5 BPflV räumt den Vertragsparteien auf der Bundesebene anders als § 10 Abs. 1 Nr. 5 KHEntgG keinen Verhandlungskorridor für die Festlegung der Höhe der Differenz als Veränderungswert ein.

Wie im DRG-Bereich ist eine Obergrenzenüberschreitung nur in den im Gesetz genannten Fällen zulässig (§ 10 Abs. 3 Satz 2 und 3 BPflV, vgl. Ausführungen in Kap. II.11.2)

Auch nach der BPflV gilt:

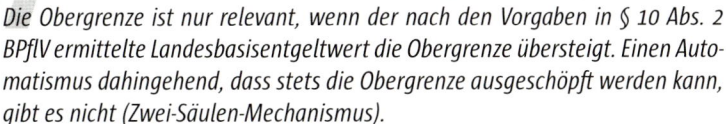

> Die Obergrenze ist nur relevant, wenn der nach den Vorgaben in § 10 Abs. 2 BPflV ermittelte Landesbasisentgeltwert die Obergrenze übersteigt. Einen Automatismus dahingehend, dass stets die Obergrenze ausgeschöpft werden kann, gibt es nicht (Zwei-Säulen-Mechanismus).

III

Budget- und Pflegesatzverhandlungen nach dem Krankenhausentgeltgesetz

Für die Konvergenzphase (Übergangsphase) bis Ende 2009, in welcher die Krankenhäuser auf den Landes-basisfallwert konvergieren (s. Kap. III.1.4), enthält § 4 KHEntgG a.F. für die Zeit ab 2005 besondere Regeln für die Gestaltung des Erlösbudgets. Durch das KHRG (Art. 2 Nr. 4) ist § 4 KHEntgG neu gefasst worden. Er enthält sowohl Regelungen für den Regelbetrieb des DRG-Systems als auch modifizierte Konvergenz-regelungen für das Konvergenzjahr 2009.

Nachfolgend werden im Interesse der Übersichtlichkeit die bis zum 31. Dezember 2008 und die ab 1. Ja-nuar 2009 geltenden Regelungen getrennt dargestellt. Dadurch wird besser deutlich, worin sich der alte und der neue Rechtszustand unterscheiden.

Die Darstellung der DRG-Konvergenzphase hat nicht nur historischen Wert. Da die PEPP-Einführungsphase in Struktur und Methodik der DRG-Einführungsphase nahezu 1:1 nachgebildet ist, kann der Rückgriff auf die Sach- und Problemlösungen in der DRG-Einführungsphase für die Umsetzung der PEPP-Einführung hilf-reich sein. In Kapitel V wird verschiedentlich auf die Erfahrungen in der DRG-Einführungsphase verwiesen.

1 Das Erlösbudget in der Konvergenz-phase bis Ende 2008

Jeweils zum 1. Januar werden das Erlösbudget und der krankenhausindividuelle Basisfallwert stufenwei-se an den Landesbasisfallwert und das sich daraus ergebende DRG-Erlösvolumen angeglichen (§ 4 Abs. 1 Satz 1 KHEntgG). Die Anpassungsschritte für die einzelnen Stufen enthält § 4 Abs. 6 KHEntgG. Rechen-technisch erfolgt die Anpassung – an dieser Stelle vereinfacht ausgedrückt – dadurch, dass aus der Dif-ferenz zwischen einem zu ermittelnden Ausgangwert und einem bei Anwendung des Landesbasisfallwerts sich ergebenden Zielwert (Produkt aus Menge x Preis) der Angleichungsbetrag für die jeweilige Konver-genzstufe mit dem vorgegebenen Konvergenzquotienten zu ermitteln ist. Ist der Angleichungsbetrag positiv, weil der Zielwert höher ist als der Ausgangswert, wird er zum Ausgangswert addiert, im umge-kehrten Fall wird er vom Ausgangswert abgezogen. Aus dem so angeglichenen Erlösbudget wird der krankenhausindividuelle Basisfallwert durch Division mit der Summe der effektiven Bewertungsrelatio-nen aller mit Fallpauschalen abzurechnenden Behandlungsfälle ermittelt. Bei einem positiven Anglei-chungsbetrag konvergiert das Krankenhaus mit seinem Basisfallwert nach oben zum Landesbasisfallwert, im umgekehrten Fall nach unten.

1.1 Ausgangswert

Ausgangspunkt für die Ermittlung des Ausgangswerts ist das um den Anglei-chungsbetrag angeglichene Erlösbudget des Vorjahres (**Ausgangsbudget**, § 4 Abs. 3 KHEntgG). Der Ausgangswert ergibt sich, indem das Ausgangsbudget nach den Vorgaben in §§ 4 Abs. 3, 6 Abs. 4 KHEntgG abgesenkt oder erhöht wird, wodurch sich eine **bereinigte Basis** ergibt.

Absenkungstatbestände (§ 4 Abs. 3 Nr. 1 i.V.m. Abs. 2 Nr. Buchst. b bis f KHEntgG)

- Voraussichtliche Erlöse für neue Untersuchungs- und Behandlungsmethoden, soweit die Leistungen in dem Erlösbudget des Vorjahres enthalten sind und nun nach § 6 Abs. 2 KHEntgG außerhalb des Erlösbudgets vergütet werden, sind vom Ausgangsbudget abzuziehen.

- Das gilt auch für Finanzierungsbeträge für Rationalisierungsinvestitionen (§ 18b KHG), wenn sie im Vereinbarungszeitraum nicht mehr anfallen. Da § 18b KHG durch Artikel 3 FPG mit Wirkung ab 1. Januar 2004 aufgehoben wurde, kann es sich nur um Finanzierungsanteile aus Verträgen handeln, die bis zum 31. Dezember 2003 abgeschlossen worden sind.

- Anteilige Kosten für Leistungen, die im Vereinbarungszeitraum in andere Versorgungsbereiche **verlagert** werden, sind vom Ausgangsbudget abzuziehen. Über die Auslegung dieser Vorschrift herrscht zwischen den Pflegesatzparteien viel Streit. Es bestehen unterschiedliche Auffassungen über die inhaltliche Reichweite dieser Vorschrift, weil der Wortlaut insoweit nicht eindeutig ist.

  Unstreitig ist, dass Leistungen erfasst sind, die *innerhalb* des Krankenhauses in andere ihm ein- oder angegliederte Versorgungsbereiche (Tageskliniken, ambulantes Operieren, Spezialambulanzen nach § 116b SGB V, Ermächtigungsambulanzen nach § 116 SGB V, Medizinische Versorgungszentren nach § 95 SGB V) verlagert werden.

  Streitpunkt ist dagegen häufig, ob die Vorschrift auch Leistungen erfasst, die in Versorgungsbereichen *außerhalb* des Krankenhauses erbracht werden. Einige Schiedsstellen vertreten diese Auffassung und haben zum Beispiel einen Anstieg der Ausgaben für häusliche Krankenpflege bei den Krankenkassen zum Anlass genommen, pauschale Kürzungen beim Ausgangsbudget vorzunehmen.

  Die Vorschrift muss im Zusammenhang mit den übrigen Vorschriften in § 4 Abs. 2 Nr. 1 KHEntgG gesehen werden. Diese betreffen ausnahmslos Sachverhalte, bei denen *das Krankenhaus* eine Finanzierung nicht mehr oder auf andere Weise erhält, sich also für das Krankenhaus die **Finanzierungsquellen** ändern. Erkennbar geht es darum, zu verhindern, dass das Krankenhaus bestimmte Tatbestände über das Erlösbudget und über andere Finanzierungswege finanziert bekommt. Das spricht dafür, dass es sich um Leistungsverlagerungen innerhalb des Krankenhauses handeln muss. Hinzu kommt, dass die Leistungsverlagerung vorauskalkuliert („im Vereinbarungszeitraum") werden muss. Prospektive Veränderungen des Leistungsgerüstes erfordern eine Potenzialabschätzung, die das Krankenhaus nur mit Blick auf die bei ihm vorhandenen oder zu schaffenden Ressourcen vornehmen kann. Ferner setzt der Begriff der „Verlagerung" voraus, dass das Krankenhaus den „Transport" von Leistungen in andere Bereiche aktiv steuert, was ebenfalls nur innerhalb seiner eigenen Ressourcen möglich ist. Schließlich spricht auch die Gesetzesbegründung zu § 3 Abs. 3 FPG (BT-Drs. 14/6893, 40) für die hier vertretene Auffassung: *„Nach Nummer 1 ist der Gesamtbetrag 2003 um Tatbestände zu vermindern, die im Jahr 2004 nicht mehr mit dem Gesamtbetrag finanziert werden. Nach Buchstabe d) sind anteilige Kosten für Leistungen, die bisher stationär erbracht wurden, aber im Jahr 2004 erstmals ambulant erbracht werden, abzuziehen."* Angesprochen ist also die Finanzierungssystematik, die sich auf Krankenhausleistungen bezieht. Deshalb können nur Leistungsverlagerungen innerhalb des Krankenhauses gemeint sein (a.M. Tuschen u. Trefz 2004, 230; Dietz et al. § 3 KHEntgG Erl. III.4.).

Wenn es sich um eine Leistungsverlagerung im Sinne der Vorschrift handelt, sind die „anteiligen" Kosten vom Erlösvolumen des Ausgangsbudgets abzuziehen. Gemeint sind damit die **variablen Kosten** (BT-Drs. 14, 6893, 40). Leistungsveränderungen einschließlich Leistungsrückgang im DRG-Bereich fallen nicht unter den Begriff der Leistungsverlagerung und führen somit nicht zu einer Bereinigung des Ausgangsbudgets (SchSt. Brandenburg v. 23.2.2007 – 2/2006 –)

- Kosten (Vollkosten) für Leistungen, die im Vereinbarungszeitraum erstmals im Rahmen von Modellvorhaben zur Verbesserung der Qualität und Wirtschaftlichkeit der Versorgung (§ 63 SGB V) vergütet werden, sind vom Ausgangsbudget abzuziehen. Das gleiche gilt ab 2009 (nach Auslaufen der Anschubfinanzierung durch die Leistungserbringer gemäß § 140d Abs. 1 SGB V) für Leistungen im Rahmen von Integrationsverträgen nach § 140a SGB V, die im Jahr 2008 noch im Erlösbudget enthalten sind.

- Leistungen für ausländische Patienten, die auf Verlangen des Krankenhauses nicht mehr im Rahmen des Erlösbudgets vergütet werden sollen (§ 4 Abs. 10 KHEntgG), sind vom Ausgangsbudget abzuziehen. Das Gesetz verwendet hier den Begriff „Kosten" nicht. Abzuziehen sind deshalb die Erlöse für die auszugliedernden Leistungen im laufenden Jahr.

- Werden Leistungen, die bisher im Erlösbudget enthalten waren, im neuen Vereinbarungszeitraum mit Zuschlägen nach § 7 Satz 1 Nr. 4 KHEntgG finanziert, ist das Volumen der Zuschlagsleistungen aus dem Ausgangsbudget auszugliedern. In Betracht kommen der Sicherstellungszuschlag (§ 5 Abs. 2 Satz 1 KHEntgG i.V.m. § 17b Abs. 1 Satz 6 bis 8 KHG) und der Zuschlag für Zentren und Schwerpunkte (§ 2 Abs. 2 Satz 2 Nr. 4 KHEntgG i.V.m. § 17b Abs. 1 Satz 4 KHG).

- Wurden bei der Ausgliederung der Ausbildungskosten nach Maßgabe des § 17a Abs. 4 Satz 3 KHG in der Basis für das Erlösbudget 2005 zu geringe Kosten ausgegliedert (Fehlkalkulation), ist die Differenz im Ausgangsbudget für 2006 oder Folgejahre mindernd zu berücksichtigen.

- Werden für Leistungen, die bisher mit dem Erlösbudget vergütet wurden, krankenhausindividuelle Entgelte nach § 6 Abs. 1 KHEntgG vereinbart, sind die auf diese Leistungen entfallenden Erlösanteile aus dem Ausgangsbudget herauszunehmen (§ 6 Abs. 4 Satz 1 KHEntgG). Es muss sich um eine **Verschiebung** von Erlösanteilen aus dem DRG-Bereich in den Entgeltbereich nach § 6 Abs. 1 KHEntgG handeln. Leistungsveränderungen (Mehr- oder Minderleistungen) in dem jeweiligen Bereich, die nicht mit einem Wechsel der Finanzierungsart verbunden sind, führen nicht zu einer Basisbereinigung. Sie wirken vielmehr rückwirkend auf die Höhe des Erlösausgleichs und prospektiv auf die Vorauskalkulation im jeweiligen Bereich (SchSt. Brandenburg v. 23.2.2007 – 2/2006 –).

Erhöhungstatbestände

■ Umgekehrt ist das Ausgangbudget um Erlösanteile für Leistungen zu erhöhen, für die im neuen Vereinbarungszeitraum keine krankenhausindividuellen Entgelte mehr vereinbart werden (§ 6 Abs. 4 Satz 2 KHEntgG). Es muss ein Wechsel der Finanzierungsart vorliegen.

■ Erhöht wird das Ausgangsbudget auch um die voraussichtlichen Erlöse für Fallpauschalen und Zusatzentgelte nach dem bundeseinheitlichen Entgeltkatalog für Leistungen, die bisher mit den Entgelten für neue Untersuchungs- und Behandlungsmethoden (§ 6 Abs. 2 KHEntgG) vergütet worden sind und im neuen Vereinbarungszeitraum in das DRG-Vergütungssystem einbezogen sind (§ 4 Abs. 3 Satz 1 Nr. 2 KHEntgG)

■ Werden Leistungen, die bisher mit Zuschlägen vergütet wurden (§ 7 Satz 1 Nr. 4 KHEntgG, vgl. oben Buchst. f), in das Erlösbudget eingegliedert, so ist das Ausgangsbudget um das entsprechende Volumen zu erhöhen (§ 4 Abs. 3 Satz 1 Nr. 3 KHEntgG)

■ Wurden bei der Ausgliederung der Ausbildungskosten nach Maßgabe des § 17a Abs. 4 Satz 3 KHG in der Basis für das Budget 2005 zu hohe Kosten ausgegliedert, ist die Differenz im Ausgangsbudget für 2006 oder Folgejahre erhöhend zu berücksichtigen.

1.2 Veränderter Ausgangswert

Nach erfolgter Basisbereinigung nach den vorstehenden Grundsätzen wird der Ausgangswert verändert, indem für den künftigen Vereinbarungszeitraum folgende Tatbestände berücksichtigt werden:

■ Veränderungen von **Art und Menge** der voraussichtlich zu erbringenden Fallpauschalen und Zusatzentgelte (§ 4 Abs. 4 Satz 1 Nr. 1 KHEntgG);

■ Eine für die in Artikel 3 des Einigungsvertrages genannten Länder tarifvertraglich vereinbarte Angleichung der Höhe der Vergütung nach dem Tarifvertrag für den öffentlichen Dienst (TVöD) an die im übrigen Bundesgebiet geltende Höhe (§ 4 Abs. 4 Satz 1 Nr. 2 KHEntgG);

■ **Die Veränderungsrate** (Grundlohnrate) nach § 71 Abs. 3 Satz 1 i.V.m. Abs. 2 SGB V (§ 4 Abs. 4 Satz 1 Nr. 3 KHEntgG).

1.2.1 Leistungsveränderungen

Es entspricht der im Fallpauschalengesetz 2002 festgelegten Systematik, dass ab dem Jahr 2005 leistungsorientiert (*„Geld folgt der Leistung"*) ein Erlösbudget nach der Grundformel **Menge x Preis** zu vereinbaren ist. Folgerichtig sind Veränderungen (Zu- oder Abnahmen) **von Art und Menge** der voraussichtlich zu erbringenden Fallpauschalen und Zusatzentgelte gegenüber dem Vorjahresbudget zu berücksichtigen. Es handelt sich dabei um ein gesetzliches **Anpassungsgebot** im Rahmen des Versorgungsauftrags des Krankenhauses. Das folgt aus der Gesetzesformulierung („Der Ausgangswert **wird** verändert"). Im Streitfall steht der Schiedsstelle kein Ermessen in der Weise zu, dass sie von einer Veränderung des Ausgangswertes ganz absehen könnte. Ein Beurteilungsspielraum besteht nur in der Vorauskalkulation der Veränderungen (VG Stuttgart v. 1.3.2007 – 4 K 3404/06 –, KRS 07.011). Die Formulierung „Art und Menge" der voraussichtlich zu erbringenden Fallpauschalen schließt ein, dass nicht nur Fallzahlveränderungen, sondern auch Veränderungen der Schweregrade (CCL) zu berücksichtigen sind.

Zusätzliche Leistungen gehen auf zweifache Weise in das Erlösbudget ein. Einen Teil der Finanzierung erhält das Krankenhaus bereits mit der Konvergenzquote nach § 4 Abs. 6 KHEntgG. Die Konvergenzquoten für die einzelnen Jahre sind niedriger als die Vomhundertsätze, die das Krankenhaus nach § 4 Abs. 4 Satz 2 KHEntgG für zusätzliche Leistungen erhalten **soll**, nämlich 33 v.H. im Jahr 2005, 50 v.H. im Jahr 2006, 65 v.H. im Jahr 2007 und 80 v.H. im Jahr 2008. Deshalb muss die Differenz zwischen der Konvergenzquote und dem Soll-Vomhundertsatz für zusätzliche Leistungen über eine Veränderung des Ausgangswertes ausgeglichen werden. Das ist der Regelungsinhalt des § 4 Abs. 4 Satz 2 KHEntgG mit den „krummen" Vomhundertsätzen, die sich auf die Differenz beziehen. Notwendig geworden ist die Regelung wegen der Verlängerung der Konvergenzphase durch das 2. FPÄndG. Die veränderten Konvergenzquoten („niedrigerer Einstiegswinkel") sollten nicht dazu führen, dass Leistungsveränderungen entsprechend geringer zu berücksichtigen sind (Quaas u. Dietz 2005, 73, 75; Hensen et al. 2005, 96, 99ff.).

Beispiel für 2008

1. Zusätzliche Leistungen laut Vorauskalkulation — 1.000.000 €
2. Soll-Finanzierungsquote 2008 (80 v.H., § 4 Abs. 4 Satz 2 KHEntgG) — 800.000 €
3. Berechnung der Finanzierungsquote:
   - Erhöhung des Ausgangswertes (64 v.H., § 4 Abs. 4 Satz 2 KHEntgG) — 640.000 €
   - Konvergenzquote 44,4 v.H. von 360000 € ([1]–[3])
     (§ 4 Abs. 6 Satz 1 KHEntgG) — 159.840 €
4. Erhöhung des Erlösbudgets für zusätzliche Leistungen (Die Differenz zur Soll-Finanzierungsquote (2) beruht auf Rundungsdifferenzen) — 799.840 €

Bei Leistungsminderungen ist diese Rechnung mit umgekehrten Vorzeichen durchzuführen, soweit wegfallende Leistungen nicht bereits zu einer Basisbereinigung (s. Kap. III.1.1) geführt haben (§ 4 Abs. 4 Satz 2 Halbsatz 2 KHEntgG). Ein Leistungsrückgang ist also nicht mit 100 v.H. anzusetzen. § 4 Abs. 4 KHEntgG ist eine lex specialis für die Konvergenzphase (SchSt Brandenburg v. 23.2.2007 – 2/2006).

Zur Ermittlung der Entgelthöhe für Mehr- oder Minderleistungen bei *Fallpau-schalen*, auf welche die vorgenannten Vomhundertsätze anzuwenden sind, lässt das KHEntgG ein pauschaliertes und summarisches Verfahren zu. Da sich die Anzahl der DRG-Fallpauschalen und deren Bewertung von Jahr zu Jahr ändert, wäre eine Rückverfolgung der einzelnen Behandlungsepisoden zur detaillierten Ermittlung der Leistungsveränderungen viel zu aufwändig. Aus diesem Grund sollen die Pflegesatzparteien bei Fallpauschalen **pauscha-liert** auf die Veränderung der Summe der effektiven Bewertungsrelationen (des Case-Mix) abstellen. „Sollen" bedeutet, dass nur in besonders begründe-ten Ausnahmefällen von dieser pauschalierten Methode abgewichen werden darf, zum Beispiel bei insgesamt geringem Leistungsvolumen. Die Entgelt-höhe, die anteilig den Ausgangswert verändert, ergibt sich dann aus der Sum-me der zusätzlichen oder wegfallenden effektiven Bewertungsrelationen.

Beispiel für 2008

Summe der zusätzlichen bzw. wegfallenden effektiven Bewertungsrelationen
x Landesbasisfallwert
x 0,64 v.H.
= Veränderung des Ausgangswertes bei Fallpauschalen

Eine Veränderung der Summe der effektiven Bewertungsrelationen, die auf Änderungen des Fallpauschalenkatalogs, der Abrechnungsbestimmungen oder der Kodierrichtlinien (**Katalogeffekt**) oder auf eine bereits eingetretene veränderte Kodierung von Diagnosen und Prozeduren (**Kodiereffekt**) zurück-zuführen ist, muss nach der Vorgabe in § 4 Abs. 4 Satz 3 letzter Halbsatz KHEntgG gesondert dargestellt werden.

》》》 *Diese Einflussfaktoren sollen sich nicht auf die Höhe des Erlösbudgets auswirken, weil sie auch keinen Einfluss auf die Kosten haben.*

Der Katalogeffekt kann sich aus unterschiedlichen Änderungen des Fallpau-schalenkataloges ergeben, zum Beispiel durch die Schaffung neuer DRGs oder DRG-Splitts, durch Veränderungen der Kalkulationsgrundlage mit einer Neu-bewertung einzelner oder mehrerer DRGs oder durch die Veränderung des Schweregrades nach Bewertung von Diagnosen und Prozeduren (Frieling et al. 2008, 700). Der Katalogeffekt muss für jedes Krankenhaus individuell er-mittelt werden. Denn auch wenn das InEK bei der Weiterentwicklung und Anpassung des Fallpauschalenkatalogs die Summe der Bewertungsrelationen bundesweit konstant hält, können sich beim einzelnen Krankenhaus erheb-liche Veränderungen ergeben, weil es nur einen Ausschnitt des bundesweiten Fallspektrums anbietet (Frieling et al. 2008, 700; Pfeuffer et al. 2006, 496).

Der Katalogeffekt lässt sich durch einen Vergleich der Ist-Daten des Vorjahres (laufenden Jahres) auf der Basis des Groupers der G-DRG-Version für dieses Jahr mit dem Gruppierungsergebnis auf der Basis des Groupers für den Vereinbarungszeitraum darstellen. Liegen die Ist-Daten des laufenden Jahres noch nicht vollständig vor, müssen sie hochgerechnet werden. Auf dieser Darstellungsmethode beruht ein Berechnungsvorschlag („**Tuschen-Schema**") des Bundesgesundheitsministeriums (Tuschen u. Braun 2005, 28, 36).

Eine andere Methode zur Darstellung des Katalogeffekts wurde vom Wissenschaftlichen Institut der AOK (WidO) entwickelt. Sie beruht darauf, dass die im Rahmen der Vereinbarung für das Vorjahr dokumentierten DRGs nach einem Verteilungsmodus prozentual auf diverse DRGs nach dem Katalog des Vereinbarungszeitraums aufgeteilt werden (Friedrich u. Paschen 2005, 46ff.). Diese Methode hat den Nachteil, dass der Verteilungsmodus nicht den Verhältnissen in den einzelnen Krankenhäusern entsprechen muss, sodass üblicherweise nach dem „Tuschen-Schema" verfahren wird (Hensen et al. 2005, 96, 100).

Beispiel für 2008

Vereinbarung für 2007 (Bewertungsrelationen), gruppiert nach dem DRG-Katalog 2007	30.000 €
Ist-Daten in 2007, gruppiert nach dem DRG-Katalog 2007	31.000 €
Ist-Daten in 2007, gruppiert nach dem DRG-Katalog 2008	30.500 €
Katalogeffekt (–500 = 1,6 v.H. von 30000)	500 €
Veränderter Ausgangswert für 2008 (30.000 x 98,4 v.H.)	29.520 €

In diesem Beispiel wurde entsprechend dem „Tuschen-Schema" nicht zwischen Jahresfällen und **Überliegern** differenziert. In der Praxis wird der Katalogeffekt häufig für Jahresfälle und Überlieger getrennt ermittelt. Dabei wird der Katalogeffekt für Überliegerfälle durch einen Vergleich der Gruppierung für das vorangegangene Jahr mit der Gruppierung für das laufende Jahr ermittelt, weil die Überliegerfälle für den Vereinbarungszeitraum mit dem Katalog des laufenden Jahres gruppiert werden; in unserem Beispiel also mit dem Katalog des Jahres 2007 (vgl. Fn. 4 zu Abschn. E 1 der Anlage 1 zu § 11 Abs. 4 Satz 1 Nr. 3 KHEntgG).

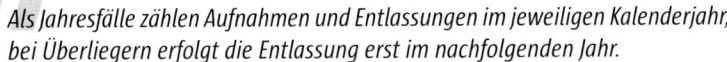

Als Jahresfälle zählen Aufnahmen und Entlassungen im jeweiligen Kalenderjahr, bei Überliegern erfolgt die Entlassung erst im nachfolgenden Jahr.

Liegen im Zeitpunkt der Verhandlungen bereits Ist-Daten für den Vereinbarungszeitraum vor, wird gelegentlich gefordert, diese Ist-Daten mit dem Grouper des Vorjahres zu gruppieren (**Rückgruppierung**). Diese Methode zur Ermittlung des Katalogeffekts widerspricht jedoch der in § 4 Abs. 4 KHEntgG angelegten Systematik, wonach die Daten des Vorjahres die Grundlage für die Überleitung auf das nachfolgende Jahr (Vereinbarungszeitraum) sind.

Das Verfahren zur Ermittlung des Katalogeffekts nach dem „Tuschen-Schema" ist gut geeignet, wenn das Fallspektrum des Krankenhauses relativ konstant ist. Ändert sich dieses erheblich, zum Beispiel durch neue DRG-Splits, kann eine Umkodierung der Daten des laufenden Jahres nach der Logik des Vereinbarungszeitraums trotz des damit verbundenen hohen Aufwandes angeraten sein.

Der Kodiereffekt, der bei den zu berücksichtigenden Leistungsveränderungen zu eliminieren ist, muss bereits eingetreten sein, also den laufenden Pflegesatzzeitraum betreffen. Eine Vorausschätzung des Kodiereffekts wäre auch gar nicht möglich. Zur Ermittlung des Kodiereffekts haben sowohl die Kostenträger als auch die Krankenhäuser Analysetools entwickelt. Trotzdem besteht über die Höhe des zu berücksichtigenden Kodiereffekts selten Einigkeit. Die Pflegesatzparteien sind dann gefordert, auf dem Verhandlungsweg einen sachgerechten Kompromiss zu finden (s. Kap. III.1.6.2)

Ob Änderungen der *Abrechnungsbestimmungen* oder der *Kodierrichtlinien* zu einer Veränderung der Summe der Bewertungsrelationen geführt haben, ist durch Auslegung mit Hilfe der von den Vertragsparteien auf der Bundesebene gegebenen Hinweise zu ermitteln. Die Auslegung der Kodierrichtlinien durch die Pflegsatzparteien ist häufig umstritten, sodass die Vertragsparteien auf der Bundesebene gefordert sind, Klarstellungen vorzunehmen (Schlottmann et al. 2008, 1145, 1168).

Paragraf 4 Abs. 4 Satz 4 KHEntgG lässt eine Ausnahme von der pauschalierten Methode zur Ermittlung von Leistungsveränderungen im Fallpauschalenbereich zu, soweit im Einzelfall die für zusätzliche Leistungen entstehenden zusätzlichen Kosten mit den gesetzlichen Vomhundertsätzen nicht gedeckt werden können, zum Beispiel bei Transplantationen und anderen Fallpauschalen mit einem hohen Sachkostenanteil oder bei der Eröffnung einer größeren organisatorischen Einheit (dazu VGH Hessen v. 25.4.2012 –5A 1921/10 –, KRS 12.033). Wenn das Krankenhaus durch Vorlage einer Kalkulation die Kostenunterdeckung nachweist, besteht eine *Verpflichtung* der Pflegesatzparteien, die nicht gedeckten Kosten erhöhend beim Ausgangswert zu berücksichtigen. Umgekehrt ist der Ausgangswert nicht pauschal mit den Vomhundertsätzen abzusenken, wenn eine größere organisatorische Einheit geschlossen wird und Leistungen deswegen nicht mehr erbracht werden; in diesem Fall ist der Ausgangswert in Höhe der tatsächlich entfallenden Kosten zu verringern (§ 4 Abs. 4 Satz 4 letzter Halbsatz KHEntgG). Häufig fallen nicht sämtliche Kosten im Vereinbarungszeitraum weg, weil der Abbau von Fixkosten länger dauert. Dann erstreckt sich die Veränderung des Ausgangswertes über mehrere Vereinbarungszeiträume entsprechend den wegfallenden Kosten. Strukturelle Veränderungen in den Krankenhäusern werden so erleichtert, weil das Fixkostenrisiko aufgefangen wird.

Nach § 4 Abs. 1 Satz 2 KHEntgG können zur Berücksichtigung von Leistungsveränderungen *Krankenhausvergleiche* auf der Grundlage von DRG-Erlösdaten herangezogen werden. Angesichts der später durch das 2. FPÄndG geschaffenen sehr dezidierten Regelungen über die Berücksichtigung von Leistungsveränderungen in § 4 Abs. 4 KHEntgG ist für Krankenhausvergleiche jedoch kein Raum mehr. Die stufenweise Überleitung der Erlösbudgets auf den Landesbasisfallwert nach den Konvergenzregeln ist vielmehr als spezielle Regelung anzusehen (VG Minden v. 31.10.2006 – 6 K 594/05 –, KRS 06.107; Tuschen u. Trefz 2004, 228; Dietz et al. 2007 § 4 KHEntgG Erl. II.2.).

Die Überleitung vom basisbereinigten Erlösbudget des Vorjahres auf das Erlösbudget für den Vereinbarungszeitraum mit den Leistungsveränderungen im Fallpauschalenbereich unter Berücksichtigung von Katalogeffekt, Kodiereffekt, Kodierrichtlinien und Abrechnungsbestimmungen wird *zusammenfassend* im folgenden *Beispiel* in Anlehnung an das „Tuschen-Schema" dargestellt.

Summe vereinbarte Bewertungsrelationen 2007	32.412,666 €
1. Vereinbarte Bewertungsrelationen 2007 für Jahresfälle	30.181,350 €
2. + Katalogeffekt Jahresfälle	99,979 €
3. Vereinbarte Bewertungsrelationen für Überlieger	2.231,316 €
4. + Katalogeffekt Überlieger	24,311 €
5. +/– Veränderung Abrechnungsregeln	0 €
6. + Veränderung Kodierrichtlinien	7,398 €
7. Summe überzuleitende Bewertungsrelationen 2007	32.559,415 €
8. Geforderte Bewertungsrelationen 2008 für Jahresfälle	30.291,819 €
9. Geforderte Bewertungsrelationen 2008 für Überliege	2.302,532 €
10. Summe geforderte Bewertungsrelationen 2008	32.594,351 €
11. Leistungsveränderungen 2007/200	34,936 €

Veränderungen bei den Zusatzentgelten für Arzneimittel und Medikalprodukte im bundeseinheitlichen Entgeltkatalog, die Teil des Erlösbudgets sind, werden zu 100 v.H. beim Ausgangswert berücksichtigt. Im Einzelfall kann streitig sein, ob ein bestimmtes Zusatzentgelt als Zusatzentgelt für Medikalprodukte anzusehen ist, weil es eine allgemein gültige Definition des Begriffs „Medikalprodukt" nicht gibt. Wenn die Vertragsparteien auf der Bundesebene keine Interpretationshilfen bereitstellen, sollte eine Klarstellung in der Pflegesatzvereinbarung erfolgen.

1.2.2 TVöD-Angleichung Ost/West

Bei der Veränderung des Ausgangswerts für Krankenhäuser in den neuen Bundesländern wegen einer Angleichung der Höhe der Vergütung nach dem TVöD/Ost an das Tarifniveau des TVöD/West ist auf die Mehrkosten des einzelnen Krankenhauses als Folge dieser Tarifangleichung und nicht auf eine Durchschnittsbetrachtung abzustellen. Der Wortlaut des § 4 Abs. 4 Satz 1 Nr. 2 KHEntgG („eine Angleichung") ist insoweit zwar nicht eindeutig; aus dem Gesamtzusammenhang mit den übrigen Vorschriften in § 4 KHEntgG ergibt sich jedoch, dass auf die Verhältnisse beim einzelnen Krankenhaus abzustellen ist (Dietz et al. 2007 § 4 KHEntgG Erl. V.3.). Nur die Mehrkosten *als Folge der Tarifangleichung* sind zu berücksichtigen; die „normalen" Tarifsteigerungen sind nicht von der Vorschrift erfasst.

1.2.3 Veränderungsrate

Bei der Veränderung des Ausgangswerts um die Veränderungsrate nach § 71 Abs. 3 Satz 1 i.V.m. Abs. 2 SGB V gemäß § 4 Abs. 4 Satz 1 Nr. 3 KHEntgG ist heftig umstritten, ob es sich um eine **Mussregelung** handelt **oder** ob den Pflegesatzparteien und den Schiedsstellen ein **Ermessen** eingeräumt ist. Manche Schiedsstellen leiten aus dem Wort „berücksichtigen" ab, dass die Veränderungsrate nicht zwingend zu beachten sei, sodass von einer vollständigen Umsetzung bei Vorliegen entsprechender Gründe abgesehen werden könne. Die Erhöhung des Ausgangswerts um die Veränderungsrate wurde in Ausübung eines Ermessens solchen Krankenhäusern verwehrt, die von der Kappungsgrenze in § 4 Abs. 6 Satz 4 KHEntgG profitieren (SchSt Brandenburg v. 27.2.2007 – 2/2006 –).

Gegen die Auffassung, bei der Anwendung des § 4 Abs. 4 Satz 1 Nr. 3 KHEntgG bestehe ein Ermessen, spricht schon der Wortlaut der Vorschrift. Die Worte „wird verändert" und „werden berücksichtigt" gewähren keinen Spielraum für die Ausübung eines Ermessens. Es handelt sich erkennbar nicht um eine *Kannvorschrift*, sondern wie bei den beiden anderen Nummern in § 4 Abs. 4 Satz 1 KHEntgG um ein gesetzliches **Anpassungsgebot** (vgl. VG Stuttgart v. 1.3.2007 – 4 K 3404/06 –, KRS 07.011).

Eine systematische Auslegung bestätigt dieses Ergebnis. § 4 Abs. 4 Satz 1 Nr. 1 bis 3 KHEntgG steht in einem engen Zusammenhang mit der Verlängerung der Konvergenzphase auf fünf Jahre durch das 2. FPÄndG. Ohne diese Vorschrift hätten sich in der 5-jährigen Konvergenzphase Leistungsveränderungen, Tarifangleichungen zwischen Ost und West sowie Grundlohnzuwächse nur mit den Konvergenzquoten für die einzelnen Jahre auf die Budgets der Krankenhäuser ausgewirkt. Dies hätte dem ab 2005 geltenden Grundsatz der leistungsorientierten Budgetverhandlungen widersprochen (Tuschen 2005, 28, 30).

Auch die Entstehungsgeschichte spricht für eine Mussregelung. Die Vorschrift wurde damit begründet, dass den Krankenhäusern in der Konvergenzphase nicht Finanzierungsmittel durch die Konvergenzquoten entzogen werden sollen (BR-Drs. 606/04, 6).

Somit ist festzuhalten, dass die Veränderungsrate zwingend beim Ausgangswert zu berücksichtigen ist (h.M., OVG Rh.-Pf. v. 25.2.2010 – 7 A 10976/09 –, KRS 10.032; Tuschen 2005, 28, 30; Rau 2004, 980: Quaas u. Dietz 2005, 75; Dietz et al. 2007 § 4 KHEntgG Erl. IV.4.; Robbers u. Steiner § 4 KHEntgG Erl. 2.2.3.3.; Seiler 2007, 428; SchSt Hessen v. 29.1.2007 – 11/2006 –).

1.3   Zielwert

Der Zielwert ist das Erlösvolumen, welches das Krankenhaus am Ende der Konvergenzphase nach der Formel Menge x Preis für seine vorauskalkulierten Fallpauschalen und bundeseinheitlichen Zusatzentgelte erhalten würde. In der Konvergenzphase dient der Zielwert dazu, den Betrag zu ermitteln, um den der für den Vereinbarungszeitraum ermittelte Ausgangswert mit dem Ziel der stufenweisen Angleichung an den Landesbasisfallwert erhöht oder vermindert wird (§ 4 Abs. 5 und 6 KHEntgG).

Der Zielwert ist verbindlich zu vereinbaren. Er wird ermittelt, indem Art und Menge der voraussichtlich zu erbringenden Fallpauschalen (inklusive Überlieger, vgl. Berechnungsbogen B 2, Zeile 29, in der Anlage 1 zu 11 Abs. 4 Satz 1 Nr. 3 KHEntgG) mit dem jeweils geltenden Landesbasisfallwert bewertet werden und die sich daraus ergebende Erlössumme um die voraussichtliche Erlössumme aus Zusatzentgelten (soweit sie zum Erlösbudget gehören), erhöht wird, wobei Zusatzentgelte für die Behandlung von Blutern außen vor bleiben (§ 4 Abs. 5 Satz 1 KHEntgG). Letztere Regelung korrespondiert mit § 4 Abs. 9 Satz 9 KHEntgG, wonach Mehr- oder Mindererlöse aus Zusatzentgelten für die Behandlung von Blutern nicht ausgeglichen werden. Diese Zusatzentgelte unterliegen somit keiner Mengenplanung.

1.3.1   Mengenplanung

Dagegen kommt der Mengenplanung für Fallpauschalen und Zusatzentgelte, die in das Erlösbudget einzubeziehen sind, eine große Bedeutung zu. Das gilt ganz besonders für die Fallpauschalen. Die gesetzlichen Vorgaben in § 4 Abs. 4 Satz 2 bis 4 KHEntgG für die Leistungsplanung behandeln nur einen Teil der zu beachtenden Aspekte. Eine Fehlplanung kann für die Kostenträger zu unnötigen Mehrausgaben und für das Krankenhaus zu Einbußen führen. So entzündet sich an der vom Krankenhaus vorgelegten Leistungsplanung häufig die Frage, ob das Krankenhaus seinen Versorgungsauftrag eingehalten hat, eine geltend gemachte Leistungssteigerung aus den bekannten Ist-Daten abgeleitet werden kann und die Behandlungsepisoden den Fallpauschalen richtig zugeordnet worden sind.

> **!** Die Leistungsmengenplanung sollte mit der allergrößten Sorgfalt durchgeführt werden, um eine erlös- und ausgabenrelevante Fehlplanung zu vermeiden.

Das setzt zunächst eine eingehende Analyse der Ist-Daten des laufenden Jahres voraus, aus der für die Vorauskalkulation wichtige Veränderungen und Verschiebungen sowie Schweregradentwicklungen im Leistungsspektrum abgeleitet werden können. Je transparenter die Basis für die Vorauskalkulation ist, desto geringer ist das Prognoserisiko für den Vereinbarungszeitraum.

In die Prognose müssen auch alle externen Einflussfaktoren, die sich auf die Summe der Bewertungsrelationen auswirken können, wie Veränderungen der Kodierung und Fallgruppenbildung, einfließen. Hierfür müssen die vom InEK jährlich herausgegebenen „Hinweise zur Leistungsplanung/Budgetverhandlung" verarbeitet werden. Das InEK gibt insbesondere Hinweise zu Änderungen der Diagnosen- und Prozedurenklassifikation und der Kodierrichtlinien (http://www.g-drg.de/cms/Archiv/Systemjahr_2009_bzw._Datenjahr_2007 #sm6, Abruf am 23.01.2013). Zu den externen Einflussfaktoren gehören auch die Beschlüsse und Richtlinien des Gemeinsamen Bundesausschusses zur Qualitätssicherung (§§ 91, 137 SGB V).

Von herausragender Bedeutung ist die Vereinbarung des Gemeinsamen Bundesausschusses über **Mindestmengen** für planbare Leistungen bei bestimmten Diagnosen und Prozeduren gemäß § 137 Abs. 1 Satz 3 Nr. 2 SGBV (BAnz 2008, 128; Blum et al. 2008, 474; Schimmelpfeng-Schütte 2006, 230) Die darin vorgesehenen Übergangszeiträume von 36 Monaten für den Aufbau neuer Leistungsbereiche bzw. von 24 Monaten bei personeller Neuausrichtung bestehender Leistungsbereiche sind mit Prognoseunsicherheiten verbunden. Ob ein Krankenhaus die Mindestmenge erreicht, kann auch noch bis zum Ende des Vereinbarungszeitraums festgestellt werden, sodass dies nicht vor Beginn des Vereinbarungszeitraums verlässlich feststehen muss. Das ergibt sich durch Auslegung des § 5 Abs. 1 der Mindestmengenvereinbarung.

Zu erwähnen ist ferner die Vereinbarung zur Qualitätssicherung der Versorgung von Früh- und Neugeborenen (BAnz 2006, 7050), wonach Krankenhäuser Schwangere nur behandeln dürfen, wenn sie die in der Vereinbarung genannten Aufnahmekriterien für definierte Versorgungsstufen erfüllen.

> Weitere für die Leistungsplanung bedeutsame Beschlüsse unter http://www.g-ba.de/ informationen/beschluesse/.

Ferner sollten die Prüfungsergebnisse des Medizinischen Dienstes (MDK) in die Leistungsplanung einfließen, jedenfalls soweit diese unstreitig sind. Sie können beispielsweise die Entgelte bei Überschreitung der oberen Grenzverweildauer und die Abschläge bei Unterschreitung der unteren Grenzverweildauer und damit die Summe der effektiven Bewertungsrelationen beeinflussen, aber auch die Zahl der Behandlungsfälle, wenn noch Potenzial für die Verlagerung von stationären Leistungen in den ambulanten Bereich vorhanden ist. Einige OPS-Kodes erfordern bestimmte Strukturvoraussetzungen des Krankenhauses, die vom MDK regelmäßig überprüft werden, zum Beispiel der OPS-Kode 8-981 (Neurologische Komplexbehandlung des akuten Schlaganfalls). Das Vorliegen dieser Strukturvoraussetzungen sollte vom Krankenhaus dokumentiert und im Vorfeld der Pflegesatzverhandlungen mit den Kostenträgern geklärt werden (§ 11 Abs. 5 KHEntgG).

>>> *In die Leistungsplanung nur aufnehmen, was später auch abgerechnet werden kann. Das vermindert das Erlösrisiko.*

! **Daraus folgt allerdings nicht im Umkehrschluss, dass das Krankenhaus im Einzelfall nicht abrechnen kann, was in dem vereinbarten Leistungsplan nicht vorgesehen ist.**

Nicht alle im Vereinbarungszeitraum anfallenden Leistungen sind vorhersehbar und planbar. Deswegen ist eine Leistung des Krankenhauses auch dann zu vergüten, wenn sie bei der Leistungsplanung nicht berücksichtigt wurde, aber hätte berücksichtigt werden können, weil sie zum Versorgungsauftrag des Krankenhauses gehört (BSG v. 24.7.2003 – B 3 KR 28/02 R –, KRS 03.039; LSG Berlin-Brandenburg v. 11.11.2011 – L1 KR 119/09 –; SG Duisburg v. 30.4.2010 – S 9 KR 195/07 –, KRS 10.024; vgl. auch Kap. II.5.5 a.E.; SG Dortmund v. 30.4.2008 – S 48/44 KR 298/05 –, KRS 08.027).

Es kommt nach allem darauf an, eine **realistische Mengenplanung** vorzunehmen, damit am Ende des Vereinbarungszeitraums möglichst eine „Punktlandung" erfolgen kann. Eine zu optimistische Planung kann wegen des Mindererlösausgleichs von nur noch 20 v.H. beim Krankenhaus zu einer Unterdeckung der Kosten führen. Im Übrigen besteht eine *Rechtspflicht,* die tatsächliche Leistungsstruktur und -entwicklung zur Grundlage der Leistungsplanung zu machen. Eine mit dem Ziel der Erlösoptimierung (über den Mehrerlösausgleich) betriebene unrealistische, also zu geringe Planung ist unzulässig (BVerwG v. 20.5.2008 – 3 B 96.07 –, KRS 08.055; OVG NRW v. 6.7.2007 – 13 A 4567/06 –, KRS 07.067; VG Oldenburg v. 19.5.2004 – 7 A 2134/02 –, KRS 04.063; VG Minden v. 31.10.2006 – 6 K 594/05 –, KRS 06.107). Stehen zum Zeitpunkt der Verhandlungen die Ist-Daten für den Vereinbarungszeitraum bereits fest, kann von den Ist-Leistungsdaten ausgegangen werden, wenn aus der Ex ante-Sicht nichts dagegen spricht (s. Kap. II.7.1).

Unter diesen Bedingungen ist das Krankenhaus im Rahmen seines Versorgungsauftrags frei, seine Leistungen nach Art und Menge zu planen; es gibt in diesem Rahmen keine Begrenzung von Menge und Struktur der Leistungen. Das Krankenhaus kann seine Gestaltungsfreiheit für strukturelle Verbesserungen nutzen, um beispielsweise seine Wettbewerbsposition zu stärken oder einen höheren Kostendeckungsgrad seiner Erlöse zu erzielen. Es kann seine Leistungen durch Schwerpunktbildung und Spezialisierung auf bestimmte DRG-Fallgruppen konzentrieren oder Leistungen neu in sein Portfolio aufnehmen. In diesem Fall ist eine Vorklärung mit den Kostenträgern gemäß § 11 Abs. 5 KHEntgG notwendig.

Zu weiteren Aspekten der Leistungsplanung Roeder 2005, 295; Pfeuffer et al. 2006, 496ff.; Manthey u. Möns 2008, 71.

1.3.2 Abschläge

Der sich nach der Mengenplanung für Fallpauschalen und Zusatzentgelte ergebende Zielwert ist um die Abschläge nach § 17b Abs. 1 Satz 4 KHG zu vermindern (§ 4 Abs. 5 Satz 2 KHEntgG). Dies betrifft nur den Abschlag für die Nichtteilnahme des Krankenhauses an der Notfallversorgung in Höhe von 50 € je vollstationärem Fall in § 4 Abs. 5 Satz 2 KHEntgG.

1.4 Angleichungsbetrag (Konvergenz)

Der für die stufenweise Heranführung des Erlösbudgets an das sich bei Anwendung des Landesbasisfallwerts ergebende Erlösvolumen zu ermittelnde Angleichungsbetrag für das jeweilige Konvergenzjahr ergibt sich, indem der veränderte Ausgangswert von dem Zielwert abgezogen und von diesem Zwischenergebnis die in § 4 Abs. 6 Satz 1 KHEntgG genannten v.H.-Werte errechnet werden.

Beispiel für 2008

1.	Verändertes Ausgangsbudget	87.410.877 €
2.	Zielbudget	81.000.000 €
3.	Zwischenergebnis (Differenz)	–6.410,877 €
4.	Angleichung (44 v.H., § 4 Abs. 6 Satz KHEntgG)	–2.846.429 €
5.	Erlösbudget (1. – 4.)	84.564.448 €

Bei Krankenhäusern, deren Erlösbudget vermindert wird, ist die **Kappungsgrenze** in § 4 Abs. 6 Satz 4 KHEntgG zu beachten. Sie verhindert zu starke Budgetabsenkungen insbesondere bei Hochschulkliniken und Krankenhäusern der Maximalversorgung. Im vorgenannten Beispiel ist der Angleichungsbetrag auf 2,5 v.H. des veränderten Ausgangswertes begrenzt, also auf 2.185.272 €. Es ergibt sich nach der Kappung des Angleichungsbetrages in dem Beispiel ein Erlösbudget von 85.225.605 €. Die Differenz zum ungekappten Angleichungsbetrag in Höhe von 661.158 € wird als sogenannter **Schonbetrag** vom Landeserlösvolumen abgezogen (§ 10 Abs. 3 Satz 1 Nr. 6 KHEntgG).

1.5 Krankenhausindividueller Basisfallwert

Um das errechnete Erlösbudget zu realisieren, muss für die Abrechnung mit Fallpauschalen noch der krankenhausindividuelle Basisfallwert ermittelt werden. Dazu wird das Erlösbudget um die in ihm enthaltenen Zusatzentgelte vermindert sowie um noch durchzuführende Ausgleiche für Vorjahre verändert (§ 4 Abs. 7 Satz 1 Nr. 1 und 2 KHEntgG, s. nachfolgendes Kapitel). Nach dem im Berechnungsbogen B 2 (Zeile 29) in der Anlage 1 zu § 11 Abs. 4 Satz 1 Nr. 3 verbindlich vorgegebenen Berechnungsschema sind auch die Erlöse für

Überlieger am Jahresbeginn vom Erlösbudget abzuziehen. Aus welchem Grund die Überlieger eine Sonderbehandlung erfahren, ist dem Gesetz nicht zu entnehmen. Sodann wird das so veränderte Erlösbudget durch die Summe der effektiven Bewertungsrelationen aller mit Fallpauschalen zu vergütenden Behandlungsfälle (ohne Überlieger) dividiert (§ 4 Abs. 7 Satz 2 KHEntgG)

Beispiel

1.	Erlösbudget	85.225.605 €
2.	Erlöse aus Zusatzentgelten	1.213.000 €
3.	Erlöse für Überlieger	5.578.290 €
4.	Mehrerlösausgleich	3.125.000 €
5.	Verändertes Erlösbudget (§ 4 Abs. 7 Satz 1 KHEntgG)	75.309.315 €
6.	./. Summe der Bewertungsrelationen ohne Überlieger	(30291,819 €)
7.	Krankenhausindividueller Basisfallwert	2486,13 €

Der sich so ergebende krankenhausindividuelle Basisfallwert ist in der Konvergenzphase der Abrechnung der Fallpauschalen zugrund zu legen (§ 4 Abs. 7 Satz 3 KHEntgG). Eine Ausnahme hiervon sieht § 4 Abs. 8 KHEntgG für Krankenhäuser vor, deren individueller Basisfallwert niedriger ist als der Landesbasisfallwert und deren Investitionen nicht oder nur teilweise (§ 8 Abs. 1 Satz 2 KHG) gefördert werden. Sie können beantragen, dass ihre nicht geförderten Investitionskosten (§ 8 BPflV) bis zur Höhe des Landesbasisfallwerts in ihrem individuellen Basisfallwert berücksichtigt werden.

1.6 Ausgleiche für Vorjahre (periodenfremde Verrechnungen)

1.6.1 Zahlbetragsausgleich

Kommt die Vereinbarung über das Erlösbudget nicht so rechtzeitig zustande, dass die vereinbarten Entgelte mit Beginn des Kalenderjahres, für das sie gelten sollen, erhoben werden können, sind die bisher geltenden Entgelte so lange weiter zu erheben, bis die neuen Entgelte in Kraft treten. Die neuen Entgelte werden ab dem ersten Tag des Monats erhoben, der auf die Genehmigung der Pflegesatzvereinbarung oder Schiedsstellenentscheidung folgt (§ 15 Abs. 1 Satz 2 und 3 KHEntgG).

Wie mit Mehr- oder Mindererlösen umzugehen ist, die infolge der Weitererhebung der bisherigen Entgelte entstehen, regelt § 15 Abs. 2 KHEntgG. Sie sind durch Zu- oder Abschläge auf die im *restlichen Vereinbarungszeitraum* zu erhebenden Entgelte auszugleichen. Kommt es hierbei zu Über- oder Minderzahlungen, zum Beispiel wegen einer Abweichung von der in der Vereinbarung vorauskalkulierten Fallzahl, so ist der Betrag der Über- oder Minderzahlung im nächsten Vereinbarungszeitraum periodenfremd vollständig auszugleichen (Spitzausgleich).

In der Praxis kommt es häufig vor, dass eine Pflegesatzvereinbarung erst nach Ablauf des Kalenderjahres, für das sie gelten soll, wirksam wird (s. Kap. II.7.1).

In diesem Fall muss für das gesamte abgelaufene Jahr ein periodenfremder Ausgleich erfolgen. Der periodenfremde Ausgleich ist der Regelungsinhalt in § 4 Abs. 7 Satz 1 Nr. 2 KHEntgG. Er erfolgt danach über das Erlösbudget, also nicht mehr über Zu- oder Abschläge auf die Entgelte des aktuellen Vereinbarungszeitraums. Diese Regelung entspricht derjenigen in § 21 Abs. 2 Satz 2 und 3 BPflV, wonach der Ausgleich im Anwendungsbereich der BPflV ebenfalls über das Budget erfolgt. Die in das Erlösbudget einbezogenen periodenfremden Ausgleiche nehmen am Mehr- oder Mindererlösausgleich nach § 4 Abs. 9 KHEntgG teil (s. nachfolgendes Kapitel).

Durch die Zu- oder Abschläge gemäß § 15 Abs. 2 Satz 1 KHEntgG und den periodenfremden Ausgleich in § 4 Abs. 7 Satz 1 Nr. 2 KHEntgG wird das Krankenhaus so gestellt, als hätte es die vereinbarten Entgelte vom 1. Januar des Vereinbarungszeitraumes an erhalten. Abweichungen von diesen Entgelten können sich nur bei den Fallpauschalen und den Zusatzentgelten für hochspezialisierte Leistungen (§ 6 Abs. 2a KHEntgG) ergeben. Die bundesweit einheitlichen Zusatzentgelte (§ 7 Abs. 1 Satz 1 Nr. 2 KHEntgG) können nach der Fallpauschalenvereinbarung der Vertragsparteien auf der Bundesebene (FPV) jeweils zu Beginn eines Jahres abgerechnet werden. Ein sich bei den Zusatzentgelten für hochspezialisierte Leistungen ergebender Ausgleichsbetrag kann dem Ausgleichsbetrag für Fallpauschalen hinzu gerechnet werden, weil die Pflegesatzparteien ein einfaches Verfahren wählen sollen (§ 15 Abs. 2 Satz 1 letzter Halbsatz KHEntgG).

Ergibt sich insgesamt ein positiver Ausgleichsbetrag, ist die **Kappungsgrenze** in § 15 Abs. 2 Satz 2 KHEntgG zu beachten. Danach dürfen die Entgelte durch Zuschläge im restlichen Vereinbarungszeitraum und periodenfremde Ausgleiche höchstens um 30 v.H. steigen. Der durch die Kappung nicht ausgeglichene Betrag ist im folgenden Erlösbudget periodenfremd auszugleichen. Sinn der Regelung ist, allzu große Sprünge bei den Entgelten, die den Benutzern nur schwer vermittelt werden könnten, zu vermeiden. Ob die Höchstgrenze überschritten wird, ist durch einen Vergleich des vereinbarten Basisfallwerts ohne periodenfremde Ausgleiche mit dem sich für den (Rest-)Vereinbarungszeitraum ergebenden „Zahlbasisfallwert" zu ermitteln (s. Berechnungsbogen B 2, Zeilen 33 und 34, in der Anlage 1 KHEntgG).

Kommt es zu einer Neuvereinbarung und einer Berichtigung des Budgets (s. Kap. II.7.2) und kann der Unterschiedsbetrag zum alten Erlösbudget wegen der Kappungsgrenze nicht vollständig ausgeglichen werden, so ist der nicht ausfinanzierte Teil ebenfalls in dem nachfolgenden Erlösbudget auszugleichen (§ 4 Abs. 11 Satz 4 i.V.m. § 15 Abs. 2 Satz KHEntgG).

1.6.2 Ausgleich für Mehr- oder Mindererlöse

Der Erlösausgleich nach § 4 Abs. 9 KHEntgG (s. Kap. II.7.3) ist ein weiterer periodenfremder Ausgleich. Die sehr differenzierten Regelungen über Mehr-

oder Mindererlöse machen die praktische Anwendung sehr komplex und werfen viele Fragen auf, insbesondere wenn Mindererlöse und Mehrerlöse bei einzelnen Entgeltarten zusammentreffen oder der Kodiereffekt (§ 4 Abs. 9 Satz 3 KHEntgG) zu ermitteln ist. Das Bundesgesundheitsministerium hat eine „**Orientierungshilfe**" gegeben (Tuschen et al. 2005, 955ff.). Eine einheitliche Anwendungspraxis hat sich aber nicht herausgebildet, sodass die Pflegesatzparteien gefordert sind, sachgerechte Lösungen zu entwickeln. Nachfolgend werden die Grundzüge dargestellt.

Der Erlösausgleich bezieht sich nur auf Erlöse, die mit dem Erlösbudget vereinbart worden sind beziehungsweise hätten vereinbart werden können (s. Kap. II.7.3). Andere Erlöse, zum Beispiel die krankenhausindividuellen Entgelte nach § 6 Abs. 1 KHEntgG, sind nicht in den Erlösausgleich für das Erlösbudget einzubeziehen (§ 6 Abs. 3 Satz 6 KHEntgG). Es gilt also das **Prinzip der getrennten „Erlöstöpfe"**.

In die Berechnung des Erlösausgleichs sind nicht die fakturierten, sondern nach der **Nettomethode** die tatsächlich geflossenen Erlöse einzustellen. Erlösausfälle wegen Zahlungsverweigerung der Zahlungspflichtigen oder wegen uneinbringlicher Forderungen sind demgemäß bei der Berechnung des Erlösausgleichs nicht zu berücksichtigen. Der Grund dafür ist, dass der Erlösausgleich im Wesentlichen ein Belegungsausgleich ist. Kann das Krankenhaus fakturierte Erlöse nicht realisieren, ist der Erlösausfall nicht Folge einer abweichenden Belegung (BVerwG v. 18.3.2009 – 3 C 14.08 –, KRS 09.009; VG Gießen v. 5.4.2006 – 8 E 6040/04 –, KRS 06.013). Sind zum Zeitpunkt der Verhandlung über den Erlösausgleich noch nicht alle Forderungen fakturiert oder fakturierte Forderungen offen, können die beim Erlösausgleich zu berücksichtigenden Erlöse geschätzt werden. Der Erlösausgleich kann aber zurückgestellt werden, bis seine Höhe feststeht.

Schließlich kann auch ein **vorläufiger** Erlösausgleich vereinbart werden. Anders als die BPflV (§ 12 Abs. 2 Satz 6) enthält das KHEntgG keine Regelung über Abschlagszahlungen auf den endgültigen Erlösausgleich in späteren Vereinbarungszeiträumen. Daraus hat das VG Osnabrück (v. 25.11.2005 – 6 A 126/04 –, KRS 05.104) geschlossen, dass im Bereich des KHEntgG Abschlagszahlungen nicht zulässig sind. Dieser Auffassung kann nicht zugestimmt werden. Das Vereinbarungsprinzip ist auch im KHEntgG ein beherrschender Grundsatz. Es erstreckt sich auch auf die Mehr- und Mindererlösausgleiche (§ 11 Abs. 1 Satz 1 KHEntgG). Zu verweisen ist auch auf das verbindliche Formblatt über die Aufstellung der Fallpauschalen des Krankenhauses als Verhandlungsgrundlage (Anlage 1 zu § 11 Abs. 4 Satz 1 Nr. 3 KHEntgG), wonach das Krankenhaus Daten für die Ermittlung des vorläufigen Erlösbudgets zu liefern hat (Formblatt E 1 Fn. 1). Da die Klärung strittiger Forderungen sehr lange dauern kann, wäre es den Pflegesatzparteien auch nicht zuzumuten, mit dem Erlösausgleich so lange zu warten, bis seine endgültige Höhe feststeht. Wenn der Ausgleichsbetrag zum Zeitpunkt der Budgetverhandlung feststeht, ist er zwingend zu vereinbaren, andernfalls verliert der Begünstigte seinen Ausgleichsanspruch (BVerwG v. 20.1.2005 – 3 C 1.04 –, KRS 05.006).

Zur Ermittlung der Mehr- oder Mindererlöse hat das Krankenhaus nach § 4 Abs. 9 Satz 10 KHEntgG eine vom Jahresabschlussprüfer bestätigte Aufstellung über die zum Erlösbudget gehörenden Erlöse vorzulegen (Brixius et al. 2004, 249).

Bei dem durchzuführenden Gesamtsummenvergleich (s. Kap. II.7.3) ist die Summe der Ist-Erlöse des Krankenhauses aus Fallpauschalen, bundeseinheitlichen Zusatzentgelten und krankenhausindividuellen Zusatzentgelten für hochspezialisierte Leistungen (§ 7 Satz 1 Nr. 1. und 2, § 6 Abs. 2a KHEntgG) mit dem vereinbarten Erlösbudget einschließlich der Ausgleiche für Vorjahre (§ 4 Abs. 7 Satz 1 Nr. 2 KHEntgG) zu vergleichen. Überlieger sind dabei dem Jahr der Entlassung und Abrechnung zuzuordnen (Tuschen et al. 2005, 955). Das Ergebnis des Vergleichs ist entweder ein Gesamt-Mehrerlös oder ein Gesamt-Mindererlös. Mehr- oder Mindererlöse bei den einzelnen Entgeltarten werden saldiert, um festzustellen, ob ein Erlösausgleich durchzuführen ist.

Mindererlösausgleich

Ein Mindererlösausgleich nach § 4 Abs. 9 Satz 2 und 5 KHEntgG ist demnach nur durchzuführen, wenn nach dem Gesamtsummenvergleich insgesamt ein Mindererlös vorliegt. Es spielt dabei keine Rolle, ob bei einzelnen Entgeltarten Mehrerlöse erzielt worden sind. Übersteigen zum Beispiel die Mindererlöse für Zusatzentgelte die Mehrerlöse aus Fallpauschalen, so ist nur ein Mindererlösausgleich durchzuführen. Selbst wenn die Mehrerlöse bei den Fallpauschalen auf eine veränderte Kodierung zurückzuführen sind, bleibt es beim reinen Mindererlösausgleich. Die veränderte Kodierung wirkt sich hier, anders als beim Mehrerlösausgleich (§ 4 Abs. 9 Satz 8 KHEntgG), nicht aus, weil das Krankenhaus das vereinbarte Erlösbudget insgesamt nicht erreicht hat (Tuschen et al. 2005, 955, 958).

Bei der Durchführung des Mindererlösausgleichs können wegen der differenzierten Ausgleichsregelungen in § 4 Abs. 9 Satz 2, 5 und 9 KHEntgG ganz unterschiedliche Fallkonstellationen auftreten, für welche die Pflegesatzparteien dann Lösungen finden müssen. Hier wird der häufige Fall behandelt, dass der Mindererlös bei einer Entgeltart höher ist als der Gesamtmindererlös.

Beispiel

Mindererlöse nach Gesamtsummenvergleich	250.000 €
Mehrerlöse bei Fallpauschalen für Transplantationen	100.000 €
Mindererlöse für Zusatzentgelte für Arzneimittel und Medikalprodukte	50.000 €
Sonstige Mindererlöse	300.000 €

Je nach Berechnungsmethode ergeben sich unterschiedliche Ausgleichsbeträge. Die Mindererlöse für Zusatzentgelte für Arzneimittel und Medikalprodukte werden nicht ausgeglichen (§ 4 Abs. 9 Satz 2 KHEntgG). Dann bleibt die Frage, worauf der allgemeine Ausgleichssatz von 20 v.H. anzuwenden ist: Auf den Betrag von 200.000 € (250.000–50.000) – *Variante 1* – oder auf den Betrag von 250.000 € (300.000–50.000) – *Variante 2* –. Das Gesetz gibt hierauf keine Antwort. Geht man davon aus, dass der Gesamt-Mindererlös ausgeglichen werden soll, ist der Variante 2 der Vorzug zu geben (so im Ergebnis auch Tuschen u. Trefz 2010, 241, die folgende allgemeine Regel aufstellen: „Bei einem Gesamt-Mindererlös ist immer mit dem höchsten Ausgleichssatz zu beginnen und mit dem niedrigsten Ausgleichssatz zu enden").

Mehrerlösausgleich

Der Mehrerlösausgleich ist durchzuführen, wenn der Gesamtsummenvergleich einen Gesamt-Mehrerlös ergibt. Tritt bei einer oder mehreren Entgeltarten ein Mindererlös auf, ist dieser nicht separat auszugleichen. Beim Mehrerlösausgleich ist zunächst zu unterscheiden zwischen Mehrerlösen für Fallpauschalen und solchen für Zusatzentgelte. Diese Unterscheidung ist notwendig, weil Mehrerlöse bei den Fallpauschalen wegen einer **veränderten Kodierung** von Diagnosen und Prozeduren zu 100 v.H. auszugleichen sind (§ 4 Abs. 9 Satz 3 KHEntgG). Bei den Zusatzentgelten können kodierbedingte Mehrerlöse nicht auftreten.

Es ist also zuerst zu ermitteln, in welchem Umfang die Mehrerlöse im Fallpauschalenbereich kodierbedingt sind. Kodierbedingte Mehrerlöse können nur vorliegen, wenn der tatsächliche CMI-Wert höher ist als der bei der Budgetvereinbarung prospektiv zugrunde gelegte CMI-Wert. Ist er niedriger, kann der Gesamt-Mehrerlös nicht die Folge einer veränderten Kodierung sein (Tuschen u. Trefz 2004, 243). Liegt ein CMI-Anstieg vor, kann ein möglicher Kodiereffekt nach dem vereinfachten **pauschalierten Verfahren** in § 4 Abs. 9 Satz 6 und 8 KHEntgG berechnet werden: Die *nicht kodierbedingten* Mehrerlöse werden ermittelt, indem die Zahl der zusätzlich erbrachten Fälle mit dem der Budgetvereinbarung zugrunde liegenden durchschnittlichen CMI mit dem krankenhausindividuellen Basisfallwert multipliziert wird. Der so ermittelte Betrag wird von den insgesamt angefallenen Mehrerlösen im Fallpauschalenbereich abgezogen (§ 4 Abs. 9 Satz 8 KHEntgG).

> Für den Restbetrag im Fallpauschalenbereich kann angenommen werden, dass er die Folge einer veränderten Kodierung ist.

Diese pauschalierte Methode ist nicht immer sachgerecht, weil alle zusätzlichen Fälle mit dem prospektiv vereinbarten durchschnittlichen CMI des Krankenhauses bewertet werden. Veränderungen der Leistungsstruktur werden mithin nicht erfasst. Diese können vielfältiger Natur sein. So kann die Zahl der Behandlungsfälle mit höheren Bewertungsrelationen zugenommen haben, ebenso die durchschnittliche Fallschwere aller behandelten Fälle. Es ist sogar denkbar, dass die Zahl der Behandlungsfälle gesunken ist, der Case-Mix aber dennoch wegen einer Zunahme der durchschnittlichen Fallschwere angestiegen ist. In diesen Fällen handelt es sich um echte Mehrleistungen, die nach der Pauschalmethode als kodierbedingt gewertet werden.

Um solche Ergebnisse zu vermeiden, kann jede Pflegesatzpartei eine Anpassung der pauschal ermittelten kodierbedingten Mehrerlöse verlangen, wenn sie nachweist, dass diese infolge von Veränderungen der Leistungsstruktur mit der vereinfachten Berechnungsmethode zu niedrig oder zu hoch bemessen sind. Die Partei, die sich darauf beruft, trägt die Beweislast. Kann sie den Nachweis einer zu hohen oder zu niedrigen Bemessung nicht führen, bleibt es bei der pauschalen Berechnungsmethode.

In der Regel wird das Krankenhaus versuchen, eine Veränderung der Leistungsstruktur nachzuweisen, um den kodierbedingten Mehrerlösausgleich zu vermeiden oder zu vermindern. Dieser Nachweis ist mit einem hohen Aufwand verbunden und regelmäßig ein Streitpunkt zwischen den Pflegesatzparteien. Da im Rahmen der Pflegesatzvereinbarung die vereinbarten Leistungen nicht kodiert werden, kann ein Nachweis in Form eines direkten Vergleichs zwischen der bei der Vereinbarung zugrunde liegenden Kodierung und der Kodierung bei der Abrechnung nicht geführt werden. In der Literatur wurden verschiedene Berechnungsmethoden zur Ermittlung bzw. Aussonderung des Kodiereffekts entwickelt. Eine Methode besteht darin, die DRG-Leistungsstruktur der Abrechnungsfälle mit der DRG-Leistungsstruktur nach der Budgetvereinbarung (Formblatt E 1 in der Anlage 1 zu § 11 Abs. 4 Satz 1 Nr. 3 KHEntgG) zu vergleichen (Tuschen et al. 2005, 955, 959). Eine andere Methode nimmt einen differenzierten Erlösbericht zur Grundlage (Bohn et al. 2004, 452). Auf die sogenannte Nebendiagnoseneffizienz stellen andere Autoren ab. Die Nebendiagnoseneffizienz ergibt sich aus der Differenz zwischen dem Case-Mix aller DRGs und dem Case-Mix bewertet mit den Bewertungsrelationen der DRGs der Grundstufe (niedrigster Schweregrad). Ist die Differenz bei den Ist-DRG-Daten höher als bei den DRG-Daten im vereinbarten Leistungsplan, können, so die Annahme, Mehrerlöse nur die Folge einer veränderten Kodierung sein (Nüßle u. Damian 2006, 127; Gatzen et al. 2007, 432). Wollen die Pflegesatzparteien einen Konsens erzielen, hilft häufig nur die pauschale Berechnungsmethode.

Hat man den kodierbedingten Mehrerlös und durch Subtraktion vom Gesamt-Mehrerlös den Betrag der sonstigen auszugleichenden Mehrerlöse ermittelt, stellt sich wegen der unterschiedlichen Ausgleichssätze in § 4 Abs. 9 Satz 4, 5 und 9 KHEntgG die Frage, in welcher **Reihenfolge** die einzelnen Ausgleichstatbestände mit ihren unterschiedlichen Vomhundertsätzen (0, 25 und 65) anzuwenden sind, wenn die Summe der vorhandenen Mehrerlöse höher ist als der Gesamtmehrerlös. Dieser Fall tritt ein, wenn bei mindestens einer Entgeltart ein Minder008erlös entstanden ist. Das Bundesgesundheitsministerium führt in seiner „Orientierungshilfe" (Tuschen et al. 2005, 950, 960) dazu aus:

> „Ziel des Gesetzgebers war es, dass für die genannten Tatbestände geringere Ausgleichssätze gelten, damit dem Krankenhaus zur Finanzierung der erbrachten Leistungen mehr Geld verbleibt als nach den allgemeinen Ausgleichen zu 65%. Diese Zielsetzung kann nur sicher umgesetzt werden, wenn die niedrigeren Ausgleiche in aufsteigender Reihenfolge, beginnend mit dem niedrigsten Ausgleichssatz, direkt im Anschluss an den Ausgleich für kodierbedingte Mehrerlöse berechnet werden. Erst auf einen dann ggf. noch verbleibenden Restbetrag des Gesamt-Mehrerlöses kann der allgemeine Ausgleichssatz von 65% angewendet werden."

Beispiel

1. Mehrerlöse bei Fallpauschalen (ohne Kodiereffekt) 450.000 €
   Davon
   - Fallpauschalen für schwerverletzte Patienten 150.000 €
   - Sonstige Fallpauschalen 300.000 €
2. Mehrerlöse bei Zusatzentgelten für Arzneimittel und Medikalprodukte 30.000 €
3. Mindererlöse bei sonstigen Zusatzentgelten 120.000 €
4. Mehrerlös gesamt 360.000 €
5. Ausgleichsberechnung (§ 4 Abs. 9 Satz 4 KHEntgG):

   25 v.H. von 150.000 € = 37.500 €

   25 v.H. von 30.000 € = 7.500 €

   65 v.H. von 180.000 € = 117.000 €

   Ausgleich gesamt = 162.000 €

   Von dem Gesamt-Mehrerlös in Höhe von 360.000 € verbleiben dem Krankenhaus somit 198.000 € (360.000 € – 162.000 €) oder 55 v.H.

1.7   Checkliste

In den vorstehenden Kapiteln wurde das Erlösbudget Schritt für Schritt nach den gesetzlichen Vorgaben in § 4 KHEntgG hergeleitet. Für die Verhandlungen ist das amtliche Formblatt B 2 in der Anlage 1 zu § 11 Abs. 4 Satz 1 Nr. 3 KHEntgG vorgeschrieben. Dieses Formblatt folgt in seinem Aufbau der hier gewählten systematischen Darstellung. Es kann daher zugleich als Checkliste benutzt werden.

2 Das Erlösbudget ab 2009

2.1 Grundregeln

2.1.1 Ermittlung des Erlösbudgets

Die Vereinbarung des Erlösbudgets wird ab 2009 wesentlich vereinfacht, sieht man von der Sonderregelung in § 4 Abs. 2a KHEntgG n.F. für das Jahr 2009 (s. Kap. III.2.2.2) ab. Zum Erlösbudget gehören jetzt nur noch die Fallpauschalen und Zusatzentgelte nach den bundeseinheitlichen Katalogen (§ 4 Abs. 1 Satz i.V.m. § 7 Abs. 1 Satz 1 Nr. 1 und 2 KHEntgG). Die gesonderten Zusatzentgelte für hochspezialisierte Leistungen (§ 6 Abs. 2a KHEntgG) sind nicht mehr Teil des Erlösbudgets. Weiter wird klargestellt, dass die Zusatzentgelte für die Behandlung von Blutern, die Zu- und Abschläge nach § 7 Abs. 1 KHEntgG (z.B. der DRG-Systemzuschlag) und die Vergütung aus Verträgen für integrierte Versorgungsformen (§ 140c SGB V) nicht in das Erlösbudget eingehen. Das Erlösbudget ergibt sich nach der einfachen Formel: Art und Menge der Fallpauschalen und Zusatzentgelte multipliziert mit ihrer jeweiligen Entgelthöhe (**Menge x Preis**). Bei Fallpauschalen wird die Entgelthöhe anhand der effektiven Bewertungsrelationen, d.h. einschließlich der Vergütungsregelungen zur oberen und unteren Grenzverweildauer und zu Verlegungen, ermittelt. Die Summe der **effektiven Bewertungsrelationen** ist mit dem aktuellen **Landesbasisfallwert** (§ 15 Abs. 1 KHEntgG) zu multiplizieren (§ 4 Abs. 2 Satz 2 KHEntgG)

>>> *Ein krankenhausindividueller Basisfallwert ist nicht mehr zu ermitteln; das gilt trotz verlängerter Konvergenzphase auch für das Jahr 2009.*

Das Erlösbudget wird deshalb nicht mehr aus historischen Werten (Vorjahreswerten) abgeleitet. Im Mittelpunkt der Verhandlungen über das Erlösbudget steht das vorauszukalkulierende Leistungs- und Erlösvolumen des Krankenhauses bei Fallpauschalen. Bei Patienten, die über den Jahreswechsel im Krankenhaus behandelt werden (**Überlieger**), werden die Erlöse aus Fallpauschalen in voller Höhe dem Jahr zugeordnet, in dem die Patienten entlassen werden; die Sonderbehandlung der Überlieger (s. Kap. III.1.5) entfällt damit. Für die **Leistungsplanung** gelten dieselben Grundsätze wie für die Ermittlung des Zielbudgets nach § 4 Abs. 5 KHEntgG a.F. Leistungsveränderungen sind, mit Ausnahme der Sonderregelung für Mehrleistungen in 2009 (§ 4 Abs. 2a KHEntgG n.F.), nach dem Grundsatz der leistungsorientierten Vergütung („Geld folgt der Leistung") in vollem Umfang zu berücksichtigen. **Kodiereffekte** (§ 4 Abs. 4 Satz 3 KHEntgG a.F.) spielen auf der Hausebene keine Rolle mehr. Kodiereffekte sind nur noch bei der Vereinbarung des Landesbasisfallwerts zu berücksichtigen (§ 10 Abs. 3 Satz 1 Nr. 4 KHEntgG). **Katalogeffekte** können sich weiterhin aus der jährlichen Fallpauschalenvereinbarung der Vertragsparteien auf der Bundesebene (FPV) mit den dazugehörigen Abrechnungsregeln und Kodierrichtlinien ergeben, dürften aber mit dem zunehmenden Reifegrad des DRG-Vergütungssystems keine große Rolle mehr spielen. Da das Erlösbudget nach § 4 und die Erlössumme nach § 6 Abs. 3 nicht mehr aus den Vorjahreswerten weiterentwickelt werden, ist die bisherige Koppelung der beiden Erlösbereiche nach § 6 Abs. 4 KHEntgG a.F. entfallen. **Mehr- oder Minderlösausgleiche** sowie **Zahlbetragsausgleiche** haben keinen Einfluss mehr auf die Höhe des Erlösbudgets; sie werden durch **Zu- oder Abschläge** auf die abgerechneten Entgelte berücksichtigt (§ 5 Abs. 4 i.V.m. § 4 Abs. 3 Satz 8 und § 15 Abs. 3 KHEntgG). Auch die Verlängerung der Konvergenzphase bis Ende 2010 wirkt sich nicht auf die Höhe des Erlösbudgets aus. Die Konvergenzanpassungen werden ebenfalls über Zu- oder Abschläge auf die abgerechneten Entgelte realisiert (§ 4 Abs. 9, § 5 Abs. 6 KHEntgG). Die Notwendigkeit für die Regelung über Zu- oder Abschläge resultiert aus dem Umstand, dass die krankenhausindividuellen Basisfallwerte entfallen.

Bei den Zusatzentgelten ergibt sich die Entgelthöhe wie bisher unmittelbar aus dem bundeseinheitlichen Zusatzentgeltkatalog. Der sich aus den geplanten Fallpauschalen und Zusatzentgelten ergebende Erlösbetrag ist um die Summe der Abschläge bei Nichtteilnahme an der Notfallversorgung zu verringern (§ 4 Abs. 2 Satz 3 KHEntgG). Damit ist das Erlösbudget grundsätzlich definiert (§ 4 Abs. 3 KHEntgG).

Der Berechnungsbogen B2 in der Anlage 1 zu § 11 Abs. 4 KHEntgG wurde entsprechend vereinfacht.

2.1.2 Ausgleiche

Mehr- oder Mindererlöse

Bei dem Gesamtsummenvergleich werden das Erlösbudget und die Erlössumme nach § 6 Abs. 3 KHEntgG zu einem **Gesamtbetrag** zusammengefasst. Das Prinzip der getrennten „Erlöstöpfe" nach § 4 Abs. 9, § 6 Abs. 3 KHEntgG a.F. ist damit aufgehoben.

> *„Dies vereinfacht die Ermittlung des Erlösausgleichsbetrages und vermeidet die bei den bisher jeweils gesondert durchgeführten Erlösausgleichen auftretenden Fehlfunktionen in Fällen, in denen Erlöse abweichend von der prospektiven Vereinbarung im anderen Erlösbereich anfallen" (Begr. zu § 4 Abs. 3 KHEntgG, BR-Drs. 696/08, 53).*

Es gelten einheitliche Ausgleichsregelungen (§ 4 Abs. 3 Satz 2 bis 7, § 6 Abs. 3 Satz 5 KHEntgG n.F.). Nach Abschluss der Lernphase des DRG-Fallpauschalensystems wird aus Gründen des Bürokratieabbaus auch beim Erlösausgleich keine Korrektur aufgrund von Kodiereffekten mehr durchgeführt (§ 4 Abs. 9 Satz 3, 6 und 8 KHEntgG). Da die Ausgleichssätze wie in § 4 Abs. 9 KHEntgG a.F. sehr differenziert und mit diesen identisch sind, stellt sich weiterhin die Frage, **in welcher Reihenfolge** die Ausgleichssätze anzuwenden sind, wenn die Summe der Mehrerlöse höher ist als der Gesamt-Mehrerlös aus Erlösbudget und Erlössumme, oder wenn der Mindererlös bei einer Entgeltart höher ist als der Gesamtmindererlös. Die dazu entwickelten Lösungsansätze (s. Kap. III.1.6.2) sind entsprechend anzuwenden (Tuschen u. Trefz 2010, 238). Zu den aktuellen Ausgleichssätzen siehe Kap. II.7.3).

In die Ausgleichsberechnung sind auch die Abschläge für die Nichtteilnahme an der Notfallversorgung einzubeziehen, weil sie beim Erlösbudget zu berücksichtigen sind (ebenso Tuschen u. Trefz 2010, 247; vgl. auch BVerwG v. 20.12.2007 – 3 C 53.06 – KRS 07.117). Das gilt allerdings nur für Ausgleiche bis Ende 2010, weil nach dem GKV-FinG Zu- und Abschläge nicht mehr zum Erlösbudget gehören (s. Kap. III.2.4.1). Haben die Pflegesatzparteien abweichende Ausgleichssätze vereinbart (§ 4 Abs. 3 Satz 5 KHEntgG), sind diese maßgebend.

Der ermittelte Ausgleichsbetrag wird im Rahmen des gemeinsamen Zu- oder Abschlags nach § 5 Abs. 4 KHEntgG n.F. abgerechnet. Die zu § 4 Abs. 7 Satz 1 Nr. 2 KHEntgG a.F. bestehende Unsicherheit, ob auch **Abschlagszahlungen** auf den Mehr- oder Mindererlösausgleich zulässig sind, wenn der Ausgleichsbetrag bei der Budgetverhandlung noch nicht feststeht, ist mit § 4 Abs. 3 Satz 7 KHEntgG n.F. beseitigt. Damit sind auch im Anwendungsbereich des KHEntgG unzweifelhaft die Voraussetzungen für einen möglichst frühzeitigen Erlösausgleich geschaffen, um Liquiditäts- und Zinsnachteile des jeweils Begünstigten zu begrenzen (BR-Drs. 696/08, 53). Die Differenz der Abschlagszahlung zum letztlich maßgebenden Ausgleichsbetrag wird im Folgejahr über Zu- oder Abschläge auf die Entgelte ausgeglichen. Steht auch dann der Ausgleichsbetrag noch nicht endgültig fest, kann eine weitere Abschlagszahlung vereinbart werden. Wenn der Ausgleichsbetrag dagegen zum Zeitpunkt der Budgetverhandlung feststeht, ist er zwingend zu vereinbaren, anderenfalls verliert der Begünstigte seinen Ausgleichsanspruch (s. Kap. III.1.6.2).

Zahlbetragsausgleich

Der Zahlbetragsausgleich wegen Weitererhebung der bisherigen Entgelte bis zur Abrechenbarkeit neuer Entgelte ist dem ab 2009 geltenden Budget- und Entgeltsystem angepasst worden. Er ist durchzuführen, wenn der Landesbasisfallwert erst nach dem 1. Januar des Kalenderjahres genehmigt wird oder wenn der bundeseinheitliche Entgeltkatalog für die Fallpauschalen oder Zusatzentgelte so spät vereinbart oder im Wege der Ersatzvornahme durch Rechtsverordnung (§ 17b Abs. 7 KHG) festgesetzt wird, dass eine Abrechnung nach diesen Katalogen erst nach dem 1. Januar des Kalenderjahres erfolgen kann (§ 15 Abs. 1 KHEntgG n.F.). Da es ab 2009 keinen krankenhausindividuellen Basisfallwert mehr gibt, bedurfte es keiner Regelung mehr für den Fall, dass die Vereinbarung der Pflegesatzparteien nach § 11 KHEntgG nicht zum 1. Januar des Kalenderjahres wirksam wird. Vielmehr gilt für alle Krankenhäuser im Land der Landesbasisfallwert vom ersten Tag des Monats an, der auf die Genehmigung folgt (§ 15 Abs. 1 Satz 3 KHEntg n.F.). Weiterhin gilt, dass der Zahlbetragsausgleich im restlichen Vereinbarungszeitraum durchzuführen ist (§ 15 Abs. 3 Satz 1 KHEntgG n.F.). Neu ist dagegen die **technische Umsetzung**. Der Zahlbetragsausgleich erfolgt im Rahmen des gemeinsamen Zu- oder Abschlags nach § 5 Abs. 4 KHEntgG n.F.

2.1.3   Gemeinsamer Zu- oder Abschlag

Alle Ausgleiche (Mehr- oder Mindererlösausgleiche nach § 4 Abs. 3, der Zahlbetragsausgleich nach § 15 Abs. 3 und im Fall der Neuvereinbarung des Erlösbudgets im laufenden Pflegesatzzeitraum auch der Unterschiedsbetrag zum bisherigen Budget gemäß § 4 Abs. 5 KHEntgG) werden zu einem gemeinsamen Zu- oder Abschlag unter der Bezeichnung **„Zu- oder Abschlag für Erlösausgleiche"** zusammengefasst. Damit wird auch nach einer Neuvereinbarung des Budgets, anders als in § 4 Abs. 11 Satz 4 KHEntgG a.F., ein nachträglicher Ausgleich vorgenommen.

>>> *Der Saldo aus allen Ausgleichen ist der zu verrechnende Betrag.*

Die Höhe des Zu- oder Abschlags ist anhand eines Vomhundertsatzes zu berechnen, der aus dem Verhältnis des zu verrechnenden Betrages zu der Gesamtsumme aus dem vereinbarten Erlösbudget und der vereinbarten Erlössumme (Gesamtbetrag nach § 4 Abs. 3 Satz 1 KHEntgG) resultiert. Wird die Pflegesatzvereinbarung erst während des Kalenderjahres geschlossen, ist ein entsprechender Vomhundertsatz bezogen auf die im restlichen Kalenderjahr zu erhebenden Entgelte zu vereinbaren. Der einheitliche Vomhundertsatz des Zu- oder Abschlags ist auf die DRG-Fallpauschalen, die bundeseinheitlichen Zusatzentgelte, sowie auf die krankenhausindividuellen Entgelte für Leistungen oder besondere Einrichtungen nach § 6 Abs. 1 Satz 1 und Abs. 2a KHEntgG zu erheben, nicht dagegen auf die Entgelte für neue Untersuchungs- und Behandlungsmethoden (§ 6 Abs. 2 KHEntgG) und die Zusatzentgelte für Bluter (§ 4 Abs. 3 Satz 1 i.V.m. § 6 Abs. 3 Satz 1 und 2 KHEntgG).

Die in § 15 Abs. 2 Satz 2 KHEntgG a.F. enthaltene **Höchstgrenze** für den durch Ausgleiche aus Vorjahren bedingten Anstieg der Entgelte in Höhe von 30 v.H. wird auf 15 v.H. abgesenkt. Begründet wird dies damit, dass die Krankenhäuser die Fallpauschalen nicht mehr mit dem häufig erst spät im Kalenderjahr vereinbarten krankenhausindividuellen Basisfallwert bewerten, sondern mit dem frühzeitiger feststehenden Landesbasisfallwert, wodurch sich die Verrechnungsproblematik vermindern werde (BR-Drs. 696/08, 55). Da diese Einschätzung für das Jahr 2009 nicht zutrifft, weil das KHRG erst im Laufe dieses Jahres in Kraft getreten ist und sich die Budgetverhandlungen deswegen hinausschieben, verbleibt es für das Jahr 2009 bei der alten Höchstgrenze von 30 v.H. (§ 4 Abs. 3 Satz 3 KHEntgG). Wenn es erforderlich ist, um eine ansonsten entstehende wirtschaftliche Gefährdung des Krankenhauses abzuwenden, können die Pflegesatzparteien ausnahmsweise einen Zuschlag vereinbaren, der die Höchstgrenze übersteigt (§ 5 Abs. 4 Satz 4 KHEntgG).

Auf den zu verrechnenden Betrag haben die jeweils Begünstigten einen *Rechtsanspruch*. Weicht die Summe der tatsächlich abgerechneten Zu- oder Abschläge von dem zu verrechnenden Betrag ab, werden die Mehr- oder Mindererlöse daher vollständig über den Zu- oder Abschlag für das nächstmögliche Kalenderjahr verrechnet (§ 5 Abs. 4 Satz 5 KHEntgG n.F.). Paragraf 5 Abs. 5 KHEntgG n.F. enthält erstmalig eine Sonderregelung für den Fall, dass ein Zu- oder Abschlag wegen der Schließung des Krankenhauses nicht oder nicht im notwendigen Umfang abgerechnet werden kann. In diesem Fall wird der auf die gesetzliche Krankenversicherung entfallende Anteil des noch auszugleichenden Betrages den gesetzlichen Krankenkassen, deren Versicherte im Vorjahr in diesem Krankenhaus voll- und teilstationär behandelt wurden, gesondert in Rechnung gestellt oder an diese zurückgezahlt. Selbstzahlende Patienten und andere Kostenträger sind aus praktischen und rechtlichen Gründen von der Verrechnung ausgenommen (BR-Drs. 696/08, 56).

Das KHRG enthält keine Übergangsregelung für Ausgleichsansprüche aus Vorjahren, zum Beispiel für Mehr- oder Mindererlöse im Jahr 2008 nach § 4 Abs. 9, § 6 Abs. 3 KHEntgG a.F. Nach dem Wortlaut des § 5 Abs. 4 Satz 1 i.V.m § 4 Abs. 3 Satz 1, § 15 Abs. 3 KHEntgG gilt der neue Finanzierungsmodus nur für Vereinbarungen, die nach neuem Recht geschlossen werden. Danach könnte er erstmals im Jahr 2010 für Ausgleiche für den Vereinbarungszeitraum 2009 zur Anwendung kommen. Da es aber erkennbar nicht die Absicht des Gesetzgebers war, die Ansprüche auf Ausgleiche aus der Zeit vor Inkrafttreten des KHRG untergehen zu lassen, liegt eine Regelungslücke vor, die durch eine Analogie zu § 5 Abs. 4 KHEntgG geschlossen werden muss. Der Wille des Gesetzgebers wird in § 5 Abs. 7 Satz 6 und Abs. 9 Satz 6 KHEntgG hinreichend deutlich. Darin hat er die Anwendung des § 5 Abs. 4 KHEntgG auf Ausgleichsansprüche aus Vorjahren für Krankenhäuser, die im Jahr 2009 mit ihrem Basisfallwert nach unten zum Landesbasisfallwert konvergieren (§ 4 Abs. 9 KHEntgG), sowie für besondere Einrichtungen, deren Leistungen in das Erlösbudget einbezogen werden (§ 4 Abs. 7 KHEntgG) ausdrücklich vorgesehen.

2.2 Besondere Regeln für das Konvergenzjahr 2009

2.2.1 Konvergenzzuschlag

Die Neuregelungen zur Ermittlung des Erlösbudgets gelten grundsätzlich auch schon im Jahr 2009. Alle Krankenhäuser rechnen ihre Fallpauschalen mit dem Landesbasisfallwert ab, sodass auch alle Krankenhäuser mit ihren krankenhausindividuellen Basisfallwerten (nach unten oder oben) zum Landesbasisfallwert konvergieren. Krankenhäuser, die im letzten Konvergenzjahr nach § 4 Abs. 9 KHEntgG a.F. im Rahmen der Anpassung ihres krankenhausindividuellen Basisfallwerts an den Landesbasisfallwert höhere Budgetanteile verlieren, werden durch die Begrenzung der Anpassung auf höchstens 3 v.H. des Angleichungsbetrages (§ 4 Abs. 6 Satz 4 Nr. 5 KHEntgG a.F.) geschützt; die vollständige Angleichung des Erlösbudgets an den Landesbasisfallwert erfolgt danach bei diesen Krankenhäusern im Jahr 2010. Paragraf 4 Abs. 9 KHEntgG übernimmt die **Kappungsregelung** für 2009, passt sie aber den neuen Grundsätzen über die Budgetermittlung an.

Auszugehen ist von dem veränderten Ausgangswert nach den Vorgaben des § 4 Abs. 3 Satz 2, Abs. 4 KHEntgG a.F. (s. Kap. III.1.2). Dabei sind zusätzliche oder wegfallende Leistungen abweichend von § 4 Abs. 3 Satz 2 KHEntgG a.F. zu 100 v.H. zu berücksichtigen. Der so ermittelte veränderte Ausgangswert ist um 3 v.H. abzusenken, wenn er um mehr als 3 v.H. über dem Erlösbudget liegt, das sich nach den allgemeinen Grundsätzen in § 4 Abs. 2 KHEntgG ergibt. Das Rechenergebnis ist als Erlösbudget für 2009 zu vereinbaren (§ 4 Abs. 9 Satz 1 und 2 KHEntgG).

Beispiel

1. Erlösbudget nach § 4 Abs. 2 KHEntgG   50.000.000 €
   (ermittelt mit dem Landesbasisfallwert)
2. Veränderter Ausgangswert (§ 4 Abs. 9 Satz 1 KHEntgG n.F.)   52.000.000 €
3. Zu vereinbarendes Erlösbudget (§ 4 Abs. 9 Satz 2 KHEntgG n.F.)   50.440.000 €
   (97 v.H. von 52.000.000 €)

Da die Fallpauschalen mit dem Landesbasisfallwert abzurechnen sind, ergibt sich in dem Beispiel eine Unterdeckung des Erlösbudgets in Höhe von 0,44 Mio. €. Diese Unterdeckung wird durch einen einheitlichen prozentualen Zuschlag auf die abgerechneten DRG-Fallpauschalen und die bundeseinheitlichen Zusatzentgelte sowie auf die krankenhausindividuellen Entgelte nach § 6 Abs. 1 Satz 1 und Abs. 2a KHEntgG ausgeglichen. Die Höhe des prozentualen Zuschlags ergibt sich aus dem Verhältnis des Unterdeckungsbetrages zum Gesamtbetrag nach § 4 Abs. 3 Satz 1 (Erlösbudget nach § 4 Abs. 3 und Erlössumme nach § 6 Abs. 3) KHEntgG.

Beispiel

1. Erlösbudget nach § 4 Abs. 2 KHEntg   50.000.000 €
2. Erlössumme nach § 6 Abs. 3 KHEntgG   1.000.000 €
3. Gesamtbetrag nach § 4 Abs. 3 Satz 1 KHEntgG   51.000.000 €
4. Unterdeckung = 440.000 €
5. Zuschlag = 0,86 v.H. (440.000 €./. 51.000.000 €), § 4 Abs. 9 Satz 5 KHEntgG.

Der Zuschlag ist **neben** einem Zu- oder Abschlag für noch durchzuführende Ausgleiche aus Vorjahren oder wegen eines verspäteteten Beginns der Laufzeit der Entgelte (§ 15 Abs. 3 KHEntgG) in der Rechnung gesondert auszuweisen. Paragraf 4 Abs. 9 Satz 7 KHEntgG stellt klar, dass die Konvergenzphase auch für diese Krankenhäuser planmäßig mit Ablauf des Jahres 2009 endet und ab dem Jahr 2010 das Erlösbudget nur noch nach § 4 Abs. 2 KHEntgG mit dem Landesbasisfallwert ermittelt wird.

Da § 4 Abs. 6 KHEntgG a.F. keine Obergrenze für die Angleichung des krankenhausindividuellen Basisfallwerts an den Landesbasisfallwert nach oben vorgesehen hat, konvergieren alle Krankenhäuser, deren Basisfallwert für 2008 niedriger als der Landesbasisfallwert für 2009 ist, im Jahr 2009 voll auf den Landesbasisfallwert. Den daraus resultierenden positiven Angleichungsbetrag (**Konvergenzsaldo**) können diese Krankenhäuser wegen der Regelung in § 5 Abs. 6 KHEntgG allerdings nicht voll im Jahr 2009 realisieren (s. folgendes Kapitel).

2.2.2 Maßnahmen zur Ausgabenbegrenzung

Während des Gesetzgebungsverfahrens zum KHRG gab es eine intensive Diskussion über die Frage, ob die von der Bundesregierung erwarteten Mehrausgaben der Krankenkassen für Krankenhausbehandlungen im Jahr 2009 unter Berücksichtigung der finanziellen Auswirkungen des KHRG in Höhe von insgesamt 3,5 Mrd. € (Rau 2008, 1293) realistisch geschätzt seien. Das wurde insbesondere vom Spitzenverband Bund der Krankenkassen bestritten. Er schätzte die Mehrausgaben auf mindestens 4,1 Mrd. €. Nach seinen Analysen ergebe sich ein hoher positiver Konvergenzsaldo für das letzte Konvergenzjahr 2009, weil die durchschnittlichen krankenhausindividuellen Basisfallwerte teilweise erheblich unter den maßgebenden Landesbasisfallwerten lägen. Dieser Konvergenzsaldo sei nicht hinreichend berücksichtigt worden (http://www.gkv-spitzenverband.de/presse/pressemitteilungen_und_statements/pressemitteilung_3138.jsp, Abruf am 23.01.2013). Diese Kritik führte bei den Beratungen im Gesundheitsausschuss des Bundestages zur Aufnahme von drei Maßnahmen zur Ausgabenbegrenzung für Krankenhausbehandlung in das Gesetz, um die Mehrausgaben in 2009 auf 3,5 Mrd. € zu begrenzen (BT-Drs. 16/11429, 60). Diese Maßnahmen sind die Verlängerung der Konvergenzphase um ein Jahr, ein Abschlag vom Landesbasisfallwert für Mehrleistungen sowie ein Abschlag vom Landesbasisfallwert wegen einer mehr als hälftigen Tarifkostenrefinanzierung.

Verlängerung der Konvergenzphase

Die Konvergenzphase, in der die krankenhausindividuellen Basisfallwerte schrittweise an den Landesbasisfallwert angeglichen werden, wird um ein Jahr bis 2010 verlängert. Die Hälfte des Ende 2008 noch bestehenden Konvergenzsaldos wird im Jahr 2009 umgesetzt und die andere Hälfte auf das Jahr 2010 verschoben. Da schon 2009 alle Krankenhäuser die Fallpauschalen mit dem Landesbasisfallwert abrechnen müssen, erfolgt die technische Umsetzung des halben Konvergenzsaldos 2009 über einen Zu- oder Abschlag auf die abzurechnende Fallpauschale. Krankenhäuser, die bei der noch ausstehenden Konvergenz finanzielle Mittel hinzu gewinnen, erhalten 2009 einen Abschlag, und Krankenhäuser, die finanzielle Mittel verlieren, einen Zuschlag.

Die Höhe des Zu- oder Abschlags ergibt sich, indem der Unterschiedsbetrag zwischen dem krankenhausindividuellen Basisfallwert für das Jahr 2008 ohne Ausgleiche und dem Landesbasisfallwert für das Jahr 2008 ohne Ausgleiche und ohne Kappung (§ 10 Abs. 3 Satz 1 Nr. 6 KHEntgG a.F.) in Höhe von 50 v.H. mit der effektiven Bewertungsrelation der abzurechnenden Fallpauschale multipliziert wird (§ 5 Abs. 6 Satz 2 KHEntgG). Der Zu- oder Abschlag ist für alle Patienten, die im Zeitraum vom 1. Januar bis zum 31. Dezember 2009 entlassen werden, also auch für Überlieger am Jahresanfang 2009, zu erheben. Das gilt ab Inkrafttreten des Gesetzes auch ohne eine Vereinbarung mit den anderen Pflegesatzparteien. Das Krankenhaus muss also nicht die Pflegesatzvereinbarung für 2009 abwarten. Es bleibt dadurch von umfangreichen Nachberechnungen verschont. Die Pflegesatzverhandlungen für 2009 werden sich wegen des späten Inkrafttretens des KHRG auf das zweite Halbjahr 2009 konzentrieren. Weicht die abgerechnete Summe von der späteren Vereinbarung ab, ist der Abweichungsbetrag durch Verrechnung mit dem gemeinsamen Zu- oder Abschlag nach § 5 Abs. 4 Satz 1 KHEntgG vollständig auszugleichen (§ 5 Abs. 6 Satz 1, 3 und 4 KHEntgG).

Nach ihrer Entstehungsgeschichte zielt die Verlängerung der Konvergenzphase vor allen Dingen auf Krankenhäuser, deren individueller Basisfallwert Ende 2008 niedriger ist als der Landesbasisfallwert, um den Ausgabenanstieg bei den Krankenkassen wegen des positiven Konvergenzsaldos durch einen Abschlag auf die Fallpauschalen zu begrenzen. Paragraf 5 Abs. 6 KHEntgG ist aber nach seinem eindeutigen Wortlaut auf **alle** Krankenhäuser anzuwenden, sodass die Vorschrift Krankenhäuser, die Budgetanteile verlieren, begünstigt. Die Kappungsvorschrift in § 4 Abs. 9 KHEntgG wird durch § 5 Abs. 6 KHEntgG jedoch nicht verdrängt. Beide Vorschriften sind vielmehr *nebeneinander* anzuwenden, wobei die spezielle Schutzvorschrift des § 4 Abs. 9 KHEntgG greift, wenn der Zuschlag nach § 5 Abs. 6 KHEntgG nicht ausreicht, um ein Erlösvolumen sicherzustellen, das höchstens 3 v.H. unter dem veränderten Ausgangswert liegt. In diesem Fall vermindert der Zuschlag nach § 5 Abs. 6 KHEntgG nur den Unterdeckungsbetrag nach § 4 Abs. 9 Satz 3 KHEntgG (vgl. BT-Drs. 16/11429, 55).

Beispiel

1.	Gesamtbetrag (§ 4 Abs. 3 Satz 1 KHEntgG)	51.000.000 €
2.	Erlösbudget nach § 4 Abs. 2 KHEntgG	50.000.000 €
3.	Veränderter Ausgangswert (§ 4 Abs. 9 Satz 1 KHEntgG)	54.000.000 €
4.	Zu vereinbarendes Erlösbudget (§ 4 Abs. 9 Satz 2 KHEntgG) (97 v.H. von 54.000.000)	52.380.000 €
5.	Zuschlag nach § 5 Abs. 6 KHEntgG	2.000.000 €
6.	Verbleibende Unterdeckung (§ 4 Abs. 9 Satz 3 KHEntgG)	380.000 €
7.	Zuschlag nach § 4 Abs. 9 Satz 5 KHEntgG n.F. (6.) ./. (1.)	0,75 v.H.

Paragraf 5 Abs. 6 KHEntgG lässt offen, auf welchen Rechnungsbetrag der Zu- oder Abschlag vorzunehmen ist. Der maßgebliche Rechnungsbetrag ergibt sich nur in Verbindung mit § 15 Abs. 1 Satz 2 bis 4 KHEntgG. Danach werden die Fallpauschalen mit dem Landesbasisfallwert für 2009 bewertet. Wird der Landesbasisfallwert für 2009 erst im Laufe des Jahres 2009 genehmigt, ist bis zu seiner Abrechenbarkeit der krankenhausindividuelle Basisfallwert für die Ermittlung der Höhe der Fallpauschalen maßgebend. Die Konsequenz daraus ist, dass in den Ländern, in denen zum 1. Januar 2009 der Landesbasisfallwert 2009 noch nicht feststand oder abgerechnete werden konnte, der Zu- oder Abschlag auf die aus dem krankenhausindividuellen Basisfallwert resultierende Entgelthöhe der Fallpauschale vorzunehmen ist. Das betrifft eine große Zahl von Krankenhäusern. Das paradoxe Ergebnis ist, dass Krankenhäuser mit einem positiven Konvergenzsaldo zunächst nicht die Hälfte dieses Konvergenzsaldos anteilig erhalten, sondern im Gegenteil in Höhe des anteiligen halben Konvergenzsaldos einen Abschlag vom im Verhältnis zum Landesbasisfallwert niedrigeren krankenhausindividuellen Basisfallwert hinnehmen müssen. Zwar erhalten diese Krankenhäuser später – nach Abschluss einer Pflegesatzvereinbarung für 2009 – entsprechend § 5 Abs. 6 Satz 4 i.V.m. §§ 15 Abs. 3 und 5 Abs. 4 Satz 1 KHEntgG n.F. einen vollen Ausgleich, der ihnen auch den halben Konvergenzsaldo garantiert; diese Krankenhäuser müssen aber zunächst mit dem Abschlag in Vorlage treten und Liquiditätsverluste hinnehmen. Das ist angesichts der politischen Zielsetzung, die Krankenhäuser rasch finanziell

zu entlasten, nicht recht verständlich und nach der Entstehungsgeschichte wohl auch nicht politisch beabsichtigt gewesen. Der eindeutige Wortlaut des § 5 Abs. 6 Satz 3 und 4 i.V.m. § 15 Abs. 1 Satz 2 bis 4, Abs. 3 KHEntgG n.F. lässt eine andere Auslegung aber nicht zu.

Abschläge vom Landesbasisfallwert

Abschlag wegen Mehrleistungen

Abweichend von dem Grundsatz, dass das Erlösbudget aus der Multiplikation der geplanten Art und Menge der Fallpauschalen und Zusatzentgelte mit der jeweiligen Entgelthöhe zu ermitteln ist, wobei Mehrleistungen in voller Höhe berücksichtigt werden („Geld folgt der Leistung"), sollen die Pflegesatzparteien 2009 für Mehrleistungen gegenüber den für das Vorjahr vereinbarten Leistungen eine niedrigere Vergütung vereinbaren, indem sie für diese Mehrleistungen einen Abschlag vom Landesbasisfallwert („**Mengenrabatt**") festlegen (§ 4 Abs. 2a Satz 1 KHEntgG).

Die Vorgabe „sollen" ist grundsätzlich bindend; nur in begründeten Einzelfällen kann von ihr abgewichen werden (BT-Drs. 16/1149, 58). Entsprechend dem Zweck der Vorschrift, den Ausgabenanstieg der Krankenkassen zu begrenzen, kommen Ausnahmen regelmäßig nur in Betracht, wenn die Mehrleistungen ein geringes Ausmaß haben. Das gleiche gilt, wenn sie ihren Grund in zusätzlichen Kapazitäten für medizinische Leistungen wegen der Krankenhausplanung oder des Investitionsprogramms des Landes haben. Den §§ 6 Abs. 1 Satz 4 Nr. 2 BPflV, 4 Abs. 4 Satz 4 KHEntgG a.F. kann der allgemeine Rechtsgrundsatz des Pflegesatzrechts entnommen werden, dass Mehrleistungen aufgrund von Festlegungen des Krankenhausplans oder des Investitionsprogramms des Landes zu finanzieren sind, weil sie auf einer Änderung des Versorgungsauftrags beruhen. Die allgemeine wirtschaftliche Situation des Krankenhauses rechtfertigt in der Regel keine Ausnahme, da diese durch den Mehrleistungsrabatt nicht maßgeblich beeinflusst wird.

Ob Mehrleistungen vorliegen, ist durch einen Vergleich von Art und Menge der 2008 **vereinbarten** Fallpauschalen und bundeseinheitlichen Zusatzentgelte mit dem entsprechenden für 2009 geplanten Leistungsgerüst zu ermitteln. Paragraf 4 Abs. 2a KHEntgG spricht allgemein von „Mehrleistungen". Diese können auch auf einen Anstieg des durchschnittlichen Schweregrades zurück zu führen sein (vgl. § 10 Abs. 3 Satz 1 Nr. 4 KHEntgG). Bei den Fallpauschalen ist deshalb ein Vergleich der Summen der effektiven Bewertungsrelationen vorzunehmen. Bei den Zusatzentgelten ist ein Vergleich der Fallzahlen bei den einzelnen Zusatzentgelten maßgebend. Sind einzelne Zusatzentgelte neu bewertet worden, handelt es sich nicht um echte Mehrleistungen, sondern um einen reinen Katalogeffekt. Wenn einzelne Zusatzentgelte neu in den Katalog aufgenommen worden sind, kommt es darauf an, ob das Krankenhaus die zugrunde liegenden Leistungen bisher mit Fallpauschalen oder sonstigen Entgelten vergütet bekommen hat. Ist das der Fall, handelt es sich auch insoweit nicht um Mehrleistungen, sondern nur um eine Änderung der Finanzierungssystematik.

Das Gesetz macht den Pflegesatzparteien keine Vorgaben zur Höhe des Abschlags vom Landesbasisfallwert, sodass diese allein durch Verhandlungen festzulegen ist. Es ist naheliegend, entsprechend § 10 Abs. 3 Satz 1 Nr. 4 KHEntgG auch die Kostendegression bei Fallzahlsteigerungen bei der Bemessung der Höhe des Abschlags zu berücksichtigen. Da die Kostendegression auch schon bei der Ermittlung des Landesbasisfallwerts zwingend zu berücksichtigen ist, wirkt ein Rabatt für Mehrleistungen in 2009 doppelt mindernd beim Erlösvolumen.

Sowohl die Pflegesatzparteien als auch die Schiedsstellen müssen nach billigem Ermessen entscheiden, wobei nicht unberücksichtigt bleiben kann, in welchem Umfang Vergütungsanteile bereits beim Landesbasisfallwert abgeschöpft worden sind (ebenso Tuschen u. Trefz 2010, 233). Im Übrigen ist zu bedenken, dass es sich beim Mehrleistungsabschlag nicht um eine betriebswirtschaftlich determinierte Größe handelt, sondern um einen politischen Beitrag der Krankenhäuser zur Begrenzung der Mehrausgaben der Krankenkassen für Krankenhausbehandlung auf 3,5 Mrd. € in 2009 (amtliche Begründung zu § 4 Abs. 2a KHEntgG, BT-Drucks. 16/10807). Im Rahmen ihrer Ermessensentscheidung dürfen die Pflegesatzparteien und die Schiedsstellen daher nicht allein betriebswirtschaftliche Maßstäbe (z.B. die Höhe der variablen Kosten bei den Mehrleistungen) anlegen (Trefz u. Dietz 2009, 136; Tuschen u. Trefz 2010, 234; Mohr u. Kröger 2009, 52; a.M. Jendges 2009, 58). Die Praxis der Schiedsstellen ist sehr unterschiedlich. Die festgesetzten Mehrleistungsabschläge haben eine Bandbreite von 10 bis 30 Prozent.

> *Der Abschlag fällt auch dann an, wenn es entgegen der Vorausschätzung und Vereinbarung nicht zu Mehrleistungen kommt. Die Pflegesatzparteien können im Rahmen ihres Gestaltungsermessens für diesen Fall eine Neuberechnung und Ausgleiche vereinbaren.*

Auf die Höhe des Landesbasisfallwerts hat der Abschlag für Mehrleistungen keinen nachhaltigen Einfluss; er wirkt nicht basisabsenkend (§ 4 Abs. 2a Satz 5 KHEntgG). Der Abschlag ist in der Rechnung gesondert auszuweisen, also nicht mit anderen Zu- oder Abschlägen zu verrechnen (§ 4 Abs. 2a Satz 4 KHEntgG).

Abschlag wegen Begrenzung der Tarifkostenrefinanzierung

Würden Krankenhäuser aufgrund der anteiligen Finanzierung der Tariferhöhungen im Landesbasisfallwert nach § 10 Abs. 5 KHEntgG in 2009 eine mehr als halbe Refinanzierung ihrer tariflich bedingten und über der Grundlohnrate liegenden Personalkostensteigerung erhalten, wird die Refinanzierung auf 50 v.H. dieser Personalkostensteigerungen begrenzt. Der die Quote von 50 v.H. übersteigende Betrag ist in Form eines Abschlags vom Landesbasisfallwert zu berücksichtigen und zu vereinbaren (§ 4 Abs. 2a Satz 2 KHEntgG). Als Maßstab für die tarifbedingten Erhöhungen der Personalkosten im einzelnen Krankenhaus wird jeweils der Tarifvertrag zugrunde gelegt, dem die meisten Beschäftigten im nichtärztlichen Personalbereich und im ärztlichen Personalbereich zugeordnet sind. Durch die Begrenzung der Tarifkostenrefinanzierung auf maximal 50 v.H. der krankenhausindividuellen Erhöhungsrate werden Krankenhäuser, die geringere Tariflöhne und -gehälter zahlen als nach dem TVöD und dem TV-Ärzte, oder die eine niedrigere Personalkostenquote haben als der Durchschnitt (67 v.H.), nicht besser gestellt als die Mehrheit der tarifgebundenen Krankenhäuser. Beruhen die niedrigeren Tariflöhne und -gehälter auf einem Notlagen-(Sanierungs-)Tarifvertrag, greift die Begrenzung nicht (§ 4 Abs. 2a Satz 2 letzter Halbsatz KHEntgG). Sie greift auch nicht bei nicht tarifgebundenen Krankenhäusern.

Der Abschlag ist ebenfalls in der Rechnung gesondert auszuweisen. Auch er wirkt nicht basisabsenkend beim Landesbasisfallwert (§ 4 Abs. 2a Satz 4 und 5 KHEntgG).

2.3 Konvergenzphase für besondere Einrichtungen

Besondere Einrichtungen nach § 17b Abs. 1 Satz 15 KHG (s. Kap. III.3) werden grundsätzlich nur zeitlich befristet von dem DRG-Fallpauschalensystem ausgenommen, bis die sachgerechte Abbildung ihrer Leistungen im Rahmen des DRG-Systems gelungen ist. Sobald das geschehen ist, haben auch diese Krankenhäuser das DRG-Fallpauschalensystem anzuwenden; der bisher in der Erlössumme nach § 6 Abs. 3 KHEntgG enthaltene Vergütungsanteil (s. Kap. III.3) ist dann in das Erlösbudget nach § 4 KHEntgG einzugliedern. Ist dieser Vergütungsanteil höher oder niedriger als der im Rahmen des Erlösbudgets zu vergütende Vergütungsanteil, kommt es zu Erlösanpassungen. Für die Anpassung des Erlösvolumens sieht § 4 Abs. 7 KHEntgG eine Konvergenzphase von drei Jahren vor,

> *„um eine zu starke oder plötzliche Anpassung des Erlösanteils der bisherigen besonderen Einrichtung an das landeseinheitliche Preisniveau zu vermeiden. In dieser Zeit wird der Erlösanteil der bisherigen besonderen Einrichtung in drei gleichen Schritten an das landeseinheitliche Preisniveau, das durch den Landesbasisfallwert bestimmt wird, angeglichen"* (BR-Drs. 696/08, 50).

Die sich durch die schrittweise Angleichung an den Landesbasisfallwert ergebende Unter- oder Überdeckung des vereinbarten Erlösbudgets wird durch einen prozentualen **Zu- oder Abschlag** auf die abgerechnete Höhe der DRG-Fallpauschalen und die bundeseinheitlichen Zusatzentgelte sowie die krankenhausindividuellen Entgelte (§ 6 Abs. 1 Satz 1, Abs. 2a KHEntgG) ausgeglichen und gesondert in der Rechnung ausgewiesen. Der Vomhundertsatz für den Zu- oder Abschlag ergibt sich aus dem Verhältnis der Unter- oder Überdeckung zum Gesamtbetrag nach § 4 Abs. 3 Satz 1 KHEntgG. Ausgleiche für Vorjahre und für einen verspäteten Beginn der Laufzeit (§ 15 Abs. 3 KHEntgG n.F.) sind über den gemeinsamen Zu- oder Abschlag nach § 5 Abs. 4 KHEntgG zu verrechnen (§ 4 Abs. 7 Satz 4 bis 6 KHEntgG).

2.4 Änderungen durch das GKV-FinG und das PsychEntgG

2.4.1 Erlösbudget ohne Zu- und Abschläge

§ 4 Abs. 2 Satz 3 KHEntgG in der Fassung des KHRG sah noch vor, dass das Erlösbudget um die Summe der Abschläge bei Nichtteilnahme an der Notfallversorgung zu vermindern ist. Das GKV-FinG (Art. 8 Nr. 1 Buchst. a)) hat diese Vorschrift aufgehoben.

> **!** Zu- und Abschläge wirken sich somit nicht mehr auf die Höhe des Erlösbudgets aus.

Da es beim Erlösausgleich ebenfalls nur auf die Erlöse aus Fallpauschalen und Zusatzentgelten ohne Zu- und Abschläge ankommt (§ 4 Abs. 3 Satz 2 KHEntgG), handelt es sich um eine Vereinheitlichung der Budgetsystematik. Insbesondere können als Folge von Zu- oder Abschlägen keine Mehr- oder Mindererlöse eintreten, wenn das vereinbarte Leistungsvolumen mit dem tatsächlich erbrachten Leistungsvolumen übereinstimmt.

2.4.2 Mehrleistungsabschlag

Das KHRG sah in § 4 Abs. 2a KHEntgG noch einen auf ein Jahr (2009) befristeten und in der Höhe nicht festgelegten Mehrleistungsabschlag vor. Durch das GKV-FinG (Art. 8 Nr. 1 Buchst. b)) wurde ein **unbefristeter** Mehrleistungsabschlag eingeführt. Seine Höhe ist für das Jahr 2011 mit 30 v.H. vorgegeben. Ab dem Jahr 2012 haben die Vertragsparteien die Höhe des Abschlags zu vereinbaren (§ 4 Abs. 2a Satz 1 und 2 KHEntgG). Die Einführung eines dauerhaften Mehrleistungsabschlags dient der langfristigen finanziellen Stabilisierung der gesetzlichen Krankenversicherung. „Auch unter betriebswirtschaftlichen Gesichtspunkte ist ein gesetzlicher Abschlag von 30 Prozent und damit eine Finanzierung zusätzlicher Leistungen zu 70 Prozent tragfähig und zur finanziellen Stabilisierung der Kostenträger erforderlich" (amtliche Begründung, BT-Drucks. 17/3040, 34). Offenbar verspricht sich die Bundesregierung vom dauerhaften Mehrleistungsabschlag einen dämpfenden Einfluss auf die Leistungsmengenentwicklung.

Der Bundesrat hatte sich in seiner Stellungnahme zum Regierungsentwurf (BR-Drucks. 581/10, Nr. 17) gegen den Mehrleistungsabschlag ausgesprochen, weil das Morbiditätsrisiko auf die Krankenhäuser verlagert werde und im Zusammenhang mit der gleichzeitigen Begrenzung der Preissteigerung durch Absenkung der Veränderungsrate Mehrleistungsabschläge nicht zu verantworten seien. Im weiteren Gesetzgebungsverfahren wurden aber nur weitere Ausnahmen vom Mehrleistungsabschlag beschlossen (Ausschussbericht BT-Drucks. 17/[14]0072.2, 51). Der Mehrleistungsabschlag gilt nicht für zusätzlich vereinbarte Entgelte mit einem Sachkostenanteil von mehr als zwei Dritteln (das betrifft die meisten Zusatzentgelte) sowie bei zusätzlichen Kapazitäten aufgrund der Krankenhausplanung oder des Investitionsprogramms des Landes. Auch können die Pflegesatzparteien zur Vermeidung unzumutbarer Härten einzelne Leistungen von der Erhebung des Abschlags ausnehmen (§ 4 Abs. 2a Satz 3 KHEntgG).

Von Krankenhausseite wird gegen den Mehrleistungsabschlag eingewendet, dass er zu einer „doppelten Degression" führe, weil Mehrleistungen schon preissenkend beim Landesbasisfallwert wirken und dort auch nur die variablen Kosten zu berücksichtigen sind (Baum 2010, 812). Die Verlagerung des Morbiditätsrisikos auf die Krankenhäuser als Folge der „doppelten Degression" sei angesichts der demografischen Entwicklung auch nicht tragbar (Kösters 2010, 1166). Diesen Argumenten hat sich der Bundesrat angeschlossen (Beschluss v. 12.10.2012, BR-Drucks. 432/12). Die Bundesregierung ist dagegen der Auffassung, dass für zusätzlich erbrachte Leistungen keine doppelte Vergütungsminderung erfolgt, weil nach § 4 Abs. 2a Satz 7 KHEntgG die für die zusätzlichen Leistungen einzelner Krankenhäuser vereinbarte Summe der Vergütungsabschläge nicht zugleich absenkend bei der Vereinbarung des Landesbasisfallwerts zu berücksichtigen ist und außerdem im Folgejahr die Mehrleistungen des Vorjahres in ungekürzter Höhe, d.h. in Höhe des ungekürzten Landesbasisfallwerts im Erlösbudget des Krankenhauses berücksichtigt werden (§ 4 Abs. 2 Satz 8 KHEntgG). Damit werde im Grundsatz an der Formel „gleiche Leistung, gleicher Preis" für die kollektivvertraglich vereinbarten Krankenhausleistungen festgehalten (BT-Drucks. 17/3040, 35).

Zwar wirkt der Mehrleistungsabschlag nicht preissenkend beim Landesbasisfallwert; dennoch ergibt sich in dem Jahr, in dem der Mehrleistungsabschlag wirkt, ein doppelter Effekt, wenn zugleich der Landesbasisfallwert wegen Mehrleistungen sinkt oder begrenzt wird. Diese Konsequenz wird vom Gesetzgeber des GKV-FinG politisch in Kauf genommen (Klever-Deichert et al. 2011, 15; Rau 2011, 24).

Bei den Beratungen zum PsychEntgG hat sich der Gesetzgeber erneut mit dem Mehrleistungsabschlag, der Problematik der Mengensteuerung und der Kritik der Krankenhäuser und des Bundesrats an der „doppelten Degression" auseinander gesetzt. Die Beratungen führten zur Aufnahme des Absatzes 9 in § 17b KHG, der die Vertragsparteien auf der Bundesebene verpflichtet, bis zum

30. Juni 2013 im Rahmen eines Forschungsauftrags zu klären, welche Einflussgrößen für die Leistungsentwicklung maßgebend sind und darauf basierende Vorschläge zu erarbeiten, wobei auch Alternativen zu der absenkenden Berücksichtigung zusätzlicher Leistungen beim Landesbasisfallwert zu prüfen sind. Im Rahmen der Diskussion über die Umsetzung der in dem Gutachten vorgeschlagenen Maßnahmen soll darüber entschieden werden, inwieweit die Regelungen zum Mehrleistungsabschlag durch alternative Maßnahmen ersetzt werden können.

Vor diesem Hintergrund hat der Gesetzgeber des PsychEntgG den Mehrleistungsabschlag bis Ende 2014 befristet. Ab 2015 soll die Mengensteuerung neu gesetzlich geregelt werden. Die durch das GKV-FinG eingeführte Regelung für 2012 bleibt unverändert, d.h. für 2012 müssen die Pflegesatzparteien die Höhe des Mehrleistungsabschlags vereinbaren. Für die Jahre 2013 und 2014 wird der Mehrleistungsabschlag gesetzlich auf 25 v.H. festgelegt (§ 4 Abs. 2a Satz 1 KHEntgG n.F.).

In seinem Entschließungsantrag vom 12. Oktober 2012 (BR-Drucks. 432/12) fordert der Bundesrat von der Bundesregierung eine umgehende Beseitigung der „doppelten Degression" durch Abschaffung des preismindernden Effekts von Mengensteigerungen beim Landesbasisfallwert und des damit verbundenen „Hamsterradeffekts" (vgl. Kap. II.11.2) sowie durch eine gezieltere und verursachungsgerechtere Mengensteuerung.

> *Eine Besonderheit gegenüber der Regelung im GKV-FinG besteht darin, dass der für das Jahr 2013 ermittelte Mehrleistungsabschlag in der gesetzlich festgelegten Höhe auch im Jahr 2014 (also für zwei Jahre) gilt, soweit die für das Jahr 2013 vereinbarten Mehrleistungen auch noch im Jahr 2014 vom Krankenhaus erbracht werden. Die für das Jahr 2014 vereinbarten Mehrleistungen unterliegen dagegen wie nach dem GKV-FinG einem einmaligen Abschlag in der gesetzlich festgelegten Höhe (§ 4 Abs. 2a Satz 8 KHEntgG n.F.).*

Die durch das GKV-FinG eingeführten Ausnahmeregelungen werden in § 4 Abs. 2a KHEntgG um drei weitere Sachverhalte erweitert. Transplantationen werden verpflichtend vom Mehrleistungsabschlag ausgenommen. Ferner sind Leistungen vom Mehrleistungsabschlag ausgenommen, für welche die Vertragsparteien auf der Bundesebene abgesenkte oder gestaffelte Bewertungsrelationen nach § 17b Abs. 1 Satz 11 KHG vereinbart haben. Schließlich können die Pflegesatzparteien für einzelne Leistungen oder Leistungsbereiche Ausnahmen vom Mehrleistungsabschlag aufgrund besonderer Qualitätsvereinbarungen festlegen. Es muss sich um zusätzliche Anforderungen handeln, die über die gesetzlich oder durch Regelungen des Gemeinsamen Bundesausschusses (§ 92 SGB V) festgelegten Qualitätsvorgaben hinausgehen. Auf diese Weise wird ein finanzieller Anreiz für besonders hohe Qualitätsanforderungen geschaffen.

2.5 Aktuelle Fragen

In der aktuellen Verhandlungspraxis besteht über eine Reihe von Fragen im Zusammenhang mit dem Erlösbudget häufig kein Einvernehmen zwischen den Pflegesatzparteien. Auf die wichtigsten Fragestellungen wird nachstehend eingegangen.

2.5.1 Mehrleistungsabschlag

Gesamtvergleich

Der Mehrleistungsabschlag bezieht sich auf Leistungen, die im Erlösbudget vereinbart werden. Bei der Prüfung der Frage, ob abschlagsrelevante Leistungsveränderungen vorliegen, sind somit sowohl die mit Fallpauschalen vergüteten Leistungen als auch die auf der Bundesebene vereinbarten und bewerteten Zusatzentgelte zu betrachten (§ 4 Abs. 1 Satz 1 i.V.m. § 7 Abs. 1 Nr. 1 und 2 KHEntgG). Die Summe der geplanten Leistungen in diesen Entgeltbereichen ist mit der Summe der für das laufende Kalenderjahr vereinbarten Leistungen, die diesen Entgeltbereichen zugeordnet werden können, zu vergleichen, um festzustellen, ob „zusätzliche Leistungen" im Erlösbudget berücksichtigt werden sollen. Es ist also möglich, dass Leistungssteigerungen in einem Entgeltbereich (z.B. der Zusatzentgelte) in dem anderen Entgeltbereich kompensiert werden. Ein mengenbedingter Anstieg des Erlösbudgets lässt sich nur feststellen, wenn der Saldo aus Leistungsveränderungen in den beiden Entgeltbereichen positiv ist. Nur dann liegt eine mengenbedingte Ausgabensteigerung bei den Krankenkassen vor, der nach Sinn und Zweck des Gesetzes entgegengewirkt werden soll.

Die für den Vereinbarungszeitraum geplanten Leistungen sind mit den **vereinbarten** Leistungen für das laufende Kalenderjahr zu vergleichen. Die vereinzelt vertretene Auffassung, dass die Ist-Leistungen des laufenden Jahre für den Vergleich heranzuziehen sind, wenn diese feststehen und unterhalb der vereinbarten Leistungsmenge liegen, ist mit dem klaren Gesetzeswortlaut nicht zu vereinbaren. Es wäre auch schwer nachzuvollziehen, wenn das Krankenhaus zusätzlich zum Mindererlös noch mit einem Mehrleistungsabschlag belastet werden sollte. Minderleistungen werden mit dem Minderererlösausgleich vollständig sanktioniert. Hat das Krankenhaus über die vereinbarten Erlöse hinaus Mehrerlöse erzielt, verbleiben dem Krankenhaus in der Regel nur 35 v.H. der Mehrerlöse (§ 4 Abs. 3 Satz 4 KHEntgG). Das Krankenhaus wegen der höheren Ist-Leistungen mit einem Mehrleistungsabschlag zu belasten, erscheint daher ebenfalls nicht gerechtfertigt. Vielmehr ist der Mehr- oder Minderererlösausgleich in § 4 Abs. 3 KHEntgG als die speziellere Regelung anzusehen.

Relevante Leistungsveränderungen

Nach dem Wortlaut des § 4 Abs. 2a Satz 1 KHEntgG unterliegen nur „zusätzliche" Leistungen dem Mehrleistungsabschlag. Um solche Leistungen kann es sich nicht handeln, wenn die Leistungsveränderungen nur systembedingt (technischer Natur) sind oder auf einer Änderung der Finanzierungssystematik beruhen. In diesen Fällen kommt es nicht zu einer auf Vereinbarung der Pflegesatzparteien beruhenden Leistungsvermehrung. Systembedingte Leistungsveränderungen beruhen im Fallpauschalenbereich auf einem Katalogeffekt sowie auf einer Änderung der Abrechnungsregeln und/oder der Kodierrichtlinien. Die Vereinbarungsdaten des laufenden Jahres müssen deshalb auf den Vereinbarungszeitraum übergeleitet werden, um Leistungsveränderungen um systembedingte Effekte zu bereinigen.

Veränderungen des Fallpauschalenkataloges führen fast immer zu einem krankenhausindividuellen Katalogeffekt. Zur Ermittlung des Katalogeffekts siehe Kapitel III.1.2.1. Über eine Veränderung der Kodierrichtlinien und der Diagnosen- und Prozedurenschlüssel informiert das InEK, dessen Hinweise beachtet werden sollten (http://www.g-drg.de/cms/G-DRG-System_2013/Hinweise_zur_Leistungsplanung_Budgetverhandlung_G-DRG, Abruf am 23.01.2013).

Um eine bloße Änderung der Finanzierungssystematik (Finanzierungsquellen) und nicht um eine relevante Leistungsveränderung handelt es sich, wenn Leistungen aus einem Entgeltbereich in einen anderen verlagert werden, zum Beispiel durch Überführung krankenhausindividueller Entgelte (§ 6 Abs. 1 KHEntgG) in den Fallpauschalen- oder Zusatzentgeltkatalog (§ 7 Abs. 1 Nr. 1 und 2 KHEntgG) oder durch die Aufnahme von bisherigen NUB-Entgelten (§ 6 Abs. 2 KHEntgG) in den Zusatzentgeltkatalog. Auch aus der Umwandlung von Beleg- in Hauptabteilungen resultierende Leistungsveränderungen sind nur abrechnungstechnischer Natur.

Schließlich handelt es sich bei den in 2012 neu in das Erlösbudget aufgenommenen Zusatzentgelten für hoch aufwändige Pflege (ZE 130 und 131) nicht um eine relevante Leistungsvermehrung, weil der erhöhte pflegerische Aufwand bisher im Rahmen des Pflegestellenförderprogramms über einen Zuschlag auf die Entgelte finanziert wurde (§ 4 Abs. 10 Satz 7 KHEntgG). Die neuen Zusatzentgelte erfüllen den in § 4 Abs. 10 Satz 7 KHEntgG vorgegebenen Zweck, die im Pflegestellenförderprogramm bereit gestellten Finanzmittel zielgerichtet den Bereichen zuzuordnen, die einen erhöhten pflegerischen Aufwand aufweisen. Also handelt es sich lediglich um eine Umschichtung aus dem zuschlagfinanzierten Bereich in den Bereich der einheitlichen Zusatzentgelte. Dass es bei den einzelnen Krankenhäusern durch die neuen Zusatzentgelte Gewinner und Verlierer gibt, je nachdem, in welchem Umfang sie im Rahmen des Pflegestellenförderprogramms Mittel erhalten haben, ist eine Folge der auf Durchschnittsbetrachtungen angelegten Entgeltkalkulation und nicht die Folge eines veränderten Leistungsverhaltens.

Ausnahmetatbestände

Ergeben sich nach den vorstehenden Grundsätzen relevante Leistungsveränderungen, ist zu prüfen, ob diese nach den Vorgaben in § 4 Abs. 2a KHEntgG vom Mehrleistungsabschlag ausgenommen sind.

Zusatzentgelte sind zu einem großen Teil von der Abschlagsregelung ausgenommen, weil der Sachkostenanteil bei ihnen größer als zwei Drittel ist. Das trifft auf jeden Fall auf alle Zusatzentgelte für Arzneimittel zu, die bereits mehr als die Hälfte aller Zusatzentgelte ausmachen. Auch die meisten Zusatzentgelte für Medikalprodukte bleiben abschlagsfrei; die vom InEK jährlich herausgegebenen Aufstellungen über die Personal- und Sachkostenanteile geben hierüber Aufschluss (http://www.g-drg.de/cms/Datenveroeffentlichung_gem._21_KHEntgG, Abruf 23.01.2013).

Der Mehrleistungsabschlag ist deshalb in erster Linie von Bedeutung für den Fallpauschalenbereich. Welche DRG's einen Sachkostenanteil von mehr als zwei Dritteln haben, kann nur durch eine krankenhausindividuelle Kalkulation ermittelt werden. Hilfestellung gibt dabei der Report Browser des InEK (http://www.g-drg.de/cms/Datenveroeffentlichung_gem._21_KHEntgG, Abruf 23.01.2013).

Die vom Mehrleistungsabschlag ausgenommenen zusätzlichen Leistungen wegen zusätzlicher Kapazitäten aufgrund der Krankenhausplanung oder des Investitionsprogramms des Landes sind volumenmäßig von großer Bedeutung. So bewirkt eine Erhöhung der Planbettenzahl oder die Aufnahme weiterer Fachabteilungen in den Krankenhausplan in der Regel eine erhebliche Leistungszunahme. Diese Fälle fallen eindeutig unter den Ausnahmetatbestand. Auch ein Leistungsanstieg infolge der im Krankenhausplan vorgesehenen Schließung oder Teilschließung eines Nachbarkrankenhauses hat seine Ursache in einer Erweiterung des Versorgungsauftrags aufgrund der Krankenhausplanung (BVerwG v. 8.9.2005 – 3 C 41.04 –, KRS 05.047). In weniger eindeutigen Fällen, zum Beispiel bei der Umschichtung von Planbetten in andere Fachabteilungen oder der Sanierung bzw. Modernisierung von Funktionsräumen (z.B. OP) ist zu fragen, ob diese Maßnahmen – wenn sie zusätzliche Kapazitäten ermöglichen – der Krankenhausplanung entsprechen, sich also in den Krankenhausplan einfügen und nicht in Widerspruch zu ihm stehen (vgl. BVerwG v. 11.11.1999 – 3 C 22.99 –, KRS 99.024; v. 8.9.2005 – 3 C 41.04 –, KRS 05.047; BSG v. 24.7.2003 – B 3 KR 28/02 R –, KRS 03.039). Das ist im Einzelfall anhand der Ziele und Grundentscheidungen der Krankenhausplanung zu entscheiden. Ein Feststellungs- oder Förderbescheid der Planungsbehörde über die vom Krankenhaus vorgenommenen Maßnahmen ist aber nicht erforderlich. Es genügt, dass dem Krankenhausplan das Einverständnis des Landes mit der Maßnahme oder der Leistungsentwicklung entnommen werden kann. Ergänzend wird auf die Ausführungen zum Versorgungsauftrag (s. Kap. II.5) und zum Ausdeckelungstatbestand in § 6 Abs. 1 Satz 4 Nr. 2 BPflV in der bis zum 31. Dezember 2012 gültigen Fassung (s. Kap. IV.1.2.2) verwiesen.

Ob eine Ausnahme vom Mehrleistungsabschlag zur Vermeidung unzumutbarer Härten zu machen ist, liegt im Ermessen der Pflegesatzparteien (und im Streitfall der Schiedsstellen). Die Gesetzesbegründung (BT-Drucks. 17/3040, 35) liefert Anhaltspunkte für das Vorliegen einer unzumutbaren Härte, zum Beispiel bei Gefährdung der Finanzierung für **einzelne** Versorgungsbereiche (z.B. für Schwerbrandverletzte). Transplantationen sind bedingungslos ausgenommen, sodass es nicht darauf ankommt, ob deren Finanzierung gefährdet ist. Im Übrigen ist nicht gefordert, dass die Leistungsfähigkeit des Krankenhauses insgesamt gefährdet ist.

Eine unzumutbare Härte kann auch vorliegen, wenn die Leistungsentwicklung von den Pflegesatzparteien nicht vorhersehbar war, wie dies zum Beispiel in der EHEC-Krise der Fall war. Ruht der Krankenhausbetrieb wegen einer Baumaßnahme eine Zeit lang ganz oder teilweise und sind wegen des Leistungsrückgangs in der Bauphase die Leistungen bei Wiederaufnahme des vollen Betriebs höher als im laufenden Kalenderjahr, kann auch das ein Grund sein, vom Mehrleistungsabschlag wegen einer unzumutbaren Härte Abstand zu nehmen. Schließlich ist von einer unzumutbaren Härte auszugehen, wenn der Leistungsanstieg auf der (nicht im Krankenhausplan vorgesehenen) Schließung oder Teilschließung eines Nachbarkrankenhauses beruht, zumal der Leistungsanstieg wegen der an anderer Stelle wegfallenden Leistungen nicht zu Mehrausgaben bei den Krankenkassen führt.

Höhe des Mehrleistungsabschlags

Während die Höhe des Mehrleistungsabschlags für das Jahr 2011 mit 30 v.H. und für die Jahre 2013 und 2014 mit 25 v.H. gesetzlich vorgegeben ist, müssen die Pflegesatzpartien die Höhe des Abschlags für das Jahr 2012 vereinbaren. Die Höhe des Abschlags liegt somit im Ermessen der Pflegesatzparteien. Das Ermessen ist unter Beachtung der Zielsetzung des Gesetzes sachgerecht auszuüben. Der Mehrleistungsabschlag soll einen Beitrag zur langfristigen finanziellen Stabilisierung der gesetzlichen Krankenversicherung leisten, indem er die Anreize für eine Mengenausweitung vermindert. Daraus folgt, dass der Abschlag spürbar sein muss, damit er seine ausgabenbegrenzende und anreizmindernde Funktion erfüllen kann. Insoweit kommen dieselben Überlegungen zum Tragen, die für den Mehrleistungsabschlag im Jahr 2009 gelten (vgl. Ausführungen in Kap. III.2.2.2). Insbesondere sind betriebswirtschaftliche Maßstäbe nachrangig. Eine Orientierung allein an der Höhe der variablen Kotenanteile ist deshalb nicht sachgerecht. Die krankenhausindividuellen Kosten des Krankenhauses spielen seit 2009 beim Erlösbudget keine Rolle mehr. Der Mehrleistungsabschlag ist ein finanzpolitisch begründeter Vergütungsnachlass, auch wenn er vom Gesetzgeber betriebswirtschaftlich für vertretbar gehalten wird (s.o.).

Im Rahmen ihrer Ermessensausübung können die Pflegesatzparteien für einzelne Leistungssegmente unterschiedlich hohe Abschläge vereinbaren, sodass von den Abschlägen unterschiedliche Steuerungswirkungen ausgehen. Es entspricht durchaus dem Gesetzeszweck, den Gesamtabschlag differenziert so zu bestimmen, dass von ihm bestimmte Steuerungswirkungen ausgehen. So können die Pflegesatzparteien in Leistungssegmenten mit einer sehr dynamischen Leitungsentwicklung einen höheren Abschlag festlegen als in Leistungssegmenten, die nur geringe Zuwächse haben. Vor diesem Hintergrund lassen sich allgemein verbindliche Unter- und Obergrenzen für den Abschlag nicht festlegen. Die gesetzgeberische Entscheidung, den Mehrleistungsabschlag für die Jahre 2013 und 2014 einheitlich mit 25 v.H. festzulegen, ist eine politische Ermessensentscheidung, die für 2012 nicht verbindlich ist, aber eine Orientierung geben kann.

Neuberechnung und Ausgleiche

Die Wahrscheinlichkeit, dass die vorausgeschätzte und vereinbarte Leistungsmenge punktgenau erreicht wird, ist sehr gering. Wird die vereinbarte Leistungsmenge über- oder unterschritten, wurde das Abschlagsvolumen falsch eingeschätzt. Die Pflegesatzparteien können für diesen Fall eine Neuberechnung des Abschlagsvolumens auf der Basis der tatsächlich erreichten Leistungsmenge und einen entsprechenden Ausgleich vereinbaren. Die Neuberechnung und der Ausgleich in einer folgenden Periode gehören zu den „näheren Einzelheiten", die der Regelungsbefugnis der Vertragsparteien unterliegen (§ 4 Abs. 2a Satz 5 KHEntgG). Es ist sinnvoll, den Ausgleichsbetrag analog § 15 Abs. 3 Satz 2 KHEntgG mit dem Erlösausgleich zu verrechnen.

Berechnung des Abschlagsbetrages

Der Vergütungsabschlag ist nach § 4 Abs. 2a Satz 4 KHEntgG durch einen einheitlichen Abschlag auf alle mit dem Landesbasisfallwert vergüteten Leistungen des Krankenhauses umzusetzen. Im Fall einer prospektiven Pflegesatzvereinbarung bezieht sich der Prozentsatz des Abschlages auf die vereinbarten Fallpauschalen. Wird die Pflegesatzvereinbarung unterjährig getroffen, muss der Prozentsatz sich auf die im restlichen Kalenderjahr zu erhebenden Entgelte beziehen Das steht zwar so nicht im Gesetz, ist aber Ausdruck der allgemeinen Logik der Pflegesatzberechnung in entsprechender Anwendung des § 15 Abs. 3 Satz 1 KHEntgG. Kommen in 2014 Mehrleistungsabschläge für 2013 und 2014 zusammen, sind sie zu einem einheitlichen Abschlag zusammenzuführen.

Die Herleitung des Vergütungsabschlags wird in Tabelle 7 beispielhaft zusammengefasst.

2.5.2 Leistungsplanung

Die Planung der Leistungsmenge steht stets im Mittelpunkt der Verhandlungen zwischen den Pflegesatzparteien. Sie ist entscheidend für die Höhe des Erlösbudgets und birgt reichlich Konfliktstoff. Schließlich geht es für das

Tab. 7   Herleitung des Vergütungsabschlags

	2012	2013
1. Vereinbartes Erlösbudget des laufenden Jahres (2012)		
Fallpauschalen	50.000.000	
Zusatzentgelte	600.000	
2. Geplantes Erlösbudget (2013)		
Fallpauschalen		51.200.000
Zusatzentgelte		620.000
3. Leistungsveränderungen gesamt (+)		
Fallpauschalen		+ 1.200.000
Zusatzentgelte		+ 20.000
4. Systembedingte Änderungen (+/–) (Katalogeffekt, Kodierung etc.)		
Fallpauschalen		–
Zusatzentgelte		–160.000
5. Ausnahmetatbestände (–)		
a) Entgelte mit Sachkostenanteil > 2/3		
▪ Fallpauschalen		–100.000
▪ Zusatzentgelte		–18.000
b) Krankenhausplan/Investitionsprogramm		
▪ Fallpauschalen		–300.000
▪ Zusatzentgelte		–
c) Transplantationen		–
d) Abgesenkte oder gestaffelte Bewertungsrelationen		–
e) Qualitätsvereinbarungen		–
f) Unzumutbare Härte		–
6. Abschlagsrelevante Leistungsveränderungen (Saldo)		642.000
7. Abschlag 25 v.H.		160.500
8. Bemessungsgrundlage Fallpauschalen		51.200.000
9. Abschlagsprozentsatz ganzjährig		0,31
10. Abschlagsprozentsatz unterjährig (ab 1.7.)		0,62

Krankenhaus um die Sicherung seiner wirtschaftlichen Grundlagen und seiner Leistungsfähigkeit und für die Sozialleistungsträger um die Sicherung ihrer finanziellen Stabilität. Der Wettbewerb zwischen den Krankenkassen und das „Damoklesschwert" von Zusatzbeiträgen tut ein Übriges, um den Kostendruck bei den Sozialleistungsträgern an die Krankenhäuser weiter zu geben. Obwohl das Krankenhaus ein ureigenes Interesse an einer realistischen Planung haben muss, um Erlöseinbußen als Folge des Erlösausgleichs und des Mehrleistungsabschlags zu vermeiden, wird über das geplante Leistungsgerüst regelmäßig gestritten. In Kapitel III.1.3.1 wurden die Grundzüge der Mengenplanung dargelegt. An dieser Stelle werden die Ausführungen mit Blick auf aktuelle Streitpunkte vertieft.

Versorgungsauftrag

Der Versorgungsauftrag des Krankenhauses bestimmt Maß und Grenze jeder Pflegesatzvereinbarung (BVerwG v. 20.12.2007 – 3 C 53.06 –, KRS 07.117). Die Grenzen sind wegen der nur generalklauselartigen Regelung in § 8 Abs. 1 Satz 4 KHEntgG oftmals unklar (ausführlich Kap. II.5). Das verführt dazu, in den Pflegesatzverhandlungen den Versuch zu unternehmen, den Versorgungsauftrag näher zu definieren und das daraus abgeleitete Leistungsgerüst in der Pflegesatzvereinbarung zu begrenzen und verbindlich festzulegen. Nicht in der Pflegesatzvereinbarung berücksichtigte Leistungen sollen dann weder von den Sozialleistungsträgern vergütet werden noch in die Erlösausgleichsberechnung eingehen.

Diese Vorgehensweise verkennt, dass das Krankenhaus Anspruch auf eine leistungsgerechte Vergütung aller Leistungen hat, die es im Rahmen seines Versorgungsauftrags erbringt (BVerwG v. 26.2.2009 – 3 C 7.08 –, KRS 09.006). Es steht nicht in der Macht der Pflegesatzparteien, den Versorgungsauftrag des Krankenhauses zu ergänzen oder zu verändern. Verbindliche Regelungen zum Versorgungsauftrag der Krankenhäuser können nur die Länder im Rahmen der Krankenhausplanung (§ 6 KHG) und die Landesverbände der Krankenkassen nach Maßgabe der §§ 109, 110 SGB V treffen. Eine dritte Planungsebene würde das Planungsrecht der Länder und der Kassenverbände unterlaufen. Was die Pflegesatzparteien zu regeln haben, regelt das Pflegesatzrecht abschließend. Das ist inzwischen herrschende Auffassung (vgl. die Nachweise in Kap. II.5.5).

Folglich sind Bestimmungen in Pflegesatzvereinbarungen, die den Versorgungsauftrag des Krankenhauses durch eine Festlegung auf bestimmte Leistungen eingrenzen sollen, unwirksam. Wie weit der Versorgungsauftrag des Krankenhauses reicht, ist vielmehr allein nach den zu § 8 Abs. 1 Satz 4 KHEntgG entwickelten Grundsätzen zu ermitteln. Alle Leistungen, die danach zum Versorgungsauftrag des Krankenhauses gehören, sind in die Leistungsplanung aufzunehmen, wenn das Krankenhaus diese Leistungen im Vereinbarungszeitraum erbringen will.

Auch an dieser Stelle sei darauf hingewiesen, dass tatsächlich erbrachte Leistungen des Krankenhauses, die nicht im vereinbarten Leistungsplan enthalten sind, aber zum Versorgungsauftrag des Krankenhauses gehören, zu vergüten und in den Erlösausgleich einzubeziehen sind (BSG v. 24.7.2003 – B 3 KR 28/02 R –, KRS 03.039; BVerwG v. 20.12.2007 – 3 C 53.06 –, KRS 07.117; weitere Nachweise in Kap. II.5.5).

Notfallbehandlungen, die außerhalb des Versorgungsauftrags eines Krankenhauses regelmäßig erbracht werden, können nur nachrichtlich, aber nicht mit Wirkung für das Erlösbudget in den Leistungsplan aufgenommen werden. Sie sind zwar nach der Ausnahmeregelung in § 8 Abs. 1 Satz 3 KHEntgG zu vergüten; das ändert aber nichts daran, dass sie nicht zum Versorgungsauftrag des Krankenhauses gehören.

> **!** „Die Budgetvereinbarung darf keine Leistungen vorsehen, die außerhalb seines Versorgungsauftrages liegen" (BVerwG a.a.O.).

Qualitätssicherung/Mindestmengen

Die Krankenhäuser dürfen Leistungen nicht mehr erbringen, wenn sie die vom Gemeinsamen Bundesausschuss (§ 91 SGB V) beschlossenen Mindestmengen bei planbaren Leistungen nicht erreichen (§ 137 Abs. 3 Satz 1 und 2 SGB V). Die Pflegesatzparteien müssen dieses Leistungsverbot beachten; die Beschlüsse des Gemeinsamen Bundesausschusses gehören zum „sonstigen Recht" im Sinne des § 18 Abs. 5 Satz 1 KHG.

Durch Beschlüsse vom 17. Februar 2011 (BAnz 2011, 785) und 15. September 2011 (BAnz 2011, 3637) hat der Gemeinsame Bundesausschuss zwei seiner früheren Beschlüsse über Mindestmengen ausgesetzt, nachdem das Landessozialgericht (LSG) Berlin-Brandenburg Zweifel daran geäußert hatte, ob die Tatbestandsvoraussetzungen für die Festlegung von Mindestmengen in § 137 Abs. 3 Satz 1 Nr. 2 SGB V erfüllt sind (LSG Berlin-Brandenburg v. 26.1.2011 – L 7 KA LK ER 79/10 –, KRS 11.001; bestätigt am 21.12.2011 – L 7 KA 77/10 –, KRS 11.106; Zweifel an Fallzahlen als geeignete Anknüpfungspunkte für Mindestmengen auch bei Geraedts 2012 mit beachtlichen Argumenten). Es handelt sich um die Mengenvorgabe bei Versorgung von Früh- und Neugeborenen mit einem Geburtsgewicht von unter 1250 Gramm in Höhe von 30 Fällen pro Jahr in Perinatalzentren des Levels 1 (vgl. BAnz 2006, 7050) sowie um die Mengenvorgabe von mindestens 50 Kniegelenk-Totalendoprothesen (Knie-TEPs) pro Jahr. Der im Jahr 2010 gefasste Beschluss über die von 14 auf 30 angehobene Mindestmenge bei der Versorgung von Früh- und Neugeborenen wurde bis zu einer Entscheidung des LSG Berlin-Brandenburg im Hauptsacheverfahren und der Beschluss über die Mindestmenge bei Knie-TEPs bis zu einer Entscheidung des Bundessozialgerichts ausgesetzt. (Das Bundessozialgericht hat den Rechtsstreit mit Urteil vom 12. September 2012 – B 3 KR 10/12 R – an das LSG zurückverwiesen, sodass eine abschließende Sachentscheidung noch aussteht.) Diese Mindestmengenvorgaben sind bis zu einer erneuten Beschlussfassung im Gemeinsamen Bundesausschuss nicht zu beachten. Für die Versorgung von Früh- und Neugeborenen in Perinatalzentren des Levels 1 gilt bis dahin die alte Mindestmenge von 14 Früh- und Neugeborenen, die vom Aussetzungsbeschluss nicht erfasst ist.

Aktuell gelten demnach folgende Vorgaben für Mindestmengen (s. Tab. 8).

Tab. 8   Derzeit gültige Mindestmengen

Leistungen	Jährliche Mindestmenge pro Krankenhaus
Lebertransplantation (inkl. Teilleber-Lebendspende)	20
Stammzelltransplantation	25
Nierentransplantation	25
Kniegelenk-Totalendoprothesen	Ausgesetzt
Komplexe Eingriffe am Organsystem Pankreas	10
Komplexe Eingriffe am Organsystem Ösophagus	10
Koronarchirurgische Eingriffe	Noch keine Festlegung
Versorgung von Früh- und Neugeborenen mit einem Geburtsgewicht < 1.250 g in Perinatalzentren Level 1	14

Gegen die Mindestmengenregelung in § 137 Abs. 3 SGB V werden teilweise verfassungsrechtliche Bedenken erhoben. Es wird geltend gemacht, dass der Bundesgesetzgeber seine Kompetenzen überschritten habe, weil die Vorgabe von Mindestmengen ein Instrument der Krankenhausplanung sei und die Zuständigkeit der Länder verletze. Ferner wird ein Verstoß gegen das Grundrecht auf freie Berufsausübung (Art. 12 Abs. 1 GG) für möglich gehalten (Bohle 2010, 587; Quaas 2009, 312; Kugler 2008, 55; v. Wolff 2009, 68; a.M. OVG NRW v. 18.12.2008 – 13 A 2221/08 –, KRS 08.112; Schimmelpfeng-Schütte 2006, 630; Stollmann 2012; Huster 2010, 337 m.w.Nachw.)

Darüber hinaus wird grundsätzlich diskutiert, ob Mindestmengen ein wirksames Instrument zur Qualitätssicherung sein können. So sieht das LSG Berlin-Brandenburg in seinen erwähnten Entscheidungen keine hinreichenden Belege für eine besonders starke Abhängigkeit der Ergebnisqualität von Mindestmengen (Zum Meinungsstand s. auch Genzel u. Degener-Hencke 2010, 1030).

Schließlich ist noch nicht geklärt, wann es sich um eine „planbare Leistung" im Sinne des § 137 Abs. 3 Satz 1 Nr. 1 SGB V handelt (vgl. LSG Berlin-Brandenburg a.a.O.). Es bleibt abzuwarten, ob die strittigen und ungeklärten Fragen in dem vom Bundessozialgericht zunächst an das LSG zurückverwiesenen Rechtsstreit geklärt werden.

MDK-Prüfungen

Die Frage, ob die Ergebnisse von MDK-Prüfungen im Rahmen von Einzelfallprüfungen (§ 275 SGB V) bei der Leistungsplanung prospektiv mit einer „Prüfquote" zu berücksichtigen sind, ist zwischen den Pflegesatzparteien immer wieder streitig. Grundsätzlich sind bei der Planung des Erlösbudgets alle Entgelte (Fallpauschalen und Zusatzentgelte) für Krankenhausleistungen zu berücksichtigen, die das Krankenhaus im Rahmen seines Versorgungsauftrags voraussichtlich erbringen wird. Ob bestimmte Leistungen vollständig oder fehlerhaft erbracht oder abgerechnet werden, ist für die Leistungsplanung unerheblich. „Das betrifft allein die Leistungsabrechnung im Einzelfall" (BVerwG v. 19.8.2010 – 3 B 40.10 –, KRS 10.080). Das gilt selbst dann, wenn die Abrechnungsfähigkeit bestimmter Leistungen bestritten, aber noch nicht geklärt ist. Etwas anderes kommt nur in Betracht, wenn die fehlende Abrechnungsfähigkeit von Krankenhausleistungen generell (strukturell) feststeht, zum Beispiel bei Fehlen der Strukturvoraussetzungen nach OPS 8-981 („neurologische Komplexbehandlung des akuten Schlaganfalls") (BVerwG a.a.O.; OVG Rh.-Pfalz v. 25.2.2010 – 7 A 10976/09 –, KRS 10.032).

> *Die Ergebnisse von MDK-Prüfungen spielen bei der prospektiven Leistungsplanung mithin nur eine Rolle, wenn sie unstrittig sind oder wenn zunächst strittige Fragen rechtskräftig geklärt worden sind.*

2.5.3 Vorläufiger Erlösausgleich

Bei der Durchführung des Erlösausgleichs gilt die sogenannte Nettomethode, wonach nicht die fakturierten, sondern die tatsächlich geflossenen Erlöse zu berücksichtigen sind. Anderenfalls würde das Krankenhaus Ausgleiche für Erlöse leisten, die es noch nicht erhalten hat (vgl. Kap. III 1.6.2). Wegen der sich häufenden Abrechnungsstreitigkeiten zwischen den Krankenhäusern und den Sozialleistungsträgern mit oft jahrelangen gerichtlichen Auseinandersetzungen steht bei den Pflegesatzverhandlungen in der Regel noch nicht fest, in welchem Umfang das Krankenhaus fakturierte Erlösforderungen realisieren kann, sodass kein endgültiger Ausgleichsbetrag berechnet werden kann. In solchen Fällen sind Abschlagszahlungen auf den Ausgleich zu berücksichtigen (§ 4 Abs. 3 Satz 9 KHEntgG), in der Regel bemessen nach den tatsächlich geflossenen Erlösen.

Wegen der offenen Forderungen kann sich eine mehrjährige Ausgleichskaskade ergeben, bis endgültig feststeht, welche Forderungen das Krankenhaus letztlich realisieren konnte. Die Ausgleichsberechnungen für die einzelnen Vereinbarungszeiträume müssen dann immer wieder aktualisiert werden, was einen hohen Aufwand zur Folge hat. Um das zu vermeiden, können die Vertragsparteien die Höhe des nach einer oder mehreren Abschlagszahlungen noch in der Schwebe befindlichen Ausgleichsbetrags schätzen und den Erlösausgleich für einen oder mehrere Vereinbarungszeiträume auf diese Weise mit einer Pauschalvereinbarung abschließen. Zwar enthält des KHEntgG keine ausdrückliche Regelung für diese Vorgehensweise; da aber auch der Erlösausgleich und insbesondere seine Höhe von den Pflegesatzparteien vereinbart werden muss (§ 11 Abs. 1 Satz 1 KHEntgG), haben die Vertragsparteien bei der Festlegung der Höhe des Ausgleichsbetrages auch einen Gestaltungsspielraum, sofern sie den gesetzlichen Rahmen in § 4 Abs. 3 KHEntgG nicht verlassen.

3   Die Erlössumme für krankenhaus-individuelle Entgelte

Für die nach § 6 Abs. 1 Satz 1, Abs. 2a KHEntgG krankenhausindividuell zu vereinbarenden Entgelte für Leistungen, die noch nicht mit den DRG-Fallpauschalen und bundeseinheitlichen Zusatzentgelten sachgerecht vergütet werden, sowie für **besondere Einrichtungen**, die nach § 17b Abs. 1 Satz 15 KHG zeitlich befristet aus dem DRG-Vergütungssystem ausgenommen sind, ist nach der Vorgabe in § 6 Abs. 3 Satz 1 KHEntgG ein **separates Erlösbudget** zu bilden. Das Gesetz spricht von der Bildung einer „Erlössumme", meint aber ein Erlösbudget, wie sich aus dem Verweis auf Budgetvorschriften der BPflV in den nachfolgenden Sätzen ergibt. Die Erlöse nehmen deshalb am Mehr- oder Mindererlösausgleich teil (§ 6 Abs. 3 Satz 5 KHEntG). Die Verwendung des Begriffs „Erlössumme" ist technischer Natur und dient der Abgrenzung zum Erlösbudget nach § 4 KHEntgG.

Um welche Leistungen oder besonderen Einrichtungen es sich handelt, wird mit Ausnahme der hoch spezialisierten Leistungen, die von den Pflegesatz- parteien bestimmt werden (§ 6 Abs. 2a Satz 1 KHEntgG), von den Vertragspar- teien auf der Bundesebene in einer Vereinbarung oder ersatzweise gemäß § 17b Abs. 7 KHG vom Bundesministerium für Gesundheit in einer Rechtsverord- nung festgelegt. In den letzten Jahren haben die Vertragsparteien auf der Bun- desebene darüber in den jährlichen Fallpauschalenvereinbarungen (FPV) Fest- legungen getroffen; für das Jahr 2012 musste allerdings das Bundesministeri- um für Gesundheit die Entgeltkataloge durch Rechtsverordnung festlegen (s. Kap. II.1) Die Kataloge der krankenhausindividuell zu verhandelnden Ent- gelte und Zusatzentgelte für voll- und teilstationäre Leistungen für 2013 befin- den sich in den Anlagen zur FPV 2013, siehe Anlage 3a (Nicht mit dem Fallpauschalenkatalog vergütete vollstationäre Leistungen), Anlage 3b (Nicht mit dem Fallpauschalenkatalog vergütete teilstationäre Leistungen), Anlage 4 (Zusatzentgelte), Anlage 6 (Definition der Zusatzentgelte) (http://www.g-drg.de/cms/G-DRG-System_2013/Fallpauschalen-Katalog, Abruf am 23.01.2013). Die meisten teilstationären Leistungen gehören zu dem Katalog von krankenhausindividuell zu verhandelnden Entgelten, weil nur eine teilstationäre Leistung im DRG-Katalog bewertet ist (vgl. § 7 Abs. 1 Nr. 1 FPV 2013). Die Bestimmung von besonderen Einrichtungen ist in einer gesonderten Vereinbarung (VBE) erfolgt. Dort sind die Krankenhäuser, Fachabteilungen und sonstigen Einrichtungen der Krankenhäuser genannt, die auf Antrag des Krankenhauses aus dem DRG-Vergütungssystem ausgenommen werden können, wenn sie nachweisen, dass sie die in der Vereinbarung geforderten Voraussetzungen erfüllen, zum Beispiel Kinderkrankenhäuser, Fachabteilungen für die Behandlung von Tropenerkrankungen und für Kinder- und Jugend-Rheumatologie, Palliativstationen, Krankenhäuser und Fachabteilungen mit Schwerpunkt der Behandlung von Patienten mit Multipler Sklerose, Morbus Parkinson oder Epilepsie, Isolierstationen, Einrichtungen für Schwerbrandverletzte oder neonatologische Satellitenstationen. Die Pflegesatzparteien und im Falle der Nichteinigung die zuständige Schiedsstelle nach § 18a KHG entscheiden darüber, ob dem Antrag des Krankenhauses stattgegeben werden kann (http://www.g-drg.de/cms/G-DRG-System_2013/Besondere_Einrichtungen, Abruf am 23.01.2013).

Eine Übersicht über die zur Erlössumme gehörenden Entgelte enthält Tabelle 9.

Die Pflegesatzparteien können für die vom DRG-Vergütungssystem ausgenommenen Leistungen **fall- oder tagesbezogene Entgelte** vereinbaren, soweit nicht **Zusatzentgelte** nach den vorgegebenen Definitionen zu vereinbaren sind. Wenn sie fallbezogene Entgelte vereinbaren wollen, können sie vorhandene Abgrenzungen der DRG-Fallpauschalen zugrunde legen und nur eine andere Vergütungshöhe vereinbaren (§ 3 Abs. 1 Satz 2 VBE). Werden fallbezogene Entgelte oder Zusatzentgelte vereinbart, ergibt sich die darauf entfallende Erlössumme aus der Formel: *Menge x Preis,* bei tagesbezogenen Entgelten aus der Formel: *Entgelt x Belegungstage.*

Tab. 9   Zur Erlössumme gehörende Entgelte

Erlössumme nach § 6 Abs. 3 KHEntgG
Nicht mit dem Fallpauschalenkatalog vergütete voll- und teilstationäre Leistungen nach den Anlagen 3a und 3b FPV/EKV
Sonstige teilstationäre Leistungen nach § 7 Abs. 1 Satz 1 Nr. 2 FPV
Krankenhausindividuelle Zusatzentgelte nach den Anlagen 4 und 6 FPV/EKV
Zusatzentgelte für hoch spezialisierte Leistungen nach § 6 Abs. 2a KHEntgG
Krankenhausindividuelle Entgelte für besondere Einrichtungen nach § 17b Abs. 1 Satz 15 KHG

Die Frage ist dabei, ob das Erlösbudget der Höhe nach begrenzt ist oder Spielräume insbesondere für **Mengensteigerungen** lässt. § 6 Abs. 3 KHEntgG teilt in den Sätzen 3 und 4 die Krankenhäuser und Einrichtungen in **zwei Gruppen** auf. Für alle Krankenhäuser und Einrichtungen gilt nach Satz 3 die Verpflichtung, die krankenhausindividuell zu verhandelnden Entgelte sachgerecht zu kalkulieren. Für besondere Einrichtungen oder Einrichtungen, deren Leistungen **weitgehend** über krankenhausindividuell zu vereinbarende Entgelt abgerechnet werden, gelten darüber hinaus die Vorschriften zur Vereinbarung eines Gesamtbetrages nach § 6 und zu den vorzulegenden Unterlagen nach § 17 Abs. 4 in Verbindung mit den Anlagen 1 und 2 BPflV in der bis zum 31. Dezember 2012 geltenden Fassung. Soll heißen: Für Krankenhäuser und Einrichtungen dieser Gruppe gilt der Grundsatz der Beitragsstabilität mit der Obergrenzenregelung (**Kappungsgrenze**) durch die Veränderungsrate in § 6 Abs. 1 Satz 3 BPflV a.F.; **der Veränderungswert kommt hier nicht zur Anwendung**. Ferner gelten für sie die engen Ausnahmevorschriften über eine zulässige Obergrenzenüberschreitung in § 6 Abs. 1 Satz 4 BPflV a.F. sowie die Durchbrechung des Grundsatzes der Beitragsstabilität wegen einer TVöD-Anpassung in § 6 Abs. 2 BPflV (s. Kap. IV 1.2 und 1.5.1). Schließlich müssen sie eine vollständige Leistungs- und Kalkulationsaufstellung (LKA) vorlegen (§ 17 Abs. 4 Satz 2 BPflV a.F.), wenn die Sozialleistungsträger nicht darauf verzichten (§ 6 Abs. Satz 4 KHEntgG). Die Vorlagepflicht gilt allerdings nicht für das ganze Krankenhaus, sondern nur für den Bereich der Einrichtung, für die krankenhausindividuelle Entgelte verhandelt werden sollen.

Für Krankenhäuser und Einrichtungen, deren Leistungen **nicht weitgehend** über krankenhausindividuelle Entgelte abgerechnet werden, gilt hiernach weder die Verpflichtung zur Beitragssatzstabilität in § 6 BPflV a.F. noch die Verpflichtung zur Vorlage einer LKA. Sie haben lediglich die Verpflichtung, die Entgelte sachgerecht zu kalkulieren und entsprechende Kalkulationsunterlagen vorzulegen (§ 6 Abs. 3 Satz 3 KHEntgG).

> *Sie unterliegen damit keiner gesetzlichen Leistungs- und Budgetbegrenzung.*

Ein gewisser Ausgleich für über der Veränderungsrate liegende Mehrausgaben der Krankenkassen erfolgt beim Landesbasisfallwert über § 10 Abs. 3 Satz 1 Nr. 5 KHEntgG.

Für die **Unterscheidung** der beiden Fallgruppen kommt es darauf an, was unter „weitgehend" in § 6 Abs. 3 Satz 4 KHEntgG zu verstehen ist. Darüber gehen die Auffassungen auseinander (Dietz et al. 2007 § 6 KHEntgG ERl. V.3.: „weitgehend" ist weniger als „überwiegend"; a.M. Tuschen u. Trefz 2010, 283: „weitgehend" ist gleichbedeutend mit „überwiegend"). „Weitgehend" heißt schon nach dem Wortsinn, dass der weitaus größere Teil der Leistungen des Krankenhauses mit krankenhausindividuellen Entgelten abgerechnet wird.

„Weitgehend" ist im Sprachgebrauch gleichbedeutend mit „fast vollständig", „umfangreich", „umfassend", „in hohem Maße". Hiernach muss das Krankenhaus seine Leistungen fast vollständig über krankenhausindividuelle Entgelte abrechnen, um der Leistungs- und Budgetbegrenzung nach § 6 Abs. 3 Satz 4 KHEntgG i.V.m § 6 Abs. 1 Satz 3 und 4 BPflV a.F. zu unterliegen. Dieses Ergebnis folgt auch aus dem Zweck der Vorschrift und seiner Entstehungsgeschichte. Zweck des § 6 Abs. 3 Satz 4 KHEntgG ist es, Krankenhäuser, für die nicht das DRG-Vergütungssystem gilt, nicht besser zu stellen als DRG-Krankenhäuser (Tuschen u. Trefz 2004, 263 m.Nachw.). Dieser Gesetzeszweck trifft nur auf Krankenhäuser zu, bei denen die krankenhausindividuell zu vereinbarenden Entgelte dem gesamten Leistungsspektrum das Gepräge geben und das Krankenhaus dadurch seinen Charakter als DRG-Krankenhaus verliert, sodass es, gäbe es die Anbindung an die BPflV nicht, keinerlei Budgetregeln unterliegen würde. Für Krankenhäuser mit einem geringen Aufkommen an krankenhausindividuellen Entgelten gilt dagegen das KHEntgG; für sie sollen nicht wegen eines geringen Teils ihrer Leistungen die bürokratischen Regeln der BPflV gelten (BT-Drs. 15/4277 Begr. zu § 6 KHEntgG; Rau 2004, 979 984).

Praktische Bedeutung hat die gesetzliche Differenzierung vor allen Dingen für die Behandlung der den Krankenhäusern angeschlossenen unselbstständigen **Tages- und Nachtkliniken**, deren Leistungen nur einen Bruchteil der voll- und teilstationären Leistungen des Krankenhauses ausmachen. Für sie gilt daher keine Leistungs- und Budgetbegrenzung (ebenso SchSt Hessen v. 29.1.2007 – Sch. 11/2006 –; SchSt Brandenburg v. 23.2.2007 – 2/2006 –). Selbstständige Tages- und Nachtkliniken fallen dagegen unter § 6 Abs. 3 Satz 4 KHEntgG mit der Deckelung der Budgets.

Obwohl im Gesetz nicht besonders erwähnt, sind zur Beurteilung der Angemessenheit der kalkulierten Entgelte und der Erlössumme auch Krankenhausvergleiche zulässig, wenn sie den in Kapitel II.6 beschriebenen Anforderungen genügen. Ihre Zulässigkeit ergibt sich aus dem übergeordneten Grundsatz im KHG, dass die Pflegesätze leistungsgerecht sein müssen (§§ 4 Nr. 2, 17 Abs. 2 KHG). Hat das Krankenhaus in seine Kalkulation Investitionskosten eingestellt, weil es nicht oder nur teilweise öffentlich gefördert wird, ist außerdem die Kappungsgrenze in § 17 Abs. 5 KHG (s. Kap. IV.2.2) zu beachten. Für Belegpatienten sind wegen der besonderen Kostenstrukturen bei belegärztlicher Versorgung gesonderte Entgelte und Belegpflegesätze zu kalkulieren und zu vereinbaren (§ 18 Abs. 2 Satz 2 KHEntgG). Krankenhäuser, die Honorarverträge mit Belegärzten abgeschlossen haben (§ 121 Abs. 5 SGB V), stellen abweichend von § 18 Abs. 2 Satz 2 KHEntgG die Vergütung für die belegärztliche Tätigkeit in die Kalkulation ein (§ 18 Abs. 3 Satz 2 und 3 KHEntgG).

Eine spezielle Vorschrift über die Anrechnung von Entgelten auf die Erlössumme enthält § 120 Abs. 1a Satz 5 SGB V. Nach Satz 1 dieser Vorschrift können Krankenhausträger für spezielle ambulante Leistungen in der Kinder- und Jugendmedizin (z.B. kinderradiologische Leistungen) über die Vergütung nach Vertragsarztrecht hinaus fall- oder einrichtungsbezogene Pauschalen vereinbaren, wenn diese erforderlich sind, um die Behandlung von Kindern und Jugendlichen angemessen zu vergüten. Diese Pauschalen mindern bei ihrer *erstmaligen* Vereinbarung die Erlössumme. Der Gesetzgeber hat dabei unterstellt, dass in den bisher vereinbarten krankenhausindividuellen Entgelten Erlösanteile für die Fach- und Spezialambulanzen enthalten gewesen sind. Da dies systemfremd und ein Verstoß gegen die Verpflichtung zu einer sachgerechten Kalkulation der Entgelte gewesen wäre, ist diese Annahme zu bezweifeln.

Im Falle der Nichteinigung der Pflegesatzparteien über die Erlössumme entscheidet die Schiedsstelle (§ 13 KHEntgG). Das gilt auch bei Streit über Leistungsveränderungen oder andere Ausdeckelungstatbestände bei Krankenhäusern oder Einrichtungen, für die die BPflV in der am 31. Dezember 2012 geltenden Fassung anzuwenden ist.

Wegen der **Mehr- oder Mindererlösausgleiche** verweist § 6 Abs. 3 Satz 5 KHEntgG auf die Ausgleichsregelungen in § 4 Abs. 3 KHEntgG. Die Erlösausgleichsregelungen der BPflV a.F. finden deshalb auch für Krankenhäuser und Einrichtungen, für die noch die BPflV a.F. gilt, keine Anwendung mehr. Für die Ermittlung von Mehr- oder Mindererlösausgleichen werden das Erlösbudget und die Erlössumme zu einem Gesamtbetrag zusammengefasst. Für den Zahlbetragsausgleich gilt § 15 Abs. 2 und 3 KHEntgG. Die Abrechnung der Ausgleiche erfolgt über den gemeinsamen Zu- oder Abschlag nach § 5 Abs. 4 KHEntgG.

Die krankenhausindividuell nach § 6 KHEntgG zu vereinbarenden Entgelte machen rund zwei Prozent aller Ausgaben für die voll- und teilstationäre Behandlung aus.

4   Neue Untersuchungs- und Behandlungsmethoden (NUB)

Das DRG-System soll den medizinischen Fortschritt nicht behindern. Deshalb muss es möglich sein, Entgelte für neue Untersuchungs- und Behandlungsmethoden zu vereinbaren, wenn diese Methoden noch keinen Eingang in die bundesweiten Entgeltkataloge (§ 7 Satz Nr. 1 und 2 KHEntgG) gefunden haben. Wenn und solange der Gemeinsame Bundesausschuss (§ 91 SGB V) nicht durch eine Richtlinie festgestellt hat, dass neue Untersuchungs- und Behandlungsmethoden für eine ausreichende, zweckmäßige und wirtschaftliche Versorgung der Versicherten in der gesetzlichen Krankenversicherung unter Berücksichtigung des allgemein anerkannten Standes der medizinischen Erkenntnisse nicht erforderlich sind, können sie zu Lasten der gesetzlichen Krankenkassen erbracht werden (§ 137c SGB V). Sie müssen dann auch vergütet werden. Es dauert in der Regel bis zu zwei Jahre, bis neue Methoden in den DRG-Fallpauschalen- oder Zusatzentgeltekatalog aufgenommen werden. Dem trägt § 6 Abs. 2 KHEntgG Rechnung. Die Pflegesatzparteien sollen für neue Untersuchungs- und Behandlungsmethoden zeitlich befristete, **fallbezogene** krankenhausindividuelle Entgelte oder Zusatzentgelte außerhalb des Erlösbudgets (§ 4 Abs. 2 KHEntg) und der Erlössumme (§ 6 Abs. 3 KHEntgG) vereinbaren (§ 6 Abs. 2 Satz 1 KHEntgG).

> *Die Vereinbarung tagesbezogener NUB-Entgelte ist ausgeschlossen.*

„Sollen" bedeutet eine gesetzliche Verpflichtung der Pflegesatzparteien, die nur in besonders begründeten Fällen Ausnahmen zulässt.

Wann eine Untersuchungs- oder Behandlungsmethode „neu" ist, sagt das Gesetz nicht. Der Begriff „neu" enthält formale und inhaltliche Aspekte. Eine Untersuchungs- und Behandlungsmethode ist in vergütungsrechtlicher Hinsicht neu, wenn sie im bundesweiten Fallpauschalen- oder Zusatzentgeltkatalog nicht enthalten ist und auch sonst noch nicht Gegenstand einer Entgeltvereinbarung des Krankenhauses war. Inhaltlich (materiell) ist eine Methode neu, wenn eine geeignete Methode bisher nicht vorhanden war oder wenn eine bestehende Methode ersetzt oder wesentlich verändert wird. Schon länger eingeführte Methoden können nicht Gegenstand einer Vereinbarung nach § 6 Abs. 2 KHEntgG sein, auch nicht mit dem Argument, der Fallpauschalen- oder Zusatzentgeltkatalog bilde die Methode nicht ausreichend ab. Die Voraussetzungen für die Vereinbarung eines krankenhausindividuellen Entgelts liegen vielmehr nur vor, wenn die in dem genannten Sinne neue Methode erstmals in der klinischen Versorgung zum Einsatz kommt und die weiteren in § 6 Abs. 2 KHEntgG genannten Bedingungen erfüllt sind. Es ist dabei unschädlich, wenn die Methode schon einige Jahre bekannt ist (Tuschen u. Braun 2005, 28, 33).

> *Eine Untersuchungs- und Behandlungsmethode ist insbesondere dann neu, wenn sie noch nicht über einen Prozedurenschlüssel abbildbar ist.*

Die zeitliche Befristung hat ihren Grund darin, dass die Vertragsparteien auf der Bundesebene für die Ausgestaltung des DRG-Systems zuständig sind. Mit der Aufnahme einer Untersuchungs- und Behandlungsmethode in den bundesweiten Fallpauschalen- oder Zusatzentgeltkatalog entfällt die Grundlage für ein krankenhausindividuelles Entgelt. Es ist daher eine Abstimmung mit den Vertragsparteien auf der Bundesebene erforderlich, um unkoordinierte Entgeltvereinbarungen zu vermeiden. Zu diesem Zweck regelt § 6 Abs. 2 Satz 3 KHEntgG, dass das Krankenhaus vor der Vereinbarung einer gesonderten Vergütung bis spätestens zum 31. Oktober von den Vertragsparteien auf der Bundesebene eine Information einzuholen hat, ob die neue Methode mit den bereits vereinbarten Fallpauschalen und Zusatzentgelten sachgerecht abgerechnet werden kann. Die Pflegesatzparteien haben die Information bei ihrer Vereinbarung „zu berücksichtigen" (§ 6 Abs. 2 Satz 3 und 4 KHEntgG).

Die Vertragsparteien auf der Bundesebene haben auf der Grundlage des § 9 Abs. 1 Satz 1 Nr. 4 KHEntgG in Empfehlungen Einzelheiten des Verfahrens für die Anfragen der Krankenhäuser und deren Beantwortung vereinbart (http://www.g-drg.de/cms/Neue_Untersuchungs-_und_Behandlungsmethoden_NUB, Abruf am 22.1.2013), die von den Pflegesatzparteien „beachtet" werden müssen (§ 6 Abs. 2 Satz 2 KHEntgG). Ob die Begriffe „zu berücksichtigen" und „zu beachten" eine unterschiedliche Bedeutung haben sollen, ist dem Gesetz nicht unmittelbar zu entnehmen. Verbindendes Merkmal ist aber erkennbar, dass der Gesetzgeber den Reglungsvorbehalt der Vertragsparteien auf der Bundesebene sichern wollte. Insofern haben die Pflegesatzparteien keine Möglichkeit, von der Information oder der Empfehlung der Vertragsparteien auf der Bundesebene abzuweichen.

In ihrer Verfahrensempfehlung haben die Vertragsparteien auf der Bundesebene das InEK damit beauftragt, in ihrem Namen die Anfragen der Krankenhäuser zu beantworten. Hervorzuheben ist, dass sie die Frist bis zum 31. Oktober als **Ausschlussfrist** ausgestaltet haben. Das InEK erteilt den anfragenden Krankenhäusern bis zum 31. Dezember des laufenden Jahres eine Antwort über das Prüfergebnis als Information im Sinne von § 6 Abs. 2 Satz 3 KHEntgG.

> *Anfragen können jeweils nur für das G-DRG-System im folgenden Kalenderjahr gestellt werden; die Antwort darauf gilt somit nur für ein Jahr.*

Wurde für das laufende Kalenderjahr ein krankenhausindividuelles Entgelt vereinbart und ist aus der Sicht des Krankenhauses die mit dem Entgelt zu vereinbarende Methode weiterhin nicht sachgerecht im G-DRG-System abgebildet, muss im Folgejahr eine erneute Anfrage gestellt werden. (Weitere Einzelheiten unter http://www.g-drg.de/cms/Neue_Untersuchungs-_und_Behandlungsmethoden_NUB/Verfahrenseckpunkte, 2013, Abruf am 23.01. 2013).

Liegt bei fristgerecht erfolgter Anfrage bis zur Budgetvereinbarung eine Information nicht vor, kann die Vereinbarung eines krankenhausindividuellen Entgelts *ohne* diese Information geschlossen werden, allerdings nicht vor dem 1. Januar des Vereinbarungszeitraums (§ 6 Abs. 2 Satz 5 KHEntgG). Das Krankenhaus muss zunächst abwarten, ob das InEK eine Information erteilt, jedoch nur bis zum Ende des laufenden Jahres. Zu den NUB-Leistungen, die in das G-DRG-System 2013 integriert wurden, siehe http://www.g-drg.de/cms/G-DRG-System_2013/Neue_Untersuchungs-_und_Behandlungsmethoden_NUB/Aufstellung_von_NUB-Leistungen_mit_Status_1_in_2012, Abruf am 23.01.2013.

Finden die Budgetverhandlungen spät im Folgejahr (Vereinbarungszeitraum) statt, sollen die Entgelte für neue Untersuchungs- und Behandlungsmethoden unabhängig von der Vereinbarung des Erlösbudgets nach § 4 KHEntgG vereinbart werden, damit Innovationen frühzeitig Eingang in die klinische Versorgung finden (§ 6 Abs. 2 Satz 6 KHEntgG). Im Falle der Nichteinigung kann auch die Schiedsstelle vorab diese Entgelte festsetzen. Wollen die Vertragsparteien die Verhandlungen über das Erlösbudget abwarten, können sie vereinbaren, dass die bis zum Wirksamwerden der Budgetvereinbarung bereits angefallenen neuen Leistungen analog § 15 Abs. 3 KHEntgG vollständig im Wege des Ausgleichs vergütet werden.

Die zu vereinbarenden Entgelte sind sachgerecht zu kalkulieren. Die Vertragsparteien auf der Bundesebene haben eine Empfehlung für die Kalkulation mit Kalkulationsblättern und -hinweisen vereinbart, die von den Pflegesatzparteien beachtet werden muss (http://www.gkv-spitzenverband.de/

krankenversicherung/krankenhaeuser/drg_system/neue_untersuchungs_und_
behandlungsmethoden_nub/neue_untersuchungs_und_behandlungsmethoden_
nub.jsp, Abruf am 23.01.2013; dazu Falkenberg et al. 2009). Wird ein Entgelt
vereinbart, müssen die an der Vereinbarung beteiligten gesetzlichen Krankenkassen Art und Höhe des Entgelts an die Vertragsparteien auf der Bundesebene melden; dabei haben sie auch die der Vereinbarung zugrunde liegenden
Kalkulationsunterlagen und die vom Krankenhaus vorzulegende ausführliche
Beschreibung der Methode zu übermitteln. Diese Meldungen nimmt nach der
Verfahrensempfehlung ebenfalls das InEK stellvertretend für die Vertragsparteien auf der Bundesebene entgegen. Das InEK prüft dann, ob die Methode in
der nächsten Fortschreibung in den Fallpauschalen- oder Zusatzentgeltkatalog
aufgenommen werden kann. Haben die Vertragsparteien auf der Bundesebene oder das InEK Zweifel daran, ob die neue Untersuchungs- und Behandlungsmethode für die Patientenversorgung erforderlich ist, können sie eine Bewertung durch den Gemeinsamen Bundesausschuss nach § 137c SGB V veranlassen
(§ 6 Abs. 2 Satz 9 KHEntgG n.F.).

Die Entgelte für neue Untersuchungs- und Behandlungsmethoden nehmen
nicht am Erlösausgleich teil, weil sie weder zum Erlösbudget noch zur Erlössumme gehören (§ 5 Abs. 4 i.V.m. § 4 Abs. 3 Satz 1 KHEntgG). Die Entgelte sind
daher echte Preise. Ein Zahlbetragsausgleich wegen der Weitererhebung bisher vereinbarter Entgelte nach § 15 Abs. 2 Satz 2 und 3 KHEntgG kann nur in
Betracht kommen, wenn die Vereinbarung der Entgelte auch im neuen Vereinbarungszeitraum zulässig ist, was insbesondere dann nicht der Fall ist,
wenn die ihnen zugrunde liegenden Leistungen jetzt mit bundeseinheitlich
bewerteten Entgelten vergütet werden oder die Vertragsparteien auf der Bundesebene die Abrechnungsfähigkeit ausgeschlossen haben (§ 15 Abs. 2 Satz 3
KHEntgG).

Aus den vorstehenden Ausführungen wird deutlich, dass die Vergütung neuer Untersuchungs- und Behandlungsmethoden stark reglementiert ist in dem
Bemühen, möglichst einheitliche Vergütungsregelungen zu schaffen. Der
damit verbundene Trend zu standardisierten Behandlungen und Prozeduren
wird nicht nur von den Krankenhäusern als **innovationshemmend** empfunden (MonKomm, BT-Drs. 16/10140, 327; Roeder u. Bunzemeier 2010; Roeder
2009; Huster 2010). Beklagt wird auch eine Blockadehaltung der Sozialleistungsträger bei den Verhandlungen über die NUB-Entgelte, die ihren Grund
darin habe, dass diese Entgelte nicht Teil des Erlösbudgets sind und damit
zusätzliche finanzielle Belastungen für die Sozialleistungsträger hervorrufen.
So kommt angeblich in 40 Prozent der Fälle, in denen das InEK die nicht sachgerechte Vergütung bestätigt hat, keine Vereinbarung über NUB-Entgelte zustande (Huster a.a.O.).

5 Zusatzentgelte für die Behandlung von Blutern

Zusatzentgelte für die Behandlung von Blutern sind wegen der extrem hohen Kosten im Einzelfall und der fehlenden Planbarkeit nicht Teil des Erlösbudgets und der Erlössumme (§ 4 Abs. 1 Satz 2, 6 Abs. 3 Satz 2 KHEntgG). Sie nehmen deshalb auch nicht am Erlösausgleich teil (§ 4 Abs. 6 Satz 3 KHEntgG).

Der Begriff „Bluter" ist sowohl zwischen den Vertragsparteien auf der Bundesebene als auch zwischen den Pflegesatzparteien umstritten. Der DRG-Entgeltkatalog 2012 enthält (in der Anlage 4) ein unbewertetes, krankenhausindividuell zu vereinbarendes Zusatzentgelt für die Leistung: *„Behandlung von Blutern mit Blutgerinnungsfaktoren"* (ZE 2012-27). Unstreitig gehört die angeborene Bluterkrankheit zum Leistungsbild dieses Zusatzentgelts. Umstritten ist das bei den dauerhaft oder temporär *erworbenen* Gerinnungsstörungen (Mangel an Gerinnungsfaktoren im Blutplasma sowie zelluläre und gefäßbedingte Blutgerinnungsstörungen). Da auch die Behandlung von nicht angeborenen Blutgerinnungsstörungen vergütet werden muss, waren die Pflegesatzparteien gefordert, hierfür Lösungen zu finden. In der Praxis bestand die Lösung oft darin, ein weiteres Zusatzentgelt zu vereinbaren. Die Vertragsparteien auf der Bundesebene haben mit der Fallpauschalenvereinbarung für 2013 eine sachgerechte Lösung geschaffen und in der Anlage 4 zwei unbewertete (krankenhausindividuell zu verhandelnde) Zusatzentgelte vereinbart (ZE2013-97 „Behandlung von Blutern mit Blutgerinnungsfaktoren"; ZE2013-98 „Gabe von Blutgerinnungsfaktoren"). Das Zusatzentgelt ZE2013-97 ersetzt das Zusatzentgelt ZE2012-27. Das Zusatzentgelt ZE2013-98 ist neu und nach der Fallpauschalenvereinbarung intrabudgetär zu vereinbaren. Die zugehörigen ICD-Kodes sind in der (neuen) Anlage 7 aufgeführt. Die Vertragsparteien auf der Bundesebene haben festgelegt, dass beim ZE2013-98 der für die gesamte Behandlung angefallene Betrag erst bei Überschreitung eines Schwellenwertes von 15.000 € abgerechnet werden kann.

Die Bluterentgelte sind sachgerecht zu kalkulieren (§ 6 Abs. 1 Satz 2 KHEntgG). Weit verbreitet ist die Praxis, Blutgerinnungspräparate mit den Beschaffungspreisen, vermindert um realisierte Rabatte und Skonti, zu vergüten. Das geht noch auf Vereinbarungen zurück, die zu den Sonderentgelten nach der BPflV in der bis Ende 2003 geltenden Fassung getroffen wurden. Sie sind vom Gedanken der Selbstkostendeckung geprägt. Unter der Geltung des KHEntgG ist es systemgerechter, leistungsgerechte Preise zu vereinbaren.

6 Zuschläge für Zentren und Schwerpunkte

6.1 Typologie von Zentren und Schwerpunkten

Die besonderen Aufgaben von Zentren und Schwerpunkten für die stationäre Versorgung von Patienten, insbesondere die Aufgaben der Tumorzentren und geriatrischen Zentren sowie entsprechenden Schwerpunkten gehören zu den allgemeinen Krankenhausleistungen, wenn sie unter Berücksichtigung der Leistungsfähigkeit des Krankenhauses im Einzelfall nach Art und Schwere der Krankheit für die medizinisch zweckmäßige und ausreichende Versorgung notwendig sind (§ 2 Abs. 2 Nr. 4 KHEntgG). Die Regelung geht zurück auf § 2 Abs. 2 Nr. 4 BPflV 1995. In der amtlichen Begründung zu dieser Vorschrift (BR-Drucks. 281/94, 27) heißt es:

> „Satz 2 Nr. 4 stellt klar, dass die besonderen Leistungen von Tumorzentren und onkologischen Schwerpunkten für die Versorgung von krebskranken Patienten zur allgemeinen Krankenhausleistung zählen. Hierzu gehören insbesondere Konsile, interdisziplinäre Video-Fallkonferenzen einschließlich der Nutzung moderner Kommunikationstechnologien, besondere Dokumentationsleistungen u.a. für klinische Krebsregister und die Nachsorgeempfehlungen."

Durch Art. 2 Nr. 1a des 2. FPÄndG wurde die bis dahin auf Tumorzentren und onkologische Schwerpunkte beschränkte Aufzählung in § 2 Abs. 2 Satz 2 Nr. 4 KHEntgG auf weitere Zentren und Schwerpunkte ausgedehnt.

Die grundlegende Vergütungsregelung für die besonderen Aufgaben von Zentren und Schwerpunkten enthält § 17b Abs. 1 Satz 4 KHG, wonach für allgemeine Krankenhausleistungen, die nicht in das pauschalierende DRG-Entgeltsystem mit Fallpauschalen und Zusatzentgelten einbezogen werden können, weil der Finanzierungstatbestand nicht in allen Krankenhäusern vorliegt, bundeseinheitliche Regelungen für Zu- und Abschläge zu vereinbaren sind. Dazu gehören ausdrücklich auch Zuschläge für die „besonderen Leistungen" der Zentren und Schwerpunkte, wobei diese nach Regionen differenziert werden können. Die Regelungskompetenz liegt primär bei den Vertragsparteien auf der Bundesebene und – im Wege der Ersatzvornahme – beim Bundesministerium für Gesundheit (§ 17b Abs. 7 KHG). Wurde auf dieser Ebene keine Vergütungsregelung getroffen, sind die Pflegesatzparteien nach § 5 Abs. 3 KHEntgG aufgefordert, „Zu- und Abschläge auf der Grundlage der Vorgaben dieses Gesetzes" zu vereinbaren. Die Formulierung „Zu- und Abschläge" ist irreführend; in Betracht kommen nur Zuschläge. Davon geht jedenfalls § 17b Abs. 1 Satz 4 KHG aus. Auch in der amtlichen Begründung zu § 5 Abs. 3 KHEntgG (BT-Drucks. 15/994, 21) ist nur von Zuschlägen die Rede (s. auch Tuschen u. Trefz 2010, 264).

Da bundesweite Regelungen bisher nicht zustande gekommen sind, trifft die Pflegesatzparteien die Verpflichtung, Zuschläge zu vereinbaren. Die Frage, unter welchen Voraussetzungen Zuschläge für Zentren und Schwerpunkte vereinbart werden können, gehört zu den strittigsten Themen zwischen den Pflegesatzparteien. Die Auffassungen hierüber gehen teilweise weit auseinander. Das gilt auch für die Schiedsstellen, deren Entscheidungen stark divergieren (Überblick bei Felix 2010 und Schmitz 2010).

Umstritten ist zunächst, ob die Vereinbarung von Zuschlägen stets voraussetzt, dass das jeweilige Zentrum oder der Schwerpunkt im Krankenhausplan des Landes ausgewiesen ist (Zum Meinungsstand Felix a.a.O.; Schmitz a.a.O.). Das ist zu verneinen. Die alleinige Definitionshoheit der Länder über Zentren und Schwerpunkte im Rahmen der Krankenhausplanung lässt sich schon historisch nicht begründen. Vernetzte Versorgungsstrukturen zwischen dem ambulanten und dem stationären Bereich mit Zentren und Schwerpunkten hier wie dort zur Verbesserung der Versorgung von Krebskranken und zur Führung von klinischen Krebsregistern wurden seit Beginn der 80er-Jahre von den medizinischen Fachgesellschaften und anderen Organisationen (z.B. der Deutschen Krebshilfe) propagiert. Dokumentationspauschalen für onkologische Schwerpunkte wurden zuerst im niedergelassenen Bereich mit den Krankenkassen vereinbart. Einige Länder haben diese Entwicklung in ihren Krankenhausplänen für den stationären Bereich nachvollzogen. Ein Beispiel hierfür ist das Land Nordrhein-Westfalen, das in seinem Krankenhausplan Zentren und Schwerpunkte nicht nur für die Tumorpatienten ausgewiesen hat (vgl. OVG NRW v. 20.11.2006 – 13 B 2081/06 –). Andere Krankenhauspläne der Länder schweigen zum Thema Zentren und Schwerpunkte, obwohl es solche in der Realität gibt. Generell geht die Tendenz in der Krankenhausplanung hin zu einer bloßen kapazitätsorientierten Rahmenplanung; die Länder sind nicht verpflichtet, Zentren und Schwerpunkte im Krankenhausplan auszuweisen (s. Kap. II.4 und II.5.2). Ein aktuelles Beispiel dafür, wie Zentren außerhalb der Krankenhausplanung entstehen, ist die Richtlinie des Gemeinsamen Bundesausschusses (§ 91 SGB V) über Maßnahmen zur Qualitätssicherung für die stationäre Versorgung von Kindern und Jugendlichen mit hämato-onkologischen Krankheiten in der seit dem 1. Januar 2012 gültigen Fassung (http://www.g-ba.de/informationen/richtlinien/47/, Abruf am 23.01.2013). Danach erfolgt die stationäre Versorgung von Patientinnen und Patienten mit pädiatrisch-hämato-onkologischen Krankheiten in einem Zentrum, welches die in der Richtlinie festgelegten Anforderungen erfüllt. Da § 17b Abs. 1 Satz 4 KHG zwingend vorschreibt, dass die besonderen Leistungen von Zentren und Schwerpunkten zu vergüten sind, kann der Krankenhausplan nicht immer entscheidend sein (im Ergebnis ebenso Felix a.a.O; Schmitz a.a.O; Rau 2011)

Andererseits gilt: Wenn und soweit das Land im Krankenhausplan Festlegungen zu Zentren und Schwerpunkten und zu den zu erfüllenden Anforderungen getroffen hat, sind diese für die Pflegesatzparteien verbindlich; es gilt dann insoweit der Primat der Landesplanung (vgl. BSG v. 28.1.2009 – B 6 KA 61/07 –, KRS 09.026; VG Aachen v. 22.6.2011 – 8 K 2424/08 –, KRS 11.035). Gelegentlich geäußerte Bedenken gegen die Regelungsbefugnis der Länder (Fritz 2008) sind nicht begründet (OVG NRW v. 20.11.2006 – 13 B 2081/06 –; VG Aachen a.a.O.).

Ferner ist umstritten, was unter einem Zentrum – auch in Abgrenzung von einem Schwerpunkt- zu verstehen ist. Zentren sind Einrichtungen zur Qualitätssicherung und -verbesserung der Versorgung. Das wird besonders deutlich bei den Zentren, die vom Gemeinsamen Bundesausschuss in Richtlinien zur Qualitätssicherung (§ 137 SGB V) definiert werden. Aber auch von den maßgeblichen Verkehrskreisen (Patienten, niedergelassene Ärzte, Kostenträger, Mitbewerber) wird angenommen, dass ein Zentrum über eine über den Durchschnitt hinausgehende Kompetenz, Ausstattung und Erfahrung verfügt (BGH v. 18.1.2012 – I ZR 104/10 –, KRS 12.008). Die von den Krankenhausträgern in Eigeninitiative entwickelten Zentren für eine sektorübergreifende Zusammenarbeit und/oder die Bündelung von Kompetenzen (z.B. in Klinikverbünden, vgl. Timm u. Wygold 2012) sind ein wichtiges Instrument der Marktpositionierung und haben daher in Verbindung mit ihrer Zertifizierung in erster Linie eine marktstrategische Bedeutung zur Sicherung von Marktanteilen im Qualitätswettbewerb mit anderen Krankenhäusern. Durch die Zertifizierung (z.B. nach DIN ISO 9001) wird der Nachweis erbracht, dass das Krankenhaus (Zentrum) über ein anerkanntes Qualitätsmanagementsystem verfügt. Dieser Nachweis ist heute jedoch Standard. Die Zertifizierung von Zentren als allein entscheidenden Maßstab für die Erfüllung des Zentrumsbegriffs zu nehmen, geht daher fehl (ebenso Schmitz 2010; a.M. Felix 2010). Erst recht kann es sich nicht um ein Zentrum im Sinne des § 17b Abs. 1 Satz 4 KHG handeln, wenn das Krankenhaus, das mit dem Begriff „Zentrum" wirbt, nicht über eine besondere (überdurchschnittliche) Kompetenz, Erfahrung oder Ausstattung verfügt; es handelt sich dann nur um einen internen Behandlungsschwerpunkt (BGH v. 18.1.2012 – I ZR 104/10 –, KRS 12.008).

Teilweise wird ein Zentrum dadurch charakterisiert, dass es überregionale Aufgaben wahrnimmt. Ein Zentrum *kann* so definiert sein, zum Beispiel in einem Krankenhausplan (VG Aachen v. 22.6.2011 – 8 K 2424/08 –, KRS 11.035), es muss aber nicht immer so definiert sein. Ein kinderonkologisches Zentrum nach der erwähnten Richtlinie des Gemeinsamen Bundesausschusses wird charakterisiert durch besondere Anforderungen an Personal und Organisation sowie durch besondere Qualitätssicherungsmaßnahmen wie etwa die verpflichtende Durchführung von Therapieoptimierungsstudien. Hier handelt es sich allein um die besondere Kompetenz und die Maßnahmen der Qualitätssicherung, durch die sich das Zentrum von anderen Krankenhäusern abhebt. Die überregionale oder krankenhausübergreifende Aufgabenstellung folgt hieraus allenfalls indirekt, weil Kinder mit hämato-onkologischen Erkrankungen in solchen Zentren behandelt werden sollen. Die überregionale oder krankenhausübergreifende Aufgabenstellung ist charakteristisch für Schwerpunkte (Tuschen u. Trefz 2010, 265).

> *Geht man von der Entstehungsgeschichte aus und betrachtet die aktuelle Aufgabenstellung, so sind Zentren dadurch gekennzeichnet, dass sie besondere Anforderungen an die Qualitätssicherung, die von anderen Krankenhäusern nicht gefordert werden, erfüllen müssen. Schwerpunkte erfüllen in erster Linie überörtliche und überregionale Aufgaben, für die besondere Kapazitäten vorgehalten werden müssen. Auch für sie können besondere Anforderungen an die Qualitätssicherung gelten; sie sind dann gleichzeitig auch Zentren.*

6.2 Besondere Leistungen

Die besonderen Leistungen von Zentren und Schwerpunkten müssen grundsätzlich vergütungsfähig sein. Das sind sie nur, wenn sie für die medizinisch zweckmäßige und ausreichende Versorgung voll- und teilstationärer Patienten notwendig sind; denn nur unter dieser Voraussetzung gehören sie zu den allgemeinen Krankenhausleistungen (§ 2 Abs. 2 Satz 1 KHEntgG). Grundsätzlich ist davon auszugehen, dass zur medizinisch zweckmäßigen und ausreichenden Versorgung alles gehört, worauf die Patienten nach § 39 Abs. 1 SGB V Anspruch haben (vgl. zur Kongruenz von Leistungsrecht und Finanzierungsrecht Kap. II.3.2). Ob diagnostische oder therapeutische Leistungen nach dem Stand der medizinischen Wissenschaft notwendig sind und welche Mindestanforderungen an Struktur-, Prozess- und Ergebnisqualität zu stellen sind, bestimmt der Gemeinsame Bundesausschuss in Richtlinien gemäß § 137 Abs. 1 Nr. 2 SGB V. Die vom Gemeinsamen Bundesausschuss festgelegten Maßnahmen zur Qualitätssicherung gehören zu den allgemeinen Krankenhausleistungen und sind von den Pflegesatzparteien als „sonstiges Recht" zu beachten (§ 18 Abs. 5 Satz 1 KHG, vgl. auch § 17b Abs. 1 Satz 5 KHG, § 7 Abs. 1 Satz 1 Nr. 7, Satz 2 KHEntgG, § 7 Abs. 1 Satz 2 Nr. 1 BPflV).

„Besonders" sind die Leistungen eines Zentrums oder Schwerpunktes nur dann, wenn sie über die allen Krankenhäusern obliegende Verpflichtung zur Erbringung der diagnostischen und therapeutischen Leistungen nach dem Stand der medizinischen Wissenschaft hinausgehen. Nur dann kann es sich im Sinne von § 17b Abs. 1 Satz 4 KHG um einen Finanzierungstatbestand handeln, der nicht in allen Krankenhäusern vorliegt; denn die „normalen", alle Krankenhäuser betreffenden Leistungen einschließlich der erforderlichen Qualitätssicherungsmaßnahmen sind mit den Fallpauschalen und Zusatzentgelten abgegolten; das Kalkulationshandbuch des InEK ist entsprechend angelegt (Felix 2010).

Wann hiernach eine besondere Leistung vorliegt, ist im Einzelfall zu entscheiden. Folgende allgemeine Regeln lassen sich aber aufstellen:

- Es muss sich um eine Leistung im Rahmen der voll- und teilstationären Patientenversorgung handeln; Leistungen, die ambulant erbracht werden, scheiden demnach für eine Zuschlagfinanzierung aus (VG Aachen v. 22.6.2011 – 8 K 2424/08 –, KRS 11.035).
- Die allgemeine Behandlungsleistung, auch wenn sie im Einzelfall sehr aufwändig ist, ist keine besondere Leistung (ebenso Tuschen u. Trefz 2010, 65). Nur wenn besondere Anforderungen an die Behandlungsleistung gestellt werden, zum Beispiel in den Richtlinien des Gemeinsamen Bundesausschusses, kann diese eine besondere Leistung sein (VG Aachen a.a.O.).
- Nur Leistungen, die das Krankenhaus innerhalb seines Versorgungsauftrags erbringt, sind vergütungsfähig (§ 5 Abs. 3 i.V.m. § 8 Abs. 1 Satz 3 KHEntgG). Das setzt voraus, dass die besonderen Leistungen des Krankenhauses von seinem Versorgungsauftrag gemäß § 8 Abs. 1 Satz 4 KHEntgG umfasst sind. Da nicht erforderlich ist, dass die besonderen Leistungen im Krankenhausplan ausdrücklich ausgewiesen sind (s.o.), reicht es aus, dass die Leistungen nicht im Widerspruch zur Krankenhausplanung stehen, also vom planerischen Willen des Landes getragen sind. Das gilt sinngemäß auch für Hochschulkliniken. Kann dem Krankenhausplan ein planerischer Wille in Bezug auf die Leistungen des Zentrums nicht entnommen werden, kann das Krankenhaus mit den Krankenkassenverbänden auf der Landesebene eine ergänzende Vereinbarung zu seiner Leistungsstruktur schließen (§ 108 Nr. 3 i.V.m. § 109 Abs. 1 Satz 5 SGB V). Die Pflegesatzparteien können keine Vereinbarungen über den Umfang des Versorgungsauftrags treffen; dies ist ausschließlich den Landesverbänden der Krankenkassen vorbehalten (Näheres in Kap. II.5).

Leider gibt es kein geregeltes Verfahren wie bei den NUB-Entgelten, das den Pflegesatzparteien anzeigt, ob bestimmte Leistungen bereits mit den Fallpauschalen und Zusatzentgelten abgegolten sind. Wenn für eine Leistung noch keine OPS-Verschlüsselung vorliegt, ist das allerdings ein sicherer Hinweis darauf, dass die Vergütung noch nicht einheitlich geregelt ist. Wenn für ein Zentrum oder einen Schwerpunkt (z.B. für Schwerbrandverletzte, Epilepsiekranke) bereits eine Finanzierung als besondere Einrichtung nach § 17b Abs. 1 Satz 15 KHG erfolgt (s. Kap. III.7.2.8), scheidet eine weitere Zuschlagfinanzierung aus.

Folgende Leistungen werden in Rechtsprechung und Literatur als zuschlagfähig anerkannt (VG Aachen a.a.O.; Felix a.a.O.):

- Psychologische Betreuung von Patientinnen in Brustzentren;
- Tumorkonferenzen;
- Patientenbefragungen, Audits, Qualitätsberichte und Managementreviews, strukturierte Fortbildung, Dokumentation, Evaluation, soweit sie über die Anforderungen des § 135a Abs. 2 SGB V hinausgehen. (A.M. in diesem Punkt Felix a.a.O., die nur auf Leistungen abstellt, die den Patienten unmittelbar zugute kommen. Diese Einschränkung kann dem Gesetz nicht entnommen werden. Dagegen zu Recht VG Aachen a.a.O.);
- Fallbesprechungen in interdisziplinären Teams;
- Netzwerkkoordination einschließlich eines zentrumsspezifischen Qualitätsmanagement-Systems (a.M. wohl Felix a.a.O).

Nicht als zuschlagfähig anerkannt werden folgende Leistungen:

- Weiterbildung einer Pflegekraft zur „Breast Nurse" oder zur „Study-Nurse" (a.M. Trefz 2010);
- Psychosoziale Betreuung der Patienten in Selbsthilfegruppen;
- Ambulante (Brust-)Sprechstunden.

Diese Beispiele sind weder abschließend noch in allen Fällen richtungweisend. So ist die psychosoziale Betreuung von hämato-onkologisch erkrankten Kindern als besondere Leistung anzuerkennen, weil sie in der Richtlinie des Gemeinsamen Bundesausschusses zur Kinderonkologie für Zentren als qualitätssichernde Maßnahme vorgeschrieben ist (§ 4 Abs. 6 KiOn-RL). Die Dokumentation und Berichterstattung der Diagnostik und Therapie an die Studienleitung im Rahmen von Therapieoptimierungsstudien (§ 5 Abs. 1 KiOn-RL) ist ebenfalls als besondere Leistung anzusehen (im Ergebnis ebenso Rau 2011). Auch die Führung eines klinischen Krebsregisters, welche dem Krankenhaus durch den Krankenhausplan auferlegt ist, stellt eine besondere Leistung dar, nicht dagegen die Datenlieferung an ein epidemiologisches Krebsregister des Landes. **Maßgebend ist immer eine Einzelfallprüfung** (VG Aachen a.a.O.).

Nach dem Gesetzentwurf der Bundesregierung „zur Weiterentwicklung von Krebsfrüherkennung und zur Qualitätssicherung durch klinische Krebsregister" (BR-Drucks. 511/12) sollen klinische Krebsregister flächendeckend eingeführt und deren Finanzierung durch die Krankenkassen ab 2016 im SGB V geregelt werden.

Das Krankenhaus muss die besonderen Leistungen benennen und bewerten und die anderen Parteien der Pflegesatzvereinbarung hierüber im Voraus informieren (§ 17b Abs. 1 Satz 4 KHG). Es erscheint zweckmäßig, den Pflegesatzparteien zur Definition und Kalkulation der besonderen Leistungen von Zentren und Schwerpunkten im Land in einer Rahmenvereinbarung der Vertragsparteien auf der Landesebene einheitliche Empfehlungen zu geben, damit auch regionale Besonderheiten berücksichtigt werden.

Ein Mehr- oder Mindererlösausgleich ist nicht vorgesehen. Ein Zahlbetragsausgleich (§ 15 Abs. 2 und 3 KHEntgG) ist möglich.

7 Sonstige Zu- und Abschläge

Das KHG und das KHEntgG kennen über die bisher dargestellte Finanzierung über Zu- und Abschläge hinaus eine Reihe von weiteren Zu- und Abschlägen auf die Entgelte. Einige müssen von den Pflegesatzparteien vereinbart werden, andere sind durch Vereinbarungen der Vertragsparteien auf der Bundesebene (§§ 5 und 7 KHEntgG) oder (ersatzweise) durch Rechtsverordnung des Bundesministeriums für Gesundheit (§ 17b Abs. 7 KHG) oder durch gesetzliche Reglungen verbindlich vorgegeben.

7.1 Vereinbarungen der Pflegesatzparteien

7.1.1 Pflegepersonalstellen-Programm

Paragraf 4 Abs. 10 KHEntgG sieht ein dreijähriges **Förderprogramm** für nach dem Krankenpflegegesetz ausgebildetes Pflegepersonal vor. Von dem Förderprogramm werden Personen erfasst, die die Berufsbezeichnungen „Krankenschwester", „Krankenpfleger", „Kinderkrankenschwester", „Kinderkrankenpfleger", „Gesundheits- und Krankenpflegerin", „Gesundheits- und Krankenpfleger", „Gesundheits- und Kinderkrankenpflegerin" sowie „Gesundheits- und Kinderkrankenpfleger" führen dürfen (§ 1 Abs. 1 Nr. 1 und 2 KrPflG).

Die durch die Neueinstellung oder Aufstockung vorhandener Teilzeitstellen von ausgebildetem Pflegepersonal entstehenden zusätzlichen Personalkosten werden für die Jahre 2009 bis 2011 zu 90 v.H. finanziell gefördert. Dazu können die Pflegesatzparteien jährlich **kumulativ** einen zusätzlichen Betrag bis zur Höhe von 0,48 v.H. des Gesamtbetrages nach § 4 Abs. 3 Satz 1 KHEntgG n.F. (Summe aus Erlösbudget und Erlössumme) in Form eines Zuschlags auf die abgerechnete Höhe der DRG-Fallpauschalen, die bundeseinheitlichen Zusatzentgelte und die krankenhausindividuellen Entgelte (§ 6 Abs. 1 Satz 1, Abs. 2a KHEntgG n.F.) vereinbaren. Wurde für ein Kalenderjahr ein Betrag nicht vereinbart, kann für das Folgejahr ein zusätzlicher Betrag bis zur Höhe von 0,96 v.H. vereinbart werden. Bis zu 5 v.H. des vereinbarten Betrages kann das Krankenhaus zur Erprobung neuer Arbeitsorganisationsmaßnahmen in der Pflege (z.B. Übernahme ärztlicher Verrichtungen) verwenden.

Der Vomhundertsatz für den Zuschlag ergibt sich aus dem Verhältnis der für die vorgenannten Zwecke insgesamt vereinbarten Beträge zum Gesamtbetrag aus Erlösbudget und Erlössumme. Der Zuschlag ist gesondert in der Rechnung auszuweisen, wird also nicht mit anderen Zu- und Abschlägen verrechnet. Den nicht geförderten Anteil der zusätzlich entstehenden Personalkosten (**Interessenquote**) muss das Krankenhaus aus eigenen Mitteln bestreiten. Dadurch sollen bloße Mitnahmeeffekte vermieden werden (BR-Drs. 696/08, 51).

Voraussetzung der Förderung ist, dass das Krankenhaus durch eine schriftliche Vereinbarung mit seiner Arbeitnehmervertretung die Einstellung oder Aufstockung des Pflegepersonals nachweist. Um zu verhindern, dass Krankenhäuser zunächst Pflegepersonal entlassen, um sich später die Neueinstellung anteilig finanzieren zu lassen, gilt eine **Stichtagsregelung**. Vergleichsgröße ist der Bestand an Vollkräften im Pflegedienst am 30. Juni 2008. Teilzeitstellen sind in Vollkräfte umzurechnen. Abgegoltene Überstunden werden nicht in Vollkräfte umgerechnet, um das Programm nicht zu konterkarieren (BR-Drs. 696/08, 59). Die Umsetzung des Förderprogramms ist eine gemeinsame Angelegenheit des Krankenhauses und seiner Arbeitnehmervertretung, um die betrieblichen Belange zu wahren. Die bereitgestellten Mittel sind zurück zu zahlen, wenn und soweit die Betriebsvereinbarung nicht umgesetzt wird. Paragraf 4 Abs. 10 Satz 8 KHEntgG bestimmt ausdrücklich, in welcher Form das Krankenhaus gegenüber den anderen Pflegesatzparteien den Nachweis der Umsetzung erbringen muss, nämlich durch eine Bestätigung des Jahresabschlussprüfers über die Stellenbesetzung im Vergleich zur Vollkräfteanzahl am 30. Juni 2008.

Der Pflegezuschlag ist nicht Teil des Erlösbudgets und der Erlössumme. Das ergibt sich zwar nicht ausdrücklich aus § 4 Abs. 10 KHEntgG, jedoch aus § 4 Abs. 1 KHEntgG. Der Pflegezuschlag nimmt daher nicht an dem Mehr- oder Mindererlösausgleich nach § 5 Abs. 4 KHEntgG teil. Der Zahlbetragsausgleich nach § 15 Abs. 2 und 3 KHEntgG ist dagegen anzuwenden.

Kommt über den Zuschlag und seine Bemessung keine Einigung zustande, entscheidet auf Antrag einer Vertragspartei die Schiedsstelle.

Ab dem 1. Januar 2012 werden die im Jahr 2011 von den Krankenhäusern im Land abgerechneten Finanzierungsbeträge für das Förderprogramm (die kumulierten Werte der Jahre 2009 bis 2011) in den Landesbasisfallwert eingerechnet (§ 10 Abs. 12 KHEntgG). Dadurch bleiben den Krankenhäusern die in den Jahren 2009 bis 2011 zusätzlich bereitgestellten Mittel dauerhaft erhalten. Seit dem 1. Januar 2012 können die Krankenhäuser als Teil des Erlösbudgets die Zusatzentgelte für hoch aufwändige Pflege (ZE 130 und ZE 131) abrechnen (DRG-EKV 2012, Anlage 2).

7.1.2 Sicherstellungszuschlag

Zur Sicherstellung einer für die Versorgung der Bevölkerung notwendigen Vorhaltung von Leistungen, die aufgrund des geringen Versorgungsbedarfs mit den DRG-Fallpauschalen nicht voll finanziert ist, vereinbaren die Pflegesatzparteien einen Sicherstellungszuschlag (§ 5 Abs. 2 Satz 1 KHEntgG). Der Sicherstellungszuschlag ist vor allem für Krankenhäuser in ländlichen Gebieten gedacht, um eine flächendeckende Versorgung (Grundversorgung) auch dann aufrecht zu erhalten, wenn die Vorhaltung von Leistungen wegen der geringen Nachfrage nicht mit den Fallpauschalen kostendeckend finanziert werden kann. Die Vertragsparteien auf der Bundesebene haben den Auftrag, die Maßstäbe dafür in einer Empfehlungsvereinbarung festzulegen. Die Landesregierungen können durch Rechtsverordnung ergänzende oder abweichende Vorgaben machen (§§ 17b Abs. 1 Satz 6 und 7 KHG). Eine entsprechende Empfehlungsvereinbarung ist bisher nicht zustande gekommen. Die Pflegesatzparteien haben daher in eigener Zuständigkeit zu prüfen, ob die Voraussetzungen für einen Sicherstellungszuschlag vorliegen und in welcher Höhe er festzulegen ist (OVG NRW v. 25.05.2012 – 13 A 469/11 –, KRS 12.023; VG Schleswig v. 22.6.2012, zitiert nach Trefz 2012; VG Gießen v. 1.3.2012 – 7 K 1593/09 –, KRS 12.028; Tuschen u. Braun 2005, 28, 34; Dietz et al. 2011 § 5 KHEntgG Erl. III.1.; vgl. auch § 17b Abs. 1 Satz 9 KHG, § 5 Abs. 2 Satz 4 KHEntgG).

Sie haben dabei auch zu prüfen, ob die Leistung durch ein anderes geeignetes Krankenhaus, das diese Leistung bereits erbringt, ohne Zuschlag erbracht werden kann, sodass ein Zuschlag für das antragstellende Krankenhaus nicht notwendig ist. Krankenhäuser sollen nicht mittels Sicherstellungszuschlags gefördert werden, wenn ihre Leistungen von anderen geeigneten Krankenhäusern ohne Subvention erbracht werden können; das Krankenhausfinanzierungsrecht schützt nicht das einzelne Krankenhaus vor Konkurrenz. Ob ein anderes geeignetes Krankenhaus vorhanden ist, hängt wesentlich von dessen Erreichbarkeit (mit den Komponenten Entfernung und Zeit) für die Patienten ab. Die Voraussetzungen für einen Sicherstellungszuschlag sind nicht gegeben, wenn die Versorgung durch andere Krankenhäuser mit entsprechenden Fachabteilungen im Umkreis von 15 bis 20 Kilometern, die in maximal 30 Minuten zu erreichen sind, sichergestellt werden kann und verkehrsinfrastrukturelle oder topografische Besonderheiten nicht vorliegen. (OVG NRW v. 25.5.2012 – 13 A 469/11 –, KRS 12.023; VG Arnsberg v. 28.1.2011 – 3 K 1066/09 –, KRS 11.003). Ist die nächsterreichbare Fachabteilung mindestens 30 Kilometer entfernt, liegen die Voraussetzungen für einen Sicherstellungszuschlag regelmäßig vor (VG Schleswig a.a.O).

Abweichend von der sonst üblichen Konfliktlösung durch die Schiedsstelle sieht § 5 Abs. 2 Satz 3 KHEntgG eine Entscheidung durch die für die Krankenhausplanung zuständige Landesbehörde vor, wenn die Pflegesatzparteien sich nicht über die Notwendigkeit eines Sicherstellungszuschlags oder ein geeignetes anderes Krankenhaus einigen. Hier kommt der Sicherstellungsauftrag des Landes zur Geltung. Die Landesbehörde muss die Feststellung treffen, ob die Vorhaltung von voll- oder teilstationären Leistungen aufgrund eines geringen Versorgungsbedarfs (einer geringen Fallzahl) mit den Fallpauschalen nicht kostendeckend finanziert werden kann und ob die Vorhaltung dieser Leistungen zur Sicherstellung der Versorgung der Bevölkerung notwendig ist. Ein geringer Versorgungsbedarf ist insbesondere dann anzunehmen, wenn die Fallzahlen einer Fachabteilung weit unter dem Durchschnitt der Fachabteilungen des jeweiligen Fachgebiets liegen. Es ist also auf die Leistungen der defizitär arbeitenden Fachabteilung abzustellen, nicht auf einzelne Leistungen und nicht auf alle Leistungen des Krankenhauses (VG Schleswig a.a.O.; VG Gießen a.a.O.). Der Feststellungsbescheid ist ein Verwaltungsakt und kann von den durch ihn beschwerten Pflegesatzparteien angefochten werden (VG Schleswig a.a.O.) Über die Höhe eines notwendigen Sicherstellungszuschlags entscheidet im Konfliktfall dagegen die Schiedsstelle.

> *Eine Höchstgrenze existiert nicht.*

Nach dem Wortlaut des § 5 Abs. 2 KHEntgG ist der Sicherstellungszuschlag auf die mit Fallpauschalen vergüteten Leistungen zu beziehen, welche die Unterdeckung verursachen. Das kann unter Umständen zu einem sehr hohen Zuschlag führen, wenn die gesamten Vorhaltekosten (z.B. der Isolierstation) auf wenige Fälle oder sogar einen einzigen Fall abgewälzt werden. Der Zweck des Gesetzes dürfte aber darin bestehen, sicherzustellen, dass das Krankenhaus mit allen abgerechneten Fallpauschalen kostendeckend arbeiten kann, sodass eine Umlage auf alle Fallpauschalen als zulässig anzusehen ist (Dietz et al. 2007 § 5 KHEntgG Erl. III.5.) Ob der Zuschlag durch einen Vomhundertsatz des Fallpauschalenvolumens oder durch einen festen Betrag auf jede Fallpauschale ausgewiesen wird, liegt in der Gestaltungsfreiheit der Pflegesatzparteien (§ 17b Abs. 1 Satz 9 KHG). Ein Mehr- oder Mindererlösausgleich findet nicht statt. Ein Zahlbetragsausgleich (§ 15 Abs. 2 und 3 KHEntgG) kommt dagegen in Betracht.

7.2 Vereinbarungen der Vertragsparteien auf der Bundesebene

Die Vereinbarungen der Vertragsparteien auf der Bundesebene über Zu- und Abschläge sind für die Pflegesatzparteien verbindlich (§ 5 Abs. 1 Satz 1, § 7 Abs. 1 Satz 1 Nr. 4 und 7, Satz 3 KHEntgG). Auf Antrag einer Pflegesatzpartei ist zu prüfen, ob bei dem Krankenhaus die Voraussetzungen für einen Zu- oder Abschlag vorliegen. Wurde für einen Tatbestand ein bundeseinheitlicher Zu- oder Abschlag festgelegt, der für die Zwecke der Berechnung gegenüber den Patienten oder den Kostenträgern auf eine krankenhausindividuelle Bezugsgröße, beispielsweise die Fallzahl oder eine Erlössumme, umgerechnet werden muss, so vereinbaren die Pflegesatzparteien gemäß den Vereinbarungen der Vertragsparteien auf der Bundesebene den sich daraus ergebenden krankenhausindividuellen Abrechnungs- oder Vomhundertsatz (§ 5 Abs. 1 Satz 2 und 3 KHEntgG). Einigen sich die Pflegesatzparteien nicht über das Vorliegen der Voraussetzungen für einen Zu- oder Abschlag oder über die Umrechnung, so entscheidet die Schiedsstelle. Derzeit existieren die nachfolgenden Vereinbarungen der Vertragsparteien auf der Bundesebene.

7.2.1 Zuschlag für Begleitpersonen

Die aus medizinischen Gründen notwendige Mitaufnahme einer Begleitperson des Patienten gehört zu den allgemeinen Krankenhausleistungen (§ 2 Abs. 2 Nr. 3 KHEntgG). Die Vertragsparteien auf der Bundesebene haben auf der Grundlage des § 17b Abs. 1 Satz 4 KHG am 16. September 2004 und 6. November 2012 eine Vereinbarung über Zuschläge für die Aufnahme von Begleitpersonen getroffen (http://www.gkv-spitzenverband.de/krankenversicherung/ krankenhaeuser/drg_system/drg_begleitforschung/drg_begleitforschung.jsp, Abruf am 23.01.2013). Danach können für die notwendige Mitaufnahme einer Begleitperson des Patienten für den Aufnahmetag und jeden weiteren Tag des vollstationären Aufenthalts (Berechnungstag) mit Ausnahme des Entlassungs- und Verlegungstages 45 € für Unterkunft und Verpflegung abgerechnet werden. Über die medizinische Notwendigkeit der Mitaufnahme entscheidet der Krankenhausarzt. Ausgleiche kommen wegen des fixen Betrages nicht in Betracht.

Der Zuschlag für Begleitpersonen kann auch für die Mitaufnahme einer Pflegekraft nach § 11 Abs. 3 SGB V abgerechnet werden. Dies haben die Vertragsparteien auf der Bundesebene am 6. November 2012 in ihrer Ergänzungsvereinbarung klargestellt.

7.2.2 Zu- und Abschläge für Qualitätssicherung

Paragraf 17b Abs. 1 Satz 5 KHG gibt den Vertragsparteien auf der Bundesebene vor, für die Beteiligung der Krankenhäuser an Maßnahmen zur Qualitätssicherung auf der Grundlage des § 137 SGB V Zuschläge zu vereinbaren. Paragraf 8 Abs. 4 KHEntgG regelt ergänzend, dass von den Fallpauschalen und Zusatzentgelten Abschläge vorzunehmen sind, wenn das Krankenhaus seine Verpflichtungen zur Qualitätssicherung (vgl. § 137 Abs. 1 Satz 2 SGB V) nicht einhält. In einer vom Gemeinsamen Bundesausschuss gemäß § 137 Abs. 1 i.V.m.

§ 135a SGB V bestätigten Vereinbarung vom 15. August 2006 mit Änderungsvereinbarung vom 20. Oktober 2011 (BAnz 2012, 902) haben die Vertragsparteien auf der Bundesebene dazu Regelungen getroffen.

Die Vereinbarung sieht eine enge Zusammenarbeit zwischen Krankenhäusern, Landes- und Bundesebene vor. Für die Wahrnehmung der Aufgaben zur Qualitätssicherung auf Landes- und Bundesebene wurden besondere Gremien geschaffen (§§ 16 bis 18). Der Zuschlag für Qualitätssicherung setzt sich aus zwei Komponenten zusammen, nämlich einem Anteil für das Krankenhaus (für die interne Dokumentation im Krankenhaus) und einem Anteil „Land" (für die Aufwendungen auf der Landesebene). Die Erstattung der Aufwendungen für die Tätigkeit auf der Bundesebene ist in einem Vertrag mit der Institution nach § 137a SGB V (AQUA-Institut) geregelt. Der Zuschlagsanteil „Land" wird von den Selbstverwaltungspartnern auf der Landesebene vereinbart. Den Anteil für das Krankenhaus vereinbaren die Vertragsparteien auf der Bundesebene; er beträgt im Jahr 2013 0,60 € je vollstationären Fall (http://www.gkv-spitzenverband.de/krankenversicherung/krankenhaeuser/qualitaetsberichte/qualitaetsberichte.jsp, Abruf am 23.01.2013). Der Zuschlag wird vom Krankenhaus in voller Höhe für jeden vollstationären Krankenhausaufenthalt in Rechnung gestellt; es führt den in ihm enthaltenen Anteil für die Landesebene an die von der Landesebene beauftragte Stelle ab.

Der Zuschlag geht nicht in das Erlösbudget und die Erlössumme ein und nimmt somit nicht am Erlösausgleichsverfahren teil. Treten die Vereinbarungen über die Höhe des Zuschlags rechtzeitig zum 1. Januar eines Jahres in Kraft oder bleiben sie unverändert, ist kein Zahlbetragsausgleich nach § 15 Abs. 2 KHEntgG erforderlich.

Für nicht dokumentierte, aber dokumentationspflichtige Datensätze sind vom Krankenhaus gemäß § 8 Abs. 4 KHEntgG Qualitätssicherungs*abschläge zu zahlen*. Bei einer Dokumentationsrate des Krankenhauses von unter 95 v.H. wird ein Abschlag für jeden nicht dokumentierten Datensatz in Höhe von 150 € fällig. Erfüllt ein Krankenhaus seine Pflicht zur Abgabe einer Konformitätserklärung (Erklärung zur Richtigkeit der übermittelten Daten) nicht fristgerecht, ist ein Abschlag von 6.000 € fällig, nachdem es von der auf Landesebene beauftragten Stelle erfolglos abgemahnt worden ist. Die Abschläge sind im nachfolgenden Vereinbarungszeitraum mit dem Zuschlag zu verrechnen.

7.2.3 DRG-Systemzuschlag

Zur Finanzierung der ihnen übertragenen Aufgaben vereinbaren die Vertragsparteien auf der Bundesebene für jeden voll- oder teilstationären Krankenhausfall einen DRG-Systemzuschlag (§ 17b Abs. 5 KHG). Der Zuschlag dient der Finanzierung insbesondere der Entwicklung der DRG-Klassifikation und der Kodierregeln, der Ermittlung der Bewertungsrelationen, der Bewertung der Zu- und Abschläge, der Ermittlung der Richtwerte zur Finanzierung der Ausbildungsstätten und von pauschalierten Zahlungen für die Teilnahme von Krankenhäusern oder Ausbildungsstätten an der Kalkulation, der Vergabe von Aufträgen und der Aufgaben des InEK. Handelt das Bundesministerium für Gesundheit im Wege der Ersatzvornahme (§ 17b Abs. 7 KHG), sind die von ihm veranlassten Kosten ebenfalls mit dem Zuschlag zu finanzieren (§17b Abs. 5 Satz 1 KHG). Ab 2009 sind mit dem DRG-Systemzuschlag auch die Kosten zu finanzieren, die den Vertragsparteien auf der Bundesebene und dem InEK durch die Entwicklung eines leistungsorientierten Vergütungssystems für psychiatrische und psychosomatische Krankenhäuser und Fachabteilungen sowie für die Entwicklung von Investitionsbewertungsrelationen nach § 10 Abs. 2 KHG n.F. entstehen (§§ 17b Abs. 5 Satz 1, 17d Abs. 5 KHG, Art. 1 Nr. 5 KHRG). Die Kosten für den Forschungsauftrag und die Entwicklung von Lösungsvorschlägen für die Mengensteuerung im DRG-Bereich nach § 17b Abs. 9 KHG sind ebenfalls mit dem Systemzuschlag zu finanzieren.

Die Vertragsparteien auf der Bundesebene haben zuletzt mit Vereinbarung vom 29. November 2012 den DRG-Systemzuschlag für das Jahr 2013 vereinbart. Er beträgt 1,13 € je voll- und teilstationärem Fall und ist an das InEK abzuführen. Die Vereinbarung regelt das Nähere zum Verfahren (http://www.gkv-spitzenverband.de/media/dokumente/krankenversicherung_1/krankenhaeuser/abrechnung/zu___abschlaege/KH_DRG-Systemzuschlag_2013_2012_11_29_Hinweise.pdf, Abruf am 23.01.2013).

Der Systemzuschlag ist nicht Teil des Erlösbudgets und der Erlössumme und nimmt deshalb nicht am Erlösausgleich teil. Er unterliegt auch nicht der Begrenzung durch den Veränderungswert (§ 17b Abs. 5 Satz 8 KHG).

7.2.4 Systemzuschlag für den Gemeinsamen Bundesausschuss

An der Finanzierung des Gemeinsamen Bundesauschusses (§ 91 SGB V) und des von ihm getragenen Instituts für Qualität und Wirtschaftlichkeit im Gesundheitswesen (§ 139a SGB V) müssen sich die Krankenhäuser mit einem Zuschlag für jeden voll- und teilstationären Fall beteiligen (§ 139c SGB V). Der Gemeinsame Bundesausschuss legt die Höhe des Zuschlags fest; er beträgt im Jahr 2013 1,13 € pro Fall (http://www.gkv-spitzenverband.de/media/dokumente/krankenversicherung_1/krankenhaeuser/abrechnung/zu___abschlaege/KH_G-BA-Systemzuschlag_2013_2012_12_20.pdf, Abruf am 23.01.2013). Der Zuschlag ist nicht Teil des Erlösbudgets und der Erlössumme und nimmt deshalb nicht an Erlösausgleichen teil (§ 139c Satz 2 SGB V).

7.2.5 Telematikzuschlag

Den Krankenhäusern werden nach § 291a Abs. 7, Abs. 7a SGB V die bei ihnen entstehenden Ausstattungskosten sowie die im laufenden Betrieb der Telematikinfrastruktur entstehenden Kosten wegen der Einführung der elektronischen Gesundheitskarte durch einen Zuschlag finanziert (Telematikzu-schlag). Der Zuschlag wird in der Rechnung des Krankenhauses gesondert ausgewiesen. Er ist nicht Teil des Erlösbudgets und der Erlössumme und nimmt deswegen nicht am Erlösausgleichsverfahren teil. Das Nähere zur Höhe und Erhebung des Zuschlags vereinbaren der GKV-Spitzenverband und die Deutsche Krankenhausgesellschaft. Am 27. Juni 2008 haben die Vertragspartner eine Finanzierungsvereinbarung getroffen, die einen fallbezogenen Zuschlag vorsieht (Einzelheiten auf http://www.dkgev.de/dkg.php/cat/118/aid/9982/title/ Einfuehrung_der_elektronischen_Gesundheitskarte_-_Dokumente_fuer_den_ Online-Rollout_veroeffentlicht, Abruf am 23.01.2013)

7.2.6 Abschlag wegen Verletzung von Datenübermittlungspflichten

Erfüllen die Krankenhäuser ihre Verpflichtung zur Übermittlung von DRG-Daten an die DRG-Datenstelle nach § 21 Abs. 1 KHEntgG nicht, nicht vollstän-dig oder nicht rechtzeitig, ist ein Abschlag von den Fallpauschalen vorzunehmen. Die Höhe des Abschlags vereinbaren die Vertragsparteien auf der Bun-desebene (§ 21 Abs. 5 KHEntgG). Nach der seit dem 1. Januar 2007 gültigen Vereinbarung (http://www.g-drg.de/cms/Datenlieferung_gem._21_KHEntgG/ Dokumente_zur_Datenlieferung/21-Vereinbarung, Abruf am 23.01.2013) beträgt der Abschlag für jeden nicht oder nicht korrekt übermittelten Fall 10 €. Der Abschlag erhöht sich auf 15 €, wenn das Krankenhaus bereits im vorangegangenen Jahr die Übermittlungspflicht verletzt hat, wobei eine Bagatell-grenze von einem Prozent der abgerechneten Fälle gilt. Die Pflegesatzparteien können einen aus der Summe der Abschläge gebildeten Vomhundertsatz oder einen festen Betrag je Fallpauschale vereinbaren.

7.2.7 Zu- und Abschläge für Weiterbildung

Nach § 17b Abs. 1 Satz 17 KHG n.F. sind die Vertragsparteien auf der Bundes-ebene verpflichtet, bis zum 30. Juni 2009 zu prüfen, ob für eine sachgerechte Finanzierung der mit der ärztlichen Weiterbildung an Krankenhäusern ver-bundenen Mehrkosten Zu- oder Abschläge auf die DRG-Fallpauschalen erfor-derlich sind. Wenn das Prüfungsergebnis ergibt, dass entsprechende Zu- oder Abschläge erforderlich sind, sollen diese möglichst in Abhängigkeit von Qua-litätsindikatoren für die Weiterbildung (z.B. Dauer der Weiterbildung, Wei-terbildung in Mangelfächern, Qualifizierungsgrad etc.) abgerechnet werden. Damit wird einer vielfachen Kritik begegnet, die eine nicht sachgerechte Ver-gütung sowie eine ungerechte Verteilung der Weiterbildungslasten auf die Krankenhäuser vermutet (SVR 2007, 61; Tuschen 2008, 1, 15).

Die Vertragsparteien auf der Bundesebene sind einvernehmlich zu dem Ergeb-nis gekommen, dass eine Prüfung bzw. Kalkulation der durch die ärztliche Weiterbildung bedingten Kostenunterschiede auf der Basis der zur Verfügung stehenden Daten nicht mit der erforderlichen Qualität und nicht mit der gebotenen Verhältnismäßigkeit zu realisieren ist. Eine empirische Untersuchung halten sie wegen der zu erwartenden geringen Effekte angesichts des hohen Aufwandes nicht für gerechtfertigt (http://www.dkgev.de/dkg.php/aid/6280/cat/157, Abruf am 22.1.13).

7.2.8 Zuschlag für besondere Einrichtungen

Die Vereinbarung der Vertragsparteien auf der Bundesebene zur Bestimmung von besonderen Einrichtungen nach § 17b Abs. 1 Satz 15 KHG (http://www.g-drg.de/cms/G-DRG-System_2013/Besondere_Einrichtungen, Abruf am 23.01.2013) nimmt organisatorisch abgrenzbare Teile eines Krankenhauses vom DRG-Vergütungssystem aus, wenn ein besonderes Leistungsangebot mit hohen pflegesatzfähigen Vorhaltekosten zur Sicherstellung der Versorgung der Bevölkerung notwendig ist und die Finanzierung dieser Vorhaltekosten aufgrund einer sehr niedrigen und nicht verlässlich kalkulierbaren Fallzahl mit den Fallpauschalen nicht gewährleistet werden kann, zum Beispiel bei Isolierstationen, Einrichtungen für Schwerbrandverletzte oder neonatologische Satellitenstationen (§ 1 Abs. 4). Für diese Einrichtungen ist zunächst ein fall- oder tagesbezogenes Entgelt nach § 6 Abs. 1 KHEntgG zu vereinbaren, mit dem nur die fallabhängigen Kosten der Behandlung finanziert werden. Zur Finanzierung der hohen pflegesatzfähigen Vorhaltekosten ist zusätzlich ein Zuschlag zu vereinbaren, der bei **allen** vollstationären Fällen des Krankenhauses zusätzlich in Rechnung zu stellen ist (§ 3 Abs. 2). Dadurch wird vermieden, dass die hohen Vorhaltekosten (mangels Fällen) nicht finanziert werden oder nur auf einzelne Fälle mit dann extrem hohen Vergütungen umgelegt werden. Unter die Regelung fallen auch Hochisolierstationen für Patienten, die nach dem Infektionsschutzgesetz aufgenommen werden. Es ist unschädlich, dass die Hochisolierstationen auch der Gefahrenabwehr dienen (VGH Ba.-Wü. v. 17.11.2009 – 9 S 323/07 –, KRS 09.092).

7.3 Gesetzliche Zu- und Abschläge

Gesetzlich geregelt ist der **Investitionskostenzuschlag** für Krankenhäuser in den neuen Bundesländern nach Artikel 14 Abs. 3 GSG i.V.m. Artikel 3 des Einigungsvertrages. Er ist für jeden Tag des Krankenhausaufenthalts (Belegungstag) mit Ausnahme des Entlassungstages zu berechnen. Bei teilstationärer Behandlung wird der Zuschlag auch für den Entlassungstag berechnet (§ 8 Abs. 3 KHEntgG). Der Zuschlag beträgt gegenwärtig 5,62 €.

Der Abschlag von 50 € je vollstationärem Fall wegen **Nichtteilnahme** des Krankenhauses **an der Notfallversorgung** (§ 4 Abs. 6 KHEntgG) ist seit Inkrafttreten des GKV-FinG am 1. Januar 2011 nicht mehr Teil des Erlösbudgets (§ 4 Abs. 1 i.V.m. § 7 Abs. 1 Nr. 4 KHEntgG, § 17b Abs. 1 Satz 4 KHG. Dadurch nimmt er nicht mehr am Erlösausgleich teil (§ 4 Abs. 3 KHEntgG). Der Abschlag setzt voraus, dass das Krankenhaus nicht zur stationären Notfallversorgung zugelassen ist. Für eine Zulassung genügt es, dass das Krankenhaus durch den Träger des Rettungsdienstes in die regionalen Notfall- und Rettungsdienststrukturen eingebunden ist; die Zuweisung von Aufgaben der Notfallversorgung durch Feststellungsbescheid der Planungsbehörde (§ 8 Abs. 1 Satz 3 KHG) ist nicht erforderlich (VGH Hessen v. 5.10.2011 – 5 A 1702/10 –, KRS 11.062).

Für Belegpatienten werden im Fallpauschalenkatalog die Bewertungsrelationen gemäß § 18 Abs. 2 Satz 1 KHEntgG gesondert ausgewiesen, weil die belegärztlichen (vertragsärztlichen) Leistungen keine Krankenhausleistungen sind (s. Kap. II.3.1). Ist der Belegarzt auf der Basis eines Honorarvertrages mit dem Krankenhaus tätig (§ 121 Abs. 5 SGB V), rechnet das Krankenhaus die Fallpauschalen für Hauptabteilungen ab, wegen der bei der belegärztlichen Tätigkeit in der Regel günstigeren Kostenstrukturen aber nur zu 80 v.H., sodass es einen Abschlag von 20 v.H. auf die Fallpauschalen hinnehmen muss (§ 18 Abs. 3 Satz 1 KHEntgG). Spielräume für davon abweichende Vereinbarungen gibt es nicht. Der Abschlag ist in der Rechnung nicht gesondert auszuweisen; das Krankenhaus rechnet vielmehr um 20 v.H. reduzierte Fallpauschalen für Hauptabteilungen ab.

Der Bundesrat äußerte bei seiner Zustimmung zum KHRG die Befürchtung, dass die Krankenhäuser wegen des Vergütungsabschlags in Höhe von 20 v.H. das Honorarvertragsmodell nicht annehmen. Er forderte die Bundesregierung auf, die Entwicklung der belegärztlichen Tätigkeit sowohl nach dem alten Modell als auch nach dem neuen Honorarvertragsmodell spätestens ein Jahr nach Wirksamwerden der Neuregelung auf seine Wirkungen zu überprüfen und gegebenenfalls eine Änderung zu initiieren. (BR-Drs. 31/09, 3). Die Bundesregierung hat bisher keine Notwenigkeit gesehen, den Abschlag aufzuheben oder zu verändern.

Budget- und Pflegesatzverhandlungen nach der Bundespflegesatzverordnung in der bis zum 31. Dezember 2012 geltenden Fassung

Die Budget- und Pflegesatzvereinbarungen folgen im Geltungsbereich der BPflV anderen Regeln als nach dem KHEntgG. Der Hauptunterschied besteht darin, dass die Pflegesatzparteien der BPflV auf der Basis der voraussichtlichen Leistungsstruktur und -entwicklung ein **kostenorientiertes flexibles Budget** vereinbaren und dieses auf tagesgleiche Pflegesätze (Verrechnungseinheiten) aufteilen müssen (§ 17 Abs. 2 KHG, §§ 12 Abs. 1, 13 Abs. 1 BPflV). Die Preisbildung erfolgt also über das vereinbarte Kostenbudget. Im Mittelpunkt der Verhandlungen stehen daher weniger die Leistungen als die Kosten des Krankenhauses und die Höhe der Pflegesätze, wobei Krankenhausvergleiche zur Beurteilung der Angemessenheit und Wirtschaftlichkeit der Kosten häufig eine große Rolle spielen. Grundlage der Verhandlung ist eine umfangreiche Leistungs- und Kalkulationsaufstellung (LKA) mit Leistungs- und Kostendaten des Krankenhauses nach den Formblättern in den Anlagen zu § 17 Abs. 4 BPflV. Ziel ist die Ermittlung eines medizinisch leistungsgerechten Budgets und medizinisch leistungsgerechter Pflegesätze, um dem Krankenhaus bei wirtschaftlicher Betriebsführung die Erfüllung seines Versorgungsauftrages zu ermöglichen (§ 17 Abs. 2 Satz 1 KHG, § 3 Abs. 1 Satz 3 BPflV). Die Vertragsparteien können auf die – unter Umständen konfliktreiche – Ermittlung eines leistungsgerechten Budgets verzichten und das zuletzt vereinbarte Budget mit Ausnahme der Ausgleiche und Zuschläge mit der Veränderungsrate nach § 71 Abs. 2 und 3 SGB V fortschreiben (§ 3 Abs. 2 Satz 4 BPflV).

Die Bundespflegesatzverordnung in der bis zum 31. Dezember 2012 geltenden Fassung ist für Krankenhäuser, die in den Jahren 2013 oder 2014 das Psych-Entgeltsystem noch nicht einführen, im Wesentlichen unverändert anzuwenden (§ 18 BPflV n.F.). Die Grundsätze über die Budget-(Gesamtbetrag-)Ermittlung gelten für alle Psych-Einrichtungen noch bis zum Ende der budgetneutralen Phase in 2016, § 3 Abs. 2 BPflV n.F. Für die Bildung einer Erlössumme nach § 6 Abs. 3 KHEntgG und § 6 Abs. 3 BPflV n.F. gilt die Bundespflegesatzverordnung in der bis zum 31. Dezember 2012 geltenden Fassung ohne zeitliche Begrenzung. Näheres dazu in Kapitel III.3 und V.

1 Budgetermittlung

1.1 Medizinisch leistungsgerechtes Budget

Die Regeln für die Bemessung des medizinisch leistungsgerechten Budgets enthält § 6 Abs. 1 Satz 2 BPflV. Ausgehend von dem zuletzt vereinbarten, um periodenfremde Ausgleiche und Berichtigungen bereinigten Budget (§ 6 Abs. 1 Satz 4 letzter Halbsatz BPflV), sind die in dieser Vorschrift genannten Anpassungskriterien anzuwenden. Hervorzuheben ist, dass es sich nicht um eine abschließende Aufzählung von Kriterien handelt, wie durch das Wort „insbesondere" zum Ausdruck kommt. Für die Bemessung des Budgets sind deshalb *alle* voll- und teilstationären Leistungen und pflegesatzfähigen Kosten (§§ 7, 8 BPflV) zu berücksichtigen. Die in § 6 Abs. 1 Satz 2 BPflV genannten Einflussfaktoren sind aber *immer* zu beachten. Aus dem Wort „berücksichtigen" darf nicht geschlossen werden, dass den Pflegesatzparteien oder der Schiedsstelle ein Ermessen zusteht. Die Kriterien sind vielmehr zwingend anzuwenden („sind zu berücksichtigen").

Keine Rolle spielen die Daten, die in Verbindung mit der Einführung des pauschalierenden Entgeltsystems erhoben werden (z.B. OPS-Kodes). Diese Daten dienen allein der Abbildung der Behandlungsfälle im neuen Entgeltsystem ab 2013 (§ 1 Abs. 5 der Vereinbarung der Vertragsparteien auf der Bundesebene „über die Einführung eines pauschalierenden Entgeltsystems für psychiatrische und psychosomatische Einrichtungen gemäß § 17d KHG", http://www.aok-gesundheitspartner.de/bund/krankenhaus/psy/grundlagen/index.html, Abruf am 23.01.2013).

Zu den zu berücksichtigenden **Leistungen** gehören alle allgemeinen Krankenhausleistungen im Rahmen des Versorgungsauftrags des Krankenhauses. **Kosten** sind zu berücksichtigen, soweit sie entsprechend dem Grundsatz der dualen Finanzierung dem Grunde nach pflegesatzfähig sind. Soweit die LKA Kosten für nicht pflegesatzfähige Leistungen enthält, sind diese Kosten von der
Summe der Kostenarten abzuziehen (LKA Blatt K 5). Welche Kosten für welche
Leistungen das betrifft, regelt § 7 Abs. 2 BPflV. Zu erwähnen sind insbesondere die Kosten für belegärztliche Leistungen, für wahlärztliche Leistungen sowie für Wahlunterkunftsleistungen. Wegen der Schwierigkeiten bei der genauen Kostenermittlung wird der Kostenabzug für Wahlleistungen gesetzlich
pauschaliert (§ 7 Abs. 2 Satz 2 Nr. 4, 5 und 7 BPflV). Im Übrigen ist die **Vollkostenmethode** anzuwenden. Nach dieser Kostenrechnungsmethode werden
sämtliche Kosten einschließlich Fixkosten (Gemeinkosten) auf die Leistungen
des Krankenhauses verrechnet. Das gilt auch, wenn das Krankenhaus erstmals beantragt, die Leistungen für ausländische Patienten nicht über das
Budget zu vergüten und die Kosten deshalb aus dem Budget auszugliedern
sind (§ 7 Abs. 2 Satz 2 i.V.m. § 3 Abs. 4 BPflV). (Ausführlich zur Kostenausgliederung Tuschen u. Philippi 2000, 67ff.; Dietz et al. 2007 § 7 BPflV Erl. III.)

Paragraf 7 Abs. 1 Satz 2 BPflV enthält im Hinblick auf die pflegesatzfähigen
Kosten einige Klarstellungen, um Streitpunkte aus der Vergangenheit auszu-
räumen. Die wichtigste Regelung enthält insoweit § 7 Abs. 1 Satz 2 Nr. 4 BPflV,
wonach die Instandhaltungskosten nach § 4 Abs. 2 AbgrV pauschal in Höhe
von 1,1 v.H. in das Budget einzurechnen sind. Bemessungsgrundlage für den
pauschalen Zuschlag ist die Summe der pflegesatzfähigen Kosten (LKA Blatt
K 5 Nr. 9), sodass Ausgleiche und Berichtigungen sich nicht auswirken. Für
nicht oder nur teilweise geförderte Krankenhäuser gehören nach Maßgabe des
§ 8 BPflV auch Investitionskosten zu den pflegesatzfähigen Kosten.

Gegenüber dem zuletzt vereinbarten Budget können sich im Rahmen der Vorauskalkulation erhebliche Veränderungen in der Leistungs- und Kostenstruktur des Krankenhauses ergeben, zum Beispiel durch Erweiterung oder Reduzierung des Versorgungsauftrags des Krankenhauses, durch strukturelle Veränderungen (z.B. Inbetriebnahme eines Neubaus), durch Fallzahlveränderungen, durch Tarif- und Sachkostensteigerungen etc. Diese Veränderungen auf
der Leistungs- und Kostenseite müssen in die Budgetplanung einfließen und
mit der LKA dargestellt werden. Die **Leistungsplanung** mit der Planung der
Zahl der Belegungstage muss auch im Anwendungsbereich der BPflV sehr
sorgfältig erfolgen, sodass am Ende des Pflegesatzzeitraums möglichst eine
Punktlandung erfolgen kann. Auf jeden Fall sollten Mindererlöse wegen des
damit verbundenen Verlustrisikos (s. Kap. II.7.3) vermieden werden.

Auf der Grundlage der vom Krankenhaus erstellten LKA werden die in § 6 Abs. 1
Satz 2 BPflV besonders genannten Punkte regelmäßig im Mittelpunkt der Verhandlungen stehen.

Verkürzungen der Verweildauern (§ 6 Abs. 1 Satz 2 Nr. 1 BPflV) können sich günstig auf die Kostensituation des Krankenhauses auswirken, weshalb sie bei der Budgetermittlung zu berücksichtigen sind. Ob und in welchem Umfang sich Verweildauerverkürzungen mindernd auf die Kosten auswirken, bedarf einer genauen Analyse. Die entfallenen Behandlungstage sind oft durch eine geringe Behandlungsintensität der Patienten und/oder eine geringere Personalbindung im ärztlichen und pflegerischen Dienst sowie durch niedrigere Sachmittelverbräuche geprägt. Kürzere Verweildauern können zu einer Erhöhung der Behandlungsintensität und unter Umständen zu einer höheren Fallzahl führen, wodurch die Kostenvorteile niedriger Verweildauern entfallen können (VGH Ba.-Wü. v. 17.4.2007 – 9 S 1006/06 –, KRS 07.057). Zudem lassen sich die Fixkosten (Personalkosten, Vorhaltekosten) nicht kurzfristig anpassen, weshalb Kosteneinsparungen zunächst nur bei den variablen Kosten zu erwarten sind. In der Praxis wird gelegentlich mit variablen Tageskostensätzen von 25 bis 30 v.H. gerechnet. Diese können aber auch höher sein (VGH Ba.-Wü. a.a.O.; OVG Saarland v. 28.11.2008 – 3 A 379/07 –, KRS 08.111). Ist eine Verweildauerverkürzung vom Krankenhaus nicht geplant, von den Kostenträgern aber gefordert, werden die durchschnittlichen Verweildauern des Krankenhauses häufig mit denen anderer Krankenhäuser verglichen. Solche Vergleiche können hilfreich sein, sind aber nur dann verwertbar, wenn sie den Anforderungen an die Vergleichbarkeit genügen (s. Kap. II.6).

Nach § 17c Abs. 1 KHG haben die Krankenhäuser darauf hinzuwirken, dass keine Patienten aufgenommen werden, die nicht stationär behandlungsbedürftig (§ 39 SGB V) sind, und keine Patienten im Krankenhaus verbleiben, die nicht mehr stationär behandlungsbedürftig sind. Die Krankenkassen können die Einhaltung dieser Verpflichtung vom Medizinischen Dienst der Krankenversicherung (§ 275 Abs. 1 SGB V) durch Stichproben überprüfen lassen. Die Ergebnisse solcher **Fehlbelegungsprüfungen** sind bei der prospektiven Budgetplanung zu berücksichtigen, zum Beispiel durch eine Reduzierung von Verweildauern (Belegungstagen) bei bestimmten Krankheitsarten oder eine Reduzierung der Zahl der stationären Behandlungsfälle durch Verlagerung in den tagesklinischen oder ambulanten Bereich (§ 6 Abs. 1 Satz 2 Nr. 2 BPflV). Wird bei den Stichprobenprüfungen festgestellt, dass für zurückliegende Fälle zu viel oder zu wenig abgerechnet wurde, können die Pflegesatzparteien an Stelle einer Einzelfallberichtigung eine Verrechnung über das Budget vereinbaren (§ 17c Abs. 3 Satz 3 KHG).

Der Tatbestand der Leistungsverlagerungen in andere Versorgungsbereiche ist in § 6 Abs. 1 Satz 2 Nr. 3 BPflV extra erwähnt und deshalb unabhängig von Fehlbelegungsprüfungen zu berücksichtigen. Von einer Leistungsverlagerung kann auch hier nur gesprochen werden, wenn *das Krankenhaus* die Leistungen künftig statt im stationären Krankenhausbehandlungsbereich in einem anderen Versorgungsbereich erbringt. (Zum Meinungsstand s. Kap. III.1.1). Die durch die Leistungsverlagerung in andere Versorgungsbereiche eingesparten

Kosten sind beim Budget mindernd zu berücksichtigen. Regelmäßig kann es sich dabei nur um die variablen Kosten handeln.

Obwohl im Gesetz nicht ausdrücklich erwähnt, sind auch Leistungsverlagerungen in umgekehrte Richtung (in den stationären Bereich hinein) zu berücksichtigen; denn § 6 Abs. 1 Satz 2 BPflV enthält keine abschließende Aufzählung.

Leistungen, die bereits im Rahmen von **Modellvorhaben** nach § 63 SGB V oder von **Integrationsverträgen** nach § 140c SGB V vergütet werden, sind nach der Vorschrift in § 6 Abs. 1 Satz 2 BPflV beim Budget zu berücksichtigen, d.h. die auf sie entfallenden Kosten sind aus dem Budget auszugliedern, damit die Leistungen nicht doppelt vergütet werden. Für Leistungen im Rahmen von Integrationsverträgen gilt dies erst ab dem Jahr 2009 nach Auslaufen der Anschubfinanzierung für die integrierte Versorgung (vgl. Kap. III.1.1).

Schließlich sind die Ergebnisse von **Krankenhausvergleichen** nach § 5 BPfllV zu berücksichtigen (s. Kap. II.6).

1.2 Budgetobergrenze (Kappung)

1.2.1 Grundregeln

Das medizinisch leistungsgerechte Budget ist der Höhe nach begrenzt durch die **Veränderungsrate** nach § 71 Abs. 3 i.V.m. Abs. 2 SGB V, wobei für das Jahr 2011 die um 0,25 Prozentpunkte und für das Jahr 2012 die um 0,5 Prozentpunkte verminderte Veränderungsrate anzuwenden ist (§ 6 Abs. 1 Satz 3 BPflV). Durch die (verminderte) Veränderungsrate ist eine Obergrenze gezogen, die als **Kappungsgrenze** zu verstehen ist (s. Kap. II.8). Das medizinisch leistungsgerechte Budget wird gekappt, wenn und soweit es die durch die Veränderungsrate gezogene Obergrenze übersteigt. Ausnahmsweise darf die Obergrenze überschritten werden, soweit einer oder mehrere der in § 6 Abs. 1 Satz 4 BPflV genannten **Ausdeckelungstatbestände** dies „erforderlich machen". Die Anwendung der Ausdeckelungstatbestände kommt nur in Betracht, wenn und soweit die Finanzierung der in ihnen genannten Sachverhalte nicht innerhalb des leistungsgerechten Budgets unterhalb der Budgetobergrenze möglich ist, zum Beispiel weil keine Wirtschaftlichkeitsreserven mehr vorhanden sind (BVerwG v. 1.12.2005 – 3 B 75.05 –, KRS 05.137; VGH Ba.-Wü. v. 17.4.2007 – 9 S 1006/06 –, KRS 07.057). Kann ein Teil der Finanzierung für die genannten Tatbestände innerhalb des medizinisch leistungsgerechten Budgets unterhalb der Budgetobergrenze erfolgen, wird der Ausdeckelungsbetrag (Überschreitungsbetrag) insoweit begrenzt.

Die Ermittlung eines medizinisch leistungsgerechten Budgets hat stets Vorrang vor der Anwendung der Obergrenzenregelung mit den Ausnahmetatbeständen (BVerwG v. 26.2.2009 – 3 C 7.08 –, KRS 09.006; v. 8.9.2005 – 3 C 41.04 –, KRS 05.044;

v. 10.7.2008 – 3 C 7.07 –, KRS 08.032; OVG NRW v. 24.9.2002 – 13 A 2341/01 –, KRS 02.104; OVG Saarlouis v. 28.11.2008 – 3 A 379/07 –, KRS 08.111; Dietz et al. 2011 § 6 BPflV Erl. V.2.), sodass von einem Zwei-Säulen-Mechanismus auszugehen ist.

Abbildung 7 verdeutlicht den Zwei-Säulen-Mechanismus.

Das Merkmal der Erforderlichkeit in § 6 Abs. 1 Satz 4 BPflV bezieht sich auf die Erfüllung der im Gesetz genannten Ausdeckelungstatbestände. Wenn und soweit durch sie Kosten entstehen, die nicht mit einem medizinisch leistungsgerechten Budget unterhalb der Obergrenze finanziert werden können, hat dies zwingend eine **Erhöhung der Obergrenze** zur Folge. Diese unterliegt keiner weiteren Begrenzung, auch dann nicht, wenn durch die Ausdeckelung der Steigerungsbetrag nach § 71 Abs. 2 SGB V überschritten wird, weil § 6 Abs. 1 Satz 4 BPflV die speziellere Regelung ist (BVerwG v. 1.12.2005 – 3 B 75.05 –, KRS 05.137 und v. 8.9.2005 – 3 C 41.04 –, KRS 05.047; VGH Ba.-Wü. v. 1.3.2005 – 9 S 943/04 –, KRS 05.039). Das folgt auch aus dem übergeordneten Grundsatz, dass das Budget dem Krankenhaus ermöglichen muss, seinen Versorgungsauftrag zu erfüllen (§ 3 Abs. 1 Satz 3 BPflV). Das Krankenhaus kann also nicht etwa darauf verwiesen werden, es könne die Tatbestände mit sonstigen Erlösen außerhalb des Budgets (z.B. Wahlleistungserträgen) finanzieren. Haben die Sozialleistungsträger ein medizinisch leistungsgerechtes Budget oberhalb der Kappungsgrenze bereits akzeptiert, können sie bei der Anwendung der Ausdeckelungstatbestände nicht mehr den Einwand erheben, die ausgedeckelten Mehrkosten könnten durch Einsparungen an anderer Stelle aufgefangen werden. Solche Einwände sind bei der Ermittlung des medizinisch leis-

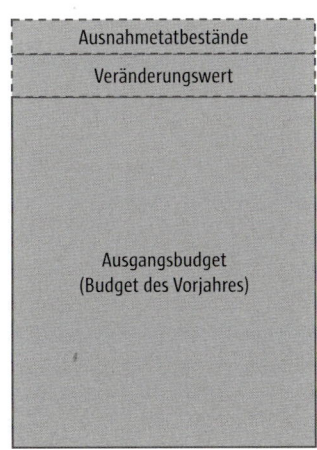

Abb. 7   Gesamtbudget – Zwei-Säulen-Mechanismus

tungsgerechten Budgets geltend zu machen (BVerwG v. 1.12.2005 – 3 B 75.05 –, KRS 05.137 und v. 8.9.2005 – 3 C 41.04 –, KRS 05.047). Liegen alle begründeten Abzugsbeträge oberhalb der Obergrenze, ist die Obergrenze als Budget zu vereinbaren (OVG Saarlouis v. 28.11.2008 – 3 A 379/07 –, KRS 08.111).

Angesichts der Budgetdeckelung könnte ein Krankenhaus versucht sein, die Fallzahl für das Obergrenzenbudget kalkulatorisch abzusenken, um einen höheren Pflegsatz zu erzielen und vom Mehrerlösausgleich zu profitieren. Eine solche Vorgehensweise verstößt jedoch gegen § 12 Abs. 1 BPflV, wonach das Budget auf der Grundlage der voraussichtlichen (tatsächlichen) Leistungsentwicklung zu vereinbaren ist (BVerwG v. 20.5.2008 – 3 B 96.07 –, KRS 08.055; OVG NRW v. 6.7.2007 – 13 A 4567/06 –; KRS 07.067; VG Minden v. 31.10.2006 – 6 K 594/05 –; KRS 06.107).

1.2.2 Ausdeckelungstatbestände

Veränderungen der medizinischen Leistungsstruktur oder der Fallzahlen (§ 6 Abs. 1 Satz 4 Nr. 1 BPflV) konnten nach der BPflV in der bis zum 31. Dezember 2008 geltenden Fassung nur zu einer Überschreitung der Obergrenze führen, wenn sie von den Pflegesatzparteien vereinbart wurden. In Verbindung mit § 19 Abs. 3 BPflV, wonach im Falle der Nichteinigung die Schiedsstelle *nicht* entscheiden sollte, bedeutete dies, dass die Sozialleistungsträger Veränderungen der medizinischen Leistungsstruktur oder der Fallzahlen verhindern konnten, auch wenn diese Veränderungen mit einem medizinisch leistungsgerechten Budget innerhalb der Budgetobergrenze nicht finanziert werden konnten. Letztlich war den Sozialleistungsträgern vom Gesetz die Bestimmung der Fallzahlen überlassen worden (VGH Ba.-Wü. v. 17.4.2007 – 9 S 1006/06 –, KRS 07.057).

Mit Inkrafttreten des KHRG am 1. Januar 2009 hat sich die Rechtslage insoweit zugunsten der Krankenhäuser geändert, als bei Nichteinigung über eine Obergrenzenanhebung wegen Veränderungen der medizinischen Leistungsstruktur oder der Fallzahlen wieder die Schiedsstelle entscheidet und die Leistungsbestimmung durch die Sozialleistungsträger entfallen ist (§ 6 Abs. 1 Satz 4 Nr. 1, § 19 Abs. 3 BPflV).

Kurz vor Inkrafttreten des KHRG hatte das Bundesverwaltungsgericht auf die Revision gegen das oben genannte Urteils des Verwaltungsgerichtshofs Baden-Württemberg entschieden (Urteil v. 26.2.2009 – 3 C 7.08 –, KRS 09.006), dass den Krankenkassen beim Ausdeckelungstatbestand des § 6 Abs. 1 Satz 4 Nr. 1 BPflV kein einseitiges Bestimmungsrecht und kein Ermessen zusteht. Der Ausschluss der Schiedsstellenfähigkeit in § 19 Abs. 3 BPflV verstoße außerdem gegen höherrangiges Recht (§ 18 Abs. 4 und 5 KHG) und sei daher nichtig. Die Änderung durch das KHRG hat daher insofern nur noch klarstellende Bedeutung.

In der Spruchpraxis der Schiedsstellen wurden unter anderen folgende Sachverhalte als Veränderung der medizinischen Leistungsstruktur anerkannt:

- Es wurden in größerem Umfang schwer erkrankte Patienten versorgt mit der Notwendigkeit, das Personal aufzustocken.
- Ein Chefarztwechsel führt zu einer anderen Patientenstruktur.
- Die Zunahme multiresistenter Erreger.

Zusätzliche Kapazitäten für medizinische Leistungen aufgrund der Krankenhausplanung oder des Investitionsprogramms des Landes sind nach § 6 Abs. 1 Satz 4 Nr. 2 ein Ausdeckelungsgrund. Eine Veränderung der medizinischen Leistungsstruktur oder der Fallzahlen, die ihren Grund in zusätzlichen Kapazitäten für medizinische Leistungen hat, ist budgeterhöhend über die Obergrenze hinaus zu berücksichtigen. Das besondere Augenmerk gilt daher der Frage, wann eine Leistungsausweitung auf zusätzliche Kapazitäten für medizinische Leistungen zurückzuführen ist, die ihren Grund in der Krankenhausplanung oder im Investitionsprogramm des Landes haben, und damit von § 6 Abs. 1 Satz 4 Nr. 1 BPflV abzugrenzen sind.

Es muss eine Kapazitätsausweitung vorliegen. Bloße Strukturveränderungen im Krankenhaus, auch wenn sie mit Umbauten verbunden sind, genügen nicht. So können die Folgekosten durch den Neubau eines Funktionstraktes, der nicht zusätzliche Kapazitäten für medizinische Leistungen schafft, nicht zu einer Anhebung der Obergrenze führen. Die zusätzlichen Kapazitäten müssen den medizinischen Leistungsbereich betreffen. Maßnahmen im allgemeinen Versorgungsbereich, Verbesserungen bei der Unterbringung oder der Ersatz bisheriger Gebäude oder Kapazitäten durch neue werden nicht berücksichtigt. Die zusätzlichen Kapazitäten können sowohl quantitativer als auch qualitativer Natur sein. Eine **quantitative** Kapazitätsveränderung kann ihren Grund in einer Aufstockung der Planbettenzahl, in einer Erweiterung des Versorgungsauftrags, in der Zuordnung zu einer höheren Versorgungsstufe oder dergleichen haben. In Betracht kommt alles, was zur Diagnose, Behandlung und Pflege bereitgestellt wird. Welche Einrichtungen die Kapazitäten des Krankenhauses für seine medizinischen Leistungen bestimmen, muss nach deren Funktion beurteilt werden (VGH Ba.-Wü. v. 17.4.2007 – 9 S 1006/06 –, KRS 07.057). **Qualitative** Kapazitätsverbesserungen können zum Beispiel durch Umwidmung von Normalpflegebetten in Intensivpflegebetten oder durch die Einrichtung einer Station für die besonderen Belange psychisch Kranker herbeigeführt werden (VGH Ba.-Wü. a.a.O.).

Voraussetzung ist jeweils die Verankerung im Krankenhausplan oder im Investitionsprogramm des Landes. Dabei genügt es, wenn die Kapazitätsausweitung aus dem Krankenhausplan oder aus dem Investitionsprogramm folgt. Ein Feststellungs- oder Förderbescheid gegenüber dem Krankenhaus, das sich auf die Ausdeckelung beruft, ist nicht erforderlich. Ist zum Beispiel im Krankenhausplan festgelegt, dass die Psychiatrie eines Krankenhauses geschlossen wird und übernimmt das Nachbarkrankenhaus die Versorgung, so wird der

Versorgungsauftrag des Nachbarkrankenhauses durch den Krankenhausplan erweitert (BVerwG v. 8.9.2005 – 3 C 41.04 –, KRS 05.047).

Liegt ein Ausdeckelungstatbestand vor, muss das Krankenhaus konkret und nachvollziehbar darlegen, in welchem Umfang es Mehrkosten hat, die nicht bereits beim medizinisch leistungsgerechten Budget berücksichtigt worden sind (VGH Ba.-Wü. a.a.O.; VG Braunschweig v. 28.11.2000 – 5 A 71/99 –, KRS 00.091).

Die vorstehenden Grundsätze gelten auch für Hochschulkliniken, wenn die nach Landesrecht zuständigen Stellen zusätzliche Kapazitäten für medizinische Leistungen beschlossen oder genehmigt haben, und für Krankenhäuser mit Versorgungsvertrag nach § 109 i.V.m. § 108 Nr. 3 SGB V, wenn die zusätzlichen Kapazitäten für medizinische Leistungen den Festlegungen des Versorgungsvertrages entsprechen (§ 6 Abs. 1 Satz 5 BPflV).

Finanzierungsbeträge für pflegesatzfähige Rationalisierungsinvestitionen nach § 18b KHG sind nach § 6 Abs. 1 Satz 4 Nr. 3 BPflV oberhalb des Budgetdeckels zu finanzieren. Voraussetzung ist, dass der Finanzierungsbetrag für den Vereinbarungszeitraum höher als im zuletzt vereinbarten Budget ist. Da § 18b KHG durch Artikel 3 FPG aufgehoben wurde, können die Finanzierungsbeträge nur aus „Altverträgen" aus der Zeit vor 2004 stammen (s. Kap. III.1.1).

Die Vorgaben der Psychiatrie-Personalverordnung (Psych-PV) zur Zahl der Personalstellen können nach § 6 Abs. 1 Satz 4 Nr. 4 BPflV zu einer Ausdeckelung der durch sie bedingten Mehrkosten führen. Nach § 3 Abs. 1 Satz 4 BPflV ist die Psych-PV zeitlich unbefristet anzuwenden. (Zur Befristung durch das PsychEntgG s. Kap. V.1.1) Durch die Ausdeckelung von Mehrkosten soll sichergestellt werden, dass die Vorgaben der Psych-PV in jedem Fall eingehalten werden. Mehrkosten können sowohl durch eine tarifbedingte Erhöhung der Personalkosten bei einer unveränderten (der Psych-PV entsprechenden) Personalzahl als auch durch eine höhere Personalzahl entstehen. Das Krankenhaus muss gewährleisten, dass das nach den Vorgaben der Psych-PV eingestellte Personal nicht anderweitig, d.h. für therapiefremde Zwecke, eingesetzt wird. Der Personalbedarf für Nachtdienst, Bereitschaftsdienst, Rufbereitschaft, Konsiliardienst und Tätigkeiten in Nachtkliniken ist in den Minutenwerten für den Regeldienst (§ 3 Abs. 1 Psych-PV) nicht enthalten. Der Personalbedarf für diese Dienste muss krankenhausindividuell vereinbart werden (§ 3 Abs. 2 Satz 2 Psych-PV) Auch dieser Personalbedarf beruht auf Vorgaben der Psych-PV und fällt unter den Ausdeckelungstatbestand (VG Frankfurt/M. v. 11.12.2001 – 5 E 3912/99 –, KRS 01.090). Abweichungen von den Minutenwerten sind auch in Tageskliniken zulässig, wenn diese Akutpatienten behandeln (VGH Ba.-Wü. v. 30.11.2009 – 9 S 906/08 –, KRS 09.093). Ausführlich zur Psych-PV Kunze et al. (2010).

Durch § 6 Abs. 4 BPflV (eingefügt durch Art. 4 Nr. 2 Buchst. d) KHRG) ist die Vorgabe in § 6 Abs. 1 Satz 4 Nr. 4 BPflV *erweitert* worden. Die psychiatrischen Krankenhäuser hatten die Vorgaben der Psych-PV zur Personalbesetzung wegen der Budgetdeckelung und der engen Öffnungsklausel für Tariferhöhungen in § 6 Abs. 2 BPflV nicht vollständig umgesetzt oder Personal abgebaut. § 6 Abs. 4 BPflV ermöglicht eine **Nachverhandlung** mit dem Ziel, den Erfüllungsgrad der Psych-PV zu verbessern und dadurch die Qualität der Versorgung in der Psychiatrie abzusichern (BT-Drs. 16/11429, 66). Beträgt der Erfüllungsgrad am 31. Dezember 2008 weniger als 90 v.H., ist er ab dem 1. Januar 2009 in einem ersten Schritt auf mindestens 90 v.H. anzuheben, wobei eine Anhebung auf 100 v.H. nicht ausgeschlossen ist (§ 6 Abs. 4 Satz 1 Nr. 1 BPflV). Ist ein Erfüllungsgrad zwischen 90 und 100 v.H. erreicht, ist bei Nachweis eines entsprechenden Bedarfs eine höhere Personalbesetzung bis zur vollständigen Umsetzung der Vorgaben der Psych-PV zu vereinbaren (§ 6 Abs. 4 Satz 1 Nr. 2 BPflV). Hierfür macht das Gesetz den Pflegesatzparteien keine zeitliche Vorgabe, da die Umsetzung beim einzelnen Krankenhaus auch von der Verfügbarkeit des zusätzlichen Personals auf dem Arbeitsmarkt abhängig ist. Die zum Stichtag 31. Dezember 2008 fehlenden Personalstellen können somit auch noch in den Folgejahren nachbesetzt werden. Ziel ist in jedem Fall die vollständige Umsetzung der Psych-PV.

Maßgeblich für die Ermittlung der fehlenden Personalstellen ist ein Vergleich der Ist-Besetzung mit den Soll-Stellen gemäß Psych-PV zum Stichtag (31.12.2008). Dies wurde durch das GKV-Änderungsgesetz vom 24.7.2010 (BGBl. I, 983) in § 6 Abs. 4 Satz 3 BPflV klargestellt, nachdem in den Pflegesatzverhandlungen geltend gemacht worden war, dass bei dem Vergleich nicht auf die tatsächlich besetzten Stellen, sondern auf die Zahl der vereinbarten Stellen abzustellen sei.

Entsteht nach dem 31. Dezember 2008 ein zusätzlicher Personalbedarf wegen Leistungssteigerungen, ist dieser ohne Übergangszeit zu 100 v.H. nach den Vorgaben der Psych-PV zu vereinbaren (BT-Drs. 16/11429, 66). Im Falle der Nichteinigung entscheidet die Schiedsstelle (§ 6 Abs. 4 Satz 2 BPflV).

Die Mehrkosten als Folge einer Angleichung der Höhe der Vergütung nach dem TVöD in den neuen Bundesländern an die im übrigen Bundesgebiet geltende Höhe (**TVöD-Angleichung Ost/West**) ist ein Ausdeckelungstatbestand nach § 6 Abs. 1 Satz 4 Nr. 5 BPflV. Die Vorschrift ist in ihrem materiellen Gehalt gleichbedeutend mit § 4 Abs. 4 Satz 1 Nr. 2 KHEntgG a.F. (s. Kap. III.1.2.2).

Schließt das Krankenhaus mit Krankenkassen einen Vertrag über die Durchführung eines **strukturierten Behandlungsprogramms** zur Verbesserung des Behandlungsablaufs und der Qualität der medizinischen Versorgung chronisch Kranker gemäß § 137g Abs. 1 SGB V und entstehen ihm dadurch Mehrkosten für zusätzliche Leistungen, so können diese Kosten über den Budgetdeckel hinaus im Budget berücksichtigt werden (§ 6 Abs. 1 Satz 4 Nr. 6 BPflV). Voraussetzung ist, dass die zusätzlichen Leistungen erforderlich sind, um die Anforderungen in der nach § 266 Abs. 7 SGB V erlassenen Risikostrukturausgleichsverordnung zu erfüllen. Ob diese Anforderungen erfüllt sind, prüft das Bundesversicherungsamt im Rahmen der Zulassung von strukturierten Behandlungsprogrammen (§ 137g Abs. 1 SGB V). Diese Zulassung entfaltet zwar keine Tatbestandswirkung gegenüber den Pflegesatzparteien, weil das Krankenhaus und – in der Regel – nicht alle Krankenkassen am Zulassungsverfahren beteiligt sind; die Vertragspartner des Krankenhauses auf der Seite der Krankenkassen sind jedoch an die Zulassung gebunden, sodass sie keine Vereinbarungen über zusätzliche Leistungen schließen werden, die nicht den Anforderungen genügen.

Die Ausdeckelung von zusätzlichen Kosten infolge der **Abschaffung des Arztes im Praktikum** (§ 6 Abs. 1 Satz 4 Nr. 8 BPflV) dürfte für die Praxis keine Bedeutung mehr haben, weil die zusätzlichen Kosten durch die Budgets der Vorjahre gedeckt wurden.

1.3 Instandhaltungskosten

Die nach § 17 Abs. 4b Satz 2 und 3 KHG pauschal mit 1,1 v.H. des für die allgemeinen Krankenhausleistungen vereinbarten Budgets anzusetzenden Instandhaltungskosten werden dem Budget, das sich unter Anwendung des § 6 Abs. 1 Satz 1 bis 5 BPflV ohne Ausgleiche und Berichtigungen für Vorjahre ergibt, hinzugerechnet (§ 6 Abs. 1 Satz 6 BPflV). Die Veränderungsrate ist hierbei unbeachtlich. Wird die durch die Veränderungsrate gezogene Obergrenze wegen einzelner Ausdeckelungstatbestände angehoben, erhöht sie sich nochmals um die Instandhaltungspauschale. Da der Betrag, der auf die Instandhaltungspauschale entfällt, von der Höhe des vereinbarten Budgets abhängt, ist er jährlich neu zu ermitteln. Dazu ist das vereinbarte Budget um die darin enthaltene Instandhaltungspauschale für das Vorjahr zu bereinigen.

1.4 Verbesserung der Arbeitszeitbedingungen

Der noch bis einschließlich 2009 zu vereinbarende zusätzliche Betrag zur Verbesserung der Arbeitszeitbedingungen bis zur Höhe von 0,2 v.H. des Budgets wird dem „nach den Vorgaben des Absatzes 1 verhandelten Gesamtbetrag" (Budget) ebenfalls hinzugerechnet, wobei die Veränderungsrate überschritten werden darf (§ 6 Abs. 3 Satz 4 BPflV). Anders als nach dem KHEntgG (§ 4 Abs. 13 Satz 4 a.F., § 4 Abs. 8 a.F.) wird der jährlich zu verhandelnde Betrag nicht über Zuschläge auf die Pflegesätze, sondern über das Budget finanziert. Nach der ausdrücklichen Vorschrift in § 6 Abs. 3 Satz 5 BPflV verbleiben die für die einzelnen Jahre vereinbarten Beträge **kumulativ** im Budget. Das vereinbarte Budget ist also nicht um Vorjahresbeträge zu bereinigen. Wie durch die Formulierung „nach den Vorgaben des Absatzes 1" deutlich wird, ist das Budget *einschließlich der Instandhaltungspauschale* die Bemessungsgrundlage für den zusätzlichen Betrag.

1.5 Berichtigungen und Ausgleiche

1.5.1 Tarifrate

Übersteigen die durchschnittlichen Auswirkungen der von den Tarifvertragsparteien vereinbarten linearen Erhöhung des Vergütungstarifvertrages und vereinbarter Einmalzahlungen (Tarifrate) die Veränderungsrate nach § 71 Abs. 3 i.V.m. Abs. 2 SGB V, werden *auf die Personalkosten bezogen* 50 Prozent des Unterschieds zwischen beiden Raten zusätzlich im Budget berücksichtigt. Die Vertragsparteien auf der Bundesebene vereinbaren eine Berichtigungsrate in Höhe des Unterschieds zwischen beiden Raten, wobei sie für das Jahr 2011 eine um 0,25 Prozentpunkte und für das Jahr 2012 eine um 0,5 Prozentpunkte verminderte Veränderungsrate zugrunde legen müssen. Maßstäbe für die Ermittlung der Tarifrate sind für den nichtärztlichen Personalbereich einerseits und das ärztliche Personal andererseits jeweils diejenigen tarifvertraglichen Vereinbarungen, die in dem jeweiligen Bereich für die meisten Beschäftigten maßgebend sind. Da die Personalkosten in den Krankenhäusern für Psychiatrie und Psychotherapie rund 80 Prozent der Gesamtkosten ausmachen, wird *das Budget* um 40 Prozent der Berichtigungsrate erhöht (§ 6 Abs. 2 Satz 1 bis 4 BPflV). Ein verbleibendes Restrisiko müssen die Krankenhausträger tragen (BT-Drucks. 14/24, 22). Zweck der Vorschrift ist es, ein zu starkes Zurückbleiben des durch die Veränderungsrate gedeckelten Budgets hinter dem medizinisch leistungsgerechten Budget zu vermeiden. Tarifsteigerungen im Vereinbarungszeitraum können nicht verlässlich vorauskalkuliert werden. Deshalb werden sie nachträglich teilweise ausgeglichen.

> *Die Anwendung der Vorschrift setzt voraus, dass das vereinbarte medizinisch leistungsgerechte Budget durch die Veränderungsrate gekappt worden ist, es sich also um ein Obergrenzenbudget handelt.*

Sind die tarifbedingten Mehrkosten in vollem Umfang im medizinisch leistungsgerechten Budget berücksichtigt worden, ohne dass die durch die Veränderungsrate markierte Obergrenze überschritten wurde, gibt es keinen Grund für eine Budgetberichtigung. Das kann zum Beispiel der Fall sein, wenn die Pflegesatzparteien sehr spät verhandeln und das Krankenhaus die Tarifauswirkungen bereits vollständig in seiner LKA berücksichtigt hat. Sind die tarifbedingten Mehrkosten teilweise im Obergrenzenbudget enthalten, kann eine Budgetberichtigung nur hinsichtlich der gekappten Beträge erfolgen.

Die Vertragsparteien auf der Bundesebene müssen eine jahresdurchschnittliche Berichtigungsrate für das Bundesgebiet ermitteln. Gilt zum Beispiel die lineare Tariferhöhung nur für einen Teil des Jahres, und wird für die restliche Zeit des Jahres eine Einmalzahlung vereinbart, so sind die Kostenauswirkungen anteilig zu berechnen. Daraus ist dann ein Durchschnittswert zu ermitteln. Unterschiedliche Belastungen der einzelnen Krankenhäuser werden auf diese Weise nicht ausgeglichen (BT-Drs. 14/24, 22).

Nicht geregelt ist im Gesetz der Fall, dass einem Krankenhaus Mehrkosten durch einen Wechsel von einem Tarifwerk in den „teureren" TVöD entstehen, was besonders mit einem Trägerwechsel verbunden sein kann. Das OVG Nordrhein-Westfalen (Beschl. v. 3.3.2006 – 13 A 853/05 –, KRS 06.006) hat für diesen Fall eine planwidrige Gesetzeslücke angenommen, die es durch eine analoge Anwendung des § 6 Abs. 2 BPflV geschlossen hat, weil der Tarifanstieg unausweichlich gewesen sei.

Das Gesetz knüpft die Budgetberichtigung nicht mehr an die Voraussetzung, dass sie erforderlich ist, damit das Krankenhaus seinen Versorgungsauftrag erfüllen kann. Hierüber herrschte in der Vergangenheit viel Streit. Das Bundesverwaltungsgericht hatte schon vor Inkrafttreten des KHRG klargestellt (Urt. v. 10.7.2008 – 3 C 7.07 –, KRS 08.032):

> „Dieser systematische Zusammenhang zeigt, dass die BAT-(TVöD-)Berichtigung dazu dient, ein Zurückbleiben des Gesamtbetrages der Erlöse (Budget) infolge der Erlösbegrenzung hinter dem medizinisch leistungsgerechten Budget zu vermeiden oder doch zu vermindern. Da das medizinisch leistungsgerechte Budget voraussetzungsgemäß zur Erfüllung des Versorgungsauftrages notwendig ist, wird mit einem Zurückbleiben des vereinbarten Gesamtbetrages hinter dem medizinisch leistungsgerechten Budget stets auch die Erfüllung des Versorgungsauftrags gefährdet. Daraus ergibt sich, dass die BAT-(TVöD-)Berichtigung zur Erfüllung des Versorgungsauftrags immer dann erforderlich ist, wenn und soweit der Gesamtbetrag infolge der Erlösbegrenzung hinter dem medizinisch leistungsgerechten Budget zurückbleibt."

Es kommt danach allein auf einen Vergleich zwischen dem vereinbarten Obergrenzenbudget und dem medizinisch leistungsgerechten Budget an. Damit ist zugleich klargestellt, dass sonstige Erlöse des Krankenhauses wie Einnahmen für ambulante Behandlung oder Wahlleistungen keine Rolle spielen.

! Alleinige Voraussetzung für die Budgetberichtigung ist, dass das medizinisch leistungsgerechte Budget höher ist als das vereinbarte Obergrenzenbudget.

Ergibt sich ein Berichtigungsbetrag, weil das medizinisch leistungsgerechte Budget höher ist als das Obergrenzenbudget, ist das Budget zu berichtigen mit der Folge, dass Ausgangsbasis der Verhandlungen für den nächsten Pflegesatzzeitraum das um den Berichtigungsbetrag erhöhte Budget ist. Außerdem ist der Berichtigungsbetrag als periodenfremder Ausgleich über das nächste Budget abzurechnen (§ 6 Abs. 2 Satz 2 i.V.m. § 12 Abs. 2 Satz 5 BPflV. Berichtigung und Ausgleich können nicht darüber hinaus gehend auf künftige Pflegesatzzeiträume verschoben werden.

> *„Die genannten Vorschriften lassen es nicht zu, gesetzlich vorgeschriebene Berichtigungen und Ausgleiche für einen Pflegesatzzeitraum beliebig in die Zukunft zu verschieben. Die Anpassung muss vielmehr zum nächstmöglichen Zeitraum erfolgen" (BVerwG v. 20.1.2005 – 3 C 1.04 –, KRS 05.006).*

Eine Vereinbarung der Vertragsparteien auf der Bundesebene oder der Pflegesatzparteien über eine spätere Anpassung ist daher unwirksam (OVG Saarland v. 7.7.2004 – 3 R 3/03 –, KRS 04.016). Das kann allerdings nur gelten, wenn zum Zeitpunkt der Verhandlungen für den nächsten Pflegesatzzeitraum die Höhe des Berichtigungsbetrages und des Ausgleichs bereits feststeht. Steht die Höhe noch nicht fest, sind Teilbeträge als Abschlagszahlung auf den endgültigen Ausgleich zu berücksichtigen (§ 6 Abs. 2 Satz 2 i.V.m. § 12 Abs. 2 Satz 6 BPflV). Das bedeutet implizit, dass auch die Berichtigung mit Teilbeträgen als Abschlagszahlung auf die endgültige Budgetberichtigung erfolgen kann.

1.5.2 Belegungs- und Zahlbetragsausgleich

Der **Erlösausgleich** ist im Anwendungsbereich der BPflV erheblich einfacher ausgestaltet als im KHEntgG. Er ist ein reiner Belegungausgleich und ist durchzuführen, wenn die Ist-Erlöse aus den tagesgleichen Pflegesätzen (§ 13 BPflV) von dem vereinbarten Budget abweichen (§ 12 Abs. 2 Satz 1 BPflV). Die Entwicklung bei den einzelnen Pflegesätzen kann sehr unterschiedlich sein. Abzustellen ist aber auf den erzielten Gesamterlös, den Saldo der verschiedenen Pflegesatzerlöse. Auf die Differenz zwischen dem vereinbarten Budget und dem Gesamterlös sind die in § 12 Abs. 2 Satz 1 BPflV genannten Vomhundertsätze anzuwenden. Diese stehen unter dem Vorbehalt einer abweichenden Vereinbarung durch die Pflegesatzparteien (§ 12 Abs. 2 Satz 2 BPflV). Die gesetzliche Möglichkeit, einen ganz anderen Ausgleich zu vereinbaren, bei dem Veränderungen der Fallzahl und der Verweildauer berücksichtigt werden (§ 12 Abs. 2 Satz 3 BPflV) ist dann interessant, wenn sich die Relation von Fixkosten und variablen Kosten zu Lasten der Fixkosten verschiebt. Im heutigen eingeschränkten Anwendungsbereich der BPflV sind solche „Spielarten" aber weniger interessant.

Der Mehr- oder Mindererlösausgleich infolge der abweichenden Belegung ist über das nächste Budget periodenfremd abzurechnen (§ 12 Abs. 2 Satz 5 BPflV). Kann der Ausgleichsbetrag wegen der Schließung des Krankenhauses nicht oder nicht vollständig über das Budget des Folgejahres verrechnet werden, muss nach der näheren Maßgabe in § 12 Abs. 4 BPflV eine Auseinandersetzung mit den gesetzlichen Krankenkassen erfolgen.

Hinsichtlich des **Zahlbetragsausgleichs** enthält § 21 Abs. 2 BPflV eine im Wesentlichen inhaltsgleiche Regelung wie § 15 Abs. 2 und 3 KHEntgG. Auf die Ausführungen dort kann daher verwiesen werden (s. Kap. III.1.6.1).

2 Pflegesätze

2.1 Pflegesatzberechnung

Ist das Budget ermittelt, muss es entsprechend der voraussichtlichen (voraus-kalkulierten) Belegung (Belegungstage) auf Abteilungspflegesätze, einen Basispflegesatz und teilstationäre Pflegesätze als Verrechnungseinheiten auf das Budget umverteilt werden. Dies geschieht nach Maßgabe der Leistungs- und Kalkulationsaufstellung (§ 13 Abs. 1 BPflV). Diese enthält in Blatt K 5 das ermittelte Budget für den Pflegesatzzeitraum, in Blatt K 6 die Herleitung des Basispflegesatzes und in Blatt K 7 die Herleitung der Abteilungspflegesätze für die einzelnen Fachabteilungen. Der Abteilungspflegesatz ist ein Entgelt für ärztliche und pflegerische Tätigkeit und die durch diese veranlassten Leistungen (§ 13 Abs. 2 Satz 1 BPflV). Der Basispflegesatz ist das Entgelt für nicht durch ärztliche und pflegerische Tätigkeit veranlassten Leistungen (§ 13 Abs. 3 BPflV). Teilstationäre Pflegesätze sollen vereinfacht aus den vollstationären Pflegesätzen (Abteilungspflegesätze, Basispflegesatz) abgeleitet werden, weshalb für sie kein Kalkulationsblatt zu erstellen ist (§ 13 Abs. 4 BPflV).

Das Hauptproblem bei der Ermittlung der Pflegesätze ist neben einer realistischen Belegungsplanung für die einzelnen Fachabteilungen die sachgerechte Zuordnung der Kosten zu diesen Pflegesätzen entsprechend den Kalkulationsblättern K1 bis K 3 der LKA. Die Bildung von Abteilungspflegesätzen erfordert eine funktionsfähige innerbetriebliche Leistungsverrechnung. Auch wenn das Krankenhaus über eine entsprechende Kosten- und Leistungsrechnung verfügt, ist die sachgerechte Zuordnung der Kosten zu den Pflegesätzen häufig ein Problem (z.B. bei der Nutzung gemeinsamer Einrichtungen). Sie ist aber wichtig, um bei Krankenhausvergleichen nicht zu einer fehlerhaften Beurteilung der Angemessenheit der Pflegesätze und der Wirtschaftlichkeit des Krankenhauses zu kommen. (Ausführlich Tuschen u. Philippi 2000, 39ff.; Dietz et al. 2007 § 13 BPflV Erl. I.5.)

Abteilungspflegesätze sind zu bilden für jede organisatorisch selbstständige *bettenführende* Abteilung, die von einem fachlich nicht weisungsgebundenen Arzt mit entsprechender Fachgebietsbezeichnung geleitet wird (§ 13 Abs. 2 Satz 1 BPflV). Im Anhang 1 zur LKA sind infrage kommende Fachabteilungen aufgeführt.

> *Diese Aufzählung ist jedoch nicht abschließend; entscheidend sind allein die Kriterien in § 13 Abs. 2 Satz 1 BPflV (VGH Ba.-Wü. v. 19.9.2006 – 9 S 612/04 –, KRS 06.105).*

So ist für eine selbstständige Abteilung für Gerontopsychiatrie ein Abteilungspflegesatz zu bilden, obwohl sie im Anhang 1 zur LKA nicht erwähnt ist. Es genügt dabei, dass die Abteilung von einem Arzt mit der Fachgebietsbezeichnung Psychiatrie und Psychotherapie geleitet wird, weil die Gerontopsychiatrie nach der Weiterbildungsordnung zu diesem Fach gehört (VGH Ba.-Wü. a.a.O.). Für Belegabteilungen sind ebenfalls Abteilungspflegesätze zu bilden, wobei für Fachbereiche mit sehr geringer Bettenzahl ein gemeinsamer Pflegesatz gebildet werden kann (§ 13 Abs. 2 Satz 2 BPflV).

2.2 Kappung

Bei Krankenhäusern, die nach dem KHG nicht oder nur teilweise oder anteilig bei eigener Restfinanzierung öffentlich gefördert werden (§ 8 Abs. 1 Satz 2 KHG), dürfen von Sozialleistungsträgern und sonstigen öffentlich-rechtlichen Kostenträgern keine höheren Pflegesätze gefordert werden als von nach dem KHG voll geförderten Krankenhäusern für vergleichbare Leistungen. Das gleiche gilt für Krankenhäuser, die nur deshalb nicht nach dem KHG gefördert werden, weil sie keinen Antrag auf Förderung stellen (§ 17 Abs. 5 Satz 1 und 2 KHG).

Die Vorschrift soll sicherstellen, dass Krankenhäuser, die ihre Investitionskosten ganz oder teilweise in die Pflegesätze einrechnen dürfen, weil sie nicht oder nur teilweise oder anteilig bei eigener Restfinanzierung öffentlich gefördert werden (§ 8 BPflV), den Investitionskostenanteil der Pflegesätze nicht den Sozialleistungsträgern und sonstigen öffentlich-rechtlichen Kostenträgern in Rechnung stellen (BVerfG v. 12.6.1990 – 1 BvR 355/86 –, KRS 90.007). Sie enthält jedoch trotz ihres Wortlauts kein generelles Verbot, den begünstigten Kostenträgern höhere Pflegesätze zu berechnen als vergleichbare voll geförderte Krankenhäuser. Das wäre schwerlich mit dem Grundsatz der leistungsgerechten Vergütung (§ 4 Nr. 2 KHG) und dem Grundrecht auf Berufsfreiheit (Art. 12 Abs. 1

GG) zu vereinbaren. Die Kappung der Pflegesätze erfolgt nur wegen des in ihnen enthaltenen Investitionskostenanteils (ebenso Dietz et al. 2007 § 17 KHG Erl. VI.6.).

Die Kappungsgrenze gilt nicht für Hochschulkliniken. Diese werden zwar nicht nach dem KHG gefördert, aber im gesamten Pflegesatzrecht wie KHG-geförderte Krankenhäuser behandelt, weil sie nach anderen Vorschriften öffentlich gefördert werden. Betroffen von der Kappungsgrenze sind in erster Linie Krankenhäuser, die nicht in den Krankenhausplan des Landes aufgenommen sind, aber mit einem Versorgungsvertrag an der Krankenhausversorgung der gesetzlich Krankenversicherten teilnehmen (s. Kap. II.5.5)

Vergleichsgrößen sind die Pflegesätze vergleichbarer Krankenhäuser, die keine Investitionskostenanteile enthalten. Zur Vergleichbarkeit von Krankenhäusern ist in der Gesetzesbegründung zu § 17 Abs. 5 KHG unter Berufung auf ein Urteil des Bundesverwaltungsgerichts folgendes ausgeführt:

> „Bei dem erforderlichen individuellen Krankenhausvergleich ist als Vergleichskrankenhaus dasjenige der vergleichbaren Krankenhäuser auszuwählen, das bei einer Gesamtschau aller Strukturen (u.a. bauliche Gestaltung der Krankenhausgebäude, Art und Zahl der Fachabteilungen, Bettenzahl, Zahl und Qualifikation der Mitarbeiter, Verweildauer, Nutzungsgrad) dem zu beurteilenden Krankenhaus am ähnlichsten ist (s. BVerwG – 3 C 69.85 – Urteil vom 6.11.1986, Buchholz 451.74 § 17 Nr. 10). Nicht selten werden mehrere geförderte Krankenhäuser vorhanden sein, die ähnliche Strukturdaten wie das zu beurteilende Krankenhaus aufweisen, ohne dass eines von ihnen eindeutig am ähnlichsten ist. Bei mehreren in gleicher Weise vergleichbaren Krankenhäusern ist dann dasjenige dieser Krankenhäuser mit dem höchsten Pflegesatz maßgebend; ein Durchschnittspflegesatz aller vergleichbaren Krankenhäuser wird nicht gebildet. Nach dem Gesetzeszweck sollen nämlich die Sozialleistungsträger nicht etwa niedrigere Pflegesätze entrichten, als sie sie für eines der vergleichbaren geförderten Krankenhäuser zu entrichten haben (so BVerwG, a.a.O.)“.

Ergibt der Vergleich, dass die Pflegesätze vergleichbarer Krankenhäuser ohne Investitionskostenanteile über den voll kalkulierten Pflegesätzen liegen, sind die vollen Pflegesätze zu vereinbaren. Im Falle einer Kappung müssen die Pflegesatzparteien mehrere Pflegesätze vereinbaren, nämlich die vollen Pflegesätze und die gekappten niedrigeren Pflegesätze (§ 17 Abs. 5 Satz 4 KHG).

2.3 Zuschläge

Im Anwendungsbereich der BPflV sind die folgenden Zuschlagsregelungen, die in Kapitel III.5 ausführlich behandelt wurden, relevant:

- DRG-Systemzuschlag (§ 17b Abs. 5 Satz 7 KHG);
- Investitionskostenzuschlag für Krankenhäuser in den neuen Bundesländern (Art. 14 Abs. 3 GSG);

- Systemzuschlag für den Gemeinsamen Bundesausschuss (§ 139c i.V.m. § 91 Abs. 2 SGB V);
- Zuschlag für die elektronische Gesundheitskarte – Telematikzuschlag – (§ 291a Abs. 7a SGB V).
- Qualitätssicherungszuschlag

2.4 Checkliste

Zur Vorbereitung der Budget- und Pflegesatzverhandlungen kann die nachfolgende Checkliste unterstützend herangezogen werden.

Checkliste

1. *Ermittlung der Ausgangsbasis*
    - *Vereinbartes Budget des laufenden Jahres (K 5 Nr. 24 LKA)*
    - *Abzug Instandhaltungspauschale für das laufende Jahr*
    - *Abzug Investitionskosten (§ 8 BPflV) für das laufende Jahr*
    - *Bereinigung (+/−) um periodenfremde Ausgleiche und Beträge*
    - *Hinzurechnung TVöD-Berichtigung (§ 6 Abs. 2 BPflV) für das laufende Jahr*
2. *Ermittlung des medizinisch leistungsgerechten Budgets (§ 6 Abs. 1 Satz 2 BPflV)*
    - *Allgemeine Kostensteigerungen*
        - *Personalkosten*
        - *Sachkosten*
        - *Restauswirkungen aus Vorjahren*
    - *Verkürzungen der Verweildauern*
    - *Ergebnisse von Fehlbelegungsprüfungen*
    - *Leistungsverlagerungen*
    - *Modellvorhaben und Integrationsverträge*
    - *Ergebnisse von Krankenhausvergleichen*
    - *Veränderungen der medizinischen Leistungsstruktur oder der Fallzahlen*
    - *Zusätzliche Kapazitäten für medizinische Leistungen gemäß Krankenhausplanung*
    - *Finanzierung von Rationalisierungsinvestitionen*
    - *Vorgaben der Psych-PV*
    - *TVöD-Angleichung Ost/West*
    - *Zusätzliche Leistungen für strukturierte Behandlungsprogramme*
    - *Kostenausgliederung für ausländische Patienten (§ 3 Abs. 4 BPflV)*
    - *Kostenausgliederung nach § 7 Abs. 2 Satz 2 Nr. 4 bis 7 BPflV:*
        - *Wahlärztliche und sonstige ärztliche Leistungen*
        - *Gesondert berechenbare Unterkunft*
    - *Instandhaltungspauschale*

- *Ausgleiche (+/−) für Vorjahre:*
  - *Mehr- oder Mindererlöse (§ 12 Abs. 2 BPflV), ggf.vorläufig*
  - *Zahlbetragsausgleich (§ 21 Abs. 2 BPflV), ggf. vorläufig*
  - *Sonstige Ausgleiche*
- *Investitionskosten (§ 8 BPflV)*

3. *Ermittlung der Budgetobergrenze*
   - *Budget für das laufende Jahr (K 5 Nr. 24 LKA)*
   - *Bereinigung (+/−) um periodenfremde Beträge*
   - *TVöD-Berichtigung für das laufende Jahr*
   - *Zuzüglich Veränderungsrate*
   - *= Budgetobergrenze*

4. *Obergrenzenanhebung durch Ausdeckelung und Zuschläge*
   - *Veränderungen der medizinischen Leistungsstruktur oder der Fallzahlen*
   - *Zusätzliche Kapazitäten für medizinische Leistungen gemäß Krankenhausplanung*
   - *Finanzierung von Rationalisierungsinvestitionen*
   - *Vorgaben der Psych-PV*
   - *TVöD-Angleichung Ost/West*
   - *Zusätzliche Leistungen für strukturierte Behandlungsprogramme*
   - *Instandhaltungspauschale*
   - *Ausgleiche und Berichtigungen für Vorjahre*

5. *Kappung (§ 17 Abs. 5 KHG).*

V

Budget- und Pflegesatzverhandlungen nach der Bundespflegesatzverordnung in der Fassung des PsychEntgG (ab 2013)

Das mit seinen wichtigsten Teilen am 1. Januar 2013 in Kraft getretene Psych – Entgeltgesetz – PsychEntgG – enthält die gesetzlichen Rahmenbedingungen für die schrittweise Ablösung der kostenorientierten flexiblen Budgets und der aus ihnen abgeleiteten tagesgleichen Pflegesätze durch ein leistungsorientiertes und pauschalierendes Vergütungssystem auf der Grundlage von tagesbezogenen Entgelten nach § 17d Abs. 1 KHG. In seinem Artikel 2 wird die Bundespflegesatzverordnung neu strukturiert. Das Psych-Entgeltsystem wird also weiterhin in einem eigenständigen Gesetz (Artikelgesetz) geregelt, obwohl es eng an das DRG-Entgeltsystem angelehnt ist. Auf die vierjährige budgetneutrale Phase (2013 bis 2016) folgt eine fünfjährige Konvergenzphase (2017 bis 2021) zur Anpassung der krankenhausindividuellen Erlösbudgets an den landesweiten Basisentgeltwert. Die lange budgetneutrale Phase gibt den Vertragsparteien auf der Bundesebene ausreichend Zeit, die Entwicklung des neuen Entgeltsystems voranzutreiben und schrittweise zu verbessern.

Bei der Anwendung der Vorschriften kann weitgehend auf die Erfahrungen und Standards in der DRG-Einführungsphase zurückgegriffen werden. Der gewählte iterative Prozess beruht auf den positiven Erfahrungen bei der DRG-Systemeinführung. Gleichwohl sind die Vertragsparteien auf der Bundesebene verpflichtet, noch vor Beginn der Konvergenzphase – bis zum 30. Juni 2016 – eine gemeinsame Zwischenbilanz über die Auswirkungen des neuen Entgeltsystems und erste Anwendungserfahrungen vorzulegen (§ 17d Abs. 4 Satz 9 bis 11 KHG).

1 Budgetneutrale Phase (2013–2016)

1.1 Optionsjahre

In den Jahren 2013 und 2014 sind die Krankenhäuser nicht verpflichtet, das neue Vergütungssystem anzuwenden. Sie können es in dieser Zeit jedoch auf freiwilliger Basis anwenden, entweder für beide Jahre oder nur für das Jahr 2014. Erst ab dem Jahr 2015 ist die Anwendung des neuen Vergütungssystems für alle Krankenhäuser verbindlich (§ 3 Abs. 1 Satz 3 BPflV). Das in den Optionsjahren umstiegsbereite Krankenhaus kann die Einführung des neuen Vergütungssystems verlangen; die Sozialleistungsträger sind verpflichtet, dem Verlangen zu entsprechen. Voraussetzung ist jedoch, dass das Krankenhaus sein Verlangen zum Zeitpunkt der Aufforderung zur Pflegesatzverhandlung, frühestens jedoch zum 31. Dezember des jeweiligen Vorjahres, den anderen Pflegesatzparteien mitteilt (§ 3 Abs. 1 Satz 3 BPflV). Die frühestmögliche Erklärung zum 31. Dezember des Vorjahres ermöglicht es den Krankenhäusern, mögliche Folgen der Neueinführung abzuschätzen, da die Eckpfeiler des neuen Vergütungssystems (Entgeltkatalog und Abrechnungsbestimmungen) erst bis zum 30. November des Vorjahres vorliegen müssen, mithin eine für die Folgenabschätzung zweckmäßige Gruppierung der Daten des laufenden Jahres mit dem Grouper für das Folgejahr erst danach möglich ist. Wird die Erklärung nach dem 31. Dezember des Vorjahres abgegeben, muss sie spätestens bei der Aufforderung zur Verhandlung nach § 11 Abs. 3 BPflV erfolgen. Dadurch wird sichergestellt, dass die Erklärung rechtzeitig vor und nicht erst während einer laufenden Verhandlung abgegeben wird.

Um einen Anreiz für einen freiwilligen Einstieg in das neue Vergütungssystem zu schaffen, erhalten die „Optionshäuser" in den Jahren 2013 und 2014 verbesserte Mehrerlösausgleiche (65 v.H. statt 85 bzw. 90 v.H.) und Mindererlösausgleiche (95 v.H. statt 20 v.H.), § 3 Abs. 5 Satz 1 Nr. 1 und 3 BPflV.

Für Krankenhäuser, die nicht auf freiwilliger Basis bereits in den Jahren 2013 oder 2014 das neue Vergütungssystem anwenden, enthält § 18 Abs. 1 Satz 1 BPflV eine **Übergangsregelung**, nach der diese Häuser die Bundespflegesatzverordnung in der bis zum 31. Dezember 2012 geltenden Fassung anzuwenden haben.

>>> *In zwei wichtigen Punkten, nämlich bei der Anwendung des Veränderungswerts und beim Wegfall der anteiligen Tariflohnfinanzierung nach § 6 Abs. 2 BPflV, erfolgt jedoch bereits eine Gleichstellung mit den optierenden Krankenhäusern sowie mit den Krankenhäusern, für die das KHEntgG gilt.*

Ab dem Jahr 2013 gilt auch für die nicht optierenden Krankenhäuser der Veränderungswert (§ 9 Satz 1 Nr. 5 BPflV) an Stelle der Veränderungsrate als Obergrenze für den Anstieg des Gesamtbetrages. Und die anteilige Tariflohnfinanzierung nach § 6 Abs. 2 BPflV in der bisherigen Fassung wird zum 31. Dezember 2012 aufgehoben, da der Veränderungswert künftig alle Kostensteigerungen und damit auch Tariflohnsteigerungen berücksichtigt. Anders als im somatischen Bereich wird den Vertragspartnern auf der Bundesebene für die Festlegung des Veränderungswerts kein Verhandlungskorridor vorgegeben, wenn der Orientierungswert den Veränderungswert übersteigt. Vielmehr müssen die Vertragsparteien 40 v.H. der Differenz zwischen Orientierungswert und Veränderungsrate zuzüglich zur Veränderungsrate als Veränderungswert vereinbaren (§ 9 Satz 1 Nr. 5 BPflV). Für das Jahr 2012 erfolgt noch eine Berichtigung nach bisherigem Recht (§ 6 Abs. 2 BPflV); die Vertragsparteien auf der Bundesebene vereinbaren für 2012 letztmalig die Berichtigungsrate [§ 18 Abs. 1 Satz 1 Nr. 3 BPflV n.F. i.V.m. § 15 Abs. 1 Satz BPflV a.F.]). Sie wurde inzwischen mit +1,52 Prozent vereinbart.

Der Regierungsentwurf des PsychEntgG sah in § 3 Abs. 1 Satz 3 noch vor, dass die nicht optierenden Krankenhäuser keine Nachverhandlungsmöglichkeit für zusätzliche Personalstellen nach § 6 Abs. 4 BPflV haben. Damit sollte ein Anreiz für einen möglichst frühzeitigen Umstieg auf das neue Entgeltsystem geschaffen werden (BT-Drucks. 17/8986, 34). Der Bundesrat forderte die Weitergeltung des § 6 Abs. 4 BPflV für alle Krankenhäuser bis zum Ende der budgetneutralen Phase, um sicherzustellen, dass die Kosten aller Krankenhäuser für die Umsetzung der Psych-PV bei der erstmaligen Berechnung des Landesbasisentgeltwerts für 2017 berücksichtigt werden, damit sie in vollem Umfang dauerhaft zur Verfügung stehen (BT-Drucks. 17/8986, 55). Im Laufe des Gesetzgebungsverfahrens wurde § 3 Abs. 1 Satz 3 des Regierungsentwurfs fallengelassen. Alle Krankenhäuser können deshalb bis zum Ende der budgetneutralen Phase Personalstellen unter den Voraussetzungen des § 6 Abs. 4 BPflV in der bisherigen Fassung nachverhandeln. Die Psych-PV wird erst mit Wirkung ab 1. Januar 2017 für alle Krankenhäuser aufgehoben (Art. 8 Abs. 3 PsychEntgG).

Für alle Krankenhäuser gelten aber nach der Übergangsregelung in § 18 Satz 2 BPflV verschärfte Anforderungen für eine der Zweckbestimmung entsprechende Mittelverwendung. Sie müssen den anderen Pflegesatzparteien eine Bestätigung des Jahresabschlussprüfers über die tatsächliche jahresdurchschnittliche Stellenbesetzung zum 31. Dezember sowie über die zweckentsprechende Mittelverwendung vorlegen, und zweckwidrig verwendete Mittel sind zurückzuzahlen. Hierdurch soll sichergestellt werden, dass das Personal nicht anderweitig eingesetzt wird (BT-Drucks. 17/9992, 29). Die näheren Einzelheiten müssen die Pflegesatzparteien regeln, da die BPflV keine weiteren Festlegungen trifft. Der Begriff „zurückzuzahlen" ist sachgerecht dahingehend auszulegen, dass ein festgestellter Rückzahlungsbetrag den Gesamtbetrag bzw. das Erlösbudget für das Folgejahr mindert, indem die Ausgangsbasis um den Rückzahlungsbetrag abgesenkt wird. Eine Rückabwicklung für das Vorjahr würde einen unverhältnismäßig hohen Verwaltungsaufwand für alle Pflegesatzparteien verursachen.

Von diesen Änderungen abgesehen, findet auf die nicht optierenden Krankenhäuser die Bundespflegesatzverordnung in der bis zum 31. Dezember 2012 geltenden Fassung **in vollem Umfang** Anwendung (s. vorhergehendes Kapitel). Die Pflegesatzparteien müssen ein flexibles Budget und tagesgleiche Pflegesätze vereinbaren (§§ 12, 13 BPflV).

1.2 Einstiegsjahre

In der budgetneutralen Phase wird das Krankenhausbudget auch für die „Einstiegshäuser" noch nach den bisherigen Regeln vereinbart. Der zu vereinbarende Gesamtbetrag (§ 3 Abs. 2 Satz 1 BPflV n.F., § 6 Abs. 1 Satz 1 BPflV a.F.) wird ab dem krankenhausindividuellen Einstiegsjahr in das neue Entgeltsystem (spätestens 2015) jedoch nicht mehr mit tagesgleichen Pflegesätzen (Abteilungs- und Basispflegesätzen), sondern mit den bundeseinheitlich bewerteten und – wo dies noch nicht möglich ist – mit krankenhausindividuellen Entgelten abgerechnet. Der Gesamtbetrag ist aufzuteilen in das Erlösbudget, das die Summe der Erlöse aus den bundeseinheitlich mit Bewertungsrelationen bewerteten Entgelten und den bundeseinheitlichen Zusatzentgelten umfasst, und die Erlössumme, die die krankenhausindividuell vereinbarten Entgelte zusammenfasst. Diese Aufteilung ist nötig, damit aus dem Erlösbudget ein krankenhausindividueller Basisentgeltwert abgeleitet werden kann. Ab 2017 ist das Erlösbudget die maßgebende Größe für die stufenweise Angleichung an den landeseinheitlichen Basisentgeltwert.

1.2.1 Gesamtbetrag

Für die Verhandlung und Vereinbarung des Gesamtbetrages (Budgets) gelten zunächst die Regelungen in § 6 Abs. 1 BPflV a.F. mit der Maßgabe, dass der Veränderungswert an die Stelle der Veränderungsrate (§ 6 Abs. 1 Satz 3 BPflV a.F.) tritt und der Tarifausgleich nach § 6 Abs. 2 BPflV a.F. deswegen entfällt. Die Ausnahmetatbestände in § 6 Abs. 1 Satz 4 bis 6, Abs. 4 BPflV a.F. sind unverändert anzuwenden, sodass eine Obergrenzenüberschreitung möglich ist (Mörsch et al. 2012, 676). Es gilt der Zwei-Säulen-Mechanismus. Wegen des Verweises auf § 3 BPflV ist auch diese Vorschrift entsprechend anzuwenden. Das betrifft unter anderem die Bindung an den Versorgungsauftrag und den Krankenhausvergleich nach § 5 BPflV a.F., aber auch die Möglichkeit, das Budget mit dem Veränderungswert fortzuschreiben (§ 3 Abs. 2 Satz 4 BPflV a.F.).

Ausgangsgrundlage für den zu vereinbarenden Gesamtbetrag ist der für das jeweilige Vorjahr vereinbarte Gesamtbetrag, bereinigt um darin enthaltene Ausgleiche (z.B. Mehr- oder Mindererlösausgleiche) sowie Ausgleichszahlungen aufgrund von Berichtigungen für Vorjahre (§ 3 Abs. 2 Satz 2, Satz 3 Nr. 2 BPflV n.F.). Hinsichtlich der **Fortschreibung** des Ausgangsbetrages nach § 6 Abs. 1 BPflV a.F. enthält § 3 Abs. 2 BPflV n.F. Änderungen, Präzisierungen und Ergänzungen. Die Änderungen betreffen die Ersetzung der Veränderungsrate durch den Veränderungswert und den dadurch bedingten Wegfall des Tarifausgleichs nach § 6 Abs. 2 BPflV a.F. Zum Thema Leistungsverlagerungen (§ 6 Abs. 1 Satz 2 Nr. 3 BPflV a.F.) bestimmt nunmehr § 3 Abs. 2 Nr. 1 Buchst. a) BPflV, dass der Gesamtbetrag zu vermindern ist „um anteilige Kosten für Leistungen, die im Vereinbarungszeitraum in andere Versorgungsbereiche verlagert werden". Durch diese Formulierung sind zwei Dinge klargestellt, die in der DRG-Einführungsphase umstritten waren (vgl. Kap. III.1.2). Erstens muss es sich um Leistungen handeln, die *das Krankenhaus* nicht mehr stationär oder teilstationär, sondern ambulant erbringt und die deshalb nicht mehr über das Krankenhausbudget finanziert werden (so ausdrücklich die amtliche Begründung, BT.-Drucks. 17/8936, 35). Die in der DRG-Einführungsphase vereinzelt anzutreffende Schiedsstellenpraxis, Ausgabensteigerungen bei den Sozialleistungsträgern für Leistungen außerhalb des Krankenhauses zum Anlass für Budgetkürzungen zu nehmen, hat in § 3 Abs. 2 Satz 3 Nr. 1 Buchst. a) BPflV n.F. eindeutig keine Grundlage. Zweitens sind nur die anteiligen (variablen) Kosten abzusetzen. Da bei zusätzlichen Leistungen nur die zusätzlich entstehenden variablen Kosten in das Krankenhausbudget eingehen, ist die Begrenzung der Kostenausgliederung auf die variablen Kosten bei einem Leistungsrückgang nur folgerichtig.

Klargestellt wird ferner, dass für Leistungen für ausländische Patientinnen und Patienten, die nicht mehr mit dem Gesamtbetrag vergütet werden sollen (§ 3 Abs. 4 BPflV a.F., § 3 Abs. 6 BPflV n.F.), eine Vollkostenausgliederung („darin enthaltene Kosten") vorzunehmen ist. Entsprechendes gilt für Leistungen, die im Vereinbarungszeitraum erstmals im Rahmen von Modellvorhaben nach § 63 SGB V oder von Integrationsverträgen nach § 140b SGB V vergütet werden (§ 3 Abs. 2

Satz 3 Nr. 3 Buchst. b) BPflV n.F.). Bei der erstmaligen Wiedereingliederung dieser Leistungen in den Gesamtbetrag gilt dann auch die Vollkostenmethode.

Eine – durch das neue Entgeltsystem bedingte – Ergänzung enthält § 3 Abs. 2 Satz 3 Nr. 3 Buchst.a) BPflV n.F. Danach sind Zu- und Abschläge nach § 7 Abs. 1 Nr. 3 BPflV n.F. nicht Bestandteil des Gesamtbetrages und auszugliedern oder – wenn die Voraussetzungen für die Erhebung von Zu- oder Abschlägen entfallen – wieder einzugliedern. Nach dem Wortlaut des § 7 Abs. 1 Nr. 3 BPflV n.F. gilt dies auch für den Ausbildungszuschlag nach § 17a Abs. 6 KHG. Da die Ausbildungskosten seit dem Jahr 2005 nicht mehr Teil des Krankenhausbudgets sind, ist der Ausbildungszuschlag von der Regelung aber nicht betroffen; diese bezieht sich vielmehr nur auf die sonstigen Zu- und Abschläge (so auch amtliche Begründung, BT-Drucks. 17/8986, 35).

1.2.2 Erlösbudget

Das Erlösbudget umfasst die Erlöse für Entgelte nach dem bundeseinheitlichen Entgeltkatalog (mit Bewertungsrelationen bewerte Entgelte und Zusatzentgelte). Dabei sind hinsichtlich der mit Bewertungsrelationen bewerteten Entgelte die effektiven Bewertungsrelationen, die sich nach Berücksichtigung von eventuellen Entgeltzu- oder -abschlägen ergeben, maßgebend. Sonstige Zu- und Abschläge nach § 7 Abs. 1 Nr. 3 BPflV sind Bestandteil des Erlösbudgets, soweit sie noch nicht aus dem Gesamtbetrag ausgegliedert wurden.

Ausgleiche und Berichtigungen des Gesamtbetrages für Vorjahre (periodenfremde Verrechnungen) erfolgen über das Erlösbudget (§ 3 Abs. 2 Satz 5 BPflV n.F.).

1.2.3 Krankenhausindividueller Basisentgeltwert

Wie der krankenhausindividuelle Basisentgeltwert aus dem Erlösbudget abzuleiten ist, regelt § 3 Abs. 3 Satz 2 BPflV n.F. Danach werden vom Erlösbudget (einschließlich Ausgleiche und Berichtigungen für Vorjahre) die Summe der Zusatzentgelte und die Erlöse für Überlieger abgezogen und der sich ergebende Betrag durch die vereinbarte Summe der effektiven Bewertungsrelationen dividiert. Nach dem Gesetz ist also das Erlösvolumen für Überlieger aus dem Erlösbudget auszugliedern. Die nähere Definition der Überliegererlöse ergibt sich aus der Anlage B 1 zur BPflV Zeile 15 in Verbindung mit der zugehörigen Fußnote Nr. 4. Danach sind die Überliegererlöse für fall- und zeitraumbezogene Entgelte aus dem Erlösbudget auszugliedern. Überliegererlöse für tagesbezogene Entgelte sind nicht auszugliedern, da die Erlöse tagesbezogen dem jeweiligen Budgetjahr zuzuordnen sind (Anlage E 1 Fußnote Nr. 3). Eine Begründung für die Sonderbehandlung der Überlieger ist dem Gesetz nicht zu entnehmen. Die Vertragspartner auf der Bundesebene sind ermächtigt, die Regelungen zu den Überliegern zu ändern und das Berechnungsschema in der Anlage B 1 (Zeilen 13 bis 18) zur BPflV entsprechend anzupassen (§ 9 Abs. 1 Nr. 6 BPflV n.F.). Die Behandlung der Überlieger ist in erster Linie ein praktisches Problem.

Der für die Ermittlung des krankenhausindividuellen Basisentgeltwerts maßgebende Berechnungsbogen B 1 in der Anlage zur BPflV kann zugleich als
Checkliste dienen, weil er die einzelnen Berechnungsschritte präzise vorgibt.

Der ermittelte krankenhausindividuelle Basisentgeltwert ist der Abrechnung
der mit Bewertungsrelationen bewerteten Entgelte zugrunde zu legen. Hiervon abweichend können nicht oder nur teilweise nach dem KHG geförderte
Krankenhäuser nach § 3 Abs. 4 BPflV n.F. beantragen, in entsprechender Anwendung der §§ 17 Abs. 5 KHG, 8 BPflV a.F. Investitionskosten zusätzlich zu
berücksichtigen, wenn sich bei ihnen ein niedriger krankenhausindividueller
Basisentgeltwert ergibt. Die Obergrenze für die Erhöhung des krankenhausindividuellen Basisentgeltwerts ist der geschätzte durchschnittliche Basisentgeltwert der Krankenhäuser im Land für den Vereinbarungszeitraum. Es können aber nur neue Investitionsmaßnahmen berücksichtigt werden, da davon
ausgegangen wird, dass die Kosten für bereits abgeschlossene oder noch laufende Investitionsmaßnahmen bereits bei den bisherigen Budgets berücksichtigt worden sind (BT-Drucks. 17/8986, 36).

1.2.4 Erlössumme

Wenn Leistungen von der Anwendung der bundeseinheitlichen Entgeltkataloge
ausgenommen sind, weil sie mit diesen nach der Feststellung der Vertragsparteien auf der Bundesebene noch nicht sachgerecht vergütet werden, vereinbaren
die Pflegesatzparteien krankenhausindividuelle tages-, fall- oder zeitraumbezogene Entgelte oder Zusatzentgelte auf der Basis von Kalkulationsempfehlungen
der Vertragsparteien auf der Bundesebene (§ 6 Abs. 1 i.V.m. § 9 Abs. 1 Nr. 4 BPflV
n.F.). Für diese Entgelte ist nach § 6 Abs. 3 Satz 1 BPflV n.F. eine Erlössumme
(ein eigenes Budget) zu bilden. Auch für dieses Budget gilt § 6 Abs. 1 BPflV a.F.
mit der Maßgabe, dass der Veränderungswert an die Stelle der Veränderungsrate tritt und der Tarifausgleich nach § 6 Abs. 2 BPflV a.F. entfällt. Eine Obergrenzenüberschreitung wegen der Ausnahmetatbestände in § 6 Abs. 1 Satz 4,
Abs. 4 BPflV a.F. ist danach zulässig. Es gilt dabei das Zwei-Säulen-Modell.

Für besondere Einrichtungen (§ 17d Abs. 2 Satz 4 KHG) können erstmals für
2017 individuelle Entgelte vereinbart werden, da das neue Entgeltsystem erst
dann budgetwirksam wird. Das Gleiche gilt für Entgelte für neue Untersu-
chungs- und Behandlungsmethoden, die aber nicht Bestandteil der Erlössumme werden (§ 6 Abs. 2 BPflV n.F.).

1.2.5 Ausgleiche

Erlösausgleich

Den Mehr- oder Mindererlösausgleich regelt § 3 Abs. 5 BPflV n.F. Danach ist
für die Jahre 2013 bis 2016 ein Erlösausgleich vorzunehmen, wenn die Summe
der auf das Kalenderjahr (den Vereinbarungszeitraum) entfallenden Erlöse aus

bundeseinheitlichen Entgelten (§ 7 Satz 1 Nr. 1 und 2 BPflV n.F.) und kranken-hausindividuellen Entgelten (§ 7 Satz 1 Nr. 4 BPflV n.F.) von dem vereinbarten Gesamtbetrag einschließlich Ausgleichen und Berichtigungen abweicht. Es ist also wie nach § 4 Abs. 3 Satz 2 KHEntgG ein Gesamtsummenvergleich vor-zunehmen; ein getrennter Ausgleich für das Erlösbudget und die Erlössumme findet nicht statt. Da Zu- und Abschläge (§ 7 Satz 1 Nr. 3 BPflV n.F.) aus dem Gesamtbetrag auszugliedern sind (§ 3 Abs. 2 Satz 3 Nr. 3 Buchst. a) BPflV n.F.), spielen sie bei der Durchführung des Erlösausgleichs keine Rolle. Ist eine Aus-gliederung aus dem Gesamtbetrag noch nicht erfolgt, sind sie allerdings zu berücksichtigen. Auch die in den Gesamtbetrag eingegangenen Überlieger-erlöse sind zu berücksichtigen.

Es gilt also der Grundsatz:

> *Was in den Gesamtbetrag eingegangen ist oder rechtmäßig hätte eingehen können, muss hinterher auch ausgeglichen werden.*

Für den durchzuführenden Mehr- oder Mindererlösausgleich gelten in den Jahren 2013 bis 2014 einerseits und in den Jahren 2015 bis 2016 andererseits unterschiedliche Ausgleichssätze. Für Krankenhäuser, die sich in 2013 oder 2014 freiwillig für den Umstieg auf das neue Entgeltsystem entscheiden, gel-ten bis 2014 bessere Mehr- oder Mindererlösausgleiche als ab 2015. Dadurch werden Schätzfehlerrisiken für die optierenden Häuser verringert, sodass sie einen finanziellen Anreiz für den freiwilligen Umstieg haben. Mindererlöse werden für die Jahre 2013 und 2014 zu 95 v.H. ausgeglichen. Das ist der Wert, der auch bei der DRG-Einführung verwendet wurde. Mehrerlöse werden für die Jahre 2013 und 2014 zu 65 v.H. ausgeglichen, soweit sie nicht kodierbedingt sind. Ab 2015 gelten wieder die niedrigeren Ausgleichssätze nach § 12 Abs. 2 Satz 1 BPflV a.F. (Mindererlösausgleich 20 v.H.; Mehrerlösausgleich 85 v.H. bei Mehrerlösen bis zur Höhe von 5 v.H. des vereinbarten Gesamtbetrages und von 90 v.H. bei darüber hinausgehenden Mehrerlösen), § 4 Abs. 8 BPflV n.F. Die Pflegesatzparteien können prospektiv von den gesetzlichen Ausgleichs-sätzen abweichende Sätze vereinbaren, wenn dies der angenommenen Ent-wicklung von Leistungen und deren Kosten besser entspricht (§ 3 Abs. 5 Satz 2 BPflV n.F.). So können die Pflegesatzparteien einer Über- oder Unterfinanzie-rung der erwarteten Leistungsmenge vorbeugen.

Für das Kalenderjahr, für das das Krankenhaus den Systemwechsel vornimmt, ist ein vollständiger Erlösausgleich für die beim Erlösbudget in Abzug gebrach-ten Überliegererlöse (§ 3 Abs. 3 Satz 2 BPflV n.F.) vorzunehmen.

Da **Mehrerlöse**, die **infolge einer veränderten Kodierung** von Diagnosen und Prozeduren im Lernprozess entstehen, vollständig auszugleichen sind (§ 3 Abs. 5 Satz 1 Nr. 2 BPflV n.F.), müssen sie von den leistungsbedingten Mehr-erlösen abgegrenzt werden. Zur Ermittlung der leistungsbedingten Mehrerlöse bei den mit Bewertungsrelationen bewerteten Entgelten enthält die BPflV n.F. in § 3 Abs. 5 Satz 3 ein pauschales Berechnungsverfahren, das demjenigen bei der DRG-Einführung (in § 4 Abs. 9 Satz 6 bis 8 KHEntgG a.F.) entspricht.

Die pauschale Formel lautet:

> Zusätzliche (gegenüber der Vereinbarung) erbrachte Berechnungs- und Belegungstage
>
> x Mittelwert der je Berechnungs- und Belegungstag vereinbarten Bewertungsrelationen (Casemix-Index)
>
> x Krankenhausindividueller Basisentgeltwert
>
> = leistungsbedingter Mehrerlös (bei mit Bewertungsrelationen bewerteten Entgelten).

Ein Berechnungstag ist nach der Legaldefinition in § 8 Abs. 2 Satz 1 BPflV n.F. ein Tag, für den tagesbezogene Entgelte für voll- und teilstationäre Leitungen berechnet werden. Ein Belegungstag ist ein Tag, für den entweder eine Fallpauschale oder eine zeitraumbezogene Pauschale (nicht Tagespauschale) berechnet wird.

Soweit das Krankenhaus oder eine andere Vertragspartei nachweist, dass die leistungsbedingten Mehrerlöse als Folge von Veränderungen der Leistungsstruktur nach der pauschalen Berechnungsmethode zu niedrig oder zu hoch bemessen sind, ist der Betrag der leistungsbedingten Mehrerlöse entsprechend anzupassen (§ 3 Abs. 5 Satz 4 BPflV n.F.).

Der vollständig auszugleichende kodierbedingte Mehrerlös ergibt sich, indem die leistungsbedingten Mehrerlöse von den insgesamt für die mit Bewertungsrelationen bewerteten Entgelte erzielten Mehrerlösen subtrahiert wird (§ 3 Abs. 5 Satz 5 BPflV n.F.).

Die ermittelten ausgleichspflichtigen Mehr- oder Mindererlöse verändern den zu vereinbarenden Gesamtbetrag und das Erlösbudget (§ 3 Abs. 2 Satz 5 BPflV n.F.).

Zahlbetragausgleich

§ 15 Abs. 2 BPflV n.F. mit der Regelung für den Zahlbetragsausgleich aufgrund der Weitererhebung bisheriger Entgelte wegen unterjähriger Pflegesatzvereinbarungen entspricht § 21 Abs. 2 BPflV a.F. Hinzuweisen ist darauf, dass die Weitererhebung bisheriger Entgelte auch für Krankenhäuser gilt, die in den Jahren 2013 oder 2014 (optional) oder 2015 (verpflichtend) das neue Entgeltsystem erstmalig anwenden (§ 15 Abs. 1 Satz 2 BPflV n.F.).

2   Konvergenzphase (2017–2021)

Ab 2017 werden die kostenorientierten Krankenhausbudgets auf leistungsorientierte Erlösbudgets umgestellt. Es gilt dann grundsätzlich die Formel „Menge x Preis (Basisentgeltwert)". In den Jahren 2017 bis 2021 werden die Erlösbudgets und die krankenhausindividuellen Basisentgeltwerte schrittweise an das landeseinheitliche Preisniveau, das durch den Landesbasisentgeltwert (vgl. Kap. II.12) vorgegeben ist, angeglichen, sodass die Formel „Menge x Landesbasisentgeltwert" erst ab dem Jahr 2022 gilt, wenn der Gesetzgeber bis dahin nicht andere Rahmenbedingungen schafft (vgl. § 4 Abs. 11 BPflV).

Mit Beginn der Konvergenzphase ist die Vereinbarung eines Gesamtbetrages in entsprechender Anwendung des § 6 Abs. 1 BPflV a.F. obsolet. Die Obergrenzenregelung (einschließlich der Ausnahmetatbestände) für einzelne Krankenhausbudgets wird ersetzt durch die Begrenzung des Landesbasisentgeltwerts in § 10 Abs. 3 BPflV. Der Krankenhausvergleich entfällt (§ 17 Abs. 5 Satz 5 KHG). Die Psych-PV wird zum 1. Januar 2017 außer Kraft gesetzt (Art. 7 PsychEntgG), weil davon ausgegangen wird, dass die Krankenhäuser bis zum Ende der budgetneutralen Phase die Vorgaben der Psych-PV zur Zahl der Personalstellen umsetzen werden (BT-Drucks. 17/8986, 51).

Für die Bildung einer Erlössumme für die krankenhausindividuellen Entgelte ist die Bundespflegesatzverordnung in der am 31. Dezember 2012 geltenden Fassung weiterhin anzuwenden (§ 6 Abs. 3 BPflV n.F.).

Die Konvergenzphase ist der DRG-Konvergenzphase nachgebildet. Zu ihrem besseren Verständnis kann daher auf die Darstellung der DRG-Konvergenzphase in Kapitel III.1 rekurriert werden.

2.1   Erlösbudget

2.1.1   Ausgangswert

Ausgangsbasis für die Ermittlung des Erlösbudgets für das Jahr 2017 ist das Erlösbudget für das Jahr 2016 einschließlich Ausgleiche und Berichtigungen für

Vorjahre (§ 4 Abs. 2 Satz 1 BPflV). Um den maßgebenden Ausgangswert, welcher der Vereinbarung zugrunde zu legen ist, zu ermitteln, ist das Erlösbudget für 2016 um die darin enthaltenen Ausgleiche sowie Ausgleichszahlungen aufgrund von Berichtigungen für Vorjahre zu bereinigen. Sodann ist es zu *vermindern* um die anteiligen Kosten für Leistungsverlagerungen (zur Auslegung vgl. die Ausführungen in Kap. V 1.2.1) und um Leistungen für ausländische Patientinnen und Patienten, soweit diese noch in dem Gesamtbetrag für 2016 enthalten waren. Schließlich ist das Erlösbudget zu verändern um die Ausgliederung oder Wiedereingliederung von sonstigen Zu- und Abschlägen nach § 7 Satz 1 Nr. 3 BPflV (ohne Ausbildungszuschlag!), von Erlösen für Leistungen, die Bestandteil der Erlössumme werden oder waren, sowie von (Voll-)Kosten für Leistungen im Rahmen von Modellvorhaben nach § 63 SGB V oder von Integrationsverträgen nach § 140b SGB V.

Das so bereinigte, verminderte und veränderte Erlösbudget für 2016 ist die Grundlage für die Fortschreibung in 2017. Für die Ermittlung der Erlösbudgets für die Jahre 2018 bis 2021 ist auf der Grundlage des Erlösbudgets des jeweiligen Vorjahres entsprechend zu verfahren (§ 4 Abs. 2 Satz 1 und 2 BPflV). Das Erlösbudget des Vorjahres ist dann zusätzlich zu erhöhen um voraussichtliche Erlöse für neue Untersuchungs- und Behandlungsmethoden, deren Vergütung bisher krankenhausindividuell nach § 6 Abs. 3 BPflV vereinbart wurde und die im Vereinbarungszeitraum mit den Entgeltkatalogen nach § 7 Satz 1 Nr. 1 und 2 vergütet werden. Nach dem Wortlaut des § 4 Abs. 2 Satz 1 Nr. 3 BPflV gilt dies auch schon für das Erlösbudget 2017. Da die Pflegesatzparteien jedoch Entgelte für neue Untersuchungs- und Behandlungsmethoden erstmals für das Jahr 2017 vereinbaren können (§ 6 Abs. 3 BPflV), kommt eine Eingliederung in das Erlösbudget erst für die Jahre ab 2018 in Betracht.

2.1.2 Fortschreibung

Die Grundsätze über die Fortschreibung des Ausgangswertes zur Ermittlung des Erlösbudgets für den Vereinbarungszeitraum gleichen denjenigen bei der DRG-Einführung nach § 4 Abs. 4 KHEntgG i.d.F. des 2. FPÄndG (vgl. die Ausführungen in Kap. III.1.2). Der Ausgangswert ist gemäß § 4 Abs. 3 Satz 1 BPflV zu verändern (anzupassen), indem berücksichtigt werden:

- Veränderungen von Art und Menge der voraussichtlich zu erbringenden voll- und teilstationären Leistungen, die mit den bundeseinheitlichen Entgeltkatalogen (§ 9 Abs. 1 Nr. 1 und 2 BPflV) vergütet werden;
- der von den Vertragsparteien auf der Bundesebene vereinbarte Veränderungswert (§ 9 Abs. 1 Nr. 5 BPflV).

Leistungsveränderungen

Wie in der DRG-Einführungsphase werden voraussichtlich zusätzlich zu erbringende oder wegfallende Leistungen, die mit Bewertungsrelationen bewertet sind, nur mit bestimmten Quoten berücksichtigt, da Leistungsveränderungen die Kosten nur anteilig beeinflussen. Nur Zusatzentgelte für Arzneimittel sind zu 100 Prozent zu berücksichtigen (§ 4 Abs. 3 Satz 5 BPflV).

Nach § 4 Abs. 3 Satz 2 BPflV gehen im Jahr 2017 zusätzliche Leistungen zu 45 v.H. des Landesbasisentgeltwerts in das Erlösbudget ein. Bis zum Jahr 2021 steigt die Quote stufenweise auf 80 v.H. an. Für wegfallende Leistungen mindert sich das Erlösbudget entsprechend. Unter Berücksichtigung der (erhöhenden) Konvergenzeffekte durch die stufenweise Angleichung der Erlösbudgets an den Landesbasisentgeltwert (§ 4 Abs. 5 BPflV) ergeben sich letztlich die in § 4 Abs. 3 Satz 2 Nr. 1 bis 5 genannten niedrigeren Quoten (38,9 v.H. für 2017, 60 v.H. für 2021).

Die Berücksichtigung zusätzlicher oder wegfallender Leistungen soll durch die Pflegesatzparteien pauschaliert auf die entsprechende Veränderung der Summe der effektiven Bewertungsrelationen erfolgen, wobei Einflüsse, die auf die Entwicklung der Entgeltkataloge, der Abrechnungsbestimmungen oder der Kodierrichtlinien zurückzuführen sind (**Katalogeffekt**) zu bereinigen sind. Obwohl im Gesetz nicht besonders erwähnt, gilt dies auch für den **Kodiereffekt**. Das ergibt sich aus der Formulierung in § 4 Abs. 3 Satz 1 Nr. 2 BPflV, der auf die „zu erbringenden Leistungen" abstellt (so im Ergebnis auch die amtliche Begründung zu § 4 Abs. 3 BPflV, BT-Drucks. 17/8986). Es kann sich dabei nur um bereits eingetretene Veränderungen der Kodierung handeln, da Kodierveränderungen nicht vorausgeschätzt werden können. Zur Ermittlung des Katalogeffekts und des Kodiereffekts kann auf die Ausführungen in Kapitel III.1.2 verwiesen werden. Auch hier eignet sich das sogenannte „Tuschen-Schema" (Tuschen u. Braun 2005, 28, 36) für die Ermittlung des Katalogeffekts.

Von der pauschalierten Methode können die Pflegesatzparteien nur in begründeten Einzelfällen abweichen, da sie diese Methode anwenden „sollen". Von den gesetzlich festgelegten Prozentsätzen können sie abweichen, soweit im Einzelfall die für zusätzliche Leistungen entstehenden Kosten mit diesen Prozentsätzen nicht gedeckt werden können. Soweit größere organisatorische Einheiten geschlossen werden und Leistungen nicht mehr erbracht werden, ist der Ausgangswert für das Erlösbudget entsprechend zu verringern (§ 4 Abs. 3 Satz 4 BPflV).

Paragraf 4 Abs. 3 BPflV enthält ein zwingendes **Anpassungsgebot** („wird verändert", „werden berücksichtigt"); ein Ermessen steht weder den Pflegesatzparteien noch den Schiedsstellen zu. Allerdings haben die Pflegesatzparteien und die Schiedsstellen hinsichtlich der zu treffenden Prognose über die Leistungsentwicklung im Vereinbarungszeitraum einschließlich Katalogeffekt einen Beurteilungs- und Gestaltungsspielraum (vgl. VG Hamburg v. 28.10.2009 – 13 K 1235/08 –, KRS 09.068).

Veränderungswert

Auch wegen der Berücksichtigung des Veränderungswerts steht den Pflegesatzparteien und den Schiedsstellen ein Ermessen nicht zu. Für die in der DRG-Konvergenzphase anzutreffende Praxis der Schiedsstellen, bei Krankenhäusern, die von der Kappungsgrenze bei der Budgetangleichung profitieren (vgl. § 4 Abs. 5 Satz 5 BPflV), die (seinerzeit maßgebende) Veränderungsrate im Rahmen einer Ermessensentscheidung *nicht* zu berücksichtigen (ausführlich dazu in Kap. III.1.3), hat in § 4 Abs. 3 Satz 1 BPflV keine Grundlage.

! Auch den „Kappungshäusern" steht der Veränderungswert zu.

2.1.3 Zielwert

Der Zielwert ist das Erlösvolumen, welches das Krankenhaus am Ende der Konvergenzphase (ab 2022) nach der Formel „Menge x Preis" für seine vorauskalkulierten bundeseinheitlichen Entgelte als Erlösbudget erhalten würde. Der Zielwert ist das leistungsgerechte Erlösbudget. In der Konvergenzphase dient der Zielwert dazu, den Betrag zu ermitteln, um den der für den Vereinbarungszeitraum ermittelte (veränderte) Ausgangswert mit dem Ziel der stufenweisen Angleichung an den Landesbasisentgeltwert erhöht oder vermindert wird. Denn der veränderte Ausgangswert wird nicht mit dem Zielwert übereinstimmen, weil er nach anderen (historischen) Maßstäben bemessen wurde.

Der Zielwert wird ermittelt, indem Art und Menge der voraussichtlich zu erbringenden, mit Bewertungsrelationen bewerteten Entgelte mit dem jeweiligen Landesbasisentgeltwert multipliziert werden und die ermittelte Summe der Erlöse um die voraussichtliche Summe der Erlöse aus Zusatzentgelten nach dem bundesweiten Entgeltkatalog erhöht wird (§ 4 Abs. 4 BPflV).

Die Ermittlung des Zielwerts setzt eine sorgfältige Leistungsplanung voraus. Es muss eine realistische Mengenplanung erfolgen, weil vom Zielwert die Höhe des Angleichungsbetrages abhängt (ausführlich zur Mengenplanung Kap. III.1.3.1).

2.1.4 Angleichungsbetrag (Konvergenz)

Zur Ermittlung des Angleichungsbetrages, um den der veränderte Ausgangswert in der Konvergenzphase wegen der Angleichung des Erlösbudgets an den Landesbasisentgeltwert zu erhöhen oder zu vermindern ist, ist zunächst der jeweils um Leistungsveränderungen und Veränderungswert veränderte Ausgangswert von dem Zielwert abzuziehen. Auf die (positive oder negative) Differenzsumme sind die in § 4 Abs. 5 Satz 2 BPflV genannten, jährlich ansteigenden Angleichungsquoten anzuwenden (10 v.H. in 2017, 50 v.H. in 2021). Die Quoten beziehen sich auf das jeweilige Vorjahresbudget mit bereits konvergierten Anteilen und nicht auf das Ausgangsbudget in 2017. Deshalb weichen sie von den „glatten" Prozentsätzen in § 4 Abs. 5 Satz 1 BPflV (10 v.H. in 2017, 20 v.H. in 2021) ab. Ist der Zielwert höher als der veränderte Ausgangswert, ergibt sich ein positiver Angleichungsbetrag. Im umgekehrten Fall ist der Angleichungsbetrag negativ.

Beispiel

Zielwert 2018:	40 Mio. €
./. veränderter Ausgangswert 2018:	
(enthält bereits Konvergenzanteile für 2017):	38 Mio. €
Differenz (+):	2 Mio. €
Angleichungsbetrag (+):	0,334 Mio. €
(Quote für 2018: 16,7 v.H.)	

Das Erlösbudget ergibt sich nun, indem zu dem veränderten Ausgangswert ein positiver Angleichungsbetrag addiert oder von ihm ein negativer Angleichungsbetrag abgezogen wird. Im vorgenannten Beispiel beträgt das Erlösbudget für 2018 demnach 38,334 Mio. €. Dieses ist die Ausgangsbasis für 2019.

Bei besonderen Einrichtungen (§ 17 Abs. 2 Satz 4 KHG), die bisher vom Psych-Entgeltsystem ausgenommen waren und in der Konvergenzphase erstmals ein Erlösbudget verhandeln, ist der für das Einstiegsjahr geltende Angleichungsquotient anzuwenden (§ 4 Abs. 5 Satz 4 BPflV). Das bedeutet:

! Die Konvergenzphase wird für besondere Einrichtungen auch bei einem späten Einstieg in das neue Entgeltsystem nicht verlängert.

Begründet wird dies damit, dass auch diese Krankenhäuser ausreichend Zeit haben, sich auf das neue Entgeltsystem einzustellen (BT-Drucks. 17/8986, 39).

Auch das PsychEntgG sieht für Krankenhäuser, deren Erlösbudget durch den Angleichungsbetrag vermindert wird, eine **Kappungsgrenze** vor, um Budgetminderungen auf zumutbare Größenordnungen zu begrenzen und die betroffenen Krankenhäuser vor Überforderungen zu schützen. Die Budgetminderungen werden begrenzt auf die in § 4 Abs. 5 Satz 4 BPflV genannten, sukzessiv ansteigenden Prozentsätze (1 v.H. in 2017, 3 v.H. in 2021), jeweils bezogen auf den aktuellen veränderten Ausgangswert.

2.1.5 Krankenhausindividueller Basisentgeltwert

Für die Abrechnung von Entgelten, die mit Bewertungsrelationen bewertet sind, muss noch der krankenhausindividuelle Basisentgeltwert ermittelt werden. Aus der Multiplikation des krankenhausindividuellen Basisentgeltwerts mit dem jeweiligen effektiven Relativgewicht für Entgelte nach dem bundeseinheitlichen Entgeltkatalog ergibt sich der jeweils abzurechnende Betrag als Abschlagszahlung auf das – gegebenenfalls durch Kappung der Angleichung geschonte – Erlösbudget.

Zur Ermittlung des krankenhausindividuellen Basisentgeltwerts sind vom Erlösbudget die voraussichtlichen Erlöse aus Zusatzentgelten und die Erlöse aus fall- und zeitraumbezogenen Entgelten für Überlieger abzuziehen (§ 4 Abs. 6 Satz 1 Nr. 1 BPflV; vgl. auch den Berechnungsbogen B 2, Zeile 27 mit Fußnote Nr. 1 in der Anlage zur BPflV). Das Zwischenergebnis ist zu verändern um noch durchzuführende Ausgleiche für Vorjahre, auf die (noch) ein Rechtsanspruch besteht (Mehr- oder Mindererlösausgleiche; Zahlbetragsausgleich einschließlich Spitzausgleich; Ausgleichszahlungen aufgrund von vorgeschriebenen Berichtigungen, § 4 Abs. 6 Satz 1 Nr. 2 BPflV). Das so veränderte Erlösbudget wird durch die Summe der effektiven Bewertungsrelationen für die Behandlungsfälle (Summe der Jahresfälle und alle Fälle mit tagesbezogenen Entgelten, vgl. Berechnungsbogen B 2 Zeile 30 mit Fußnote Nr. 4) dividiert.

Der sich ergebende Basisentgeltwert ist der Abrechnung der mit Bewertungsrelationen bewerteten Entgelte zugrunde zu legen. Für nicht oder nur teilweise nach dem KHG geförderte Krankenhäuser besteht jedoch weiterhin die Möglichkeit, neue Investitionsmaßnahmen ganz oder teilweise über das Erlösbudget zu finanzieren, wenn der sich nach den vorgenannten Regeln ergebende krankenhausindividuelle Basisentgeltwert niedriger ist als der aktuelle Landesbasisentgeltwert (§ 4 Abs. 7 BPflV)

2.2 Erlössumme

Für die Bildung der Erlössumme für krankenhausindividuelle Entgelte (§ 6 Abs. 1 BPflV) gilt auch in der Konvergenzphase § 6 Abs. 1 BPflV in der bis zum 31. Dezember 2012 geltenden Fassung mit der Maßgabe, dass an die Stelle der Veränderungsrate der Veränderungswert tritt (§ 6 Abs. 3 Satz 1 BPflV). Auf die Ausführungen in Kapitel V.1.2.4 wird Bezug genommen.

2.3 Neue Untersuchungs- und Behandlungsmethoden (NUB)

Für die Vergütung neuer Untersuchungs- und Behandlungsmethoden können nach § 6 Abs. 2 BPflV erstmals für das Kalenderjahr 2017 zeitlich befristet Entgelte von den Pflegesatzparteien vereinbart werden. Die Vorschrift entspricht § 6 Abs. 2 KHEntgG, auch hinsichtlich des Verfahrens (ausführlich dazu in Kap. III.4).

2.4 Ausgleiche

Die Durchführung des **Mehr- oder Mindererlösausgleichs** in der Konvergenzphase entspricht der alten Regelung in § 12 Abs. 2 BPflV a.F. mit der Maßgabe, dass das angeglichene Erlösbudget und die Erlössumme für die krankenhausindividuell zu verhandelnde Entgelte zu einem Gesamtbetrag zusammengefasst werden. Es ist ein Gesamtsummenvergleich vorzunehmen, indem der gebildete Gesamtbetrag der Summe aus den erzielten Entgelte nach dem bundeseinheitlichen Entgeltkatalog und den krankenhausindividuellen Entgelten gegenüber zu stellen ist. Für den Ausgleich von Mehr- oder Mindererlösen gelten dann die alten Prozentsätze (20 v.H. für Mindererlöse, 85 bzw. 90 v.H. für Mehrerlöse). Ein kodierbedingter Mehrerlösaugleich findet in der Konvergenzphase nicht mehr statt. Der Ausgleich erfolgt über das Erlösbudget und beeinflusst damit die Höhe des krankenhausindividuellen Basisentgeltwerts (§ 4 Abs. 6 Satz 1 Nr. 2, Satz 2 BPflV).

Die aus dem Erlösbudget ausgegliederten Zu- und Abschläge (§ 7 Satz 1 Nr. 3 BPflV) nehmen nicht am Erlösausgleich teil. Das Gleiche gilt für Entgelte zur Vergütung neuer Untersuchungs- und Behandlungsmethoden (§ 6 Abs. 2 BPflV).

Für den **Zahlbetragsausgleich** gilt § 15 Abs. 2 BPflV. Er entspricht dem § 15 Abs. 2 KHEntgG in der Fassung des 2. FPÄndG. Zur Erläuterung wird auf die Ausführungen in Kapitel III.1.6.1 verwiesen.

2.5 Checkliste

Für die Herleitung des Erlösbudgets und des krankenhausindividuellen Basisentgeltwerts in der Konvergenzphase enthält die Anlage zur BPflV den Berechnungsbogen B 2. Dieser folgt im Aufbau den vorstehenden Erläuterungen und kann daher auch als Checkliste verwendet werden.

3 Zu- und Abschläge

Die Vertragsparteien auf der Bundesebene treffen mit Wirkung für die Pflegesatzparteien Regelungen für bundeseinheitliche Zu- und Abschläge nach § 17d Abs. 2 Satz 4 i.V.m. § 17b Abs. 1 Satz 4 und 5 KHG, zum Beispiel für die Aufnahme von **Begleitpersonen** (§ 2 Abs. 2 Satz 2 Nr. 3 BPflV) und für die Beteiligung der Krankenhäuser an Maßnahmen zur **Qualitätssicherung** (§ 9 Abs. 1 Nr. 3 BPflV). Auf Antrag einer Pflegesatzpartei ist nach § 5 Abs. 1 Satz 2 BPflV zu prüfen, ob bei dem Krankenhaus die Voraussetzungen für einen Zu- oder Abschlag vorliegen. Die Vorschrift entspricht § 5 Abs. 1 KHEntG.

Die Vertragsparteien auf der Bundesebene vereinbaren auch den Abschlag vom Basisentgeltwert wegen Verletzung der Datenübermittlungspflichten an das InEK (§ 21 Abs. 5 KHEntgG).

Für Krankenhäuser, die ihre Verpflichtungen zur Qualitätssicherung nicht einhalten, kann der Gemeinsame Bundesausschuss (§ 91 SGB V) Abschläge festlegen, die nach § 8 Abs. 4 BPflV von den Entgelten nach dem bundeseinheitlichen Entgeltkatalog vorzunehmen sind.

Sache der Pflegesatzparteien ist es nach § 5 Abs. 2 BPflV i.V.m. § 17b Abs. 1 Satz 6 bis 9 KHG, die Voraussetzungen für einen **Sicherstellungszuschlag** wegen Vorhaltung nicht kostendeckend finanzierter Leistungen zu prüfen. Die Vorschrift entspricht § 5 Abs. 2 KHEntgG, vgl. die Ausführungen in Kapitel III. 7.1.2.

Darüber hinaus werden nach § 7 Satz 2 BPflV folgende Zuschläge abgerechnet: Der DRG-Systemzuschlag (§ 17b Abs. 5 KHG); der Systemzuschlag für den Gemeinsamen Bundesausschuss und das Institut für Qualitätssicherung und

Wirtschaftlichkeit im Gesundheitswesen (§ 91 Abs. 3 Satz 1, § 139c SGB V) und der Telematikzuschlag (§ 291a Abs. 7a SGB V). Zu den Einzelheiten siehe Kapitel III.7.2.3ff.

Krankenhäuser im Beitrittsgebiet nach Art. 3 des Einigungsvertrages können den Investitionszuschlag nach Art. 14 Abs. 3 GSG noch bis Ende 2014 berechnen.

Ein Abschlag wegen Nichtteilnahme an der Notfallversorgung entsprechend § 4 Abs. 6 KHEntgG ist derzeit nicht vorgesehen. Die Vertragsparteien auf der Bundesebene können dazu Regelungen treffen.

Die Zu- und Abschläge nehmen grundsätzlich nicht am Erlösausgleich teil, weil sie nicht Bestandteil des Erlösbudgets und der Erlössumme sind. Ausnahmsweise gilt etwas anderes, wenn die Zu- oder Abschläge das Erlösbudget oder die Erlössumme beeinflussen, zum Beispiel aufgrund einer Vereinbarung der Vertragsparteien auf der Bundesebene.

Ein Zahlbetragsausgleich kann in Betracht kommen, wenn die Zu- oder Abschläge unterjährig mit Wirkung vom Beginn des Vereinbarungszeitraums an vereinbart oder festgesetzt werden.

VI

Das Ausbildungsbudget

Bei der Kalkulation der DRG-Fallpauschalen werden Kosten der Ausbildung nicht berücksichtigt, sodass sie nicht über das Erlösbudget finanziert werden. Es war daher notwendig, mit der Einführung des Erlösbudgets zum 1. Januar 2005 die Ausbildungskosten aus dem Erlösbudget auszugliedern (vgl. § 17a Abs. 4 Satz 3 KHG) und für sie ein eigenständiges Budget zu vereinbaren. Paragraf 17a Abs. 3 Satz 1 KHG schreibt vor, dass die Pflegesatzparteien bei ausbildenden Krankenhäusern ein prospektives krankenhausindividuelles Ausbildungsbudget vereinbaren. Es handelt sich um ein **kostenbasiertes flexibles Budget**. Eine Budgetbegrenzung durch die Veränderungsrate zur Sicherung der Beitragssatzstabilität sieht das Gesetz nicht vor, um die Ausbildungsaktivitäten der Krankenhäuser nicht aus Kostengründen zu bremsen. Das Budget soll die Kosten der Ausbildungsstätten bei wirtschaftlicher Betriebsgröße und Betriebsführung decken (§ 17a Abs. 3 Satz 3 KHG). Das Ausbildungsbudget ist für alle ausbildenden Krankenhäuser zu vereinbaren, mithin auch für Krankenhäuser im Anwendungsbereich der BPflV (Einwag 2004, 791).

1 Budgetermittlung

Bei der Finanzierung der Ausbildungskosten kommt den Verbänden von Krankenkassen und Krankenhäusern eine wichtige Rolle zu. Sie sollen die sachgerechte Finanzierung sicherstellen. Zu diesem Zweck schließen die Vertragsparteien auf der Bundesebene eine Rahmenvereinbarung insbesondere über die zu finanzierenden Tatbestände, die „zusätzlichen Kosten aufgrund der Umsetzung des Gesetzes über die Berufe in der Krankenpflege und zur Änderung anderer Gesetze über die Berufe in der Krankenpflege" und über ein **Kalkulationsschema** für die Verhandlung des Ausbildungsbudgets durch die Pflegesatzparteien. Die Landesverbände der Krankenkassen und Krankenhäuser können ergänzende Vereinbarungen insbesondere zur Berücksichtigung der landesrechtlichen Vorgaben für die Ausbildungsstätten schließen (§ 17a Abs. 2 Satz 1 KHG). Diese Vereinbarungen sind von den Pflegesatzparteien „zu beachten" (§ 17a Abs. 2 Satz 2 KHG); abweichende Vereinbarungen durch die Pflegesatzparteien sind nicht zulässig. Die Vertragsparteien auf der Bundesebene haben am 20. Dezember 2007 eine entsprechende Rahmenvereinbarung abgeschlossen, die sie am 25. Februar 2009 aktualisiert haben (http://www.gkv-spitzenverband.de/krankenversicherung/krankenhaeuser/budgetverhandlungen/ausbildungsstaetten/ausbildungsstaetten.jsp, Abruf am 23.01.2013).

Paragraf 2 Nr. 1a KHG enthält einen **Katalog von Ausbildungsberufen**. Dieser Katalog ist abschließend. Bilden die Krankenhäuser für andere Berufe aus, zum Beispiel für Operationstechnische Assistenten (dazu Blum 2010), technische oder kaufmännische Berufe, müssen sie die Kosten hierfür anderweitig aufbringen. Es muss sich um eine Ausbildung in staatlich anerkannten Einrichtungen an Krankenhäusern handeln, die von den Krankenhäusern getragen oder mitgetragen werden. Die Vereinbarung eines Ausbildungsbudgets ist hiernach an die Voraussetzung geknüpft, dass das Krankenhaus mindestens Mitträger einer **staatlich anerkannten Ausbildungsstätte** ist. Der andere oder die anderen Mitträger müssen nicht Krankenhäuser sein. In der Praxis gibt es vielfältige Formen der Zusammenarbeit. Häufig erfolgt die theoretische (schulische) Ausbildung in einem zentralen Ausbildungsinstitut des Landes, der Kommune oder eines privaten Trägers und nur die praktische Ausbildung im Krankenhaus. Es handelt sich dann um einen **Ausbildungsverbund**. Das Krankenhaus kann nur die Kosten geltend machen, die ihm in diesem Ausbildungsverbund entstehen (Kosten der praktischen Ausbildung und Umlagen für die zentrale Ausbildungsstätte).

In der „Vereinbarung über die Übermittlung von DRG-Daten nach § 21 Abs. 4 und 5 KHEntgG" haben die Vertragsparteien auf der Bundesebene sechs Grundtypen von Ausbildungsstätten und Ausbildungsverbünden festgelegt und dabei im Detail geregelt, welche Kosten in die Kalkulation einfließen (http://www.g-drg.de/cms/Datenlieferung_gem._21_KHEntgG/Dokumente_zur_Datenlieferung/Datensatzbeschreibung, Stand 1.12.2011, Abruf am 23.01.2013). So haben sie festgelegt, welche Kostenarten („zu finanzierende Tatbestände") in den Ausbildungsstätten zu den pflegesatzfähigen Kosten gehören. An dieser Stelle sei nur erwähnt, dass auch die Kosten der von den Ausbildungsstätten in Anspruch genommenen zentralen Dienste des Krankenhauses (Personalabteilung, Wirtschaftsabteilung etc.) zu den pflegesatzfähigen Kosten gehören.

>>> *Die Kosten der Unterbringung von Auszubildenden sind grundsätzlich nicht pflegesatzfähig (§ 17a Abs. 10 Satz 1 KHG).*

Nach § 17a Abs. 1 Satz 1, Abs. 3 Satz 1 KHG sind neben den Kosten der Ausbildungsstätten die **„Mehrkosten der Ausbildungsvergütungen"** bei der Budgetermittlung zu berücksichtigen. Hierbei sind Personen, die in der Krankenpflege oder Kinderkrankenpflege ausgebildet werden, im Verhältnis 9,5 zu 1 und Personen, die in der Krankenpflegehilfe ausgebildet werden, im Verhältnis 6 zu 1 auf die Stelle einer voll ausgebildeten Person anzurechnen (§ 17a Abs. 1 Satz 2 KHG). Das Gesetz geht von der Annahme aus, dass die Auszubildenden in den genannten Berufen in bestimmtem Umfang die Arbeitsleistung einer voll ausgebildeten Person ersetzen und legt dafür einen Anrechnungsschlüssel fest. Die Kosten der eingesparten Vollkräfte sind von den Ausbildungsvergütungen abzuziehen. Die verbleibenden Kosten für Ausbildungsvergütungen sind „Mehrkosten" (BVerwG v. 20.11.2008 – 3 C 39.07 –, KRS 08.071).

Der Umstand, dass das Gesetz einen Anrechnungsschlüssel nur für bestimmte Berufe vorgibt, führt nicht zu dem Schluss, dass die Ausbildungsvergütungen für Auszubildende in anderen Berufen nicht pflegesatzfähig sind. Die Grundnorm über die Finanzierung der Ausbildungsvergütungen ist § 17a Abs. 1 Satz 1 KHG. Diese enthält keine Einschränkung auf bestimmte Berufsgruppen in dem Katalog nach § 2 Nr. 1a KHG. Nur soweit die Ausbildungsvergütungen vom Land getragen werden, gehören sie nicht zu den pflegesatzfähigen Kosten. Die in der Praxis gelegentlich anzutreffende Meinung, dass die Ausbildungsvergütungen für auszubildende **Hebammen** und **Entbindungspfleger** nicht zum Ausbildungsbudget gehören, ist deshalb nicht haltbar. Wird auch von Auszubildenden für andere Berufe als Krankenpflegeberufe eine verwertbare praktische Arbeit zur Entlastung des Vollkraftpersonals geleistet, kann hierfür ein krankenhausindividueller Anrechnungsschlüssel verhandelt werden. Ansonsten sind die **Ausbildungsvergütungen in voller Höhe** zu vereinbaren (BVerwG v. 20.11.2008 – 3 C 39.07 –, KRS 08.071).

Der Wortlaut „Kosten der Ausbildungsstätten und die Mehrkosten der Ausbildungsvergütungen" in § 17a Abs. 1 Satz 1, Abs. 3 Satz 1, Abs. 4 Satz 1 KHG hat zu einigen Problemen bei der Umsetzung des Krankenpflegegesetzes (KrPflG) geführt. Im KrPflG vom 16. Juli 2003 (BGBl. I, 1442) wurde die Ausbildung für Berufe in der Krankenpflege neu geregelt. Der traditionelle, auf die Behandlung von Krankheiten zugeschnittene Fächerkatalog wurde abgelöst und um präventive, rehabilitative und palliative Aspekte erweitert. Die Bereiche der praktischen Ausbildung wurden auf ambulante und stationäre Pflegeeinrichtungen sowie Rehabilitationseinrichtungen ausgedehnt. Um eine stärkere Vernetzung schulischer und praktischer Ausbildung zu erreichen, sind Regelungen zur Praxisbegleitung der Schulen und zur Praxisanleitung in den Krankenhäusern und Einrichtungen zur praktischen Ausbildung verbindlich festgelegt worden. Artikel 3 und 4 KrPflG enthielten Änderungen des KHEntgG und der BPflV zur Finanzierung von Mehrkosten aufgrund der Umsetzung des KrPflG. So wurde in § 4 Abs. 2 KHEntgG eine Nr. 4 eingefügt mit folgendem Wortlaut: „erhöht um Mehrkosten aufgrund der Umsetzung des Gesetzes über die Berufe in der Krankenpflege und zur Änderung anderer Gesetze". Dem § 6 Abs. 1 Satz 4 BPflV wurde durch Artikel 4 KrPflG ein entsprechender Ausdeckelungstatbestand hinzugefügt. Artikel 2 KrPflG regelte ergänzend, dass eine Überschreitung der durch die Veränderungsrate vorgegebenen Budgetobergrenze zulässig ist. Nach der durch das KrPflG 2003 geschaffenen Gesetzeslage ist klar, dass alle Kosten, die durch die Umsetzung des KrPflG *zusätzlich* entstehen, **ohne Begrenzung** zu den pflegesatzfähigen Kosten gehören.

Nach der Ausgliederung der Ausbildungskosten aus dem Erlösbudget zum 1. Januar 2005 ist die Regelungsmaterie in § 17a KHG angesiedelt. Dabei sind die Begriffe „Kosten der Ausbildungsstätten" und „Mehrkosten der Ausbildungsvergütungen" in § 17a Abs. 1 Satz 1, Abs. 3 Satz 1, Abs. 4 Satz 1 KHG *enger gefasst* als die Formulierung im KrPflG: „Mehrkosten aufgrund der Umsetzung des KrPflG". Daraus haben das Verwaltungsgericht Mainz (Urteil v. 21.5.2007 – 6 K 611/06 –, KRS 07.012) und das Oberverwaltungsgericht Rheinland-Pfalz

(Urteil v. 9.11.2007 – 7 A 10623/07 –, KRS 07.046) übereinstimmend abgeleitet, dass die **Kosten der praktischen Ausbildung** im Krankenhaus und insbesondere die Kosten der **Praxisanleitung** nicht zu den berücksichtigungsfähigen Kosten gehören. Diese Kosten seien weder dem Begriff „Ausbildungsstätte" noch dem Begriff „Mehrkosten der Ausbildungsvergütungen" zuzuordnen. Einen dritten Finanzierungstatbestand gebe es nicht.

Diese Auslegung ist jedoch zu eng, denn § 17a Abs. 3 Satz 4 KHG greift die ursprüngliche Formulierung im KHEntgG und in der BPflV wieder auf, indem er vorschreibt: „Die für den Vereinbarungszeitraum zu erwartenden Kostenentwicklungen einschließlich der zusätzlichen Kosten aufgrund der Umsetzung des Gesetzes über die Berufe in der Krankenpflege und zur Änderung anderer Gesetze sind zu berücksichtigen." Offenbar ist im Gesetzgebungsverfahren zur Neufassung des § 17a KHG versäumt worden, die Gesetzesformulierungen in § 17a Abs. 1 und Abs. 3 KHG aufeinander abzustimmen. Eine systematische Auslegung des § 17a KHG lässt den gesetzgeberischen Willen, die Kosten der praktischen Ausbildung über das Ausbildungsbudget zu finanzieren, aber hinreichend deutlich erkennen (so im Ergebnis auch BVerwG v. 20.11.2008 – 3 C 39.07 –, KRS 08.071).

In welchem Umfang *zusätzliche* Kosten anfallen, ist eine tatsächliche Frage, die von den Pflegesatzparteien geklärt werden muss, wenn die Vertragsparteien auf der Bundesebene keine Hilfestellung geben. In ihrer Rahmenvereinbarung 2007 haben sich die Vertragsparteien auf der Bundesebene nicht über die Berücksichtigung der Mehrkosten für die Praxisanleitung einigen können. Sie haben auch nicht das Bundesschiedsamt angerufen, sondern die Anerkennung der Mehrkosten den Pflegesatzparteien überlassen (a.a.O., Anlage 2 [Kalkulationsschema] Fn. 1). Das Bundesverwaltungsgericht (a.a.O.) hat die zusätzlichen Kosten beschränkt auf die Kosten der durch das KrPflG eingeführten gesetzlichen Weiterbildungspflicht für Praxisanleiter. Dies mit der Begründung, die praktische Anleitung der Auszubildenden sei schon immer eine Aufgabe des ausgebildeten Pflegepersonals gewesen und mit dem Anrechnungsschlüssel pauschal abgegolten worden.

Das KHRG (Artikel 1 Nr. 3) hat mit der **Neufassung** des § 17a Abs. 1 Satz 1, Abs. 2 Satz 1 Nr. 2, Abs. 3 Satz 1 KHG zur Schaffung von Rechtssicherheit mit dem Begriff „Ausbildungskosten" die Klarstellung gebracht, dass *alle* durch die Reformierung der Krankenpflegeausbildung anfallenden Kostenpositionen mit dem Ausbildungsbudget finanziert werden einschließlich der Kosten der Praxisanleitung, *soweit sie über die in den alten Anrechnungsschlüsseln von 1985 enthaltenen Anteile für die Praxisanleitung hinausgehen.* Weiter ist durch die Neufassung klargestellt, dass alle Ausbildungsvergütungen, also auch die für Hebammen und Entbindungspfleger, finanziert werden (BR-Drs. 696/08, 41). Hinsichtlich der Ausbildungsvergütungen war diese Klarstellung nach dem Urteil des Bundesverwaltungsgerichts vom 20. November 2008 (3 C 39.07, KRS 08.071) nicht mehr nötig. Im Hinblick auf die Kosten der Praxisanleitung ist die gesetzliche Klarstellung insofern von Bedeutung, als mit ihr grundsätzlich anerkannt wird, dass entgegen der Auffassung des Bundesverwaltungsgerichts nicht nur die Weiterbildungskosten, sondern alle zusätzlichen Kosten für Praxisanleiter zu berücksichtigen sind. Zu den Mehrkosten der Praxisanleitung gehören insbesondere auch die arbeitsplatzbezogenen Kosten der Praxisanleiter sowie die Arbeitsausfallkosten während der Qualifizierungsmaßnahmen für Praxisanleiter (VG Braunschweig v. 1.12.2010 – 5 A 134/09 –, KRS 10.068).

Die Pflegesatzparteien vereinbaren die Finanzierungsbeträge auf der Grundlage krankenhausindividuell vorauskalkulierter Kosten. Basis der Vorauskalkulation sind die Ist-Kosten des abgelaufenen Jahres. Der vom Land getragene Anteil ist davon abzuziehen (Rahmenvereinbarung v. 25.2.2009, Anlage 2 [Kalkulationsschema]). Ab 2010 sollte eine **Konvergenzphase** beginnen, die der Gesetzgeber weder zeitlich noch inhaltlich näher ausgestaltet hat. Es soll eine Angleichung der krankenhausindividuellen Finanzierungsbeträge an **Richtwerte** *„angestrebt"* werden, wobei krankenhausindividuelle Abweichungen des vom Land finanzierten Teils der Ausbildungskosten zu berücksichtigen sind (§ 17a Abs. 3 Satz 7 KHG). Der Gesetzgeber verspricht sich davon eine größere Wirtschaftlichkeit der Ausbildungsstrukturen (BT-Drs. 15/3672, 9). Die Richtwerte (Zielwerte) für die Angleichung der krankenhausindividuellen Finanzierungsbeträge ab 2010 sollten die Vertragsparteien auf der Bundesebene für die einzelnen Berufe jährlich für das folgende Kalenderjahr auf der Grundlage der durchschnittlichen Ist-Kosten je Ausbildungsplatz, der Mehrkosten der Ausbildungsvergütungen und der vorauskalkulierten Kostenentwicklung vereinbaren. Die Richtwerte können dabei nach Regionen differenziert festgelegt werden, um unterschiedliche Verhältnisse in den Ländern und Regionen zu berücksichtigen (§ 17a Abs. 4b Satz 1 KHG). Eine Berichtigung der Richtwerte wegen einer Fehlschätzung und ein entsprechender Ausgleich sind im Gesetz nicht vorgesehen.

Die Vertragsparteien auf der Bundesebene haben sich bisher nicht auf Richtwerte verständigen können. Sie hatten in einer Vereinbarung nach § 17a Abs. 4b KHG das InEK mit der Kalkulation beauftragt. Das InEK hat bundeseinheitliche Richtwerte in Form von Euro-Beträgen für die Kosten der Ausbildungsstätten in den Ausbildungsberufen Krankenpflege und Kinderkrankenpflege sowie für die Mehrkosten der Ausbildungsvergütung ermittelt. Für Baden-Württemberg, Bayern, Niedersachsen und Nordrhein-Westfalen wurden auch Landeswerte ermittelt. Der GKV-Spitzenverband bevorzugt dagegen ein Konzept, das Relativgewichte auf Bundesebene und die Vereinbarung auf Landesebene vorsieht (http://www.gkv-spitzenverband.de/krankenversicherung/krankenhaeuser/budgetverhandlungen/ausbildungsstaetten/ausbildungsstaetten.jsp, Abruf am 23.01.2013). Wegen der Nichteinigung der Vertragsparteien auf der Bundesebene müssen die Pflegesatzparteien bis auf weiteres Ausbildungsbudgets auf der Grundlage krankenhausindividueller Kosten vereinbaren (§ 17a Abs. Satz 6 KHG). (Vgl. dazu auch Heumann u. Kühn 2012). Sie sollen dabei eine Angleichung der Finanzierungsbeträge im Land untereinander anstreben (§ 17a Abs. 3 Satz 7 KHG). Das macht Vergleichsbetrachtungen auf der Landesebene erforderlich.

Eine vollständige Angleichung der Finanzierungsbeträge der Krankenhäuser an bundeseinheitliche Richtwerte wird es voraussichtlich wegen der Besonderheiten in den Ländern und Regionen nicht geben. Die Ausbildung in der Region darf nicht gefährdet werden (§ 17a Abs. 3 Satz 9 KHG). Soweit eine Ausbildungsstätte in der Region erforderlich ist, können auch langfristig höhere Finanzierungsbeträge gezahlt werden (§ 17a Abs. 3 Satz 10 KHG). Zur Verbesserung der Wirtschaftlichkeit der Ausbildungsstrukturen können die Pflegesatzparteien Strukturverträge schließen, die den Ausbau, die Schließung oder die Zusammenlegung von Ausbildungsstätten finanziell unterstützen; dabei ist Einvernehmen mit den Landesbehörden anzustreben (§ 17a Abs. 3 Satz 8 KHG).

Das Ausbildungsbudget ist zweckgebunden für die Ausbildung zu verwenden. Die zweckgerechte Verwendung muss das Krankenhaus durch eine Bestätigung des Jahresabschlussprüfers nachweisen (§17a Abs. 7 KHG).

2 Zuschlagfinanzierung

Die Finanzierung der Ausbildungskosten erfolgt über einen Ausbildungszuschlag für jeden voll- und teilstationären Fall (§ 17a Abs. 5 Satz 1 und 2 KHG, § 7 Abs. 1 Satz 1 Nr. 4 KHEntgG, § 7 Satz 1 Nr. 3 BPflV). Dieser Zuschlag ist von allen Krankenhäusern im Land von den Patienten oder ihren Kostenträgern zu erheben und an einen **Ausgleichsfonds** abzuführen, der von der Landeskrankenhausgesellschaft auf der Grundlage einer Vereinbarung zwischen den Vertragsparteien auf der Landesebene (§ 18 Abs. 1 Satz 2 KHG) errichtet und verwaltet wird. Die Landeskrankenhausgesellschaft zahlt aus dem Augleichsfonds monatliche Raten an die ausbildenden Krankenhäuser (§ 17a Abs. 5 und 6 KHG). Mit diesem Finanzierungsweg soll eine Benachteiligung ausbildender Krankenhäuser im Wettbewerb mit nicht ausbildenden Krankenhäusern vermieden werden (§ 17a Abs. 5 Satz 1 KHG).

Zur Ermittlung der Höhe des Ausgleichsfonds melden die ausbildenden Krankenhäuser der Landeskrankenhausgesellschaft das für das Vorjahr vereinbarte Budget, Art und Anzahl der Ausbildungsplätze, die Höhe des zusätzlich zu finanzierenden Mehraufwands für Ausbildungsvergütungen sowie absehbare Veränderungen im Vereinbarungszeitraum. Unterbleibt die Meldung, können entsprechende Beträge geschätzt werden (§ 17a Abs. 5 Satz 3 und 4 KHG). Die Höhe des Ausbildungszuschlags wird auf dieser Datenbasis von den Vertragsparteien auf der Landesebene für alle Krankenhäuser im Land **einheitlich** vereinbart.

Der Ausbildungszuschlag kann von *ausbildenden* Krankenhäusern verändert werden, soweit der an den Ausgleichsfonds gemeldete und von diesem gezahlte Betrag vom vereinbarten Ausbildungsbudget abweicht (§ 17a Abs. 6 Satz 2 KHG). Die Höhe des Ausgleichsfonds und der daraus abgeleitete einheitliche Ausbildungszuschlag beruhen weitgehend auf Daten des Vorjahres, berücksichtigen also nicht die prospektiv vereinbarten Ausbildungsbudgets der Krankenhäuser. Das einzelne Krankenhaus soll aber das aktuell vereinbarte Ausbildungsbudget finanziert erhalten. Weicht dieses von dem Betrag ab, den das Krankenhaus aus dem Ausgleichsfonds zu erwarten hat, müssen die Pflegesatzparteien einen **krankenhausindividuellen** Ausbildungszuschlag vereinbaren, der entweder höher oder niedriger ist als der einheitliche Ausbildungszuschlag (§ 17a Abs. 6 Satz 3 KHG). Eine Erhöhung des Ausbildungszuschlags kann sich auch dadurch ergeben, dass die Pflegesatzparteien abweichend von § 17a Abs. 10 Satz 1 KHG vereinbart haben, die Kosten der Unterbringung der Auszubildenden in das Ausbildungsbudget einzubeziehen, zum Beispiel zur Schaffung zusätzlicher Anreize bei nicht nur vorübergehender Nichtbesetzung vorhandener Ausbildungsplätze oder begrenzter Verfügbarkeit von Auszubildenden auf dem Arbeitsmarkt (§ 17a Abs. 10 Satz 2 KHG).

Das Krankenhaus, das einen individuellen Ausbildungszuschlag vereinbart hat, führt den einheitlichen Ausbildungszuschlag an den Ausbildungsfonds ab. Ist der individuelle Zuschlag höher als der einheitliche Zuschlag aus dem Ausgleichsfonds, gleicht er die zu niedrigen Zahlungen aus dem Ausgleichsfonds aus; ist er niedriger, werden die höheren Zahlungen aus dem Ausgleichsfonds ausgeglichen (§ 17 Abs. 6 Satz 5, Abs. 10 Satz 3 KHG).

In Ländern, in denen die Bildung eines Ausgleichsfonds – aus welchen Gründen auch immer – nicht zustande kommt, werden die vereinbarten Ausbildungsbudgets durch einen krankenhausindividuell zu vereinbarenden Ausbildungszuschlag je voll- und teilstationärem Fall finanziert. In diesem Fall sind die Landesregierungen ermächtigt, durch Rechtsverordnung einen finanziellen Ausgleich zwischen ausbildenden und nicht ausbildenden Krankenhäusern herbeizuführen (§17a Abs. 9 Satz 1 und 3 KHG). Im Jahr 2008 bestanden Ausgleichsfonds in allen Bundesländern mit Ausnahme von Brandenburg, Mecklenburg-Vorpommern, Sachsen und Sachsen-Anhalt.

3 Ausgleiche

Eine Berichtigung des Ausbildungsbudgets mit einem entsprechenden Ausgleich in einem nachfolgenden Budget wegen einer wesentlichen Änderung der der Budgetvereinbarung zugrunde gelegten Annahmen oder wegen einer über der Veränderungsrate liegenden Tarifanhebung ist nicht vorgesehen, vermutlich wegen der sich ergebenden relativ geringen Beträge. Da die Kalkulation des Ausgleichsfonds auf den Ist-Daten des Vorjahres aufsetzt, führen die höheren Ist-Kosten zeitversetzt zu einem höheren Budget. Dagegen ist ein vollständiger Ausgleich von Mehr- oder Mindererlösen durchzuführen, wenn sich am Ende des Vereinbarungszeitraums herausstellt, dass das vereinbarte Ausbildungsbudget durch die Zahlungen aus dem Ausgleichsfonds und/oder die Summe der krankenhausindividuellen Zuschläge über- oder unterschritten wird (§ 17a Abs. 3 Satz 11 KHG). Dadurch wird nochmals unterstrichen, dass das Krankenhaus das vereinbarte Ausbildungsbudget in jedem Fall finanziert bekommt. Der Ausgleich ist über das Ausbildungsbudget des nächstmöglichen Vereinbarungszeitraums herbeizuführen. Abweichende Vereinbarungen sind bei dieser strikten Vorgabe nicht zulässig. Abschlagszahlungen sind allerdings zulässig, wenn bei der Verhandlung der auszugleichende Betrag noch nicht feststeht (§ 17a Abs. 3 Satz 12 KHG).

VII

Verhandlung und Vereinbarung

1 Pflegesatzvereinbarung

1.1 Verhandlungsunterlagen

Für den Krankenhausträger besteht eine **Vorlagepflicht** für Unterlagen, die für die Vereinbarung der Budgets und Pflegesätze benötigt werden, insbesondere Unterlagen über Leistungen sowie die Kosten der nicht durch pauschalierte Pflegesätze erfassten Leistungen. Näheres regeln das KHEntgG und die BPflV (§ 18 Abs. 3 Satz 2 KHG).

Nach § 11 Abs. 4 Satz 1 Nr. 3 KHEntgG übermittelt der Krankenhausträger den anderen Pflegesatzparteien, den Verbänden auf der Landesebene, die sich am Pflegesatzverfahren beteiligen können (§ 18 Abs. 1 Satz 2 KHG) und der für die Genehmigung zuständigen Landesbehörde die in der Anlage 1 zum KHEntgG vorgeschriebenen Aufstellungen über die Entgelte (E 1 bis E 3) und die Budgetermittlung (B 2) – **AEB**. Die Aufstellung **E 1** enthält die Leistungsmengenplanung für die Fallpauschalen. Neben den Ist-Daten des abgelaufenen Jahres müssen die Ist-Daten des laufenden Jahres, gegebenenfalls hochgerechnet, vorgelegt werden, jeweils gruppiert mit dem Grouper des laufenden Jahres und dem Grouper des Vereinbarungszeitraums. Ferner ist die geforderte Leistungsmenge für den Vereinbarungszeitraum darzulegen. Die Leistungen von Belegabteilungen sind in gesonderten Aufstellungen auszuweisen, ebenso die Jahresfälle und die Überlieger. In der Aufstellung **E 2** erfolgt die Leistungsmengenplanung für die bundeseinheitlichen Zusatzentgelte; eine Aufteilung der Leistungen von Haupt- und Belegabteilungen ist hier nicht erforderlich, jedoch ist zwischen Zusatzentgelten für Jahresfälle und Überlieger zu differenzieren. In der Aufstellung **E 3** sind die krankenhausindividuell zu verhandelnden Entgelte nach § 6 KHEntgG auszuweisen, getrennt nach fallbezogenen Entgelten (E 3.1), Zusatzentgelten (E 3.2) und tagesbezogenen Entgelten (E 3.3). Bei der Aufstellung der Entgelte in E 1 bis E 3 sind die Abrechnungsbestimmungen in der für den Vereinbarungszeitraum maßgebenden Vereinbarung der Vertragsparteien auf der Bundesebene zum Fallpauschalensystem (FPV) zu beachten (§ 9 Abs. 1 Satz 1 Nr. 3 KHEntgG), zum Beispiel die Vorgaben zur Fallzählung (http://www.g-drg.de/cms/G-DRG-System_2012/Abrechnungsbestimmungen, Abruf am 22.1.2013). Die Aufstellung B 2 enthält die Herleitung des Erlösbudgets, in der Konvergenzphase bis 2008 auch die des krankenhausindividuellen Basisfallwerts. Da ab 2009 alle Krankenhäuser die Fallpauschalen bereits mit dem Landesbasisfallwert abrechnen, ist die Herleitung des Erlösbudgets in B 2 nach der Berechnungsformel in § 4 Abs. 2 KHEntgG n.F. einfach geworden (s. Anlage 2). Die Verwendung des in der Konvergenzphase vorgeschriebenen Formblatts B 2 ist nur noch für Krankenhäuser vorgeschrieben, die in 2009 einen Konvergenzzuschlag nach § 4 Abs. 9 KHEntgG n.F. erhalten.

Die vorstehenden Aufstellungen sind **standardisierte „Mussdaten"**. Sie sind auf maschinenlesbaren Datenträgern nach den Vorgaben der Vertragsparteien auf der Bundesebene vorzulegen (§ 11 Abs. 4 Satz 2 KHEntgG). Für die Verhandlung über krankenhausindividuelle Entgelte, für die keine vollständige Leistungs- und Kalkulationsaufstellung (LKA) nach § 17 Abs. 4 BPflV erstellt werden muss (s. Kap. III.3), sind Unterlagen über eine sachgerecht Kalkulation vorzulegen (§ 6 Abs. 2 Satz 2, § 6 Abs. 3 Satz 4 KHEntgG). Soweit die Vertragsparteien auf der Bundesebene dazu Empfehlungen abgegeben haben, sind diese von den Pflegesatzparteien zu beachten (§ 6 Abs. 2 Satz 2 i.V.m. § 9 Abs. 1 Nr. 4 KHEntgG). Kein „Muss", aber sehr hilfreich für die Verhandlungen ist die Vorlage des informellen Formblatts E 4 („Tuschen-Schema") (s. Kap. III.1.2.1) mit der Überleitung der Verhandlungsdaten auf den Vereinbarungszeitraum in der Konvergenzphase.

Soweit dies zur Beurteilung der Leistungen des Krankenhauses im Rahmen seines Versorgungsauftrags *im Einzelfall* erforderlich ist, hat das Krankenhaus auf *gemeinsames* Verlangen der anderen Pflegesatzparteien zusätzliche Unterlagen vorzulegen und Auskünfte zu erteilen, wobei der zu erwartende Nutzen den verursachten Aufwand deutlich übersteigen muss (§ 11 Abs. 4 Satz 3 KHEntgG). Die dreifache Einschränkung („im Einzelfall", „gemeinsames Verlangen" und deutlich positive Kosten-Nutzen-Relation) lässt erkennen, dass in der Regel die standardisierten Informationen für die Verhandlungen ausreichen sollen. Es muss stichhaltige und besondere Gründe für das Verlangen nach weiteren Unterlagen und Auskünften geben (Leber u. Pfeiffer, 140).

So ist es zum Beispiel nicht als zulässig anzusehen, alle Krankenhäuser einzeln aufzufordern, bestimmte Unterlagen vorzulegen (Tuschen u. Trefz 2010, 301). Besondere Gründe können zum Beispiel vorliegen, wenn das Krankenhaus DRG-Fallpauschalen plant, deren Abrechenbarkeit nach den maßgebenden OPS-Kodes an bestimmte Strukturvoraussetzungen geknüpft ist; wenn zweifelhaft ist, ob bestimmte geplante Leistungen noch zum Versorgungsauftrag des Krankenhauses gehören oder wenn geprüft werden soll, ob die Voraussetzungen für Zu- oder Abschläge vorliegen (§ 7 Abs. 1 Satz 2 KHEntgG). Die Vorlage von Jahresabschlüssen des Krankenhauses kann im Rahmen des § 11 Abs. 4 Satz 3 KHEntgG nicht verlangt werden, weil sie für eine sachgerechte Pflegesatzvereinbarung nicht erforderlich ist. Für die Verprobung von Erlösen und die Vereinbarung von Mehr- oder Mindererlösausgleichen ist eine vom Jahresabschlussprüfer bestätigte Aufstellung der Erlöse ausreichend (§ 4 Abs. 3 Satz 7 KHEntgG).

Im Anwendungsbereich der BPflV in der bis zum 31. Dezember 2012 geltenden Fassung übermittelt der Krankenhausträger *auf Verlangen einer Vertragspartei* zur Vorbereitung der Pflegesatzverhandlungen den anderen Pflegesatzparteien, den Verbänden auf der Landesebene und der für die Genehmigung zuständigen Landesbehörde die Leistungs- und Kalkulationsaufstellung (LKA) nach dem Muster der Anlagen 1 und 2 der BPflV oder Teile davon (§ 17 Abs. 4 Satz 2 BPflV). Das Muster enthält alle Angaben, die vom Gesetz gefordert werden (§ 17 Abs. 4 Satz 5 BPflV). Im Anhang 2 zur Leistungs- und Kalkulationsaufstellung werden einzelne ihrer Positionen näher erläutert (Weitere Einzelheiten bei Tuschen u. Philippi 2000, 54ff.). Für die Vorlage zusätzlicher Unterlagen und die Erteilung zusätzlicher Auskünfte enthält § 17 Abs. 5 BPflV eine mit § 11 Abs. 4 Satz 3 KHEntgG gleichlautende Regelung.

Nach der Übergangsvorschrift in § 18 BPflV in der Fassung des PsychEntgG gilt für Krankenhäuser, die in den Jahren 2013 und 2014 das pauschalierende Vergütungssystem im Psych-Bereich nicht einführen, die BPflV in der bis zum 31. Dezember 2012 geltenden Fassung und damit auch die Pflicht zur Vorlage einer LKA. *Für die optierenden Krankenhäuser* in der budgetneutralen Phase gilt hinsichtlich der LKA eine eingeschränkte Vorlagepflicht; nicht mehr vorzulegen sind die Abschnitte V 1 (Budget und tagesgleiche Pflegesätze), V 4 (Erlöse), L 4 (Diagnosestatistik) und K 4 (Medizinischer Bedarf). Nicht oder nur teilweise öffentlich geförderte Krankenhäuser, die neue Investitionsmaßnahmen im Basispflegesatz berücksichtigt haben möchten (§ 3 Abs. 4 BPflV), *können* weiterhin eine ergänzende Kalkulationsaufstellung nach der Anlage 2 der BPflV a.F. vorlegen. **Neben** diesen Unterlagen ist von den optierenden Krankenhäusern eine **AEB-Psych** vorzulegen, bestehend aus den Leistungsaufstellungen (E 1 bis E 3) und dem Berechnungsbogen (B 1) für den Basisentgeltwert. Die Vertragsparteien auf der Bundesebene haben die Leistungsaufstellungen E1 bis E3 inzwischen gemäß § 9 Abs. 1 Nr. 6 BPflV neu gefasst und dem PEPP-Entgeltkatalog 2013 angepasst (http://www.dkgev.de/dkg.php/cat/157/aid/10141, [AEB-Psych-Vereinbarung 2013 vom 20. Dezember 2012] Abruf am 22.1.2013). Mit dem Beginn der Konvergenzphase (2017) wird der Berechnungsbogen B 1 durch den Berechnungsbogen für die Herleitung des angeglichenen Erlösbudgets und des Basisentgeltwertes (B 2) ersetzt (§ 11 Abs. 4 Satz 2 BPflV).

Hinsichtlich der Art der Datenübermittlung und der Vorlage zusätzlicher Unterlagen enthält die BPflV (§ 11 Abs. 4 Satz 2 und 3) eine mit dem KHEntgG identische Regelung.

Für das Ausbildungsbudget haben die Vertragsparteien auf der Bundesebene in ihrer Rahmenvereinbarung vom 20. Dezember 2007 und vom 25. Februar 2009 (http://www.gkv-spitzenverband.de/krankenversicherung/krankenhaeuser/budgetverhandlungen/ausbildungsstaetten/ausbildungsstaetten.jsp) auf der Grundlage des § 17a Abs. 2 Satz 1 Nr. 1 KHG ein Kalkulationsschema für die Verhandlung des Ausbildungsbudgets festgelegt, das für die Pflegesatzparteien verbindlich ist (§ 17 Abs. 2 Satz 2 KHG). Die in der Rahmenvereinbarung vorgeschriebenen Kalkulationsblätter sind deshalb vom Krankenhausträger vorzulegen.

1.2 Beschleunigungsgrundsatz

Pflegesatzvereinbarungen sollen nach dem Grundsatz der Prospektivität (s. Kap. II.7.1) grundsätzlich für zukünftige Zeiträume (Kalenderjahre) geschlossen werden (§ 18 Abs. 3 Satz 1 KHG). Deshalb schreiben § 11 Abs. 3 KHEntgG und § 11 Abs. 3 BPflV übereinstimmend vor, dass die Pflegesatzparteien die Verhandlung unverzüglich aufzunehmen haben, nachdem eine Vertragspartei schriftlich dazu aufgefordert hat. Die Verhandlungsunterlagen sollten der Aufforderung beigefügt sein, können aber auch nachgereicht werden. Die einzelnen Budgets sind unabhängig voneinander zu verhandeln. Es können daher Aufforderungen zu Verhandlungen zu unterschiedlichen Zeitpunkten ergehen.

Die Verhandlung soll innerhalb von sechs Wochen nach der Aufforderung und so rechtzeitig abgeschlossen werden, dass das neue Budget und die neuen Pflegesätze mit Ablauf des laufenden Vereinbarungszeitraums in Kraft treten können. Praktisch heißt das, dass die Pflegesatzverhandlungen etwa Ende November des laufenden Jahres abgeschlossen sein müssen, damit die Genehmigungsbehörde noch ausreichend Zeit für die Genehmigung hat und die Pflegesätze mit Beginn des folgenden Jahres wirksam werden können. Das ist jedoch für die Erlösbudgets im pauschalierenden Entgeltbereich unrealistisch, da die Vertragsparteien auf der Landesebene den Basisfallwert und den Basisentgeltwert bis zum 30. November des laufenden Jahres vereinbaren müssen. Die Regel ist daher, dass die Pflegesatzvereinbarungen unterjährig getroffen werden (s.a. Kap. II.7). Kommt innerhalb der Sechs-Wochenfrist keine Vereinbarung zustande, entscheidet auf Antrag einer Vertragspartei die Schiedsstelle (§ 18 Abs. 4 Satz 1 KHG).

Damit die Verhandlungen zügig durchgeführt werden können, sind die Vertragsparteien verpflichtet, wesentliche Fragen zum Versorgungsauftrag und zur Leistungsstruktur des Krankenhauses sowie zur Höhe von Zu- und Abschlägen gemeinsam vorzuklären (§ 11 Abs. 5 KHEntgG, § 11 Abs. 5 BPflV). Im

Anwendungsbereich der BPflV a. F. sollen auch wesentliche Fragen zur Höhe der medizinisch leistungsgerechten Vergütung gemeinsam vorgeklärt werden, zum Beispiel durch Festlegung vergleichbarer Krankenhäuser im Rahmen eines Krankenhausvergleichs bei der Kappung von Pflegesätzen nicht geförderter Krankenhäuser (s. Kap. IV.2.2). Zur Ermittlung vergleichbarer Krankenhäuser kann die Schiedsstelle auch vorab gesondert angerufen werden (§ 18 Abs. 4 Satz 2 KHG).

Die Vorschriften über die Beschleunigung des Verhandlungsverfahrens sind reine Ordnungsvorschriften. Ihre Verletzung hat keinen Einfluss auf die materielle Wirksamkeit einer verspätet abgeschlossenen Pflegesatzvereinbarung. Die einzige Rechtsfolge besteht darin, dass die alten Pflegesätze nach Ablauf des laufenden Pflegesatzzeitraums weitergelten, bis die neuen Pflegesätze berechnet werden können, und ein Zahlbetragsausgleich durchzuführen ist (§ 15 KHEntgG, § 15 BPflV). Das ist inzwischen zur Regel geworden (s. Kap. II.7.1). Die frühere Sanktionsregel, wonach ein Ausgleich von Mindererlösen infolge der Weitergeltung der alten Pflegesätze entfällt, soweit die verspätete Genehmigung der Pflegesatzvereinbarung vom Krankenhaus zu vertreten ist (§ 21 Abs. 2 Satz 4 BPflV a. F., § 15 Abs. 2 Satz 3 KHEntgG a. F.), ist entfallen. Theoretisch kommt ein Schadensersatzanspruch wegen Verletzung vorvertraglicher Pflichten (culpa in contrahendo) in Betracht (z.B. wegen der Aufnahme von Betriebmittelkrediten), jedoch ist der Nachweis einer Pflichtverletzung schwierig, weil jede Vertragspartei trotz der bestehenden Verhandlungspflicht der Krankenkassen (§ 109 Abs. 4 Satz 2 SGB V) die Fristen ohne Angabe von Gründen verstreichen lassen kann.

1.3 Vereinbarung

1.3.1 Vertragsparteien und Beteiligte

Parteien der Pflegesatzvereinbarung (Vertragsparteien) sind der Krankenhausträger und Sozialleistungsträger, soweit auf sie allein, oder Arbeitsgemeinschaften von Sozialleistungsträgern, soweit auf ihre Mitglieder insgesamt im Jahr vor Beginn der Pflegesatzverhandlung mehr als **fünf vom Hundert** der Belegungs- und Berechnungstage des Krankenhauses entfallen (**Mindestbelegungsquote**). Zu den Sozialleistungsträgern gehören neben den Krankenkassen (§ 21 Abs. 2 SGB I) auch die Träger der gesetzlichen Unfallversicherung (§ 23 Abs. 2 SGB I), die Versorgungsämter (§ 24 Abs. 2 SGB I) und die Träger der Sozialhilfe (§ 28 Abs. 2 SGB I). Regelmäßig wird die Belegungsquote von mehr als 5 v.H. aber nur von Krankenkassen oder Arbeitsgemeinschaften von Krankenkassen erreicht. Auch wenn der Zweck der Arbeitsgemeinschaften nur darin besteht, jährlich Budgets und Pflegesätze mit Krankenhäusern zu vereinbaren, entsprechen sie dem Erscheinungsbild einer Gesellschaft bürgerlichen Rechts (§ 705 BGB) und besitzen eine eigene Rechtspersönlichkeit, sodass sie nur als Einheit mit einer Stimme auftreten können (VG Magdeburg v. 7.2.2005 – 1 A 10/04 MD –, KRS 05.008 m.w.Nachw.). Der Verband der Angestellten-Krankenkassen und der Verband der Arbeiterersatzkassen sind zwar keine Sozialleistungsträger, aber als Arbeitsgemeinschaften im Sinne von § 18 Abs. 2 KHG anzusehen (BVerwG v. 11.11.1999 – 3 C 33.98 –, KRS 99.025).

Nicht jede Vertragspartei, die zu Verhandlungen aufgefordert worden ist, muss an der Pflegesatzverhandlung teilnehmen. Die Pflegesatzvereinbarung kommt vielmehr durch Einigung zwischen den Pflegesatzparteien zustande, die an der Pflegesatzverhandlung teilgenommen haben (§ 11 Abs. 1 Satz 4 KHEntgG, § 11 Abs. 1 Satz 4 BPflV). Keine Vertragspartei soll eine Einigung durch bloßes Fernbleiben von der Verhandlung verhindern können; die abwesenden Vertragsparteien müssen die Einigung gegen sich gelten lassen. Bleiben alle Sozialleistungsträger oder Arbeitsgemeinschaften der Verhandlung fern, ist das Krankenhaus auf eine Entscheidung der Schiedsstelle angewiesen. Die Landeskrankenhausgesellschaft, die Landesverbände der Krankenkassen, die Ersatzkassen und der Landesausschuss des Verbandes der privaten Krankenversicherung können sich am Pflegesatzverfahren beteiligen (§ 18 Abs. 1 Satz 2 KHG).

1.3.2   Gegenstand der Pflegesatzvereinbarung

Sowohl das KHEntgG (§ 11 Abs. 1) als auch die BPflV (§ 11 Abs. 1) schreiben den notwendigen Inhalt einer Pflegesatzvereinbarung vor. Für die Vereinbarung des Ausbildungsbudgets enthält § 17a Abs. 3 Satz 1 KHG verbindliche Vorgaben. Dabei handelt es sich um den gesetzlichen **Mindestinhalt**, der schriftlich zu dokumentieren ist. Die schriftliche Fixierung des gesetzlichen Mindestinhalts einer Pflegesatzvereinbarung ist *Wirksamkeitsvoraussetzung*. Fehlt ein zwingender Vereinbarungsgegenstand, kommt eine Einigung nicht zustande (OVG Rh.-Pf. v. 28.9.2004 – 7 A 10151/04 –, KRS 04.018). Die Pflegesatzparteien können über den gesetzlichen Mindestinhalt hinaus weitere Vereinbarungen treffen. Alles, was einen Bezug zu den Grundlagen und der Höhe des Budgets und der Pflegesätze einschließlich ihrer Abrechnung hat, kann vereinbart werden und ist dann Teil der Pflegesatzvereinbarung. Eine Gesamteinigung kommt nur zustande, wenn sich die Pflegesatzparteien über *alle* budget- und pflegesatzrelevanten Faktoren einig sind. Das sind weit mehr Faktoren, als im Gesetz genannt oder von den Pflegesatzparteien schriftlich festgehalten sind, zum Beispiel Kalkulationsgrundlagen, Berechnungsmethoden, Prognosen etc. Einigen sich die Parteien nicht über sämtliche relevante Bemessungsfaktoren, fehlt es an einer Gesamteinigung (OVG Rh.-Pf. a.a.O.).

Die Vertragsparteien können im Rahmen ihrer Vertragsfreiheit auch Dinge in ihre Vereinbarung aufnehmen, die keinen Bezug zum Budget und zu den Pflegesätzen haben. Diese Vereinbarungsgegenstände sind aber nicht Teil der Pflegesatzvereinbarung und berühren deren Wirksamkeit nicht.

Nach § 11 Abs. 1 Satz 1 **KHEntgG** muss die Pflegesatzvereinbarung das Erlös-budget, die Summe der effektiven Bewertungsrelationen, die krankenhaus-individuellen Entgelte nach § 6 Abs. 1 und 2 KHEntgG, die Erlössumme nach § 6 Abs. 3 KHEntgG, die Zu- und Abschläge und die Mehr- oder Mindererlös-ausgleiche enthalten, in der Konvergenzphase bis Ende 2008 auch den kran-kenhausindividuellen Basisfallwert. Ergeben sich die Zu- und Abschläge dem Grund und der Höhe nach unmittelbar aus Vereinbarungen der Vertragspar-teien auf der Bundesebene nach § 9 KHEntgG, aus einer Rechtsverordnung des Bundesministeriums für Gesundheit nach § 17b Abs. 7 KHG oder aus gesetz-lichen Regelungen, ist eine Vereinbarung darüber nicht notwendig. Sie ist erforderlich, wenn die Pflegesatzparteien die Voraussetzungen prüfen oder eine Umrechnung auf eine krankenhausindividuelle Bezugsgröße vornehmen müssen (§ 5 Abs. 1 Satz 2 und 3 KHEntgG).

Die Pflegesatzvereinbarung muss schließlich Bestimmungen enthalten, die eine zeitnahe Zahlung der Entgelte an das Krankenhaus gewährleisten; hier-zu sollen insbesondere Regelungen über monatliche Teilzahlungen und Ver-zugszinsen bei verspäteter Zahlung getroffen werden (§ 11 Abs. 1 Satz 3 KHEntgG). Diese Vorschrift kollidiert mit § 112 Abs. 2 Nr. 1b SGB V, wonach die Vertragsparteien auf der Landesebene mit verbindlicher Wirkung für die Kran-kenkassen und Krankenhäuser Verträge über die „Kostenübernahme, Abrech-nung der Entgelte, Berichte und Bescheinigungen" schließen. Soweit ersicht-lich, enthalten alle auf dieser Grundlage geschlossenen Landesverträge auch Regelungen über Zahlungsfristen und Verzugszinsen. Da die Landesverträge für die Pflegesatzparteien verbindlich sind, können sich die Pflegesatzpartei-en auf ergänzende Regelungen beschränken oder auf die Landesverträge Bezug nehmen.

Die Pflegesatzparteien nach der **BPflV in der bis zum 31. Dezember 2012 gel-tenden Fassung** legen in der Pflegesatzvereinbarung (mindestens) das Budget, die Art, Höhe und Laufzeit der tagesgleichen Pflegesätze sowie die Ausgleiche und Berichtigungen fest (§ 17 Abs. 1 Satz 1 BPflV). Die Pflegesatzvereinbarung muss auch Bestimmungen über eine zeitnahe Zahlung der Pflegesätze ent-halten, wobei § 17 Abs. 8 BPflV klarstellt, dass dies nicht gilt, soweit für das Krankenhaus ein verbindlicher Landesvertrag nach § 112 SGB V besteht. **§ 11 BPflV in der Fassung des PsychEntgG** ist mit § 11 KHEntgG weitgehend iden-tisch, berücksichtigt lediglich die Spezifika des Psych-Entgeltsystems

Für die Vereinbarung des **Ausbildungsbudgets** heißt es in 17a Abs. 3 Satz 1 und 2 KHG lediglich, dass die Pflegesatzparteien Art und Anzahl der voraussicht-lich belegten Ausbildungsplätze sowie die Höhe der Ausbildungskosten fest-halten müssen. Es versteht sich aber von selbst, dass die Pflegesatzparteien auch die Höhe des Budgets und der Mehr- oder Mindererlöse festlegen müssen, weil dies Größen einer jeden Pflegesatzvereinbarung sind. Verändern die Pfle-gesatzparteien den Ausbildungszuschlag nach § 17a Abs. 6 Satz 2 KHG, müssen sie das in der Pflegesatzvereinbarung dokumentieren (§17a Abs. 6 Satz 3 KHG).

Bleiben zwischen den Pflegesatzparteien einzelne Punkte wegen einer unterschiedlichen Rechtsauffassung streitig, so können sie sich unter Aufrechterhaltung ihrer unterschiedlichen Standpunkte **unter Vorbehalt** bis zu einer gerichtlichen Klärung einigen. Vereinbarungen „vorbehaltlich einer abweichenden höchstrichterlichen Rechtsprechung" zu den streitigen Fragen sind in der Praxis üblich. Weicht die höchstrichterliche Rechtsprechung von der Vereinbarung ab, muss diese später umgesetzt werden, was regelmäßig mit Berichtigungen und Ausgleichen verbunden ist, oft für mehrere Jahre, weil die Vereinbarung unter Vorbehalt auch für alle nachfolgenden Vereinbarungen bis zur Klärung gilt. Solche Vereinbarungen unter Vorbehalt werden überwiegend für zulässig gehalten (OVG NRW v. 3.3.2006 – 13 A 853/05 –, KRS 06.006; Leber 2006, 877, 881 m.w.Nachw.).

Der Mindestinhalt von Pflegesatzvereinbarungen ist in Tabelle 10 zusammenfassend dargestellt.

1.3.3   Vorläufige Vereinbarung

Können sich die Pflegesatzparteien über einzelne Vereinbarungsgegenstände, insbesondere über die Höhe des Budgets oder der Erlössumme, nicht einigen und soll wegen dieser Gegenstände die Schiedsstelle angerufen werden, schließen die Vertragsparteien eine Vereinbarung über die unstreitigen Gegenstände. Die auf dieser Vereinbarung beruhenden Entgelte sind zu erheben, bis die endgültig maßgebenden Entgelte in Kraft treten (§ 12 KHEntgG, § 12 BPflV). Nach dem Gesetzeswortlaut handelt es sich um eine bindende Verpflichtung aller Vertragsparteien. Faktisch wird die Vorschrift aber nur zur Anwendung kommen, wenn das Krankenhaus eine vorläufige Vereinbarung beantragt. Die Vorschrift ist eine Schutzvorschrift zugunsten des Krankenhauses, um Liquiditätsprobleme zu vermeiden (Tuschen u. Trefz 2004, 302 m.Nachw.). In der Regel wird das Krankenhaus aber unter Verzicht auf eine vorläufige Vereinbarung die Schiedsstelle zur Festsetzung des endgültigen Budgets und der Entgelte anrufen. Es kann die Schiedsstelle auch wegen einer vorläufigen Festsetzung anrufen, wird dies aus Gründen der Verfahrensökonomie jedoch nur unter besonderen Umständen tun. Das Krankenhaus kann auf keinen Fall an der Schiedsstelle vorbei eine gerichtliche Entscheidung im Wege des vorläufigen Rechtsschutzes erzwingen (VGH Ba.-Wü. v. 5.4.2005 – 9 S 2790/04 –, KRS 05.059). Es muss also bei Nichteinigung über eine vorläufige Vereinbarung die (vorläufige oder endgültige) Entscheidung der Schiedsstelle abwarten.

Mehr- oder Mindererlöse des Krankenhauses infolge der erhobenen vorläufigen Entgelte werden durch Zu- oder Abschläge auf die Entgelte des laufenden oder eines folgenden Vereinbarungszeitraums ausgeglichen (§ 12 Satz 3 KHEntgG, § 12 Satz 3 BPflV).

Tab. 10 Mindestinhalt von Pflegesatzvereinbarungen

Budgetbereich	Inhalt	Rechtsgrundlage
KHEntgG	Erlösbudget (§ 4) ■ Fallpauschalen (Aufstellung E 1) ■ Zusatzentgelte (Aufstellung E 2) ■ Ermittlung des Erlösbudgets (Aufstellung B 2)	§ 11 Abs. 1 Satz 1 KHEntgG in Verbindung mit … § 4 Abs. 1 und 2 KHEntgG
	Erlössumme (§ 6 Abs. 3) ■ Fallbezogene Entgelte (Aufstellung E 3.1.) ■ Zusatzentgelte (Aufstellung E 3.2.) ■ Tagesbezogene Entgelte (Aufstellung E 3.3.) ■ Erlössumme	§ 6 Abs. 1, Abs. 2a KHEntgG
	Entgelte für neue Untersuchungs- und Behandlungsmethoden	§ 6 Abs. 2, Abs. 3 Satz 2 KHEntgG
	Zusatzentgelte für die Behandlung von Blutern	§ 6 Abs. 3 Satz 2 KHEntgG
	Abschlag für Mehrleistungen	§ 4 Abs. 2a Satz 1 KHEntgG
	Zu- oder Abschlag für besondere Einrichtungen	§ 4 Abs. 7 KHEntgG
	Zu- oder Abschlag für Erlösausgleich (in v.H.)	§ 5 Abs. 4 KHEntgG
	Mehr- oder Mindererlöse (in Beträgen)	§ 4 Abs. 3 KHEntgG
	Sonstige Zu- oder Abschläge	§§ 5, 7 KHEntgG
	Zahlungsbedingungen	§ 11 Abs. 1 Satz 2 KHEntgG
BPflVi.d.F. bis 31.12.2012[1]	Medizinisch leistungsgerechtes Budget (Gesamtbetrag)	§ 17 Abs. 1 Satz 1, § 6 Abs. 1 Satz 1 und 2 BPflV
	Ermittlung des Budgets (LKA)	§ 17 Abs. 4 Satz 3 BPflV
	Obergrenzenbudget a) mit Ausgleichen und Berichtigungen b) ohne Ausgleiche und Berichtigungen	§ 17 Abs. 1 Satz1, § 6 Abs. 1 Satz 3 und 4 BPflV
	Budget nach § 12 BPflV mit Ausgleichen und Berichtigungen	§ 12 BPflV
	Art, Höhe und Laufzeit der Pflegesätze (Abteilungspflegesätze, Basispflegesatz, teilstationäre Pflegesätze, Belegpflegesätze)	§ 17 Abs. 1 Satz BPflV
	Ausgleiche (Erlös- und Zahlbetragsausgleiche)	§ 6 Abs. 1 Satz 4, § 12, § 21 Abs. 2 BPflV
	Berichtigungen	§ 6 Abs. 1 Satz 4, Abs. 2 BPflV[2]
	Ausgleich für Berichtigungen	§ 6 Abs. 2, § 12 Abs. 2 BPflV[2]
	Zahlungsbedingungen	§ 17 Abs. 1 Satz 3 BPflV
BPflV ab 2013	Gesamtbetrag[3]	§ 11 Abs. 1 Satz 1 in Verbindung mit …
	Erlösbudget ■ Entgelte mit Bewertungsrelationen (Aufstellung E 1) ■ Zusatzentgelte (Aufstellung E 2) ■ Mehr- oder Mindererlösausgleiche ■ Ermittlung des Erlösbudgets (Aufstellung B 1, ab 2017 B 2) ■ Basisentgeltwert	§§ 3 und 4 BPflV

Budgetbereich	Inhalt	Rechtsgrundlage
BPflV ab 2013	Erlössumme (§ 6 Abs. 3) ■ fallbezogene Entgelte (Aufstellung E 3.1) ■ Zusatzentgelte (Aufstellung E 3.2) ■ tagesbezogene Entgelte (Aufstellung E 3.3)	§ 6 Abs. 1, Abs. 2a BPflV
	Entgelte für neue Untersuchungs- und Behandlungsmethoden	§ 6 Abs. 2 BPflV
	Zu- und Abschläge	§§ 5, 7 Satz 1 Nr. 3 BPflV
	Zahlungsbedingungen	§ 11 Abs. 1 Satz 3 BPflV
§ 17a Abs. 3 KHG (Ausbildungs-budget)	Budget ■ Kosten der Ausbildungsstätten ■ Ausbildungsvergütungen	§ 17a Abs. 3 Satz 1 KHG
	Art und Anzahl der voraussichtlich belegten Ausbildungsplätze	§ 17a Abs. 3 Satz 2 KHG
	Veränderter Ausbildungszuschlag	§ 17a Abs. 6 Satz 2 und 3 KHG
	Ausgleiche für Mehr- oder Mindererlöse	§ 17a Abs. 3 Satz 11 KHG

[1] Gilt für nicht optierende Krankenhäuser bis 2014.

[2] Berichtigung nach § 6 Abs. 2 BPflV letztmalig für 2012.

[3] Bis 2016

1.3.4   Zustimmung und Genehmigung

Zustimmung

Die Pflegesatzvereinbarung bedarf der Zustimmung der Landesverbände der Krankenkassen und des Landesausschusses des Verbandes der privaten Krankenversicherung. Die Zustimmung gilt als erteilt, wenn die *Mehrheit* dieser Beteiligten der Vereinbarung **nicht** innerhalb von zwei Wochen nach Vertragsschluss **widerspricht** (§ 18 Abs. 1 Satz 4 KHG). Die Zustimmung ist *Wirksamkeitsvoraussetzung*. Wird die Zustimmung verweigert, liegt keine wirksame Einigung vor, sodass auch keine Genehmigung erfolgen kann. Die Pflegesatzparteien können dann neu verhandeln. Die Regel wird aber sein, dass eine Vertragspartei, in diesem Fall das Krankenhaus, die Schiedsstelle anruft. Die Entscheidung der Schiedsstelle ist nicht zustimmungspflichtig.

Genehmigung

Die vereinbarten oder von der Schiedsstelle festgesetzten Pflegesätze müssen von der nach Landesrecht zuständigen Behörde genehmigt werden (§ 18 Abs. 5 Satz 1 KHG). Die Genehmigung ist ebenfalls *Wirksamkeitsvoraussetzung*. Durch das Erfordernis der Genehmigung ist den Ländern ein Mitwirkungsrecht bei der Festlegung der Entgelte für Krankenhausleistungen eingeräumt, das seine Wurzeln im Sicherstellungsauftrag der Länder für die Krankenhausversorgung hat. Die Länder können so beispielsweise darüber wachen, dass der den Krankenhäusern durch den Krankenhausplan zugewiesene Versorgungsauftrag eingehalten wird. Das Genehmigungserfordernis betont die politische Letztverantwortung des Landes für die Krankenhausversorgung (BVerwG v. 21.1.1993 – 3 C 66.90 –, KRS 93.001, kritisch Felix 2009 und 2010, die für die Abschaffung des Genehmigungserfordernisses plädiert).

Im Anwendungsbereich des KHEntgG regelt § 14 Abs. 1 KHEntgG näher, worauf sich die Genehmigung erstreckt, nämlich auf das Erlösbudget (§ 4 KHEntgG), die krankenhausindividuellen Entgelte (§ 6 KHEntgG) und die Zu- und Abschläge (§ 5 KHEntgG). Im Anwendungsbereich der BPflV erstreckt sich die Genehmigung auf das Erlösbudget, den krankenhausindividuellen Basisentgeltwert, die krankenhausindividuellen Entgelte (§ 6 BPflV), die Mehr- oder Mindererlösausgleiche und die Zu- und Abschläge (§ 5 BPflV). Für das Ausbildungsbudget sind die Genehmigungsgegenstände in § 17a KHG nicht extra benannt; sie ergeben sich aus den Vereinbarungsgegenständen in § 17a Abs. 3 KHG. Die Genehmigungsbehörde entscheidet auch über die den Genehmigungsgegenständen *immanenten* Berechnungsfaktoren, zum Beispiel über die Zahl der Bewertungsrelationen oder die Zahl der Belegungstage; diese werden mit geprüft und genehmigt (BVerwG v. 26.2.2009 – 3 C 7.08 –, KRS 09.006; VG Minden v. 31.10.2006 – 6 K 594/05 –, KRS 06.107).

Die Genehmigung muss von *einer* der Vertragsparteien beantragt werden (§ 14 Abs. 1 KHEntgG, § 14 Abs. 1 BPflV, § 17a Abs. 8 Satz 2 KHG). Die Genehmigungsbehörde wird also nicht von Amts wegen tätig. Solange kein Antrag einer Vertragspartei vorliegt, bleibt die Einigung zwischen den Pflegesatzparteien oder die Festsetzung durch die Schiedsstelle schwebend unwirksam. Liegt ein Antrag vor, so gilt auch für die Genehmigungsbehörde der Beschleunigungsgrundsatz; sie muss unverzüglich entscheiden (§ 18 Abs. 5 Satz 1 KHG).

Hinsichtlich des **Prüfungs- und Entscheidungsumfangs** bestimmen § 18 Abs. 5 Satz 1 KHG und § 14 Abs. 1 Satz 2 KHEntgG, dass die Genehmigung erteilt wird, „wenn die Vereinbarung oder Festsetzung den Vorschriften dieses Gesetzes sowie sonstigem Recht entspricht". Paragraf 14 Abs. 2 Satz 2 BPflV bestimmt, dass „die für die Vertragsparteien bezüglich der Pflegesatzverhandlung geltenden Rechtsvorschriften entsprechend anzuwenden sind". Daraus leitet das Bundesverwaltungsgericht in ständiger Rechtsprechung ab, dass die Genehmigungsbehörde auf eine reine **Rechtmäßigkeitskontrolle** beschränkt ist (BVerwG v. 21.1.1993 – 3 C 66.90 –, KRS 93.001; v. 22.6.1995 – 3 C 34.93 –, KRS 95.034; v. 26.9.2002 – 3 C 51.01 –, KRS 02.037; v. 20.12.2007 – 3 C 53.06 –, KRS 07.117; v. 26.2.2009 – 3 C 7.08 –, KRS 09.006). Sie hat *keine eigene Gestaltungsbefugnis* und kann nicht Pflegesätze nachbessern, die sie für zu hoch oder zu niedrig hält. Die von den Pflegesatzparteien vorgelegte Vereinbarung ist das Genehmigungssubstrat, das die Genehmigungsbehörde von sich aus nicht verändern kann. Sie ist deshalb nicht befugt, erstmals auf Antrag einer Pflegesatzpartei die Höhe der Pflegesätze zu bestimmen oder zu gestalten; zwischen den Pflegesatzparteien streitige Fragen können nicht zum Gegenstand des Genehmigungsverfahrens gemacht werden (OVG NRW v. 26.5.1997 – 13 A 4720/95 –, KRS

97.038). Die Genehmigungsbehörde ist nicht befugt, die Pflegesatzparteien zur Vereinbarung anderer Pflegesätze anzuhalten. Sie kann auch keine Teilgenehmigung aussprechen (BVerwG v. 21.1.1993 – 3 C 66.90 –, KRS 93.001).

Zu Recht weist das Bundesverwaltungsgericht darauf hin, dass es sich bei jeder Pflegesatzvereinbarung gewissermaßen um eine Paketlösung handelt, sodass nicht einzelne Teile herausgenommen oder in das Paket hineingelegt werden können, ohne in die Vertragsautonomie der Pflegesatzparteien einzugreifen. Diese müssen jederzeit die Möglichkeit haben, in neue Pflegesatzverhandlungen einzutreten und Vereinbarungen mit einem genehmigungsfähigen Inhalt abzuschließen, wenn die Genehmigungsbehörde eine Vereinbarung oder Festsetzung nicht für genehmigungsfähig hält. Schließlich ist nicht auszuschließen, dass sich die Pflegesatzparteien von einer bereits getroffenen Vereinbarung wieder lösen, um im Wege einer erneuten Pflegesatzverhandlung zu einer genehmigungsfähigen Vereinbarung zu kommen. Die Genehmigungsbehörde kann hierbei eine vermittelnde Position einnehmen (OVG NRW v. 24.9.2002 – 13 A 2341/01 –, KRS 02.104). Hierzu passt, dass die Genehmigung mit Nebenbestimmungen (z.B. Auflagen) verbunden werden kann, um rechtliche Hindernisse zu beseitigen, die einer uneingeschränkten Genehmigung entgegenstehen (§ 14 Abs. 2 Satz 3 KHEntgG, § 14 Abs. 2 Satz 3 BPflV). Die Genehmigungsbehörde muss sich aber stets neutral verhalten und darf nicht in die Nähe einer Vertragspartei rücken (VG Hamburg v. 28.10.2009 – 13 K 1235/08 –, KRS 09.068).

Die Rechtsprüfung durch die Genehmigungsbehörde umfasst die verfahrensrechtlichen Voraussetzungen und die materiell- rechtlichen Bestimmungen. (OVG Rh.-Pf. v. 28.9.2004 – 7 A 10150/04 –, KRS 04.022) Im Genehmigungsverfahren haben die Pflegesatzparteien eine **Mitwirkungspflicht**. Sie sind verpflichtet, der Genehmigungsbehörde die für die Prüfung der Rechtmäßigkeit erforderlichen Unterlagen vorzulegen (§ 14 Abs. 2 Satz 2 KHEntgG, § 14 Abs. 2 Satz 1 BPflV).

Wenn die Genehmigung erteilt wird, wird die Pflegesatzvereinbarung für die Vertragsparteien unmittelbar verbindlich (OVG Saarlouis v. 28.11.2008 – 3 A 379/07 –, KRS 08.111 m.Nachw.) Wird die Genehmigung versagt, liegt es an den Pflegesatzparteien, in neue Verhandlungen einzutreten oder den Rechtsweg zu beschreiten.

2 Vereinbarung des Landesbasisfallwerts und des Landesbasisentgeltwerts

2.1 Landesbasisfallwert

Für die Vereinbarung des Landesbasisfallwerts enthält das KHEntgG nur knappe Vorgaben. Bestimmte Verhandlungsunterlagen sind nicht vorgeschrieben. Die antragstellende Vertragspartei wird ihren Antrag aber dem Grund und der Höhe nach ausführlich begründen müssen, um erfolgreich zu sein. Es gilt der Beschleunigungsgrundsatz: Die Vereinbarung ist bis zum 30. November jeden Jahres zu schließen, damit die Pflegesatzparteien die Möglichkeit haben, die Pflegesatzverhandlungen für das folgende Kalenderjahr so rechtzeitig abzuschließen, dass mit Beginn des folgenden Kalenderjahres neue Pflegesätze abgerechnet werden können (s. Kap. II.7.1). Die Vertragsparteien auf der Landesebene müssen die Verhandlungen „unverzüglich" aufnehmen, nachdem eine Partei dazu schriftlich aufgefordert hat (§ 10 Abs. 10 Satz 1 und 2 KHEntgG). Um die Verhandlungen bis zum 30. November abschließen zu können, muss die Aufforderung durch eine Vertragspartei rechtzeitig vorher erfolgen, spätestens unmittelbar nach Bekanntgabe des Veränderungswerts durch die Vertragsparteien auf der Bundesebene (§ 9 Abs. 1 Satz 1 Nr. 5a KHEntgG). Welche Partei zu Verhandlungen auffordert, ist unerheblich. Darüber entscheidet die jeweilige Interessenlage. Auch bei diesen Vorschriften handelt es sich um reine Ordnungsvorschriften, deren Nichteinhaltung keinen Einfluss auf die materielle Wirksamkeit der Vereinbarung hat.

Vertragsparteien sind die Landeskrankenhausgesellschaft, die Landesverbände der Krankenkassen, die Verbände der Ersatzkassen und der Landesausschuss des Verbandes der privaten Krankenversicherung (§ 11 Abs. 1 Satz 1

KHEntgG i.V.m. § 18 Abs. 1 Satz 2 KHG). Die Vereinbarung kommt durch Einigung zwischen den Parteien zustande, die an der Verhandlung teilgenommen haben, und ist schriftlich abzuschließen (§ 10 Abs. 10 Satz 3 KHEntgG). Vereinbarungsgegenstände sind der Landesbasisfallwert für das folgende Kalenderjahr, die Tatbestände für eine Berichtigung wegen Fehlschätzung und die damit verbundenen Ausgleiche (§ 10 Abs. 1 KHEntgG).

Auch die Vereinbarung des Landesbasisfallwerts bedarf zu ihrer Wirksamkeit der **Genehmigung** durch die nach Landesrecht zuständige Behörde. Diese muss innerhalb von *vier* Wochen nach Eingang des Antrags einer Vertragspartei entscheiden und ist hierbei ebenfalls auf eine reine Rechtmäßigkeitskontrolle beschränkt (§ 14 Abs. 1 Satz 2 und 3 KHEntgG). Wird die Genehmigung erteilt, wird der Landesbasisfallwert für die Vertragsparteien auf der Landesebene und die Pflegesatzparteien unmittelbar wirksam. Er ist zum 1. Januar des Folgejahres anzuwenden. Wird der Landesbasisfallwert erst nach diesem Zeitpunkt genehmigt, ist er ab dem ersten Tag des Monats anzuwenden, der auf die Genehmigung folgt (§ 15 Abs. 1 Satz 3 KHEntgG). Im Falle der Versagung der Genehmigung kommt kein neuer Landesbasisfallwert zustande. Der bisherige Landesbasisfallwert gilt dann solange fort, bis die Vertragsparteien sich auf einen genehmigungsfähigen Landesbasisfallwert geeinigt haben oder die Schiedsstelle einen solchen festsetzt und der neue Landesbasisfallwert nach Genehmigung angewendet werden kann. Der durch die Weitergeltung des bisherigen Landesbasisfallwerts über den 1. Januar des Kalenderjahres hinaus notwendige Zahlbetragsausgleich richtet sich nach § 15 Abs. 3 KHEntgG.

2.2   Landesbasisentgeltwert

Für die Vereinbarung und Genehmigung des Landesbasisentgeltwerts enthält die BPflV mit dem KHEntgG kongruente Vorschriften (§§ 10 Abs. 5, 14 Abs. 1 und 2, 15 Abs. 3 BPflV. Die vorstehenden Ausführungen gelten daher sinngemäß.

VIII

Schiedsstellenverfahren

1 Die Schiedsstellen

Das Schiedsstellenverfahren ist ein **zentrales Element** für das Funktionieren des im Pflegesatzrecht vorgesehenen Pflegesatzverfahrens. Es ist Ausdruck des *Selbstverwaltungs- und Vereinbarungsprinzips* (BVerwG v. 20.1.2005 – 3 C 1.04 –, KRS 05.006). Dem entspricht es, dass nach § 18a Abs. 1 KHG Träger der Schiedsstellen die Selbstverwaltungspartner auf der Landesebene sind, nämlich die Landeskrankenhausgesellschaften und die Landesverbände der Krankenkassen. Sie können für jedes Land eine oder mehrere Schiedsstellen bilden. Die Vertragsparteien auf der Bundesebene bilden eine Bundesschiedsstelle, die bei Nichteinigung in den ihnen im Pflegesatzrecht zugewiesenen Angelegenheiten entscheidet, zum Beispiel bei Nichteinigung über den Veränderungswert (§ 18a Abs. 6 KHG, § 9 Abs. 2 KHEntgG, § 9 Abs. 2 BPflV).

Der Charakter der Schiedsstellen als Selbstverwaltungseinrichtungen kommt auch dadurch zum Ausdruck, dass sie unter einem neutralen Vorsitzenden **paritätisch** mit Vertretern der Krankenkassen und Krankenhäuser **besetzt** sind (§ 18a Abs. 2 Satz 1, Abs. 2 Satz 2 KHG). Die Landesregierungen und das Bundesministerium für Gesundheit sind ermächtigt, Näheres in einer Rechtsverordnung zu regeln, insbesondere über die Zahl der Mitglieder, die Führung der Geschäfte und die Verteilung der Kosten (§ 18a Abs. 4, Abs. 6 Satz 9 KHG). Die Verordnungsermächtigung hat jedoch nur subsidiäre Bedeutung. Die Träger der Schiedsstellen können diese Fragen auch durch Vereinbarung regeln (§ 18a Abs. 6 Satz 8 KHG; BVerwG a.a.O.).

Die Schiedsstellen sind – mit Ausnahme der Bundesschiedsstelle, vgl. § 18a Abs. 6 Satz 11 und 12 KHG – keine Behörden, die hoheitliche Aufgaben im Über-

und Unterordnungsverhältnis wahrnehmen (offengelassen von BVerwG v. 8.9.2005 – 3 C 41.04 –, KRS 05.047; a.M. Felix 2010: Die Schiedsstellen sind zwar keine Behörden im organisationsrechtlichen Sinne, aber Behörden im Sinne des Verwaltungsverfahrensrechts als „quasi-gerichtliche Spruchkörper"; vgl. auch Leber 2006, 877). Sie sind **Organe zur Streitschlichtung** und sollen eine gescheiterte Vereinbarung zwischen den Parteien ersetzen. Wegen ihrer besonderen Struktur sind die Verfahrensgesetze der Länder nicht anzuwenden (BVerwG a.a.O.). Soweit die auf der Grundlage des § 18a Abs. 4 KHG erlassenen landesrechtlichen Schiedsstellenverordnungen das Verfahrensgesetz des jeweiligen Landes für anwendbar erklären (z.B. im Hinblick auf den Untersuchungsgrundsatz), sind die betreffenden Vorschriften nichtig, weil sie gegen höherrangiges Recht verstoßen, nämlich gegen das in § 18 Abs. 4 und 5 KHG, §§ 13, 14 KHEntgG, §§ 13, 14 BPflV angelegte Verfahrens- und Rechtsschutzkonzept (vgl. BVerwG v. 26.2.2009 – 3 C 7.08 –, KRS 09.006).

>>> *Das Verfahren vor den Schiedsstellen ist auf der Ebene der Verhandlungspartner angesiedelt und eine Fortsetzung der Verhandlungen unter anderen Bedingungen. Mit Hilfe des neutralen Vorsitzenden soll eine Einigung herbeigeführt werden. Gelingt diese nicht, tritt die Schiedsstelle an die Stelle der Vertragsparteien.*

Die Entscheidungen der Schiedsstellen sind mit Ausnahme der Entscheidungen der Bundesschiedsstelle keine Verwaltungsakte im Sinne des Verwaltungsverfahrensrechts, sondern *interne Mitwirkungsakte* in dem gesetzlich festgelegten Verfahren zur Pflegesatzfindung. Die für einen Verwaltungsakt erforderliche Außenwirkung kommt allein der Pflegesatzgenehmigung bzw. -versagung durch die zuständige Landesbehörde zu. Die Bekanntgabe der Schiedsstellenentscheidung an die Vertragsparteien entfaltet folglich noch keinerlei Rechtswirkungen. Es bleibt den Vertragsparteien nach einer Schiedsstellenentscheidung unbenommen, keinen Antrag auf Genehmigung zu stellen, sondern eine anderweitige Vereinbarung zu treffen oder die Schiedsstelle nochmals anzurufen (BVerwG v. 23.11.1993 – 3 C 47.91 –, KRS 93.009; v. 8.9.2005 – 3 C 41.04 –, KRS 05.047; OVG NRW v. 24.9.2002 – 13 A 2341/01 –, KRS 02.104; OVG Nds. v.. 22.9.2005 – 11 LC 133/05 –, KRS 05.096).

2 Das Verfahren

Die zuständige Schiedsstelle kann angerufen werden, wenn eine Vereinbarung über Pflegesätze den Landesbasisfallwert oder den Landesbasisentgeltwert ganz oder teilweise nicht zustande kommt. Jede Vertragspartei kann eine Entscheidung der Schiedsstelle beantragen. Die Schiedsstelle muss nach dem **Beschleunigungsprinzip** innerhalb von *sechs* Wochen eine Entscheidung über die Gegenstände treffen, über die keine Einigung erzielt worden ist (§ 13 Abs. 2 KHEntgG, 13 Abs. 2 BPflV, § 17a Abs. 8 Satz 1 KHG).

Voraussetzung für die Zulässigkeit des Antrags ist, dass die Schiedsstelle in der Sache entscheiden darf. Die BPflV (§ 19 Abs. 3) schränkte früher die Entscheidungszuständigkeit der Schiedsstelle in einigen Punkten ein. Bis zum Inkrafttreten des KHRG konnte die Schiedsstelle nicht entscheiden, wenn sich die Pflegesatzparteien nicht auf eine Obergrenzenanhebung wegen Veränderungen der medizinischen Leistungsstruktur oder der Fallzahlen (§ 6 Abs. 1 Satz 4 Nr. 1 BPflV) einigen konnten; es blieb dann beim einseitigen Bestimmungsrecht der Krankenkassen. Diese Einschränkung gilt seit der Neufassung des § 19 Abs. 3 BPflV durch das KHRG (Art. 4 Nr. 10) nicht mehr. Kurz vor Inkrafttreten des KHRG hat das Bundesverwaltungsgericht noch entschieden (Urteil v. 26.2.2009 – 3 C 7.08 –, KRS 09.006), dass der Ausschluss der Schiedsstellenfähigkeit wegen Verstoßes gegen höherrangiges Recht (§ 18 Abs. 4 und 5 KHG) nichtig ist. Nach dem höherrangigen Recht im KHG **muss** die Schiedsstelle entscheiden, wenn die Pflegesatzparteien sich bei Gegenständen, bei denen eine Vereinbarung obligatorisch ist, nicht einigen können (BVerwG a.a.O.).

Verfahrensvoraussetzung für die Anrufung der Schiedsstelle ist aber, dass die Pflegesatzparteien ernsthafte Verhandlungen *mit dem Willen zur Einigung* geführt haben. Hat eine sachliche Erörterung und Konkretisierung der zu klärenden Fragen nicht stattgefunden, ist die Anrufung der Schiedsstelle unzulässig. Das gilt auch, wenn sich eine Vertragspartei einer sachlichen Erörterung durch Vorlage unvollständiger Unterlagen entziehen will (OVG Rh.-Pf. v. 28.9.2004 – 7 A 10150/04 –, KRS 04.022). Haben sich die Vertragsparteien über den Umfang der vorzulegenden Unterlagen nicht einigen können, ist hingegen die Anrufung der Schiedsstelle zulässig.

Die Schiedsstelle ist an die Anträge der Parteien gebunden. Sie kann nicht von Amts wegen über Gegenstände entscheiden, die von dem Antrag einer Vertragspartei nicht umfasst sind. Beruft sich eine Vertragspartei darauf, dass man sich über bestimmte Punkte in dem Schiedsstellenantrag einer anderen Partei schon einig gewesen sei, so muss sie dies durch Vorlage einer schriftlichen Vereinbarung belegen; denn es bleibt jeder Vertragspartei unbenommen, von einem zunächst konsertierten Verhandlungsergebnis wieder abzurücken und den Sachverhalt streitig zu stellen (OVG Rh.-Pf. a.a.O.; VG Neustadt/W. v. 25.7.2003 – 7 K 2403/02. NW –, KRS 03.023; VG Magdeburg v. 7.2.2005 – 1 A 10/04 MD –, KRS 05.008). Wird eine Einigung oder Teileinigung nachgewiesen, fehlt es insoweit an einer Verfahrensvoraussetzung für das Schiedsstellenverfahren, weil die Schiedsstelle nur über Fragen entscheiden kann, über die keine Einigung erzielt werden konnte.

Kann die Schiedsstelle in der Sache entscheiden, ist sie dabei an die für die Vertragsparteien geltenden Rechtsvorschriften gebunden (§ 13 Abs. 1 Satz 2 KHEntgG, § 13 Abs. 1 Satz 2 BPflV) Daraus folgt einerseits, dass die Schiedsstelle dieselben rechtlichen Grenzen zu beachten hat, die auch für die Pflegesatzparteien selbst im Falle der Regelung durch Vereinbarung gelten, und andererseits, dass die Schiedsstelle alle ansonsten den Vertragsparteien zukommenden Gestaltungsmöglichkeiten hat (BVerwG v. 22.6.1995 – 3 C 34.93 –, KRS 95.034; v. 26.2.2009 – 3 C 7.08 –, KRS 09.006; v. 18.3.2009 – 3 C 14.08 –, KRS 09.009; st. Rspr.).

Vor diesem Hintergrund ist das Schiedsstellenverfahren vom **Beibringungsgrundsatz** geprägt. Jede Vertragspartei kann vor der Schiedsstelle nur mit dem Gehör finden, was sie vorträgt und substantiiert darlegt. Die Schiedsstelle ist nicht verpflichtet, von Amts wegen den Sachverhalt zu ermitteln beziehungsweise aufzuklären (BVerwG v. 8.9.2005 – 3 C 41.04 –, KRS 05.047; OVG Saarlouis v. 28.11.2008 – 3 A 379/07 –, KRS 08.111; OVG Rh.-Pf. v. 25.2.2010 – 7 A 10976/09 –, KRS 10.032; Genzel u. Degener-Hencke, 1013). Die Verfahrensgesetze der Länder mit dem Untersuchungsgrundsatz sind nicht anzuwenden. Wenn zum Beispiel die Krankenkassen keine substantiellen Einwendungen gegen die vom Krankenhaus vorgelegte Leistungs- und Kostenaufstellung (LKA) oder die Aufstellung über Entgelte (AEB) erheben, ist von der Aufstellung des Krankenhauses auszugehen. An die Substantiierungspflicht der

Krankenkassen dürfen jedoch keine überzogenen Anforderungen gestellt werden. (BVerwG v. 10.7.2008 – 3 C 7/07 –, KRS 08.032; v. 8.9.2005 – 3 C 41.04 –, KRS 05.047; VGH Ba-Wü. v. 19.9.2006 – 9 S 1383/04 –, KRS 06.019; OVG Saarlouis v. 28.11.2008 – 3 A 379/07 –, KRS 08.111). Die Substantiierungspflicht der Krankenkassen erfordert aber eine Auseinandersetzung mit den vom Krankenhaus erhobenen Forderungen in einer Weise, die der Schiedsstelle Anlass geben muss, die Berechtigung oder Angemessenheit einzelner Positionen zu hinterfragen. Haben die Krankenkassen zum Beispiel nicht in dieser Weise dargelegt, dass das medizinisch leistungsgerechte Budget unter der Obergrenze in § 6 Abs. 1 Satz 3 BPflV liegt, kann die Schiedsstelle die Obergrenze als maßgebliches Budget festsetzen; allein der Hinweis, die absolute oder prozentuale Steigerung des Budgets gegenüber dem Vorjahr sei zu hoch, ist kein substantiiertes Vorbringen (OVG Saarlouis a.a.O.). Die Schiedsstelle darf auch einen Krankenhausvergleich, in dem jegliche Angaben dazu fehlen, welche Krankenhäuser zum Vergleich herangezogen wurden, unberücksichtigt lassen (OVG Saarlouis a.a.O.). Offenbare Unstimmigkeiten in den vorgelegten Unterlagen muss die Schiedsstelle aufklären. Ansonsten kann sie auf der Grundlage der von den Parteien eingebrachten Unterlagen und Daten entscheiden.

> „Die Schiedsstelle darf und muss sich schon aus Zeitgründen darauf beschränken, dasjenige zu würdigen, was ihr die Beteiligten unterbreiten" (BVerwG v. 10.7.2008 – 3 C 7/07 –; s. auch OVG Saarland v. 7.7.2004 – 3 K 3/03 –, KRS 04.016; OVG Rh.-Pf. v. 28.9.2004 – 7 A 10150/04 –, KRS 04.022; OVG Saarlouis a.a.O.).

Ermöglicht das von den Vertragsparteien vorgelegte Tatsachenmaterial nur eine grobe Schätzung, handelt die Schiedsstelle nicht fehlerhaft, wenn sie eine solche Schätzung vornimmt. Die Kompensation der Ungenauigkeiten darf nur nicht einseitig erfolgen (OVG Nds. v. 22.9.2005 – 11 LC 133/05 –, KRS 05.096; VG Oldenburg v. 26.9.2000 – 12 A 486/93 –, KRS 00.022).

Die Schiedsstelle ist nicht an die Vereinbarung oder Festsetzung des Vorjahres gebunden, weil diese nur für den Vereinbarungszeitraum gilt (BVerwG v. 6.11.2006 – 3 B 71.06 –, KRS 06.132; OVG NRW v. 24.9.2002 – 13 A 2341/01 –, KRS 02.104; VGH Ba.-Wü. v. 17.4.2007 – 9 S 1006/06 –, KRS 07.057). Andererseits handelt die Schiedsstelle nicht fehlerhaft, wenn sie bei einem Streit der Vertragsparteien über die Leistungsentwicklung bei ihrer Prognose über die Leistungsentwicklung die Daten des Vorjahres zugrunde legt (VG Oldenburg v. 19.5.2004 – 7 A 2134/02 –, KRS 04.063; VG Minden v. 31.10.2006 – 6 K 594/05 –, KRS 06.107 m.w.Nachw.). Geht es um die Frage, ob das medizinisch leistungsgerechte Budget die Obergrenze überschreitet (§ 6 Abs. 1 Satz 4 BPflV), muss die Schiedsstelle das medizinisch leistungsgerechte Budget nicht im einzelnen ermitteln, sondern kann sich mit der vereinfachten Feststellung begnügen, dass die Obergrenze jedenfalls wegen der realen Personal- und Sachkostensteigerungen gegenüber dem Vorjahr überschritten wird (BVerwG v. 10.7.2008 – 3 C 7.07 –, KRS 08.032).

Wegen des Beschleunigungsgrundsatzes hat die Schiedsstelle auch dann zu entscheiden, wenn im Tatsächlichen noch Aufklärungsbedarf besteht und es sich anböte, die Angelegenheit zunächst wieder an die Vertragsparteien zurück zu geben. Ein förmliches **Zurückverweisungsrecht** hat die Schiedsstelle nicht. Es kann aber sinnvoll sein, die Vertragsparteien mit den Hinweisen der Schiedsstelle noch einmal verhandeln zu lassen, wenn eine Einigung nicht ausgeschlossen erscheint. Ein solches Vorgehen kommt der Vertrags- und Gestaltungsfreiheit der Vertragsparteien entgegen und ist in der Praxis häufig anzutreffen. Die Zurückverweisung an die Vertragsparteien hat dann aber nur empfehlenden Charakter (VG Neustadt/W. v. 25.7.2003 – 7 K 2403/02 NW –, KRS 03.023).

3 Gestaltungsspielraum der Schiedsstelle

Im Rahmen der auch von den Vertragsparteien zu beachtenden Rechtsvorschriften hat die Schiedsstelle einen weiten Gestaltungsspielraum. In sämtlichen Bereichen der Budget- und Pflegesatzermittlung, welche die budget- und pflegesatzrelevanten Tatbestände als Ausgangsbasis und die darauf bezogene Überzeugungsbildung zum Gegenstand haben, ist die Schiedsstelle bei ihren Festlegungen ebenso frei wie die Vertragsparteien. Die Mitglieder der Schiedsstelle sind nicht an Weisungen gebunden (§ 18 Abs. 3 Satz 2 KHG). Einzige Ausnahme: § 14 Abs. 3 KHEntgG, 14 Abs. 3 BPflV bei Versagung der Genehmigung durch die Genehmigungsbehörde.

>>> *Alle Freiheiten, die die Vertragsparteien haben, hat auch die Schiedsstelle (BVerwG v. 26.2.2009 – 3 C 7.08 –, KRS 09.006;VG Gießen v. 5.4.2006 – 8 E 6040/04 –, KRS 06.013 m.w.Nachw.; Möller 2008, 610).*

Alles, was von den Pflegesatzparteien rechtmäßig hätte vereinbart werden können, kann auch die Schiedsstelle rechtmäßig festsetzen. Daraus ist der weite Gestaltungsspielraum abzuleiten (Felix 2009 und 2010; Quaas 2009, 1290).

Das führt zu der Frage, ob die Schiedsstelle überhaupt rechtsfehlerhaft handeln kann, wenn ihre Entscheidung nicht gegen geltendes Krankenhausfinanzierungsrecht verstößt. Die Rechtsprechung der Oberverwaltungsgerichte hat diese Frage bejaht.

> „Zu den aus ihrer Funktion folgenden Regeln gehört, dass sie von dem vollständigen von den Pflegesatzparteien präsentierten Sachverhalt ausgeht, alle wesentlichen entscheidungsrelevanten Gesichtspunkte berücksichtigt und sich ausschließlich von sachlichen Erwägungen leiten lässt" (OVG NRW v. 24.9.2002 – 13 A 2341 –, KRS 02.104). Und: „Es kommt darauf an, ob angesichts der betroffenen öffentlichen und privaten Belange die Schiedsstelle die widersprüchlichen Interessen der Vertragsparteien ermittelt, alle für die Abwägung erforderlichen tatsächlichen Erkenntnisse gewinnt und die Abwägung frei von Einseitigkeit in einem freien und willkürfreien Verfahren vornimmt" (OVG Rh.-Pf. v. 28.9.2004 – 7 A 10150/04 –, KRS 04.022; OVG Nds. v. 22.9.2005 – 11 LC 133/05 –, KRS 05.096; OVG Saarlouis v. 28.11.2008 – 3 A 379/07 –, KRS 08.111; VGH Ba.-Wü. v. 30.11.2009 – 9 S 906/08 –, KRS 09.093).

Diese Rechtsprechung steht im Einklang mit der sozialgerichtlichen Rechtsprechung zur gerichtlichen Kontrolle von Schiedsstellenentscheidungen im Vertragsarztrecht, welche folgende Grundsätze entwickelt hat (grundlegend BSGE 91, 153):

> Der Schiedsspruch stellt seiner Natur nach einen Interessenausgleich durch ein sachnahes und unabhängiges Gremium dar. Mit der paritätischen Besetzung, dem Mehrheitsprinzip und der fachlichen Weisungsfreiheit will der Gesetzgeber die Tätigkeit der Schiedsstelle zur vermittelnden Zusammenführung unterschiedlicher Interessen und zur Entscheidungsfindung nutzen. Ihre Entscheidungen sind deshalb ebenso wie die durch sie ersetzten Vereinbarungen der vorrangig zum Vertragsabschluss berufenen Vertragspartner auf einen Interessenausgleich angelegt. Sie haben häufig Kompromisscharakter und weisen nicht immer die einzig sachlich vertretbare Lösung auf. Dementsprechend sind sie nur daraufhin zu überprüfen, ob sie die grundlegenden verfahrensrechtlichen Anforderungen und in inhaltlicher Sicht die zwingenden rechtlichen Vorgaben eingehalten haben. In formeller Hinsicht wird geprüft, ob die Schiedsstelle den von ihm zugrunde gelegten Sachverhalt in einem fairen Verfahren unter Wahrung des rechtlichen Gehörs ermittelt hat und ihr Schiedsspruch die Gründe für das Entscheidungsergebnis ausreichend erkennen lässt. Die inhaltliche Kontrolle ist darauf beschränkt, ob der von der Schiedsstelle zugrunde gelegte Sachverhalt zutrifft und ob die Schiedsstelle den ihr zustehenden Gestaltungsspielraum eingehalten, insbesondere die maßgebenden Rechtsmaßstäbe beachtet hat (vgl. BSG v. 19.7.2006 – B 6 KA 44/05 R –; LSG Berlin-Brandenburg v. 15.7.2009 – L 7 B 74/08 KA ER –, KRS 09.020; LSG Rh.-Pf. v. 19.11.2009 – L 5 KR 142/08 KL –, KRS 09.053; LSG Berlin-Brandenburg v. 15.12.2010 – L 7 KA 62/09 – KL –; KRS 10.089 betr. Bewertungsausschuss).

Diese Rechtsprechung hat das Bundesverwaltungsgericht für den Bereich der Krankenhausfinanzierung teilweise infrage gestellt, indem es fragt,

> „ob angesichts der eingehenden Normierung des Pflegesatzrechts überhaupt Raum und Bedürfnis für die Annahme besteht, zumindest willkürliche und völlig unhaltbare Entscheidungen der Schiedsstelle seien auch dann rechtswidrig, wenn sie nicht gegen die Normen des Krankenhausfinanzierungsgesetzes und der Bundespflegesatzverordnung verstoßen" (BVerwG v. 8.9.2005 – 3 C 41.04 –, KRS 05.047).

Das Gericht hat die Frage offen gelassen. Sie wurde auch von der nachfolgenden obergerichtlichen Rechtsprechung nicht beantwortet (vgl. OVG Saarlouis v. 28.11.2008 – 3 A 379/07 –, KRS 08.111; VGH Ba.-Wü. v. 30.11.2009 – 9 S 906/08 –, KRS 09.093)

Die Antwort auf die Frage, wie weit der Gestaltungsspielraum der Schiedsstelle reicht, geben § 18 Abs. 5 Satz 1 KHG, 14 Abs. 1 Satz 2 KHEntgG und § 14 Abs. 1 Satz 2 BPflV. Die Schiedsstelle hat danach nicht nur die Vorschriften des Krankenhausfinanzierungsrechts, sondern auch „sonstiges Recht" zu beachten. Zum „sonstigen Recht" gehören wegen der besonderen Struktur des Schiedsstellenverfahrens nicht die Verwaltungsverfahrensgesetze der Länder (BVerwG v. 8.9.2005 – 3 C 41.04 –, KRS 05.047). Zum „sonstigen Recht" gehört jedoch das in Art. 3 Abs. 1, 20 Abs. 3 GG verankerte allgemeine rechtsstaatliche Willkürverbot, das jedem Verwaltungshandeln immanent ist. Wenn die Schiedsstelle auch keine Behörde ist und ihre Entscheidungen keine Verwaltungsakte sind, so nimmt sie doch öffentliche Aufgaben wahr, weil die Rechtsmaterie, auf deren Grundlage sie tätig wird, insgesamt dem öffentlichen Recht angehört (Felix 2010). Sie muss daher auch das **Willkürverbot** beachten; ihre Entscheidungen müssen frei von Einseitigkeit sein. Dazu gehört, dass die Schiedsstelle in einem fairen Verfahren auf den Sachverhaltsvortrag der Parteien eingeht, ihnen rechtliches Gehör gewährt und erkennen lässt, auf welche Gründe und auf welchen Sachverhalt es seine Entscheidung stützt. Den in der sozialgerichtlichen Rechtsprechung entwickelten Grundsätzen und der Rechtsprechung der verwaltungsgerichtlichen Obergerichte ist daher zuzustimmen.

Wenn die Schiedsstelle die maßgebenden Rechtsvorschriften einhält, sind weitere Grenzen der Gestaltungsfreiheit allerdings nicht zu erkennen. Beispielsweise kann nicht verlangt werden, dass die Schiedsstelle sich bei Prognoseentscheidungen einer wissenschaftlich anerkannten Methode bedient, weil die Pflegesatzparteien selbst nicht so strengen Regeln unterliegen (a.M. Möller 2008, 611, 615). Es kommt nur darauf an, ob die Prognose unter Vermeidung von *rechtlich* fehlerhaften Annahmen und Verfahrensfehlern zustande gekommen ist (OVG Rh.-Pf. v. 25.2.2010 – 7 A 10976/09 –; KRS 10.032; vgl. auch VG Hamburg v. 28.10.2009 – 13 K 1235/08 – KRS 09.068). Ist die Abrechnungsfähigkeit von geplanten Leistungen strittig, aber nicht geklärt, dürfen sie in die Prognose eingehen (BVerwG v. 19.8.2010 – 3 B 40.10 –, KRS 10.048).

Zu den *Rechtsvorschriften* außerhalb des Krankenhausfinanzierungsrechts welche die Schiedsstelle als „sonstiges Recht" noch beachten muss, gehören zum Beispiel die Vorschriften über die Qualitätssicherung bei zugelassenen Krankenhäusern mit der **Mindestmengenregelung** (§ 137 SGB V).

Bei der Anwendung *unbestimmter Rechtsbegriffe* (z.B. „medizinisch leistungsgerecht") hat die Schiedsstelle einen weiten **Beurteilungsspielraum**. Dieser ist erst überschritten, wenn die Schiedsstelle gar keine oder keine in sich schlüssige und nachvollziehbare Bewertung vorgenommen hat (VGH Hessen v. 27.5.1999 – 11 UE 5014/96 –, KRS 99.019; OVG Rh.-Pf. v. 28.9.2004 – 7 A 10150/04 –, KRS 04.022; VGH Ba.-Wü. v. 19.9.2006 – 9 S 1383/04 –, KRS 06.019). So ist ein Auslastungsgrad von 97,5 v.H. der Planbetten durch den Beurteilungsspielraum der Schiedsstelle gedeckt, wenn ein solcher Auslastungsgrad wegen der fachlichen Besonderheiten nicht ganz ungewöhnlich ist. (VGH Ba.-Wü. a.a.O.)

Die in den landesrechtlichen Schiedsstellenverordnungen vorgeschriebene **Begründung** der Schiedsstellenentscheidung (Leber 2006, 877) muss hiernach für die Würdigung von Tatsachen nur erkennen lassen, dass die Schiedsstelle eine willkürfreie Entscheidung im Rahmen des Krankenhausfinanzierungsrechts und des sonstigen Rechts getroffen hat. Dazu genügt der nachvollziehbare Hinweis der Schiedsstelle, dass sie sich mit dem Vortrag der Parteien, sofern er substantiiert erfolgt ist, auseinandergesetzt und eine Abwägung vorgenommen hat (VG Gießen v. 5.4.2006 – 8 E 6040/04 –, KRS 06.013; VG Stuttgart v. 18.11.2004 – 4 K 4307/03 –, KRS 04.039; a.M. Leber 2006, 877). Hat die Schiedsstelle eine *Rechtsfrage* entschieden, so müssen die für ihre Entscheidung maßgeblichen Gesichtspunkte genannt werden, damit die Genehmigungsbehörde im Rahmen ihrer Rechtskontrolle prüfen kann, ob eine Rechtsverletzung vorliegt (VGH Ba.-Wü. v. 17.11.2009 – 9 S 323/07 –, KRS 09.092)

Die Schiedsstelle kann sich darauf beschränken, ein Budget oder alle wesentlichen Bemessungsfaktoren festzusetzen und die *rechnerische* Umsetzung den Vertragsparteien überlassen (OVG Nds. v. 25.1.2001 – 11 L 2984/00 –, KRS 01.001; OVG NRW v. 24.9.2002 – 13 A 2341/01 –, KRS 02.104; VG Minden v. 31.10.2006 – 6 K 594/05 –, KRS 06.107). Einigen sich die Vertragsparteien anschließend hierüber nicht, muss die Schiedsstelle auch insoweit entscheiden.

4 Genehmigung

Die Entscheidung der Schiedsstelle erlangt Rechtswirkung erst mit der Genehmigung. Für das Genehmigungsverfahren gelten die Vorschriften über die Genehmigung von Vereinbarungen entsprechend (§ 14 Abs. 1 und 2 KHEntgG, § 14 Abs. 1 und 2 BPflV). Nach dem Wortlaut dieser Vorschriften ist Voraussetzung für das Tätigwerden der Genehmigungsbehörde der Antrag auf Genehmigung durch eine der Vertragsparteien. Über den Wortlaut hinaus löst zur Gewährleistung eines effektiven Rechtsschutzes (Art. 19 Abs. 4 GG) auch der Antrag auf Versagung der Genehmigung eine Rechtsprüfung und Entscheidung durch die Genehmigungsbehörde aus. Denn die gerichtliche Kontrolle einer negativen Schiedsstellenentscheidung setzt eine Genehmigungsentscheidung der zuständigen Landesbehörde voraus (OVG NRW v. 26.5.1997 – 13 A 4720/95 –, KRS 97.038; v. 24.9.2002 – 13 A 2341/01 –, KRS 02.104; VG Minden v. 31.10.2006 – 6 K 594/05 –, KRS 06.107 m.w.Nachw.). Wenn weder der Krankenhausträger noch die Sozialleistungsträger daran interessiert sind, dass die Schiedsstellenentscheidung genehmigt wird, kann jede Seite einen Antrag auf Nichtgenehmigung stellen (VG Braunschweig v. 28.11.2000 – 5 A 71/99 –, KRS 00.091).

Bei der Genehmigung oder Nichtgenehmigung einer Schiedsstellenentscheidung ist die Genehmigungsbehörde ebenfalls auf eine reine Rechtskontrolle beschränkt. Die hierzu von der Rechtsprechung entwickelten Maßstäbe (s. Kap. VII.1.3.4) gelten entsprechend (st. Rspr., zuletzt BVerwG v. 20.12.2007 – 3 C 53.06 –, KRS 07.117; v. 26.2.2009 – 3 C 8/08 –, KRS 09.006). Die Rechtsprüfung umfasst die verfahrensrechtlichen Voraussetzungen und die materiellrechtlichen Bedingungen (OVG Rh.-Pf. v. 28.9.2004 – 7 A 10150/04 –, KRS 04.022).

Die Genehmigung ist zu erteilen, wenn die Schiedsstelle die Vorschriften des Krankenhausfinanzierungsrechts und des sonstigen Rechts einschließlich des Willkürverbots eingehalten und ihre Entscheidung ausreichend begründet hat. Die Genehmigungsbehörde kann dabei die Erwägungen der Schiedsstelle verdeutlichen, erläutern und mit weiteren Begründungen abrunden, aber nicht eine abweichende Entscheidung treffen, weil sie keinen eigenen Gestaltungsspielraum hat (OVG NRW v. 24.9.2002 – 13 A 2341/01 –, KRS 02.104).

Wird die Genehmigung versagt, können die Vertragsparteien die Verhandlungen fortsetzen und unter Beachtung der Rechsauffassung der Genehmigungsbehörde eine abweichende Vereinbarung treffen. Hierbei kann die Genehmigungsbehörde eine vermittelnde Rolle einnehmen. Die Vertragsparteien können aber auch die Schiedsstelle wieder anrufen. Diese muss dann unter Beachtung der Rechtsauffassung der Genehmigungsbehörde erneut entscheiden (§ 14 Abs. 3 KHEntgG, § 14 Abs. 3 BPflV). Schließlich können die Vertragsparteien stattdessen gerichtlichen Rechtsschutz in Anspruch nehmen. So ist denkbar, dass eine Vertragspartei die Schiedsstelle erneut anruft, während eine andere Vertragspartei gegen die Versagung der Genehmigung Verpflichtungsklage erhebt. Die Klageerhebung einer Vertragspartei ist kein Hinderungsgrund für die Durchführung eines erneuten Schiedsverfahrens. Die Schiedsstelle kann auch noch während eines anhängigen Berufungsverfahrens angerufen werden (Felix 2010).

Hat die Schiedsstelle die aus Sicht der Genehmigungsbehörde erforderlichen Korrekturen vorgenommen, muss die Genehmigungsbehörde nunmehr genehmigen; sie ist also auch selbst an ihre erste (negative) Genehmigungsentscheidung gebunden (VGH Ba.-Wü. v. 7.11.2000 – 9 S 2774/99 –, DVBl. 2001, 586).

Rechtsschutz

Gegen Entscheidungen der Genehmigungsbehörde ist der Verwaltungsrechtsweg eröffnet. Ein Vorverfahren findet nicht statt und die Klage hat keine aufschiebende Wirkung (§ 18 Abs. 5 Satz 2 und 3, § 17a Abs. 8 Satz 3 und 4 KHG, § 14 Abs. 4 KHEntgG, § 14 Abs. 4 BPflV).

1 Genehmigung oder Nichtgenehmigung von Budgets und Pflegesätzen

Die Entscheidung der Genehmigungsbehörde ist als Akt der gebundenen Verwaltung ein Verwaltungsakt (BVerwG v. 22.6.1995 – 3 C 34.93 –, KRS 95.034; v. 26.2.2009 – 3 C 8/08 –, KRS 09.006). Wenn eine der Vertragsparteien durch die Entscheidung der Genehmigungsbehörde beschwert und eine andere begünstigt wird, handelt es sich bei der Entscheidung um einen Verwaltungsakt mit Doppelwirkung. Eine Vertragspartei ist beschwert, wenn die Genehmigung versagt worden ist, obwohl sie einen Antrag auf Genehmigung gestellt hatte, oder wenn die Genehmigung erteilt worden ist, obwohl sie einen Antrag auf Nichtgenehmigung gestellt hatte. Sie ist auch beschwert, wenn sie einen Antrag auf Genehmigung gestellt, gleichzeitig aber deutlich gemacht hatte, dass sie mit der Entscheidung der Schiedsstelle nicht einverstanden ist. Denn die gerichtliche Überprüfung der Schiedsstellenentscheidung ist nur möglich über eine Entscheidung der Genehmigungsbehörde (OVG NRW v. 26.5.1997 – 13 A 4720/95, KRS 97.038; v. 20.11.2000 – 13 A 1600/98 –, KRS 00.038; v. 24.9.2002 – 13 A 2341/01 –, KRS 02.104; VG Minden v. 31.10.2006 – 6 K 594/05 –, KRS 06.107 m.w.Nachw.). Jede beschwerte Vertragspartei kann unabhängig von der anderen klagen (OVG NRW v. 20.11.2000 – 13 A 1600/98 –, KRS 00.038). Auch Arbeitsgemeinschaften von Sozialleistungsträgern (§ 18 Abs. 2 Nr. 2 KHG) sind klagebefugt, ebenso die Bundesverbände der Ersatzkassen, weil sie Aufgaben von Arbeitsgemeinschaften wahrnehmen (BVerwG v. 3.8.2000 – 3 C 30.99 –, KRS 00118; v. 26.10.1995 – 3 C 27.94 –, KRS 95.071). Die Sozialleistungsträger und die klagebefugten Arbeitsgemeinschaften und Verbände sind im Prozess notwendige Streitgenossen. (VGH Ba.-Wü. v. 19.6.2001 – 9 S 2208/00 –, KRS 01.082). Nicht klagebefugt sind Sozialleistungsträger, die nicht zu den Vertragsparteien nach § 18 Abs. 2 KHG gehören (BVerwG v. 3.8.2000 – 3 C 30.99 –, KRS 00.118). Auch sonstige Dritte sind nicht klagebefugt, da die Genehmigungsvorschriften keine drittschützende Wirkung haben (Felix 2010). Die Klagebefugnis wird nicht dadurch ausgeschlossen, dass die Parteien eine von der Schiedsstelle getroffene Grundentscheidung rechnerisch umsetzen (OVG Nds. v. 25.1.2001 – 11 L 2984/00 –, KRS 01.001). Erlässt die Schiedsstelle nach Versagung der Genehmigung einen neuen Schiedsspruch und wird dieser genehmigt, so ist der erste erledigt und nur die neue Genehmigung kann angefochten werden (BVerwG v. 10.7.2008 – 3 C 7.07 –, KRS 08.032).

Gegen die **Erteilung der Genehmigung** steht der beschwerten Vertragspartei die Möglichkeit der **Anfechtungsklage** offen (BVerwG v. 22.6.1995 – 3 C 34.93 –, KRS 95.034). Hat die Anfechtungsklage Erfolg und wird die Genehmigungsentscheidung aufgehoben, ist die klagende Partei noch nicht unbedingt am Ziel. Das ist zum Beispiel der Fall, wenn das Krankenhaus die von den Krankenkassen beantragte Genehmigung angefochten hat, weil es ein höheres Erlösbudget als das festgesetzte Budget anstrebt. Die Genehmigungsbehörde kann kein höheres Budget genehmigen, weil sie nicht in die Vertragsautonomie der Pflegesatzparteien eingreifen darf. Vielmehr sind die Pflegesatzparteien wieder gefordert. Sie können neue Verhandlungen führen oder erneut die Schiedsstelle anrufen. Sowohl die Pflegesatzparteien als auch die Schiedsstelle sind an die Rechtsauffassung des Gerichts gebunden (BVerwG v. 21.1.1993 – 3 C 66.90 –, KRS 93.001; v. 26.9.2002 – 3 C 49.01 –, KRS 02.044; Felix 2010). Es ist deshalb nicht erforderlich, dass die Genehmigungsbehörde die Genehmigung noch förmlich versagt, um auch die Schiedsstelle an die Rechtsauffassung des Gerichts zu binden (a.M. Kuhla u. Voß 1998, 689). Kommt eine Pflegesatzvereinbarung oder eine Schiedsstellenentscheidung unter Beachtung der Rechtsauffassung des Gerichts zustande, ist die Genehmigungsbehörde verpflichtet, die Genehmigung zu erteilen (BVerwG v. 20.12.2007 – 3 C 53.06 –, KRS 07.117).

Im Falle der **Versagung der Genehmigung** kann die beschwerte Partei gegen die Genehmigungsbehörde **Verpflichtungsklage** (§ 113 Abs. 4 VwGO) mit dem Antrag erheben, die Genehmigungsbehörde zu verpflichten, die Genehmigung zu erteilen. Diese Möglichkeit kommt im KHG, im KHEntgG und in der BPflV zwar nirgends zum Ausdruck, jedoch ist aus Gründen eines effektiven Rechtsschutzes (Art. 19 Abs. 4 GG) nicht nur die Erteilung, sondern auch die Versagung einer Genehmigung der gerichtlichen Kontrolle zugänglich (BVerwG v. 26.2.2009 – 3 C 8/08 –, KRS 09.006). Mit der Verpflichtungsklage wird auch die Aufhebung des Genehmigungsbescheides erreicht, sodass eine gesonderte Anfechtungsklage nicht notwendig ist (BVerwG v. 10.7.2008 – 3 C 7.07 –, KRS 08.032). Weist das Verwaltungsgericht die Verpflichtungsklage ab, weil es die Festsetzung der Schiedsstelle für rechtswidrig und die Versagung der Genehmigung deshalb für rechtmäßig hält, beginnt ein neues Verhandlungs- und Genehmigungsverfahren. Auch für das Verwaltungsgericht gilt, dass es auf eine reine Rechtskontrolle und eine Überprüfung der von der

klagenden Partei gerügten Positionen beschränkt ist. Es kann den Pflegesatzparteien deshalb keine Budgets oder Pflegesätze vorgeben (BVerwG v.
26.2.2009 – 3 C 7.08 –, KRS 09.006; v. 20.12.2007 – 3 C 53.06 –, KRS 07.117; OVG
NRW v. 3.3.2006 – 13 A 853/05 –, KRS 06.006; VGH Ba.-Wü. v. 19.9.2006 – 9 S
1383/04 –, KRS 06.019 m.w.Nachw.). Kommt das Verwaltungsgericht zu dem
Ergebnis, dass die Festsetzung der Schiedsstelle rechtmäßig und die Versagung
der Genehmigung folglich rechtswidrig war, wird es die Genehmigungsbehörde verpflichten, die beantragte Genehmigung zu erteilen.

Hat eine Vertragspartei gegen die Versagung der Genehmigung Verpflichtungsklage erhoben und eine andere Partei Anfechtungsklage, nachdem die
Genehmigungsbehörde eine – unter Beachtung ihrer Rechtsauffassung – erneut getroffene (gegensätzliche) Schiedsstellenentscheidung genehmigt hat,
ist nur noch über die Anfechtungsklage zu entscheiden, weil sich die Verpflichtungsklage erledigt hat und unzulässig geworden ist (BVerwG v.
10.7.2008 – 3 C 7/07 –, KRS 08.032; VG Hamburg v. 28.10.2009 – 13 K 3130/07 –,
KRS 09.068; Felix 2010).

Nicht gesetzlich geregelt ist auch der Fall, dass keine der Vertragsparteien die
Genehmigung der Schiedsstellenentscheidung beantragt, vielmehr eine oder
mehrere Vertragsparteien die Versagung der Genehmigung beantragen. Lehnt
die Genehmigungsbehörde die Versagung der Genehmigung ab, können die
antragstellenden Pflegesatzparteien eine Verpflichtungsklage erheben mit
dem Antrag, die Behörde zu verpflichten, die Genehmigung zu versagen (VG
Braunschweig v. 28.11.2000 – 5 A 71/99 –, KRS 06.107). Hat die Klage Erfolg, sind
alle Verfahrenbeteiligten (Pflegesatzparteien, Schiedsstelle, Genehmigungsbehörde) an die Rechtsauffassung des Gerichts gebunden, sodass der Weg für
eine akzeptierte Vereinbarung oder Festsetzung frei ist.

Will eine Vertragspartei die Vollziehung einer für sie ungünstigen Genehmigungsentscheidung verhindern, kann sie im Verfahren nach § 80a Abs. 3 Satz 2
i.V.m. § 80 Abs. 5 VwGO beim Verwaltungsgericht beantragen, die **aufschiebende Wirkung** der Klage ganz oder teilweise **wiederherzustellen**. Kommt
das Verwaltungsgericht in diesem Verfahren nach einer summarischen Prüfung der Erfolgsaussichten der Klage zu dem Ergebnis, dass die angefochtene
Genehmigungsentscheidung offenbar fehlerhaft ist, wird die Vollziehung
ausgesetzt, weil an der Vollziehung eines fehlerhaften Verwaltungsakts kein
öffentliches Interesse besteht (VG Hamburg v. 9.7.1991 – 7 VG 1237/91 –, KRS
91.007). Offensichtlich fehlerhaft ist die Entscheidung der Genehmigungsbehörde zum Beispiel, wenn die Genehmigungsbehörde sich nicht auf eine
reine Rechtskontrolle beschränkt oder die Schiedsstelle ein ihr gesetzlich nicht
zustehendes Ermessen ausgeübt hat. Führt die summarische Prüfung der Erfolgsaussichten der Klage zu keinem eindeutigen Ergebnis, wird ein überwie-
gendes Interesse einer Pflegesatzpartei an der Aussetzung der Vollziehung in
der Regel nicht bejaht werden können, weil die Regelungen über den Zahlbetragsausgleich in § 15 Abs. 3 KHEntgG und § 21 Abs. 2 Satz 2 BPflV dauerhafte

wirtschaftliche Nachteile für die antragstellende Partei im Falle eines Obsiegens in der Hauptsache ausschließen. Nur wenn eine Vertragspartei glaubhaft machen kann, dass sie durch den sofortigen Vollzug des angefochtenen Genehmigungsbescheides akut in ihrer wirtschaftlichen Existenz gefährdet ist, kann die Interessenabwägung zu ihren Gunsten ausfallen (VGH Ba.-Wü. v. 5.4.2005 – 9 S 2790/04 –, KRS 05.059; VG Magdeburg v. 14.5.2004 – 1 B 712/03 –, KRS 04.030).

Will eine Pflegesatzpartei über die Genehmigung hinaus ihre Position verbessern, kann sie versuchen, im Wege der **einstweiligen Anordnung** nach § 123 VwGO eine vorläufige Verbesserung ihrer Position zu erreichen. Der Antrag an das Verwaltungsgericht auf Erlass einer einstweiligen Anordnung kann jedoch nicht darauf zielen, ein bestimmtes Budget oder bestimmte Pflegesätze vorläufig durch das Gericht zu bestimmen; eine entsprechende Gestaltungskompetenz hat das Verwaltungsgericht nicht. Der Antrag kann nur darauf gerichtet sein, der Schiedsstelle durch die zuständige Landesbehörde aufzugeben, im Fall eines erneuten Antrags der antragstellenden Pflegesatzpartei die Rechtsauffassung des Gerichts zu beachten (Kuhla u. Voß 1998, 694). Regelmäßig wird es jedoch an einem Anordnungsgrund hierfür fehlen, weil die antragstellende Pflegesatzpartei eine akute wirtschaftliche Existenzgefährdung nicht glaubhaft machen kann. (VGH Ba.-Wü. v. 5.4.2005 – 9 S 2790/04 –, KRS 05.059).

2 Genehmigung oder Nichtgenehmigung des Landesbasisfallwerts oder des Landesentgeltwerts

2.1 Landesbasisfallwert

Die vorstehenden Grundsätze über die Anfechtungs- und Verpflichtungsklage gelten auch für Klagen gegen die Genehmigung oder Nichtgenehmigung eines von der Schiedsstelle festgesetzten Landesbasisfallwerts, mit der Einschränkung, dass die Entscheidung der Genehmigungsbehörde nur von den Vertragsparteien auf der Landesebene (§ 10 Abs. 1 Satz 1 KHEntgG i.V.m. § 18 Abs. 1 Satz 2 KHG) angefochten werden kann (§ 14 Abs. 4 Satz 1 KHEntgG). Jede einzelne dieser Vertragsparteien ist klagebefugt. Ein Verfahren auf Gewährung einstweiligen Rechtsschutzes kann nur erfolgreich sein, wenn der Genehmigungsbehörde oder der Schiedsstelle offensichtliche Fehler unterlaufen sind. Im Rahmen einer reinen Interessenabwägung wird für keine der Vertragsparteien ein öffentliches Interesse überwiegen.

Die *Pflegesatzparteien* können eine gerichtliche Überprüfung eines genehmigten Landesbasisfallwerts nur durch eine Klage gegen die Genehmigung des Erlösbudgets erreichen. Im Rahmen einer solchen Klage kann die Rechtmäßigkeit der Genehmigung des Landesbasisfallwerts *incidenter* geprüft werden (Tuschen 2004, 366, 368).

2.2 Landesbasisentgeltwert

Für Klagen gegen die Genehmigung oder Nichtgenehmigung eines von der Schiedsstelle festgelegten Landesbasisentgeltwerts enthält § 14 Abs. 4 BPflV eine mit § 14 Abs. 4 KHEntgG übereinstimmende Regelung.

Literatur

Augurtzky, B. et al.: Krankenhaus-Rating Report 2011, Heft 67, 12. www.rwi-essen/publikationen/

Bader, M. et al.: Die Epidemie im DRG-System. das Krankenhaus 2011, 676

Baum, G.: Enttäuschender Rückfall in Kostendämpfungspolitik. das Krankenhaus 2010, 809

Beduarek, S. et al.: Auswirkungen der DRG-Einführung auf das Controlling im Krankenhaus. das Krankenhaus 2007, 313

Behrends, B., Gerdelmann, W.: Krankenhausrechtsprechung (KRS). Ergänzbare Sammlung der Entscheidungen aus dem gesamten Krankenhauswesen (ab 1983)

Beivers, A., Augurzky, B.: Mengendynamik nach Maß. f & w 2012, 124

Belling, R.: Psych-Pretest offenbart Diskussionsbedarf. f & w 2011, 61

Belling, R. et al.: Psych-Entgeltsystem: Abenteuer mit zahlreichen Unbekannten. f & w 2012, 334

Bender, A.: Der Einsatz „selbständiger Drittärzte" als abrechenbare Krankenhausleistung. das Krankenhaus 2009, 563

Blum, K.: Operationstechnischer Assistent (OTA) – Gesetzliche Regelung überfällig. das Krankenhaus 2010, 193

Blum, K. et al.: Umsetzung der Mindestmengenregelung im Krankenhaus. das Krankenhaus 2008, 474

Bohle, T.: Mindestmengen im Krankenhaus, GesR 2010, 587

Bohn, M. et al.: Der Erlösausgleich nach dem Krankenhausentgeltgesetz. f & w 2004, 452

Brändle, G. et al.: Das DRG-System Version 2012. das Krankenhaus 2011, 1245

Brixius, H. et al.: Wie Erlöse zu verproben und Überlieger zu bilanzieren sind. f & w 2004, 249

Bundesministerium für Gesundheit: Positionspapier zum ordnungspolitischen Rahmen der Krankenhausfinanzierung. das Krankenhaus 2008, 316

Bundesrat: Entschließung vom 19. August 2008 zur Verbesserung der finanziellen Situation der Krankenhäuser. BR-Drucksache 442/08

Bundesrat: Entschließung des Bundesrates zur Weiterentwicklung des Vergütungsrechts der Krankenhäuser. BR-Drucksache 432/12

Bunzemeier, H. et al.: Erlösverteilung unter DRG-Bedingungen am Universitätsklinikum Münster. das Krankenhaus 2010, 946

CDU-CSU Bundestagsfraktion: Positionspapier zum ordnungspolitischen Rahmen der Krankenhausfinanzierung. das Krankenhaus 2008, 561

Dahm, F.-J.: Zusammenarbeit von Vertragsärzten und Krankenhäusern im Spannungsfeld der Rechtsbereiche. MedR 2010, 597

Deutsche Krankenhausgesellschaft: Gesetzlicher Handlungsbedarf zur Finanzierung der Tariflohnsteigerung 2008/2009. das Krankenhaus 2008, 456

Dietz, O. et al.: Krankenhausfinanzierungsgesetz, Bundespflegesatzverordnung und Folgerecht. Kommentar, Stand 2007

Dietz, O. et al.: Krankenhausfinanzierungsgesetz. Kommentar, Stand 2011

Domurath, B. et al.: Problem der Abbildung spezialisierter Pflege im DRG-System am Beispiel querschnittsgelähmter Patienten. das Krankenhaus 2011, 988

Duden: Deutsches Universalwörterbuch (2007)

Ecker, T., Halilovic, Z.: Teure seltene Erkrankungen. f & w 2011, 386

Eiff von, W. et al.: Für Durchblick sorgen. f & w 2012, 16

Einwag, M.: Ausbildungsfinanzierung nach dem 2. FPÄndG. das Krankenhaus 2004, 791

Fachpolitiker in den Regierungsfraktionen: Eckpunktepapier zum ordnungspolitischen Rahmen der Krankenhausfinanzierung. das Krankenhaus 2008, 690

Falkenberg, R. et al.: Gut kalkuliert ist halb gewonnen. KU 2009, 60

Felix, D.: Der Streit über das Krankenhausbudget im „Bermuda-Dreieck" von Schiedsstelle, Behörde und Verwaltungsgericht. GesR 2010, 300

Felix, D.: Neue Wege zur Krankenhausfinanzierung – Zuschläge für Zentren als Zankapfel zwischen Krankenkassen und Krankenhäusern. GesR 2010, 113

Fernholz-Gräfe, U., Specker, T.: Anders verteilt ist auch nicht mehr. f & w 2012, 262

Fiori, W.: Belohnung statt Strafe für kurze Verweildauern. f & w 2011, 310

Fiori, W. et al.: Die offene Rechnung. f & w 2012, 6

Fiori, W. et al.: Abbildung der anthroposophischen Medizin im G-DRG-System. das Krankenhaus 2010, 1118

Fiori, W. et al.: Ist eine Kalkulation von seltenen und aufwändigen Krankenhausfällen im G-DRG-System sachgerecht? das Krankenhaus 2011, 682

Fiori, W. et al.: Warum das Geld nicht reicht. das Krankenhaus 2012, 989

Focke, A. et al.: Abteilungs- und periodengerechte Verteilung von DRG-Erlösen mit Hilfe der DDMI-Methode – Lösungsansätze. das Krankenhaus 2006, 289

Friedrich, J., Paschen, U.: Schätzfehler bei der Überleitung von Leistungsdaten verringern – Das WidO-Verfahren der Vereinbarungs- gewichteten Überleitung. f & w 2005, 46

Frieling, M. et al.: CMI-Einbruch im Jahr 2008 – Analyse versus Aktionismus. das Krankenhaus 2008, 700

Fritz, G.: Die rechtliche Zulässigkeit regionaler Behandlungsmonopole im Rahmen der Krankenhausplanung am Beispiel der Brustzentren in Nordrhein-Westfalen. MedR 2008, 355

Gatzen, M. et al.: Differenzierte Betrachtung der veränderten Kodierung. f & w 2007, 432

Genzel u. Degener-Hencke, U.: Das Recht der Krankenhausfinanzierung, in: Laufs, A. u. Kern, B.-R. (Hrsg.), Handbuch des Arztrechts, 4. Auflage (2010), 927ff.

Geraedts, M.: Wissenschaftliche Betrachtung der Mindestmengen – Theorie und Empirie. GesR 2012, 263

Gesundheitsministerkonferenz:: Beschluss der 81. Gesundheitsministerkonferenz vom 2./3. Juli 2008 zum ordnungspolitischen Rahmen der Krankenhausfinanzierung. www.gmkonline.de

Grabow, J.: Umstellung von der Einzelförderung auf leistungsorientierte Pauschalen. das Krankenhaus 2012, 816

Haas, A., Leber, W.-D.: Neue Psych-Entgelte am Start. f & w 2010, 43

Halbe, B. et al.: Krankenhausfinanzierungsreformgesetz, 2010

Hauth, I. et al.: Psych-Entgeltsystem: Dokumentation der Leistungen ist zu komplex. f & w 2012, 335

Heimig, F.: Das G-DRG-System wird zum Präzisionsinstrument. f & w 2007, 136

Heimig, F.: Ein Exportschlager auf dem Weg zur Perfektion. f & w 2010, 268

Hensen, P. et al.: Start in die Konvergenzphase 2005. das Krankenhaus 2005, 96

Hess, R.: Das Recht der privaten und gesetzlichen Krankenversicherung incl. Vertragsarztrecht, in: Wenzel, F. (Hrsg.), Handbuch des Fachanwalts für Medizinrecht, 2. Auflage (2009), 41

Heumann, M.; Kühn, J.: Nicht zu früh starten. f & w 2012, 56

Huster, S.: Krankenhausrecht und SGB V – Medizinische Innovationen im stationären Sektor. GesR 2010, 337

Institut für Entgeltkalkulation (InEK): Anmerkungen des InEK zu verschiedenen zum PEPP-Entgeltsystem vorgebrachten Kritikpunkten, Oktober 2012 (unveröffentlicht)

Jendges, T.: Das wird die Schiedsstellen beschäftigen. KU 2009, 58

Job, F. et al.: Delegation ärztlicher Aufgaben an den Pflegedienst. das Krankenhaus 2007, 38

Jürgens, A., Lehmann, G.: Die Menge macht's. f & w 2011, 506

Klever-Deichert, G. et al.: Was ändert sich durch das GKV-Finanzierungsgesetz für die Krankenhäuser? das Krankenhaus 2011, 13

Koerdt, S., Laufer, R.: EHEC-Krise – Was sieht das Krankenhausentgeltgesetz vor? das Krankenhaus 2011, 674

Köhler, N. et al.: Deutsche Kodierrichtlinien – Version 2009. das Krankenhaus 2008, 1163

Köhler, N. et al.: Das G-DRG-System Version 2011. das Krankenhaus 2010, 1052

Kölbel, R., Sulkewicz, T.: Unter Verdacht. f & w 2012, 12

Kölbel, R., Waibel, B.: Abrechnungsmanipulationen im deutschen DRG-System. GesR 2011, 129

Kösters, R.: Bericht über den Deutschen Krankenhaustag 2010. das Krankenhaus 2010, 1166

Krüger, C., Knapp, M.: Neues Entgeltsystem in der Psychosomatik und Psychiatrie. f & w 2010, 50

Kugler, S.: Mindestmengenregelung ist verfassungswidrig. KU 2008, 55

Kuhla, W.: Zentrenbildung und Konkurrentenklage im Krankenhausrecht. das Krankenhaus 2007, 952

Kuhla, W.: Spezialfachärztliche Leistungen nach dem neuen § 116b SGB V. das Krankenhaus 2012, 463

Kuhla., W., Voß, L.: Gerichtlicher Rechtsschutz für Krankenhäuser im Pflegesatzverfahren. das Krankenhaus 1998, 689

Kuhlmann, J.: Vergütung von Auftragsleistungen eines Vertragsarztes beim ambulanten Operieren. das Krankenhaus 2008, 1313

Kunze, H. et al.: Psych-PV, 6. Auflage (2010)

Lange, G.: Einkauf von Drittleistungen und deren Berücksichtigung im Budget des Krankenhauses. das Krankenhaus 2008, 1309

Laufer, D., Rentschler, E.: Das DRG-System im Feintuning. f & w 2011, 130

Leber, W.: Zwischen Privatpatientenklinik und Patientenhotel. das Krankenhaus 2006, 313

Leber, W.: Aktuelle Fragen zwischen Krankenhausträger und Schiedsstelle. das Krankenhaus 2006, 877

Leber, W.: Anforderungen an die Veröffentlichung zweiseitiger Verträge. Das Krankenhaus 2009, 955

Leber, W., Pfeiffer, P.: Krankenhausfinanzierung. Zentrale Fragestellungen und ihre Lösung. 2010

Leber, W.-D. et al.: Neuer Rahmen für die Kliniken. Gesellschaft und Gesundheit 2007, 27

Leber, W.-D., Wolff, J.: G-DRG-Entwicklung aus der Sicht der Krankenkassen. In: Roeder, N., Bunzemeier, H. (Hrsg): Kompendium zum G-DRG-System 2008 (2008), 45

Leber, W.-D., Wolff, J.: Wer bestellt, muss bezahlen. f & w 2012, 258

Manthey, J., Möns, V.: Wann ist das Leistungsspektrum realistisch? f & w 2008, 71

Mohr, W., Kröger, J.: Abschläge für Mehrleistungen. KU 2009, 50

Möller, R.: Rechtliche Grundsätze des Genehmigungsverfahrens von Krankenhausentgelten. das Krankenhaus 2008, 610

Monopolkommission: Weniger Staat, mehr Wettbewerb. 17. Hauptgutachten 2006/2007 (2008), BT-Drucksache 16/1014

Monopolkommission: Mehr Wettbewerb, weniger Ausnahmen. 18. Hauptgutachten 2008/2009 (2010), BT-Drucksache 17/2600

Mörsch, M. et al.: Das Psych-Entgeltgesetz: Was bringt es für die Krankenhäuser? das Krankenhaus 2012, 675

Mörsch, M., Derix, F.: Stand der Investitionskostenfinanzierung 2010. das Krankenhaus 2010, 731

Naegler, H.: Strategisches Kostenmanagement unter DRG-Bedingungen. das Krankenhaus 2005, 765

Neubauer, G., Beivers, A.: Die Leistungen müssen die Vergütung bestimmen. f & w 2010, 38

N.N.: Aktuelle Situation der Krankenhäuser in Deutschland. das Krankenhaus 2008, 21

N.N.: Zahlen, Fakten und Argumente. das Krankenhaus 2008, 453

N.N.: Kommunale Großkliniken prangern Unterfinanzierung an. das Krankenhaus 2008, 1008

Niehues, C., Barbe, W.: Unzureichende Berücksichtigung der Notfallversorgung im DRG-System. das Krankenhaus 2012, 470

Nüßle, R., Damian, G.: Upcoding auf Basis der G-DRG 2005. KU 2006, 127

Pfeuffer, B. et al.: Budgetverhandlungen – wurde an alles gedacht? das Krankenhaus 2006, 496

Piepenberg, M. et al.: Leistungsorientierte Vergütung. f & w 2012, 49

Prütting, D.: Neue Herausforderungen der Krankenhäuser in der gesundheitlichen Versorgung. GesR 2012, 332

Püschel, C.: Delegation ärztlicher Tätigkeiten an nichtärztliches Assistenzpersonal im Krankenhaus. das Krankenhaus 2007, 736

Quaas, M.: Zum Erlösausgleich in der Krankenhausfinanzierung. f & w 2005, 188

Quaas, M.: Krankenhausrecht, in: Wenzel, F. (Hrsg.), Handbuch des Fachanwalts Medizinrecht, 2. Auflage (2009), 1240

Quaas, M.: Mindestmengen und Krankenhausplanung. f & w 2009, 312

Quaas, M.: Der Honorararzt im Krankenhaus. f & w 2010, 648

Quaas, M.: Privatklinik vor dem Aus? f & w 2012, 318

Quaas, M.: Die Privatpatientenklinik am Plankrankenhaus – Ein Beitrag zur Anwendung und zur Verfassungsmäßigkeit von § 17 Abs. 1 Satz 5 KHG. GesR 2012, 193

Quaas, M.: Die neue Wahlfreiheit. f & w 2012, 683

Quaas, M., Dietz, O.: Vollstationäre oder ambulante Behandlung durch das Krankenhaus? f & w 2004, 513

Quaas, M., Dietz, O.: Vom Krankenhausbudget zum Landeskrankenhausbudget. f & w 2005, 73

Quaas, M., Zuck, R.: Medizinrecht, 2005

Raddatz, J.: Auf kurze Sicht. f & w 2012, 22

Rapp, B., Wahl, S.: Vorbereitung zum Profitcenter: Abteilungsgerechtes DRG-Erlössplitting. das Krankenhaus 2007, 756

Rau, F.: Kabinett bringt Fallpauschalengesetz auf den Weg. das Krankenhaus 2003, 200

Rau, F.: Start in die Konvergenzphase auf Kompromissweg. das Krankenhaus 2004, 979

Rau, F.: Was ändert sich für die Krankenhäuser mit dem GKV-Wettbewerbsstärkungsgesetz? das Krankenhaus 2007, 179

Rau, F.: Parlamentarisches Verfahren für das Krankenhausfinanzierungsreformgesetz eröffnet. das Krankenhaus 2008, 1293

Rau, F.: Krankenhausfinanzierung 2011f. f & w 2011, 24

Rau, F.: Rechlicher Rahmen: Das neue Fundament. f & w 2012, 248

Rau, F.: Psych-Entgeltgesetz vom Bundestag verabschiedet. das Krankenhaus 2012, 684

Rheinisch-Westfälisches Institut für Wirtschaftsforschung (RWI): Die wirtschaftliche Lage der Krankenhäuser 2008 und 2009, Gutachten (Kurzfassung). das Krankenhaus 2008, 210

Robbers, J., Steiner, P.: Berliner Kommentar zur Finanzierung zugelassener Krankenhäuser (2005)

Roeder, N.: Fallmengenplanung 2005 als Grundlage der Budgetfindung. das Krankenhaus 2005, 295

Roeder, N.: Innovationsfinanzierung – Anspruch und Wirklichkeit. KU 2009, 38

Roeder, N. et al.: Anpassungsbedarf der Vergütung von Krankenhausleistungen für 2009. Gutachten 2008 (unveröffentlicht)

Roeder, N. et al.: Entgeltsystem Psychiatrie, Psychosomatik und Psychotherapie. das Krankenhaus 2010, 320

Roeder, N., Bunzemeier, H.: Innovationsfinanzierung im G-DRG-System. das Krankenhaus 2010, 113

Roth, T.: Das neue Planungsrecht im Krankenhausgestaltungsgesetz des Landes Nordrhein-Westfalen. Das Krankenhaus 2008, 210

Rümmelin, B.: Die neue bundeseinheitliche PIA-Dokumentationsvereinbarung. das Krankenhaus 2012, 775

Sachverständigenrat zur Begutachtung der gesamtwirtschaftlichen Entwicklung: Jahresgutachten 2010/2011, www.sachverständigenrat-wirtschaft.de/Jahresgutachten

Sachverständigenrat zur Begutachtung der Entwicklung im Gesundheitswesen: Kooperation und Verantwortung. Gutachten 2007 (Kurzfassung)

Schmitz, H., Augurzky, B.: Gewachsene Unterschiede. f & w 2011, 505

Schwarz, K.: Was ist beim Abschluss von Kooperationsverträgen mit niedergelassenen Ärzten zu beachten? das Krankenhaus 2008, 590

Seiler, C.: Veränderungsrate in der Konvergenzphase. f & w 2007, 428

Sieben, L. et al.: Krankenhausinterne DRG-Erlösverteilung auf der Basis der InEK-Daten – Möglichkeiten und Grenzen. das Krankenhaus 2008, 35

Schimmelpfeng-Schütte, R.: Rechtliche Bewertung der Festlegung von Mindestmengen. MedR 2006,63

Schlottmann, N.: Deutsche Kodierrichtlinien für die Psychiatrie/Psychosomatik (DKR-Psych), in: Schlottmann, N. (Hrsg), Pauschalierendes Entgeltsystem für die Psychiatrie und Psychosomatik (2012), 105

Schlottmann, N. et al.: Vereinbarung über die Einführung eines pauschalierenden Entgeltsystems für psychiatrische und psychosomatische Einrichtungen gemäß § 17d KHG (Erläuterungen), in: Schlottmann, N. (Hrsg), Pauchalierendes Entgeltsystem für die Psychiatrie und Psychosomatik (2012), 37

Schlottmann, N. et al.: G-DRG-System 2007. das Krankenhaus 2006, 939

Schlottmann, N. et al.: G-DRG-System 2008. das Krankenhaus 2007, 1073

Schlottmann, N. et al.: G-DRG-System Version 2009. das Krankenhaus 2008, 1145

Schmitz, B.: Finanzierungszuschläge für Zentren an Krankenhäusern. f & w 2010, 501

Sodan, H.: Sparbeitrag der Krankenhäuser zur Sanierung der Finanzen der GKV verfassungswidrig. das Krankenhaus 2012, 450

Statistisches Bundesamt: Orientierungswert für Krankenhäuser. Kurzfassung des Konzepts zur Wertermittlung, 2012 (www.destatis.de)

Steiner et al.: Die Entwicklung des G-DRG-Systems aus der Sicht der DKG. In: Roeder, N., Bunzemeier, H.: Kompendium zum G-DRG-System 2008 (2008), 19

Stoeff, D., Wagner, K.: Die G-DRG-Kostenmatrix des InEK – ein Werkzeug für Krankenhausmanager. das Krankenhaus 2012, 693

Stollmann, F.: Mindestmengen – Wildern in fremden (Länder-)Kompetenzen? GesR 2012, 279

Thier, U.: Krankenhausleistungen außerhalb des Versorgungsauftrages sind nicht in die Erlösausgleichsberechnung gemäß BPflV/KHEntgG einzubeziehen. das Krankenhaus 2006, 210

Thomae, H.: Versorgungsauftrag des Krankenhauses. das Krankenhaus 2008, 725

Timm, L., Wygold, T.: Planvolle Punktlandung. f & w 2012, 547

Trefz, U.: Die Krankenhausfinanzierung im Hinblick auf besondere Aufgaben von Zentren und Schwerpunkten. Pflege- und Krankenhausrecht 2010, 57

Trefz, U.: Sicherstellungszuschläge – nicht nur für „Inselkrankenhäuser". f & w 2012, 558

Trefz, U., Dietz, O.: Pflegesatzrechtliche Neuerungen. f & w 2009, 134

Tuschen, K.: Budgetierung der Benutzerkosten. KU 1984, 373

Tuschen, K.: Die Weiterentwicklung des lernenden DRG-Systems. f & w 2004, 366

Tuschen, K.: GKV-Wettbewerbsstärkungsgesetz – Auswirkungen auf Krankenhäuser. f & w 2007, 10

Tuschen, K.: Entwicklung, Darstellung und Bewertung des G-DRG-Systems sowie Perspektiven der Weiterentwicklung aus Sicht des BMG. In: Roeder, N., Bunzemeier, H. (Hrsg), Kompendium zum G-DRG-System 2008 (2008), 1

Tuschen, K., Braun T.: Veränderte Rahmenbedingungen für die Konvergenzphase. f & w 2005, 28

Tuschen, K. et al.: Erlösausgleiche im Krankenhausbereich: Eine Orientierungshilfe. das Krankenhaus 2005, 955

Tuschen, K., Philippi, M.: Leistungs- und Kalkulationsaufstellung im Entgeltsystem der Krankenhäuser (2000)

Tuschen, K., Trefz, U.: Krankenhausentgeltgesetz (2004)

Tuschen, K., Trefz, U.: Krankenhausentgeltgesetz, 2. Auflage (2010)

Wasem, J. et al.: Neue Instrumente erforderlich. Ersatzkasse Heft 7/8 2012

Weimer, T.: Unter Verdacht. f & w 2012, 400

Wolf von, B.: Eingriff in die Berufsfreiheit, KU 2009, 68

Wolff, J., Klein-Hitpaß, U.: 16 Länder, ein Ziel. f & w 2012, 28

Sachwortverzeichnis

Der Autor

Dr. iur. Behrend Behrends

Jahrgang 1944. Studium der Rechtswissenschaften, Nationalökonomie und Soziologie, Promotion zum Dr. iur.

Justitiar beim AOK-Bundesverband. Leiter der Grundsatzabteilung beim AOK-Landesverband Baden-Württemberg. Hauptgeschäftsführer der AOK Hamburg und des AOK-Landesverbandes Hamburg. Kaufmännischer Vorstand im Universitätsklinikum Hamburg-Eppendorf. Vorstand für den Bereich Kliniken in der Charité Universitätsmedizin Berlin. Vorstand in der Hamburgischen Krankenhausgesellschaft, Vorsitzender des Vorstandes der Berliner Krankenhausgesellschaft.

Rechtsanwalt und Berater im Gesundheitswesen. Spezialgebiete: Krankenhausrecht, Arztrecht, Krankenversicherungsrecht. Tätigkeitsschwerpunkte: Strategieberatung von Krankenhäusern, Krankenhausplanung und -finanzierung, Budget- und Schiedsverhandlungen, Abrechnungsstreitigkeiten.

Kontakt:
www.behrends-anwalt.de
dr.behrendbehrends@t-online.de

Der Herausgeber der Schriftenreihe *Health Care Management*

Prof. Dr. Heinz Naegler

Studium der Betriebswirtschaftslehre in Frankfurt/M. und Berlin. Er war mehr als 25 Jahre im Krankenhausmanagement tätig, zuletzt als Generaldirektor des Wiener Krankenanstaltenverbundes (dieser betreibt im Auftrag der Gemeinde Wien mit etwa 32.000 Mitarbeitern eine Universitätsklinik sowie 25 Krankenhäuser und Pflegeheime), und ist seit 2001 Honorarprofessor an der Hochschule für Wirtschaft und Recht Berlin.

Er war dort für die Entwicklung und Einführung des MBA-Studiengangs Health Care Management verantwortlich. In diesem Studiengang unterrichtete er das Fach „Personalmanagement".

Er ist Autor zahlreicher Publikationen zu den Themen Personalmanagement, Strategisches Management und Controlling. Zu seinen Veröffentlichungen zählen unter anderem die in dieser Reihe erschienenen Bücher „Personalmanagement im Krankenhaus, 2. Auflage" und „Management der sozialen Verantwortung im Krankenhaus".

Kontakt:
Preußenallee 31
14052 Berlin
heinz.naegler@arcormail.de